BEAT-LEXIKON

BEAT-LEXIKON

Von Manfred Langner

LEXIKON IMPRINT VERLAG

BEAT –

VOM ROCK'N'ROLL ZUM BEAT

Ende der Fünfziger Jahre präsentierten sich die Rock'n'Roll-Stars in den USA ziemlich ausgelaugt. Diesen Rock'n'Roll-Untergang beschreibt der englische Rockjournalist Nik Cohn, der auch DJ in San Francisco war, recht drastisch: »1960 war wohl das schlimmste Jahr, das die Popmusik durchmachen mußte. Alle waren weg vom Fenster. Elvis hatten sie in die Armee gesteckt, und dann kam er zurück, um uns mit seinen Balladen auf den Wecker zu fallen. Little Richard war auf Religion umgestiegen, Chuck Berry saß im Gefängnis, Buddy Holly war tot. Bald darauf wurde Eddie Cochran bei seinem Autounfall getötet. Es war wie eine Pest, alles wie weggewischt.«[1]

Aber es war nicht nur eine Pechsträhne, die für den Untergang des Rock'n'Roll sorgte. Es war auch die fehlende Weiterentwicklung dieser Musik. Ein neuer Tanz, der Twist, kam plötzlich auf und löste den Rock'n'Roll ab. Die Partner berührten sich jetzt nicht mehr beim Tanzen. Die Kritiker waren damals empört, weil die Jugend im Westen nicht mehr als Pärchen Hand in Hand, Hüfte an Hüfte, Schritt für Schritt gemeinsam über das Parkett schwebte wie bei Walzer, Foxtrott, Cha Cha Cha, Tango oder Rumba. Selbst der Tanz der Halbstarken, der Rock'n'Roll, war noch mit anfassen. Es war wohl der Twist, der den Übergang zum Beat beim Tanz geschaffen hatte. Aus Amerika kommt der Twist nach Europa. »Let's Twist«, singt Chubby Checker und löst den Rock'n'Roll ab. Die Medien beschrieben diesen berührungslosen Tanz so: »Bei diesem Tanz werden die Füße, Knie und Hüften nach rechts und links gedreht. Jeder konnte allein tanzen. Die Frau mußte nicht mehr vom Mann über die Tanzfläche geführt werden.« Keusche Menschen fanden solche Tänze unmoralisch, weil sie an bestimmte erotische Bewegungen im Bett erinnern konnten – und das mitten auf der Tanzfläche! Das gehörte auch zu der Aufbruchstimmung Anfang der Sechziger, nachdem der Schrecken des Zweiten Weltkriegs durch den unermüdlichen Aufbau langsam verdrängt werden konnte. Der Twist war nicht sehr flexibel, die Stimmung jedoch gut, und so beherrschten vom Untergang des Twist bis zu Aufkommen des Beat die verschiedensten Tänze das Geschehen in der modernen Musikwelt: Jerk, Madison, Philly Skate, Beulah Wig, Funky Broadway, Boogaloo, Block, Waddle, Slop, Frug, Monkey, Fly, Pony, Popeye, Watussi, Boney Maroney, Snake, Alligator, Mashed Potatoe, Hully Gully, Shake und Slop. Der Song

»Land Of 1000 Dances« von den Walker Brothers beschreibt das neue Tanz-Feeling bestens.

In Großbritannien waren die Rock'n'Roll Stars in den Fünfzigern ohnehin dünn gesät. Da gab es Tommy Steele, Terry Dene, Maty Wilde, Billy Fury, Helen Shapiro, Adam Faith, Wee Willie Harris und Cliff Richard mit seinen Shadows.

Bevor der Beat in England geboren wurde, setzte nach dem absterbenden Rock'n'Roll erst einmal das Skiffle-Fieber ein. Der britische Skiffle-Star war Lonie Donegan, der bei der Jazzband von Chris Barber das Banjo spielte. Skiffle-Musik konnte man mit Mutters Haushaltgeräten machen. Vom Waschbrett bis zum Schneebesen wurde alles eingesetzt, um den Skiffle-Sound zu erzeugen. Teure Musikinstrumente, die sich die jungen Leute kaum leisten konnten, waren dabei nicht nötig. Das war noch die Zeit, als die Profimusiker ihre Geld mit Live-Auftritten verdienten, der Schallplattenmarkt war für die Musiker finanziell noch nicht interessant. Als sich die Shadows als elektrische Gitarrenband ohne den Sänger Cliff Richard durchsetzten, wurde das in England der erste Übergang vom Rock'n'Roll zum Beat. Aber der Beat begann seinen Siegeszug nicht in London. Ausgangspunkt des sogenannten Mersey-Beat war die Hafenstadt Liverpool, durch die der Mersey-River fließt. Von dort begann der Beat ab 1963 seinen Siegeszug um die Welt. Liverpool war nicht nur das britische Tor nach Amerika, sondern war auch ein wirksamer Schmelztiegel für verschiedene Kulturen, deren Menschen aus den einstigen Kolonien der Briten kamen. In den Liverpooler Clubs spielten Jazzbands, Blueser, Rhythm & Bluesgruppen und Rock'n'Roll-Bands, die sich durchaus gegenseitig beeinflußten, es gab aber auch die Musik der eingewanderten Afrikaner, Inder, Pakistani und Jamaikaner.

Michael Kadereit meint in seinem Buch »Anders Reisen – Großbritannien« zu dem Aufstieg der Popmusik in England, Schottland, Wales und Nordirland seit den Sechzigern: »Sobald junge britische Musiker aufhörten, ehrfurchtsvoll auf die Heldentaten berühmter Amerikaner zu starren, und anfingen, ihre eigene Musik zu schaffen, ist es damit eigentlich nur noch aufwärts gegangen.« Für manche Analytiker des Beat-Siegeszuges ist es womöglich der Wille von jugendlichen Menschen, aus festen Traditionen und Klassen auszubrechen, die damals besonders stark in Großbritannien geherrscht haben, der die Geburt des Beat auf den britischen Inseln förderte.

War Großbritannien im 19. Jahrhundert noch eine imponierende Kolonialmacht, erlebten die britischen Inseln in den Sechzigern, also in der Beat-Ära, einen wirtschaftlichen Abstieg. Sorgte der wirtschaftliche

Nachkriegsboom in den Fünfzigern noch dafür, daß die Briten aus ihren diversen Kolonien Gastarbeiter holten, was später das multikulturelle und soziologisch kritische Klima in den Industriestädten mit sich brachte, fielen die Weltkriegssieger wirtschaftlich gesehen deutlich hinter den Verlierer Deutschland zurück. Gerade in solchen Ballungsgebieten herrschten Armut, Arbeitslosigkeit, besonders unter den Jugendlichen, die traditionellen Arbeiterstadtteile verslumten. Die für damalige Verhältnisse aggressive Beatmusik drückte die Wut und die Frustrationen, das Lebensgefühl dieser Generation aus. In den Beatkellern konnte man der elterlichen Wohnung entfliehen, war unter seinesgleichen und konnte Langeweile und Tristesse halbwegs vergessen. Der Einstieg in eine Beatband sollte oft auch eine nichterfolgende Berufslaufbahn kompensieren. Was mitunter auch gelang. Der Beat brauchte ungestümes, hitziges, junges Blut, um die nötige Sound-Energie freizusetzen. Die jugendlichen Mods entwickelten ihre eigene Subkultur und kreierten phantasievoll eine eigene Mode, um sich von der als spießig empfundenen Erwachsenenwelt abzugrenzen. Sehr gut getroffen ist diese Entwicklung in der Verfilmung der Rockoper »Quadrophenia« der Who.

1968 wurde Großbritannien von schlimmen Rassenunruhen geschüttelt, in Nordirland brachen offene Kämpfe zwischen Katholiken und Protestanten aus, die IRA entstand, Großbritannien mußte Armee einsetzen. Auch die harte konservative Politik der sogenannten Iron Lady, Margaret Thatcher, Anfang der Achtziger konnte die Probleme nicht lösen. Aus einer ähnlichen Konstellation wie Anfang der Sechziger entstand Ende der Siebziger, wenn auch ungleich härter und brutaler, der Punk.

Seit den Sechzigern jedenfalls ist die Musikindustrie in Großbritannien ein unübersehbarer Kultur- und Wirtschaftsfaktor. Die Wichtigkeit von Popmusik in England wurde seit den Sechzigern durch eine Vielzahl von Musikmagazinen unterstrichen. Zu den bekanntesten zählen – damals wie heute – der »New Musicial Express« (NME) und der »Melody Maker« (MM), deren Hitparaden (Charts) den Verkaufserfolg der Beatplatten anzeigten. (Wobei diese aber je nach Auswertungsmethode durchaus differierten und es dadurch immer wieder verschiedene Nummer-1-Hits zur gleichen Zeit in Großbritannien gibt.) Dies ist auch ein weiterer Grund für den raschen Siegeszug der Beatbands: die bis dato nicht gekannte Resonanz in den Medien, in Zeitung, Radio, später im Fernsehen mit eigenen Beatmusik-Sendungen. Durch die technischen Neuerungen wie preiswerte Plattenspieler, Kofferradios und Spulentonbandgeräte konnte man den neuen Sound jederzeit reproduzieren. Man mußte nicht mehr unbedingt in ein Konzert gehen, um diese Musik zu hören. Dies Singles waren auch für junge Leute erschwinglich.

Nachdem der Rock'n'Roll aus Amerika in den Fünfzigern die Musik des Aufbegehrens bei der Jugend war, setzte im Jahr 1963 der Beat aus Großbritannien diese Soundrevolution verstärkt fort. Zuerst wurden viele Rock'n'Roll-Songs von den Beatbands in den Sechzigern übernommen und neu interpretiert. Die Beatles coverten zuerst die Songs von Chuck Berry (»Roll Over Beethoven«), Carl Perkins (»Matchbox«) und von Larry Williams (»Dizzy Miss Lizzy«) und offenbarten sogar noch Mitte Sechzig mit ihrem Song »Rock and Roll Music« ihre Liebe zu dem vergangenen Musikstil. Die erste Singleproduktion der Kinks war die Nummer »Long Tall Sally« von Little Richard. Die Rolling Stones übernahmen Nummern von Cuck Berry wie »Around And Around«, »Bye Bye Johnny« und »Carol«.

Die farbigen Musiker aus dem Jazz kannten den sogenannten Beat schon länger durch den 4/4 Takt, genannt der Four-Beat. Die weißen Jazzer hingegen hatten den Two-Beat, so benannt, weil bei ihnen die erste und dritte Taktzeit betont wurde. Beat bedeutet auf deutsch: der Schlag. Das kann der Herzschlag sein, oder auch der Schlag auf die Trommel. Durch die Beatles wurde der Begriff »Beat« weltweit bekannt und populär. Der Bandname Beatles ist eine Wortmischung aus Beat (Takt) und Beetle (Käfer).

Damals stand auch noch die Live-Musik im Vordergrund des musikalischen Geschehens. Der Beat wurde vor allem durch den gemeinsamen Gruppenauftritt geprägt, bei dem die elektrischen Gitarren das Bandimage wesentlich prägten. Waren im Rock'n'Roll noch die Sänger die Hauptpersonen, so bevorzugten die Beatmusiker das Teamwork und den Harmoniegesang. Dadurch wurde es für die Jugendlichen auch leichter, sich mit den neuen jungen Beatbands zu identifizieren. Und man brauchte nicht erst jahrelang ein Instrument erlernen, es genügte, die Texte der einfach strukturierten Lieder zu lernen, und dann ging es los. Die Garagenbands schossen wie Pilze aus dem Boden.

Der Beat erobert Deutschland

Vor allem in Deutschland hat die britische Beatinvasion in den Sechzigern unübersehbar und unüberhörbar eingeschlagen. Unzählige Bands zwischen Nordsee und Alpen haben zu den Gitarren gegriffen. Es entstanden durchaus erfolgreiche Beatcombos wie die Rattles, die German Bonds und die Lords. Dazu kamen auch die häufigen Kontakte von deutschen Bands mit den englischen Kollegen. Die Rattles aus Hamburg waren schon mal die Vorgruppe bei den Beatles und die Lords bei den Kinks. Die Rivets waren bei einem Stones-Konzert der Supporting-Act. Der »Beat-Club« im deutschen Fernsehen mauserte sich sehr schnell zu einer weltweit bekannten Sendung. Was in England »Ready Steady Go« im TV war, bot auch Radio Bremen für seine hauptsächlich jungen Zuschauer. Hier konnten die deutschen Beat-Teenies alles sehen und hören: von den Remo Four (»Peter Gun«) bis hin zu den Easybeats und Dave Dee, Dozy, Beaky, Mick und Tich.

Joachim Deicke und Burghard Rausch formulieren den Beginn der Beat-Ära in ihrem Buch »Die Rockjahre« aus ihrer Sicht folgendermaßen: »Jetzt geht's los. Statt müde gewordenem Rock'n`Roll aus den Staaten steht plötzlich britischer Beat im Mittelpunkt des Interesses. Teenager rasten aus – Massenhysterie wie sie noch nie da war. Alles grölt: Yeah, Yeah, Yeah.« Klaus Plaumann beschreibt den ausbrechenden Beat-Boom in seinem Beat-Bilderbuch »The Beat Age« mit den Worten: »Wir waren so weggetreten in unserem ›tret-mir-nicht-auf-die-Beatles-Boots‹ daß wir uns nicht mal am Strand in der Sonnenschein-Hitze die Jacken ausgezogen haben, geschweige denn die Stiefel.

Die erste Beatnummer die in der deutschen Hitparade bis auf Platz Eins kam, war »I Want To Hold Your Hand« von den Beatles im Februar 1964. Im April 1964 waren die Beatles bereits mit drei Songs (»I Want To Hold Your Hand«, »She Loves You« und »Twist And Shout«) unter den ersten Zehn. Die deutschen Schlagersänger waren zu dieser Zeit ziemlich out, oder sie übernahmen wie Drafi Deutscher den Beatsound. Er konnte mit seinem angebeateten Song »Shake Hands« im Juni 1964 auf Platz Eins in der deutschen Hitparade landen. Selbst das Teenagermagazin »Bravo« brachte auf dem Cover fast pausenlos die Bilder der Beatles, Stones oder Kinks.

Unter den deutschen Schallplattenproduzenten brach die Panik aus. Auch die deutschen Hitparaden-Hörer vor den Radios bekamen 15 Jahre nach dem zweiten Weltkrieg plötzlich mit, daß die Sprache der Sieger jetzt überdeutlich hörbar nun auch Musik-Deutschland erobert hatte. Das tat nicht nur im Ohr, sondern auch in der Seele weh. Die Lieder waren ab sofort unverständlich wie Wagner-Opern, und die Songtitel konnten nicht eingedeutscht werden wie die Filme. Hier war auch keine Synchronisation möglich. Weil der deutsche Schallplattenmarkt der größte in Europa war und ist, gingen allerdings einige Beatbands oder Beat-Sängerinnen und -Sänger aus Britannien nach Deutschland und radebrechten ihre Songs auch mit deutscher Zunge ins Aufnahmemikro. So es entstanden z.B. die deutschsprachigen Aufnahmen der Beatles und so skurrile Titel wie »Hey Mr. Möbelmann« von David Garrick.

In der Hochzeit des Beats, im Juli 1966, waren unter den ersten zehn Singles in der deutschen Hitparade sechs Beatproduktionen: Die Beatles mit »Paperback Writer«, die Rolling Stones mit »Paint It Black«, die Beach Boys mit »Sloop John B.«, Dave Dee, Dozy, Beaky, Mick & Tich mit »Hold Tight«, die Walker Brothers mit »The Sun Ain't Gonna Shine Anymore« und die Troggs mit »Wild Thing.«

Die Beat-Phase war ja eine Zeit, in der die 45er-Schallplatte (so benannt wegen der Umdrehungsgeschwindigkeit auf dem Plattenteller) als Tonträger sehr wichtig war. Sie kostete damals rund 5,- DM, und das war für einen Jugendlichen in den Sechzigern schon viel Geld. Deswegen achteten die Singlekäufer auch immer auf eine gute Rückseite (B-Seite). Auf einer Single wurden damals Songs mit einer Länge von höchstens 2 bis 3 Minuten aufgenommen. Eine Nummer wie »Ticket To Ride« von den Beatles mit einer Länge von über 3 Minuten wurde erst ab 1965 gepreßt. Die Singles hatten einen Durchmesser von 17 Zentimeter und wurden auf dem Plattenspieler mit einer Geschwindigkeit von 45 Umdrehungen in der Minute abgespielt.

Die Musikbox gehört zu den magischen Symbolen der Rock'n'Roll-Zeit. Ob Eisdiele oder Kneipe, wer die neueste Musik hören wollte, mußte Geld in die Jukebox stecken und die entsprechenden Tasten drücken, bis sich der Elvis-Knüller drehte und spielte. Auch in den Sechzigern konnten die neuen Singles noch gut in der Musikbox präsentiert werden. Als die Plattenspieler günstiger wurden und die Eltern die Kellerbar verwaisen ließen, weil der Fernseher im Wohnzimmer flimmerte, kamen die Beat-Parties auf. Dazu brauchte es eine Kerze in einer leeren Flasche, Salzstangen und perlenden Lambrusco-Wein. Alle brachten ihre neuesten Beatscheiben mit und es wurde getanzt, bis die Boots qualmten. Als die Kneipenbesitzer den neuen Party-Boom mitbekamen, sprangen sie auf diesen Zug auf, kauften sich Plattenspieler, holten sich einen hübschen Jungen als Diskjockey, kauften die heißesten Beat-Hämmer und lockten mit Teeny-Parties am Nachmittag ohne Alkohol in Zusammenarbeit mit der Firma »Coca Cola« und der örtlichen Stadtsparkasse. So entstanden die Beatschuppen, oder vornehmer gesagt, die Diskotheken. Die Beatbands wurden von den Wirten fürs Wochenende engagiert. Wer kein Engagement bekam, tat sich mit Pfadfindern oder Jugendclubs zusammen, die in irgendwelchen Turnhallen, Gemeindesälen oder verlassenen Tanzsälen in Vorortsgasthäusern ihre 999ste Version von »Louie Louie« oder »Skinny Minny« zur Freude des jungen Publikums durch die Verstärker jagten.

Achim Reichel von den Rattles erzählt über seine Musikvergangenheit in den Sechzigern: »Das war 1960 in St. Pauli, wo ich ja aufgewachsen bin. Wir waren drei Leute, und es gab da so Singleschallplatten- und Tonbandfreaks. Und wir nahmen im Radio BFN Rock'n'Roll-Sendungen auf und hatten uns aus Schweden Singles vor allem von Jerry Lee Lewis und Buddy Holly und Notenbücher schicken lassen. Aber nicht, weil wir Noten kannten, sondern weil da die Texte drin waren und Bilder. Da sahen wir auch die ersten Elektrogitarren und so. Das alles gab's hier überhaupt noch nicht.« Sie haben sich immer Tonbänder gegenseitig vorgespielt, die sie am Radio direkt mit dem Mikrophon aufgenommen hatten. Bei einem Trödler erstand Achim Reichel dann den ersten richtigen Verstärker, an den man eine elektrische Gitarre anschließen konnte. Reichels Freund Herbert Hildebrandt war Autoschlosser und hat die Mikrophonstative selber zusammengeschweißt. Dann kamen die ersten Auftritte für 25 Mark Gage in Lokalen wie »Thäder«, eine Kneipe für Arbeiter in Brahmfeld. Den Namen für seine Rattles holte sich Achim Reichel aus seinem Englisch-Wörterbuch, als er unter dem Begriff »rattle« die deutsche Übersetzung las: rasseln, klappern, lärmen. Nach Auftritten um 1962 im Hamburger »Star Club«, wo normalerweise nur die englischen und amerikanischen Top-Combos spielten, durften die Rattles sogar bei den Konzerten mit Stars wie Little Richard, Bo Diddley und den Rolling Stones auf deren Torneen in England auftreten.

Ein solcher Rattles-Auftritt dauerte damals gerade mal 20 Minuten. Tour-Manager war zu dieser Zeit ein gewisser Peter Grant, der später Led Zeppelin unter seinen Fittichen hatte. Der gab den Rattles, wenn sie im Tour-Bus besonders hungrig dreinschauten, schon mal zur normalen Gage fünf Pfund dazu und schickte sie damit zum Essen. Die Rattles wurden von den Briten gerne als die »German-Beatles« (»Ja Ja Ja, it's the German Beatles!«) gehandelt. Der deutsche Akzent soll bei den englischen Hörern gut angekommen sein. Seine erste Rattles-Scheibe hörte Achim Reichel irgendwo aus einer Musik-Box. Der Song »Mashed Potatoes« war bei einem ihrer Star Club-Auftritte mitgeschnitten worden. Die Schallplatte wurde einfach hergestellt, ohne die Künstler zu fragen.

Die Beat Bands hatten damals noch nicht die Erfahrung mit all den technischen und finanziellen Dingen, die das Musikgeschäft so mit sich bringt. Einrichtungen wie die GEMA, die sich um die Tantiemen für die Songs kümmert und um die Erlöse aus Konzerten und Schallplattenproduktionen, waren den jungen Musikern oft unbekannt. Das wurde nur zu gerne ausgenutzt. Die Gruppe Rainbows soll es gar versäumt haben, ihren Gaudi-Hit »Balla Balla« bei der GEMA anzumelden.

Die Plattenfirmen, Verlage und Produzenten waren nicht immer darauf erpicht, daß die Songs, die die Band im Studio aufnahmen, um sie auf Platte herauszubringen, auch von den Musikern selber waren. Das eigentlich Geld wird in der Plattenbranche ja von den Komponisten, Textern, Arrangeuren und Verlagen verdient. Die einspielenden oder wiedergebenden Musiker wurden dabei nur mit Peanuts abgespeist. Derek Leckenby, der Sologitarrist der Beatband Herman's Hermits, sagt zum Thema eigene Songs in dem Oldie-Magazin »Good Times«: »Es war immer schwierig für unsere eigenen Songs, Platz auf Platten eingeräumt zu bekommen. Es war immer ein Kampf, es sind immer gewisse Machenschaften in der Musik mit inbegriffen. Du weißt nichts davon zu Anfang, doch nach ca. einem Jahr findest du es heraus, wenn z.B. Leute sagen: nein, wir haben einen besseren Song, und in Wirklichkeit ist er gar nicht besser. Es ist nur so, daß der Produzent mehr Geld bekommt, wenn er die Songs von jemand anderem nimmt. Es sind also alles nur Machenschaften.«

Um teure Studiozeiten zu vermeiden, durften die Beatgruppen auf Anweisung ihres Produzenten meist nur Nummern einspielen, die sie live auch schon blind runterspielen konnten. So entstanden am Anfang der Beat-Ära manche Singles an einem Nachmittag. Für eine Langspielplatte mußte manchmal ein Tag genügen. Wer sich diese Scheiben anhört, die in den Neunzigern fast alle wieder auf CD angeboten werden, wird merken, daß das Können der Beatmusiker erstaunlich gut ist, wenn diese Umstände bedacht werden. Dabei zahlte es sich aus, daß die Beatbands oft noch mehrmonatige Engagements als Live-Gruppe in den Clubs hatten und so manche Songs hunderte Mal und mehr gespielt hatten.

Weil eine regelrechte Singlelawine in die Schallplattenläden schwappte, war der Geldbeutel der Teenies, Lehrlinge und Schüler schnell leer. Das war die große Chance des Tonbandgerätes. Auf den beiden rotierenden Bandrollen konnten sich die Beatfans über den Schallplattenspieler die neuesten Scheiben ihrer Freunde und Bekannten überspielen. Oder der Tonbandbesitzer lauerte am Radio bei bestimmten Beatsendungen und drückte den Aufnahme und Startknopf an seinem Bandgerät recht- und gleichzeitig. Auf einem Tonband von Grundig, Philips oder Uher konnten bis zu 3 Stunden Beatsongs aufgenommen und wiedergegeben werden. Das war eine preiswerte Lösung. Die ersten tragbaren Koffertonbandgeräte kamen auf und wurden mit ins Freibad genommen. Ein Satz Batterien reichte für ungefähr 20 Stunden Musik auf der Liegedecke.

Gute Dienste für den Empfang von Beatmusik tat auch das Transistorradio mit Teleskopantenne. Gerade über Mittelwelle, Kurzwelle oder Langwelle konnte durch konzentriertes Drehen an der Sender-Einstellung Radio Luxemburg, Radio Paris oder womöglich Radio London hereingeholt werden. Zwischen Blubbern, Krachen, Zischen und

Jaulen waren dann die neuesten Beat-Töne der Stones, Hollies oder Beatles auszumachen. In den wöchentlichen Hitparaden der deutschen Radiosender tauchten wenigstens die populärsten Beatsongs und Beatgruppen auf. Der deutschsprachige Dienst von Radio BBC startete im Februar 1966 einen speziellen Service für beathungrige Hörerinnen und Hörer: Jeden Freitag um 21.15 Uhr konnte man in der Sendung »Hit 66« die heißesten Beattitel aus Großbritannien hören. Sogar Leserzuschriften waren erwünscht. »Hit 66« war auf drei Wellenlängen zu hören.

Vor den Küsten Britanniens, Hollands und Deutschlands fuhren in der Nordsee sogenannte Piratensender wie »Radio Caroline« ihre Antennen aus, um die beathungrige Jugend mit dem nötigen Lauschmittel zu versorgen.

Langsam wurden auch auf den deutschen UKW-Kanälen eigene Sendestunden für beatbegeisterte Junghörer eingerichtet. Bei den Hörerwünschen wurden die Beatstücke immer eigens gebracht und vom Moderator verständnisvoll vom normalen Liedgut mit Peter Alexander, Rex Gildo, Wencke Myhre, Freddy Quinn, Siw Malmkvist, Manuela, Peggy March, Udo Jürgens und Roy Black getrennt. Manche Schlagerhelden in den Sechzigern – und vor allem ihre Produzenten – versuchten den abgehängten Schlager mit englischen Wörtern aufzupeppen. Roy Black sang mit seinen Cannons: »Ein Kuss von dir und ich bin happy« (Single: »Sweet Baby Mine«), und Drafi Deutscher heulte los: »Shake hands, shake hands, dein Herz liebt einen andern, shake hands, shake hands, d'rum sag' ich dir good bye...«

In den 60ern gab es in Deutschland fast nur eine Zeitschrift, die sich um die Beatmusik und die Beatbands kümmerte: »Bravo«. Es gab auch noch die Jugendzeitschrift »O.K.«, die aber nicht so populär war und nicht die hohe Auflage der »Bravo« hatte. In den anderen Zeitungen und Magazinen waren meist nur die Beatskandale zu lesen. Wenn die Who ihre Gitarren zertrümmerten oder die Stones-Fans ganze Bühnen zu Kleinholz machte, dann war das einige Schlagzeilen wert. Im Fernsehen gab es ab 1965 den »Beat-Club« von Radio Bremen, der den Beat Sound in die deutschen Wohnzimmer brachte, um dort heftige Diskussionen zwischen Jung und Alt auszulösen, über diese Kulturschande mit langhaarigen Krawallmusikern. (Seit den Neunzigern schreibt vor allem die Zeitschrift »Good Times« über die vergangene, aber immer noch nachwirkende Beatzeit.)

Auch in Westdeutschland wurden die Beatfans mit ihren langen Haaren eher als eine Störung des öffentlichen Friedens angesehen, statt als eine fröhliche neue Musikrichtung. Man hatte sich eigentlich noch nicht mit dem Halbstarken-Sound des Rock'n'Roll richtig anfreunden können, und jetzt kam noch lautere Musik daher. Peter Kraus hatte versucht, den für deutsche Ohren passabler zu machen und mit einem netten Bubi-Lächeln auszustatten. So wie Cliff Richard in England. Die pausenlosen Kulturschocks verunsicherten die Erwachsenen. Die Lehrer der Nation waren sich sicher: Beatmusik zerstört die Hörorgane, untergräbt die Autorität der Eltern und ist eigentlich undeutsche Negermusik. Zudem konnten viele Deutsche auch das englische Wort für Beat (sprich Biet) nicht korrekt aussprechen. Selbst die Beatles wurden nicht als Bietls ausgesprochen, sondern in korrekter deutscher Sprache als B-e-a-t-l-e-s bezeichnet. Hier war die englischsprechende Jugend im Vorteil und grenzte sich auch so von ihren altmodischen Eltern ab.

Besonders schlimm war es für die Erwachsenen, daß die neuen Beattänze fern von Walzer und Foxtrott lagen. Beat wurde frei getanzt. Mag sein, daß dies auch als deutliches Symbol für die Abnabelung der Jugend vom Althergebrachten angesehen wurde. Berührungen des Partners waren nicht mehr nötig. Die Frau wurde nicht mehr vom Mann im einstudierten Tanzschritt übers Parkett gelenkt. Die Tanzschulen waren auch nicht mehr angesagt. Der Schlager »Ich tanze mit dir in den Morgen« stimmte zwar noch in Bezug auf die Zeitdauer. Aber die Art des Tanzes hatte sich radikal geändert. Die Beatjugend tanzte Slop, Shake oder irgendeinen selbst-kreierten Freistil. Anfassen bei schnellen Tänzen war absolut out. Allerdings wurden die engen Kontakte zwischen den Teenies trotzdem noch sehr gefördert. In den Diskotheken wurde in den Sechzigern meist drei schnelle Beatsongs gespielt und dann kamen langsame Sachen, die damals als Stehblues oder Klammerblues bezeichnet wurden. Es war ja auch nicht mehr nötig, beim Tanzen die Girls heftig zu drehen, damit die Jungs die hübschen Beine unter dem hochfliegenden Pettycoat bewundern konnten. Beim Beattanz war der Minirock angesagt, und da war viel Bein ohne große Anstrengung des Tänzers zu sehen.

In der DDR war Beat von offizieller Seite unerwünscht, er war für die Parteifunktionäre der Ausdruck des dekadenter westlicher Lebensweise. Deshalb wurden Mitglieder der sozialistischen Jugendorganisation in die Tanzsäle geschickt, um das »Auseinander-Tanzen« zu verhindern, natürlich ohne Erfolg.

Die Beat-Instrumente

Das wichtigste Instrument beim Beat war die elektrische Gitarre. Sie war leicht zu spielen, und mit drei Grundakkorden war der Song manchmal schon fertig. In den Fünfzigern waren die begehrten amerikanischen Gitarren kaum zu haben. Sie waren schlichtweg zu teuer für junge Musiker. Insofern mußten die meisten Musiker auf europäische Instrumente ausweichen. Die Beatles und die Rolling Stones spielten in ihrer Anfangszeit Instrumente der Firmen Höfner und Framus, die beide in Deutschland gefertigt wurden. Weit verbreitet waren in Deutschland unter den Bands die Marke Eko bei Gitarre und Bass. Die deutschen Instrumentenhersteller lehnten die Form ihrer Gitarren weitgehend an die der amerikanischen Vorbilder wie Gibson und Fender an. Teilweise ersannen die damaligen Instrumentendesigner auch richtiggehend futuristische Gitarren und Bässe, die von der technischen Ausstattung her weitaus mehr Soundmöglichkeiten anboten. Es gab Gitarren, bei denen die Magnete der einzelnen Tonabnehmer getrennt regelbar waren, so daß die Lautstärke jeder Saite einzeln eingestellt werden konnte.

Das berühmteste deutsche Instrument der Beat-Ära war wohl der Höfner-Violin-Bass von Paul McCartney, der auch noch heute im Verkaufskatalog der Firma aus Bubenreuth (bei Nürnberg) angeboten wird. Paul McCartney legte sich bei einem Gastspiel im Hamburger »Star Club«, nachdem der Beatles-Bassist Stu Sutcliffe ausstieg, diesen Höfner-Bass zu. Die Gründe für seine Entscheidung waren: weil er billig und schön leicht war. George Harrison, der Beatles-Gitarrist, stand mit einer Höfner-Futurama auf der Bühne. Diese Gitarre ähnelte in ihrem Aussehen weitgehend der amerikanischen Stratocaster von der Gitarrenfirma Fender. Die deutsche Futurama war 1960 mit folgender Technik ausgestattet: Sunburst-Lackierung, Hals und Griffbrett aus Ahorn, Vibratohebel sowie drei Tonabnehmer. George Harrison wollte bei einem Aufenthalt in Hamburg unbedingt eine amerikanische Stratocaster erwerben. Diese war ihm schon vor längerer Zeit ins Auge gestochen, als er sie auf einem Plattencover des Rock'n'Rollers Buddy Holly erblickte. Allerdings kaufte sie ihm der Gitarrist der Gruppe Rory Storm And The Hurricanes (bei denen damals noch Ringo Starr an der Schießbude saß) vor der Nase weg. Enttäuscht kaufte sich Harrison später eine Gretsch Duo Jet Model 6128, die er auch auf den frühen Beatlesplatten einsetzte. Der Stones-Bassist Bill Wyman spielte auch auf einem Framus-Bass. Er hatte die Bezeichnung 5/150.

Durch den zunehmenden Bekanntheitsgrad der englischen Beatgruppen in den USA und die Tourneen der englischen Bands in Übersee kam es dazu, daß auch die amerikanischen Gitarrenfirmen wie Rickenbacker und Gretsch die Erfolgsgruppen ausstatteten. Immerhin benötigte eine richtige Beatband meist zwei Gitarren und einen Bass. Die Firma Rickenbacker überreichte George Harrison 1964 die erste elektrische 12-Saiten-Gitarre. Diese spielte George Harrison bei »A Hard Day's Night« und »Can't Buy Me Love«. Gerade die Byrds aus den Vereinigten Staaten machten die elektrische 12-Saiten-Gitarre zu ihrem Markenzeichen. Dadurch entstand bei ihren Hits wie »Mr. Tambourine Man« oder »Turn Turn Turn« der typische Elektro-Folk-Klang. Die erste bekannte Gitarren-Rückkoppelung, bei der manche Fans dachten, es handle sich um das Geräusch eines Rasierapparates, war auf dem Song »I Feel Fine« (1964) als Intro zuhören. Die ersten Effektgeräte (Verzerrer) für Gitarren wurden von den Beatmusikern wie Jeff Beck bereits 1964 eingesetzt. Auf dem Yardbirds-Song »Heartful Of Soul« ist dies zu hören, und auch bei dem Stones-Kracher »Satisfaction« wurde für das prägnante Keith-Richards-Riff ein Verzerrer benutzt.

Durch die spezielle Verstärkertechnik entstand erst der typische Beatsound bei den europäischen Bands. Die typischen Röhrenverstärker wie der Vox AC 30 (entwickelt für die Gitarrenband The Shadows) mit dem Class A-Sound waren schaltungstechnisch anders gebaut als viele amerikanische Verstärker dieser Zeit. Dadurch wurde der Beatsound höhenreicher und schlanker. Ebenso trugen auch die Celestion-Lautsprecher in den englischen Verstärkern dazu bei, daß der Klang der englischen Beatmusik einen anderen Charakter als die Musik aus den Vereinigten Staaten bekam.

Bei den Live-Auftritten der Beatbands gab es um 1963 noch keine PA. (Power Amplifier oder Public Adress System), wobei der Gesamtsound der Gruppe mit einem Mischpult geregelt wird. Damals mußte der Sänger einer karg ausgestatteten Beatcombo sogar noch über den Gitarrenverstärker singen. Für die ersten Auftritte, bei denen es noch Cola statt Gage gab, bastelten sich begabte Beatmusikanten aus dem Röhrenradio ihres Vaters eine halbwegs brauchbare Gesangsanlage. Später kamen für die Sänger und Sängerinnen der Beat-Ära größere Lautsprecherboxen mit besseren Verstärkersystemen links und rechts auf die Bühne. Die deutschen Beatbands benutzten für ihre Live-Konzerte gerne Marken wie Dynacord, Echolette und Hohner. Als die Beatles 1965 im New Yorker Shea-Stadion ihr berühmtes Konzert vor rund 50.000 Menschen gaben, standen auf ihrer Bühne Vox-Verstärker, und der Gesang der Fab Four mußte teilweise über die Stadion-Anlage geleitet werden.

Die Studiotechnik

Vor 1950 wurde die Musik, die in den Tonstudios aufgenommen wurde, noch direkt in Wachs geschnitten. Anfang der Fünfziger wurde diese Art der Aufnahmetechnik langsam abgelöst von Bandmaschinen. Das Tonband konnte richtiggehend geschnitten werden. Dabei konnten kleine Ausschnitte aus einem Song aneinandergefügt werden, und somit konnten fehlerfreie Schallplattentitel veröffentlicht werden. Bereits in den 30ern hat die Schallplattenfirma EMI (»His Masters Voice«) mit der Stereotechnik experimentiert. Diese konnte aber erst Mitte der Fünfziger serienreif eingesetzt werden. Die Mikrophontechnik in den Studios wurde von den Firmen Neumann (Deutschland) und AKG (Österreich) ständig verbessert. Anfang der Sechziger wurden die ersten Vierspur Bandmaschinen der Hersteller Telefunken und Studer für professionelle Schallplattenaufnahmen in Europa eingesetzt. Die Amerikaner waren auch hier wieder mal früher dran und boten ihren Künstlern zu dieser Zeit bereits schon 8-Spur-Maschinen an. Bei den Vierspurmaschinen, die gerne für Klassikaufnahmen verwendet wurden, kam das Orchester auf 2 Spuren und die Solisten und der Chor auf die restlichen beiden Spuren. Die meisten europäischen Studios waren bis Ende der Sechziger Jahre noch mit der Röhrentechnik ausgestattet, die allmählich vom Transistor und noch später von der digitalen Technik abgelöst wurde.

In den berühmten Abbey Road Studios zu London, wo die meisten Beatbands in den Sechzigern ihre Songs einspielten, machten Shane Fenton (später bekannt als Alvin Stardust) und Paul Raven (später bekannt als Gary Glitter) ihre Aufnahmen. Auch die Hollies, deren Gesang ihre Hits prägte, waren gerngesehene Kunden in der Abbey Road. Die Beatles nahmen eine Langspielplatte in dem legendären Studio auf: »Abbey Road« (A-Seite: Come Together, Something, Maxwells' Silverhammer, Oh Darling, Octopuss's Garden, I Want You (She's So Heavy), B-Seite: Her Comes The Sun, Because, You Never Give Me Your Money, Sun King, Mean Mr. Mustard, Polythene Pam, She Came In Through The Bathroom Window, Golden Slumbers, Carry That Weight, The End, Her Majesty), auf deren Cover die Beatles von rechts nach links über den Zebrastreifen der Abbey Road hintereinander gingen. Das Studio ist seit den Beatles eine Touristenattraktion, die von vielen Beatfans aus aller Welt besucht wird.

Gesellschaft und Politik in den Sechzigern

In Deutschland geht die Zeit des Wiederaufbaus und des Wirtschaftswunders nach dem Zweiten Weltkrieg zu Ende. Die Ruinengrundstücke sind verschwunden und kleine Autos wie die zweisitzige Isetta oder der Messerschmitt-Kabinenroller gehören der Vergangenheit an. Das Geld wird immer mehr und im Sommer 1963 gibt die Bundesbank den ersten Tausendmarkschein heraus. Im Herbst 1964 trifft der 1.000.000ste Gastarbeiter, ein Portugiese, in Köln ein. Er erhält ein deutsches Moped geschenkt.

Der ehemalige Wirtschaftsminister Ludwig Erhard löst Konrad Adenauer nach 14 Jahren Regierungszeit als Bundeskanzler ab und warnt die Bevölkerung vor einem Konsumrausch: »Maßhalten!« Der Verpackungstrend geht hin zu Plastik. Die Margarine, der Joghurt, der Scheibenkäse und das Spülmittel werden mit dem neuen Material umhüllt. Die Schlafcouch im Jugendzimmer, das Etagenbett im Kinderzimmer, die Polstergarnitur im Wohnzimmer, die Gartenmöbel aus Kunststoff und Metall auf der Terrasse und das Doppelwaschbecken im Bad sind die aktuellen Verkaufsrenner für die ständig mehr werdenden Eigenheime. Bald hat jeder sein Auto, zumindest im Westen. Aber auch die DDR wird von den Statistikern bereits in den Top Twenty der reichsten Wirtschaftsländer aufgeführt. Das Wirtschaftswunder ist vollbracht, und die Jugend schaut sich um, wo das beste Vergnügen wartet.

Gleichzeitig entstehen die ersten Entwicklungen der technischen Revolution, die dann die folgenden Jahrzehnte prägen: Das erste deutsche Atomkraftwerk wird im Juni 1961 in Kahl am Main zur verstärkten Stromgewinnung eingeschaltet, die DDR zieht 1966 mit dem Atomkraftwerk Rheinsberg nach. Ende der sechziger Jahre entstehen wichtige Neuerungen im Bereich Elektronik und Rechentechnik. Nachdem 1962 der sowjetische Kosmonaut Juri Gagarin als erster Mensch in den Weltraum geflogen ist, landen 1969 die Amerikaner zwei Astronauten auf dem Mond.

Der Kalte Krieg, ein Produkt der verschiedenen Gesellschaftssysteme (Kommunismus vs. Kapitalismus), tobte auch in den Sechzigern noch ungehindert. Im August 1961 wird von Volkspolizei und Betriebskampfgruppen die Mauer in Berlin zwischen DDR und BRD gebaut. Zwei Millionen Menschen hatten bis dahin die DDR mit dem Motto »Go West« verlassen. Im September 1961 verliert die CDU/CSU erstmals ihre absolute Mehrheit im Bundestag. Die politische Macht der Konservativen bröselt langsam.

Der Mann des Jahres 1963 heißt laut der Illustrierten »Stern« Gerhard Schröder und ist der damalige Außenminister von der CDU. Weil die Amerikaner den Sieg der kommunistischen Viet-Cong in Vietnam verhindern wollen, erhöhen sie 63 ihr Kontingent an sogenannten Militärberatern auf 12.000 Mann, aber der Krieg in Vietnam eskaliert. Im Juni 1963 kommt der junge amerikanische Präsident John F. Kennedy in das geteilte Berlin und spricht an der Seite des damaligen Bürgermeisters Willy Brandt die berühmten Worte: »Auch ich bin ein Börliner!« Im November dieses Jahres wird er ermordet.

Schon seit 1965 gärt es an den Hochschulen, es kommt zunehmend zu Demonstrationen gegen den Bildungsnotstand, immer mehr Studenten engagieren sich politisch. Im Juni 1967 wird der Student Benno Ohnesorg von einem Berliner Polizisten bei einer Demonstration gegen den persischen Schah erschossen. Rudi Dutschke ruft zur »außerparlamentarischen Opposition« auf. Bekanntester Spruch: »Unter den Talaren Muff von 1000 Jahren«. Das Jahr 1968 wird durch den »Prager Frühling« im Osten und die Studentenproteste in Westeuropa geprägt. Im Frühjahr 1968, fünf Jahre nach dem Beatbeginn, zünden die späteren Mitglieder der RAF (Rote Armee Fraktion) zwei Frankfurter Kaufhäuser an. Im Mai explodieren die Studentenunruhen an der Pariser Universität Sorbonne, es kommt zu Straßenschlachten, eine Million Demonstranten, auch viele Arbeiter und Gewerkschaftler, solidarisieren sich in Paris mit den Studenten. Die französische Regierung muß einlenken. Allerdings entsteht auch eine gewisse Revolutionsromantik, europäische Mittelstandskinder spielen Revolution, verklären Mao, Che Guevara (der 1967 ermordet wird) und die PLO. In den Siebzigern wird daraus mit dem Linksterrorismus der RAF und der italienischen Roten Brigaden blutiger Ernst.

Die furchtbaren Fernsehbilder des Vietnamkrieges, die Bombardierungen vietnamesischer Städte durch US-Bombenflugzeuge, die Entlaubung des Landes mit chemischen Kampfstoffen, Massaker an der Zivilbevölkerung wie die von Song My und My Lai bleiben nicht ohne Wirkung: des westliche System ist für viele junge Leute diskreditiert. Mit den Protesten gegen den Vietnamkrieg wächst die Friedensbewegung, die Ostermarschbewegung gegen die atomare Aufrüstung hat von 1961 bis 1969 ständig wachsende Teilnehmerzahlen. In den USA entstehen die Black-Power-Movement und ihre radikale Spielart, die Black Panthers. Es gelingt, rassendiskriminierende Gesetze zu kippen. 1968 wird Martin Luther King ermordet.

Die amerikanische Folksängerin Joan Baez beteiligt sich medienwirksam an dem Protestmarsch in Washington gegen die Trennung der Rassen. In der amerikanischen Fernsehserie »Raumschiff Enterprise«

darf erstmals eine, noch dazu schwarze Frau als Lieutenant Uhura auf der Brücke das Funkgerät bedienen.

Zum ersten Mal kommt eine Frau in die BRD-Regierung. Die Russin Walentina Tereschkowa ist 1963 die erste Frau im Weltraum. Sie ist sowjetischer Unterleutnant und fliegt mit der Raumkapsel »Wostok VI« im Alter von 26 Jahren um die Erde. Im Westen herrscht das Gerücht, die Frauen in der DDR würden wie die Männer in die Arbeit gehen, das gleiche wie die Männer verdienen und könnten auch straffreie und kostenlose Abtreibungen vornehmen. In der Tat arbeiteten prozentual viel mehr Frauen in der DDR als in der BRD, und durch die DDR-Regierung wurde dies durch einige Sozialgesetze (Mutterschutz, Kindergärten, Haushaltstag u.a.) gefördert.

Die deutschen Frauenherzen zittern um das Schicksal von Soraya und Farah Diba. Soraya schildert in ihren Memoiren in der Illustrierten »Quick« ihre Ehe mit dem Schah Mohammad Resa Pahlawi, die wegen fehlender Kinder geschieden wurde. Ihre Nachfolgerin wurde die Kaiserin Farah, die laut »Bunte Illustrierte« ihre Ferien am Kaspischen Meer macht. Die Schlagersängerin Gitte meint »Ich will nen Cowboy als Mann«, und die Italienerin Rita Pavone hat nur einen Traum in dem Song »Wenn ich ein Junge wär«. Allerdings können die Frauen in den Sechzigern schon mal die Bühne als Beatmusikerinnen betreten. Sie sind die Wegbereiter für alle nachfolgenden Rockladies, die von Jahrzehnt zu Jahrzehnt beständig zunehmen. Berühmtestes Beispiel sind die Liverbirds. Diese scheuten sich auch nicht, ihren nackten Popo am Nordseestrand in die Linse des Pressefotografen zu strecken. Ende der sechziger Jahre beginnt die Frauenbewegung. Innerhalb des SDS entsteht 1969 der »Aktionsrat zur Befreiung der Frau«. Dennoch ist es bis zu einer Gleichberechtigung von Frauen und Männern noch ein weiter Weg.

Die SPD/FDP-Koaliton mit dem Bundeskanzler Willy Brandt löst 1969 die alte Regierung ab. Der Zweite Bildungsweg für Jugendliche wird eingeführt.

Gegen die Bewacher des KZ-Auschwitz wird ebenfalls 1963 in Frankfurt der Prozeß eingeleitet. Die ist größte Gerichtsverhandlung in Deutschland wegen Massenmordes. Damit soll ein Schlußstrich unter die Verbrechen im Dritten Reich gezogen werden. Die Urteile fallen aber so milde aus, daß es international zu Protesten kommt.

Das »Zweite Deutsche Fernsehen« (»ZDF«) strahlt aus Mainz ab 1. April 1963 sein TV-Programm in die Lande. Während das 1. Programm die Nachrichtensendung »Report« brachte, strahlte das ZDF die »Berlin-Melodie – Vom Zille Ball zum Jazzlokal« (Mitwirkende: Hildegard Knef, Bully Buhlan, Lex Barker, Theo Lingen, Brigitte Mira, Rudolf Schock) mit altbewährten Stars aus. Da war noch kein Wort, Bild, geschweige denn Ton, über die neuen Beatbands, die auch in Berlin gerade begannen, mächtig Furore zu machen. Chris Howland, der sich auch manchmal als Schlagersänger vors Mikrophon begibt, moderiert die Sendung »Vorsicht Kamera«. Das Farbfernsehen beseitigt im Sommer 1967 die Schwarzweißzeit im Pantoffelkino. Radio Bremen brachte mit dem »Beat-Club« die revolutionärste Sendung mit langhaarigen Musikanten, die nur englisch singen konnten. Es gibt noch kein Privatfernsehen, und in der DDR werden die Antennen nach Westen ausgerichtet.

Die beiden Deutschlands bekämpfen sich im Kalten Krieg mit Sport und mit diplomatischen Winkelzügen. Für die Bild-Zeitung, das Leib- und Magenblatt der Konservativen aus dem Springer Verlag, ist die »DDR« ein Land in Anführungszeichen.

Die westdeutschen DKP-Jugendlichen wunderten sich, wenn sie im kommunistischen Osten von Deutschland mit ihren langen Haaren Probleme an der Disco-Tür bekamen und Krawattenträger einen besseren Platz im Restaurant erhielten. Anzugträger wurden an der Grenze zur DDR nicht so extrem gründlich gefilzt wie die schlaghosentragenden DDR-Sympathisanten von der westdeutschen SDAJ. Die Ablehnung von Beat und langen Haaren war bei den ordnungsliebenden Deutschen gleich stark in Ost wie West. Bei Diskussionen über Kommunismus und Kapitalismus war am Ende von erbitterten Diskussionen auf beiden Seiten der Mauer zu hören: »Geh doch rüber!« Während die DDR von westdeutschen Schlagersängern besucht werden durfte, hatten die langhaarigen Beatbands im »Arbeiter- und Bauernstaat« in den Sechzigern kaum Auftrittsmöglichkeiten. Während die westdeutsche Jugend wenigstens über das GI-Radio der US-Streitkräfte »AFN« Beatklänge erhaschen konnte, mußte sich die Ost-Jugend auf dubiosen Wegen nicht nur mit Zeitungen, Magazinen und Büchern, sondern auch mit Beatplatten versorgen. Kassettenrecorder gab es in den Sechziger Jahren noch nicht, und die wenigen Spulentonbandgeräte waren teuer.

Aber viele junge Leute hingen am Radio, schrieben sich so gut es ging die Texte der Beatsongs mit und begannen, diese nachzuspielen. Anfang der Sechziger entstanden auch in der DDR die ersten Beatformationen, so z.B. das Frank-Echo-Quintett, die Sputniks, die Butlers, das Diana-Show-Quintett, die Music-Stromers, die Bigtown-Boys und Team 4. Mit primitiven Anlagen beschränkten sie sich darauf, englischsprachige Titel nachzuspielen und die Tanzböden einzuheizen. Möglichkeiten für Rundfunk- oder Plattenaufnahmen gab es so gut wie nicht. Kurze Zeit gaben sich Staatsmacht und die sozialistische Jugendorganisation FDJ (Freie Deutsche Jugend) tolerant, Beatgruppen erhielten die Spielerlaubnis, ohne die man nicht auftreten konnte. Die kurze Beatblüte in der DDR währte aber nicht lange. Nach den Ausschreitungen auf dem Rolling Stones Konzert in der West-Berliner Waldbühne war es mit der Toleranz im Osten vorbei. Walter Ulbricht (DDR-Regierungschef mit Spitzbart) sagte: »Genossen, mit der Monotonie des yeah yeah yeah und wie das alles heißt, sollte man doch Schluß machen. Ist es denn wirklich so, daß wir jeden Dreck, der vom Westen kommt, kopieren müssen?« Es folgte auf dem 11. Parteiplenum 1965 eine Generalabrechnung mit all der »westlich beeinflußten« Musik, Literatur und bildenden Kunst. Den Beatgruppen wurde die Spielerlaubnis entzogen, viele junge Musiker kurzerhand in die Armee eingezogen, einige Musiker unter fadenscheinigen Vorwänden verhaftet und vor Gericht gestellt. Beliebte Anklagepunkte waren Steuer- oder Devisenvergehen. Erst Jahre später formierte sich wieder eine DDR-Rocksszene, und ehemalige Beatmusiker, z.B. der Butler aus Leipzig, spielten nun in Rockformationen, z.B. der Klaus Renft Combo.

Genausowenig, wie die Beatmusik der Jugend aufzuhalten war, war eine neue Ostpolitik zu stoppen. Die Jugend war es leid, die alten Feindbilder ihrer Eltern zu übernehmen, so wie sie es auch ablehnte, Rudi Schuricke zu hören oder den Knigge auswendig zu lernen. Die Beatmusik hat vielleicht die geheimste Revolution aller Zeiten angezettelt, ohne Demobänder zu schwenken, ohne Politiker zu ermorden, ohne Parlamente oder Königshäuser zu stürzen. Einfach nur durch impulsive Musik in die Gehörgänge, die durch nichts und niemand aufzuhalten war. Sie hatte einfach den Sound der Freiheit.

Die Filme in den Sechzigern

Selbst im Western, dem amerikanischsten Film überhaupt, übernehmen in der Beat-Ära die europäischen Regisseure die Zügel. Ähnlich wie die Beatles den Elvis-Sound ablösen, hat US-Star John Wayne keine Chance gegen »Django« aus dem Italo-Western. »Für eine Handvoll Dollars« übernehmen die Spaghetti-Killer das Kommando. Die Zeit der gemütlichen 50er-Jahre Movies ist in allen Filmgenres vorbei.

Ab 1963 kommen brutale Sittengemälde wie »Das Schweigen« von Ingmar Bergman ins Kino. Die Schere des Zensors ist gefragt. In Deutschland wird der Film wegen der ungewohnten Nacktszenen in einigen Orten beschlagnahmt.

Psycho-Profi Alfred Hitchcock verwandelt in seinem Film »The Birds« die Vögel in gefährliche Monster, und Beatbands nennen sich trotzdem oder erst recht Birds oder Byrds. Kenneth Anger zeigt schon 1963 mit »Scorpio Rising« die sadomasoschistischen Rituale einer Motorrad-

Gang in New York. Russ Meyer, der Monsterbusen-Fanatiker, zeigt in »Motorpsycho – wie wilde Hengste« bereits 1965 Gewalt- und Sex-Exzesse eines traumatisierten Vietnamveteranen auf B-Film-Niveau. Roman Polanski verfilmt in den Sechzigern nach seinem Ästhetik-Schocker »Ekel« mit dem Grusel-Klassiker »Rosemarys Baby« Ungeheuerliches: Den Geschlechtsakt und ein Kind mit dem Teufel. George A. Romero holt 1968 in (»Night Of The Living Dead« / »Die Nacht der lebenden Toten«) die Zombies aus den Gräbern, und eine Armee aus Untoten greift die Lebenden an, um ihnen den Garaus zu machen. Der Splatterfilm ist geboren.

Der französische Filmavantgardist Jean Luc Godard verwandelt den Fünfziger-Jahre-Krimi-Star Eddie Constantin in dem systemkritischen Streifen »Lemmy Caution gegen Alpha 60« in einen coolen Detektiv, dessen Machozeit mit seinen Schnüffeldiensten in der Pettycoat-Phase längst vorbei ist. Stanley Kubrik dreht mit »Dr. Seltsam oder wie ich lernte die Bombe zu lieben« in den Sechzigern nicht nur eine Satire über die Gefahr eines Atomkrieges, wobei er die Militärs lächerlich macht, sondern bringt mit »2001 – Odyssee im Weltraum« einen Zukunftsfilm in die Kinos, der mit seinem Bilderrausch im Weltraum und der skurrilen Story vom durchgeknallten Raumschiffcomputer doch sehr an die Erlebnisse mit der aufkommenden Droge LSD erinnert. Überhaupt gewinnt der Weltraum im Zeitalter der ersten Raumflüge und Mondlandungen auch für die Filmemacher an Faszination. Die Raumschiffe Enterprise und Orion erforschen den Weltraum und bekämpfen Aliens. Der Horrorspezialist Roger Corman dreht mit Dennis Hopper und Peter Fonda 1967 mit »The Trip« (zwei Jahre vor »Easy Rider«) das erste Movie, bei dem die Droge LSD im Mittelpunkt steht (Buch: Jack Nicholson). Die R&B-Anarchos von der Band Pretty Things sind die ersten Beatmusiker die losbrüllen: »Yes I need LSD«.

Der tapfere, treue und ehrliche Karl May-Apache Winnetou erlebt mit seinem Freund Old Shatterhand in Deutschland seinen filmischen Höhepunkt. Die Heimatfilme aus Wäldern und Bergen werden von einem französischen Indianerhäuptling und seinen Abenteuern mit dem blonden Blutsbruder in den Steppen Nordamerikas abgelöst. Eine multikulturelle Kulturepoche bahnt sich für die Deutschen an, die das aber unter den einschmeichelnden Klängen der Melodie vom Schatz im Silbersee nicht bemerken. Der Streifen »Es« über ein unverheiratetes Paar läutet in Deutschland ab 1966 ein neues Zeitalter mit unkonventionellen Filmen wie »Der junge Törless«, »Abschied von Gestern«, »Spur der Steine«, »48 Stunden bis Acapulco« und »Zur Sache Schätzchen« ein. Ein Höhepunkt des »Jungen deutschen Films« ist der Streifen »Wilde Reiter GmbH«. Ein größenwahnsinniger Beatstar namens Kim Calder liefert den Medien ständig neue Verrücktheiten. Sein junger Presseagent Georg kann den verlogenen Medienrummel nicht aushalten. Ein verrückter Film über das verrückte Musikgeschäft von Regisseur Franz-Josef Spieker mit Chantal Cachin, Bernd Herzsprung und Herbert Fux.

Der erste Beatles-Film »A Hard Day's Night« hat am 6. Juli 1964 in London seine Premiere. »Yeah Yeah Yeah« lautet der Filmtitel in Deutschland, der sich an den Schlachtruf aller Beatfans (inspiriert durch die Beatles-Zeile »She loves you yeah yeah yeah!«) anlehnt. Die begeisterten jugendlichen Kinogänger sehen auf der Leinwand das Musikleben des umjubelten Pilzkopf-Quartetts bei einer England-Tournee.

John Lennon hat die Rolle des verrückten Spaßmachers, Ringo Starr stellt den introvertierten Romantiker dar, Paul McCartney spielt den Mädchenschwarm und Gitarrist George Harrisson ist der nachdenkliche Typ. Dokumentiert wird in »Yeah! Yeah! Yeah!« auch das Beatles-Fieber mit kreischenden und zusammenbrechenden Fans, vor denen sich die Fab Four fast ständig auf der Flucht befinden. Regie führte bei »A Hard Day's Night« Richard Lester, und das Drehbuch stammt von Alan Owen. Hinter der Kamera stand Gilbert Taylor.

Der zweite Beatles-Film heißt »Hi-Hi-Hilfe« (Original-Titel: »Help!«) und wird schon ein Jahr nach »A Hard Day's Night« gezeigt. Dieses Beatles-Movie ist fantastischer angelegt als sein Vorgänger. In »Hi-Hi-Hilfe« werden die Beatles von einer rätselhaften Zaubersekte aus dem Orient verfolgt. Ringos Ring hat anscheinend mysteriöse Kräfte. Für »Help!«, der wieder unter der Regie von Richard Lester entstand, werden auch weitere Schauspieler wie Victor Spinetti, Eleanor Bron und Leo McKern engagiert.

Über den am wenigsten erfolgreichen Beatles-Streifen »Magical Mystery Tour«, den die Beatles selber aufnahmen, schreiben J. Hobermann und Jonathan Rosenbaum in ihrem Buch »Mitternachtskino«: »Magical Mystery Tour ist in vieler Hinsicht bezaubernd naiv, dabei technisch längst nicht so ausgeformt-gelackt wie die Beatles-Alben jener Zeit sowie die beiden Lester-Filme. Außerdem ist er auf eine freundlich-modernistische Art gestaltet...«

Richard Lester dreht einen weiteren Beatfilm mit »Der gewisse Kniff«, der das Leben der jungen Leute im »Swinging London« der Sechziger schildert. Die erfolgreichen Beatles-Filme lösen natürlich ein Boom von Beatband-Filmen aus. Es sind aber nicht nur die Dave Clark Five, die Monkees oder Herman's Hermits, die mit ihrem Beatsound in die Kinos kommen. Als 1964 der griechische Sirtaki-Held »Alexis Sorbas« von Michael Cacoyannis die Welt erobert, haben es die Beatles musikalisch schon geschafft. Die Beatgruppe Dave Dee, Dozy, Beaky, Mick

& Tich läßt sich vom Sirtakifieber ergreifen und präsentiert den Hit »Bend It«, der auf dem typischen Sirtaki-Sound basiert.

»Fangt uns, wenn ihr könnt!« (Originaltitel: »Catch Us if You Can«) nennt sich der Streifen von der Beatformation Dave Clark Five, der 1965 in die Kinos kommt. Es war aber nicht unbedingt eine Komödie, was Drehbuchschreiber Peter Nichols für den Regisseur John Boorman verfaßt hat. Es geht um ein Mädchen, das durch die Werbung für die Fleischindustrie zum Publicity-Star wird. Ihr Freund will sie aus dieser Werbewelt herausholen. Diesem Film wird zugebilligt, am Beispiel junger Menschen die Gesellschaft zu kritisieren.

Über die Filmschiene konnte auch die aktuelle Musik der Beatgruppen besser verkauft werden. Zum Film wurde meist eine dazugehörige Langspielplatte aufgenommen. Bestes Beispiel für ein erfolgreiches Ineinandergreifen des Marketing sind der Film und die Platte »Mrs. Brown You've Got A Lovely Daughter« der Herman's Hermits.

Einer der besten Filme aus den Sechzigern, der die Stimmung mitten in der Beat-Ära in London recht gut beschreibt, der Streifen »Blow Up« von Michelangelo Antonioni von 1966, gedreht nach einer Kurzgeschichte von Julio Cortazar. In »Blow Up« wird das Leben des Modefotografen Thomas gezeigt, der mit seiner Kamera die Models (Vanessa Redgrave) in der Pop-Welt ablichtet und einen merkwürdigen Mordfall aufklären will. Der Gastauftritt der Beatformation Yardbirds in einem Londoner Club ist beeindruckend intensiv und wurde wohl live aufgenommen. Kommentar vom »Filmdienst: »... hervorragender Film, der die Faszination des Bildes als Abbild tatsächlicher oder vermeintlicher Wirklichkeit und die Möglichkeit der Manipulation aufzuzeigen versucht und zugleich ein Portrait der Beatgeneration zeichnet.«

Für den schwarzhumorigen Anti-Kriegs-Film »Wie ich den Krieg gewann« schickt der Beatles-Regisseur Richard Lester den Pilzkopf-Träger John Lennon zum Frisör. Millionen weibliche Teenager auf der ganzen Welt weinen um die geliebten langen Haare des Sängers, Komponisten und Gitarristen der berühmten Liverpool-Combo. Das ist der erste Streifen in der Filmgeschichte, der allein schon durch den Haarschnitt eines Mitwirkenden die größte Werbung erhält.

Die großen Konkurrenten der Beatles, die Rolling Stones, haben in den Sechzigern keinen gemeinsamen Auftritt in einem eigens für sie gemachten Spielfilm. Nur der Rolling Stones-Sänger Mick Jagger kann 1969 als Schauspieler in dem Film »Performance« als Popstar Turner auftreten. »Performance« wurde erst ab 18 freigegeben und erzählt die Story von einem Gangster, der nach einem ungewollten Mord bei dem Popstar Turner Unterschlupf findet. Das Buch dazu schrieb Donald Cammell, der auch zusammen mit Nicolas Roeg die Regie führte. Die

Musik dazu komponierten aber nicht die Rolling Stones, sondern Jack Nitzsche.

Einer der besten Musik-Dokumentarfilme dreht der Franzose Jean Luc Godard über die Studio-Session zu dem Rolling Stones-Song »Sympathy For The Devil« für den Film »One Plus One«. »Sympathy For The Devil« gehört zu dem Album »Beggars Banquet« (1968), mit dem die Rolling Stones nach ihrem Ausflug in die Psychedelic (Album »Their Satanic Majesties Request« 1967, das mit dem berühmten Wackelbildchen auf dem Cover) wieder zurück zu ihren Beatwurzeln, zum R&B finden, der sie einst zu Beat-Heroen gemacht hat. Mick Jagger findet viel Gefallen am Movie-Business und ist bei einigen weiteren Filmen mit dabei: »Kelly, der Bandit« (1969), »Jimi Hendrix« (1973), »Rocks Off – The Rolling Stones US-Tour 81« (1981), »Running Out Of Luck« (1985) und in dem Science Fiction Streifen »Freejack« (1991).

Ein visionärer Beatfilm war 1966 »Privileg« aus Großbritannien. Die Story handelte von dem massenhysterieerzeugenden Beatsänger Steve Short, der von der Kirche angeheuert wird, um die jungen Beatfans endlich für diverse religiöse Aktionen zu begeistern. Der Film von Peter Watkins wurde damals als unrealistisch kritisiert, was aber später durch das Aufkommen der religiösen Jugendbewegung und Sekten mit diversen Gurus – wobei die Beatles Vorreiter waren – als durchaus realistisch bestätigt wurde. Die »Privileg«-Hauptdarsteller waren: Paul Jones, der frühere Sänger und Gitarrist bei Manfred Mann und bei Alexis Korner's Blues Incorporated, und das damalige Top-Model Jean Shrimpton.

Die Kinks, vor allem Ray Davies, gingen erst nach der Beat-Ära in die Studios, um Filme und manchmal die Musik dazu zu machen. Für »Percy« (deutscher Filmtitel »Spatz in der Hand«) schrieb Ray Davies die Musik. In der pikanten Geschichte von Raymond Hitchcock geht es um einen Mann, dem nach einem Unfall das Geschlechtsorgan eines eben verstorbenen Playboys transplantiert wird. Der neue Besitzer verliebt sich in die Witwe des Playboys und gibt seiner untreuen Gefährtin den Laufpass. Erwähnenswert sind bei dieser Erotik-Komödie von 1970 noch die Darstellerinnen Elke Sommer als Helga und Britt Ekland als Dorothy Chiltern-Barlow. »Return to Waterloo« (»Einmal Waterloo und zurück«) ist ein Streifen, bei dem Ray Davies das Buch schrieb, 1984 auch die Regie übernahm und die Musik von den Kinks stammt. Wieder einmal ist der Alltag der Fundus für Ray Davies Story: Bei einer Fahrt in der U-Bahn erlebt ein Geschäftsmann eine Achterbahn der Gefühle, eine ungewollte Reise durch die Tiefen der menschlichen Seele. Als Darsteller fungiert Ray Davies in dem Film »Absolute Beginners« im Jahr 1985. Unter der Regie von Julien Temple spielt der Kinks-Mann

Ray Davies nach dem Roman von Colin MacInnes den Arthur. Wie bei »Blow Up'« dreht sich die Handlung um einen Modefotografen. Es spielen neben David Bowie und Sade noch weitere Popmusik-Stars mit.

Auch die Who drehen ihre Filme erst in den Siebzigern: Die Filmversion der legendären Rockoper »Tommy« von 1972 (verfilmt von Ken Russell 1975) mit Roger Daltrey in der Hauptrolle und den Mods-Film »Quadrophenia« (1973, verfilmt 1979, Regie Frank Roddam), in dem auch der Frontmann der Police, Sting, mitspielt.

Die Mode in den Sechzigern

London regierte nicht nur in der Musik, sondern übernahm auch in der Mode die Vorherrschaft. Paris wurde als Zentrum der Mode abgelöst. Genauso wie der erfolgreiche Beat kommt der erfolg- und folgenreiche Minirock (Mini Skirt) aus Britannien von der jungen Modemacherin Mary Quant. Mary Quant erhielt im Buckingham Palace für ihr erfolgreiches Modedesign im November 1966 den Orden OBE. Sie kam mit Reißverschluss am Jackenärmel, Lederhandschuhen mit Ausschnitt auf dem Handrücken und einer Pilzkopffrisur zur Ordensverleihung. Die Schockfarben bei Bluse, Pulli, Jacke, Schuhe, Strümpfe und Rock verwandelten die weiblichen Teenies in knallbunte Wesen.

Jean Shrimpton war das Top-Model in den Modemagazinen. Leslie Hornby, auch Twiggy genannt, wurde trotz, oder gerade wegen ihrer Flachbrüstigkeit zur Ikone der neuen Modebewegung. Sie zeigte die neuesten Errungenschaften der Mode aus dem Chemielabor: hohe Lackstiefel und durchsichtiges Plastikkleid. Gefragt waren auch die befremdlichen Hüte des Londoner Designers Edward Mann, die mit ihren Bezeichnungen »Seadiver« oder »Seaspray« und ebenso mit ihrer Machart (mit durchsichtiger Ohrmuschel aus Plastik, durchsichtigem Sonnenschutzschild oder einem Helm-Hut mit Durchblick-Loch) an die Mode in einem Raumschiff erinnerten. Die junge Jane Fonda kann man in phantasievollem Fummel mit Durchblick in ihrem Film »Barbarella« von 1967 bewundern. Und auch die Frauen in den Raumschiffserien Enterprise (USA) und Orion (Deutschland) trugen strenge Mini-Kleider, während die Männer der Enterprise in so etwas wie einen Schlafanzug gesteckt wurden.

Papierkleider waren in, und damit war die geplagte Hausfrau endgültig von der Wascherei und Bügelei befreit. Tragen und Wegwerfen war angesagt. Das Wegwerfzeitalter hatte auch in der Mode begonnen. Die blonden Busenwunder aus Übersee waren – zumindest in der Modebranche – total passé. Die Kunstfaser namens Perlon schmuggelte sich mit den Attributen »leicht, luftdurchlässig, schnell zu waschen, rasch zu trocknen und bügelfrei« in die Kleiderschränke. Die Bikinis erhalten im Oberteil eine Formstütze und bei der Hose einen Gürtel. Neue Damenfrisuren erhalten den Namen von Satelliten wie »Telstar«. Die Op-Art mit schwarzweißen Streifen, Quadraten und Punkten, die vor den Augen flimmerten, wurde von Bridget Riley angeboten. Die Beat-Sängerin Cilla Black ließ sich im S/W-Op-Art Kostüm abbilden. Brian Jones, der Gitarrist der Rolling Stones, besuchte mit einem von oben bis unten auffälligst gestreiften Anzug, abgetragenen Beatboots und Haaren bis auf die Schultern den Obersten Gerichtshof.

Die sichtbaren Merkmale des Rock'n'Roll waren vor allem die pomadigen Entenschwanzfrisuren der Teddie-Boys sowie der Pferdeschwanz und die Pettycoats der Mädels. Dazu gehörte auch ein gewisser Jugendslang. Bei der Beatgeneration in den Sechzigern waren hingegen die Beatboots, der Minirock, die kragenlosen Anzüge und die Pilzkopffrisur die erkennbaren optischen Signale. Die Vordachfrisur der Rock'n'Roll-Ära wurde durch die allseitig heruntergekämmte lange Mähne über die Ohren ersetzt. Die typische Pilzkopffrisur, das Kennzeichen aller männlichen Beatbands und Beatfans, hat die Fotografin Astrid Kirchherr zusammen mit den Beatles erfunden. Stu Sutcliff, der die neue Frisur als erster im Frühjahr 1961 in Hamburg trug, wurde noch von seinen Mit-Beatles ausgelacht. Dann kämmten auch John, George und Paul ihre pomadige Rock'n'Roll-Tolle in die Stirn und über die Ohren und ließen ab sofort die Haare wachsen, und wachsen und wachsen ...

In London brach das Modefieber der Beat-Ära aus, und in der Carnaby-Street konnten sich die Beatfans passend einkleiden: mit dem Schockfarbenpulli, den Twist-Hosen mit Schlag, den vorn geschlitzten Shake-Hosen, den gestreiften Slop-Hosen mit Bügelfalte und breitem Bund an der Hüfte mit dem überbreiten Gürtel, oder gar mit der Hit-Hose mit Superschlag und einem Kettchen in der Schlagfalte. Für die beatmodesüchtigen Jugendlichen in der Provinz lockten Versandanzeigen: Beat-Boots from England, Absatzhöhe 7,5 Zentimeter DM 49,50 – Beat-Pants DM 25,00 – Beat-Jackett DM 29,50. Ergebnis: Der ganze Mann kostete DM 104,-.

Die Liebe in den Sexigern

In der Musik, im Film und im Sex mußten die Amerikaner in den Sechzigern einige Schlappen einstecken. Die blonde Französin Brigitte Bardot löste die blonde Amerikanerin Marylin Monroe als Sex-Symbol ab. Etwas Androgyn-Touch brachte das flachbrüstige Model Twiggy ins Spiel. Das Petting greift bei den Beatparties um sich. Aufklärungsfilme wie »Helga« werden gezeigt. Und als die Antibabypille auf den Markt kommt, ist es passiert: Sex ohne Nachwuchs ist möglich. Der voreheliche Geschlechtsverkehr birgt weniger Risiken, was natürlich verstärkt genutzt wird. Der Vatikan ist dagegen, die Jugend dafür. Eine andere Pille wird zum Fluch der Frauen: die Contergan-Pille verursachte in der Schwangerschaft Mißbildungen bei Kindern. Als die Rolling Stones 1967 in der berühmten TV-Show von Ed Sullivan in den Vereinigten Staaten auftreten, wird ihnen vom Produzenten der Show ans Herz gelegt, die anstößige Textzeile »Let's spend the night together« für die empfindlichen amerikanischen Ohren in »Let's spend some time together« zu ändern, um einen TV-Skandal zu vermeiden.

Christine Keeler wird Englands berühmtestes Callgirl, und der britische Heeresminister John Dennis Profumo muß wegen dieses Sexskandals im Beat-Sommer 1963 unrühmlich zurücktreten. Mitverwickelt in diesen britischen Sexskandal ist auch ein blondes Mädchen namens Mandy Rice Davies, die in den Achtzigern zusammen mit dem Beat-Musiker Ray Davies von den Kinks in dem Film »Absolute Beginners« auftritt. Für die Erlöse aus ihren Interviews und Merchandising kann sich die Christine Keeler nach ihrer neunmonatigen Haft einen Rolls-Royce kaufen.

In den Vereinigten Staaten von Amerika läßt Matthew Welsh, der Gouverneur des Bundesstaates Indiana, im Februar den Hit »Louie Louie« von den Kingsmen als pornographisch in den Radiosendern verbieten. Warum, weiß niemand so genau, es reicht, daß der Text unverständlich und damit mißverständlich ist.

Auch wenn im Winter 1963 noch das Bild »Nackter Mann« von Georg Baselitz wegen »Obszönität und provokanter Phallusdarstellung« in einer Berliner Galerie von der Polizei beschlagnahmt wurde, erobert immer mehr Sex die Filme, die Literatur, die bildende Kunst und die Musik. Die Rolling Stones-Aufforderung »Let's Spend The Night Together« wurde immer mehr von der unverheirateten Jugend wahrgenommen. Zuerst waren die Beat-Songs einfache und meist lustige Liebeserklärungen an die Mädels. Man wollte nur die Hand seiner Angebeteten halten (»I Want To Hold Your Hand«) oder wartete auf die Wirkung der Liebestropfen (»Love Potion No. 9«), um sie endlich küssen zu dürfen: »And Then I Kisssed Her«. Die Beatbands waren eine meist männliche Angelegenheit, und so handelten ihre Songs auch von den Freuden und Problemen im Umgang mit den Mädchen. Der Mersey-Beat beließ es in seinen Texten mit der frischfröhlicher Teenagerliebe ohne schlimme Hintergedanken. Erst die R&B-Musiker aus dem Sündenbabel London brachten dann den Sex als gefährliches Gefühl zwischen und in die Zeilen und raubten damit dem Beat die Jungfräulichkeit.

Mit der Hippie- und Flower-Power-Mode war es dann endgültig mit der Jungfräulichkeit vorbei. Sex, Drugs und Rock'n'Roll war die Devise, aus der prüden Verklemmung explodierte die Freizügigkeit. Mann und Frau suchten nach anderen Wegen des Miteinanders außerhalb der bürgerlichen Ehe; 1967 entstand auch in Deutschland mit der Kommune 1 ein solcher Modellversuch.

Das Beat-Fazit

Der Beat war nicht als politische Bewegung gedacht. Jedoch hatte die Beatmusik, die Beat-Mode, die Beatphilosophie dann doch einige Auswirkungen, die später die Anti-Kriegs-Demonstrationen, die sexuelle Revolution, den Kampf gegen das Establishment und die Studentenunruhen mitbewirkten. Der Minirock, die Pille, die enthemmten Filme, die provokative Kunst und der wilde Beatsound werden als die Totengräber von Sitte und Moral angesehen. Aber eigentlich hatte der Beat mit seiner Spontaneität nur den Staub und die Prüderie der Wirtschaftswunderzeit weggeblasen. Beat war der Beginn einer neuen Zeit. Als sich der Beat häutete, kamen viele neue Popmusik-Geschöpfe hervor. Es entstanden neue Popmusik-Gattungen wie: Psychedelic, Hippie-Musik, Art-Rock, Progressiv-Rock, Hardrock, Glamrock, Reggae, Folkrock, Krautrock, Jazzrock, Funk. Die Musikindustrie wurde immer größer und wichtiger. Aus den geschäftlich eher unbekümmerten Beatmusikern mit umgeschnallten Elektrogitarren wurden harte Geschäftsleute mit Managerkoffer, Krawatte und Zopf, wie es die New Wave-Band Heaven 17 auf ihrem Album-Cover treffend zeigt. Das Musik auch für die Wirtschaft wichtig ist, hat ja die Queen schon richtig erkannt, als sie den Beatles einen Orden für ihren tüchtigen Plattenverkauf im Ausland verlieh. Daß ein neues Zeitalter beginnt, das haben auch die Herren und Damen verstanden, die ihren Orden an die Queen aus Protest gegen die Beatles-Ehrung zurücksandten. Bewußt oder unbewußt hatten die Ordens-Protestler erkannt: Die Jugend hat die Macht übernommen. »Shame, Shame, Shame«: Das mußten sie sich »beaten«

lassen. Die alten Zeiten waren vorbei. Keine Musik zuvor konnte die Jugend der Welt besser verbinden als die Beatmusik.

Aber auch diese Aufbruchzeit hatte ein Ende: Nachdem die Beatles in den 60ern die Trendsetter waren, vollzogen sie mit ihrem Konzeptalbum »St. Peppers Lonely Hearts Club Band« 1967 einen endgültigen Bruch mit ihrer Beat-Vergangenheit. Auch wenn der Titelsong noch vom Beat beeinflußt war, zeigten »Lucy In The Sky With Diamonds« und »Within You Without You« den Weg hin zur Psychedelic, zur Hippie-Kultur auf, den die Fab Four bereits mit der LP »Revolver« (1966) und dem Hit »Strawberry Fields Forever« eingeschlagen hatten. Am Ende der Sechziger verzweigte sich die Beatmusik in ganz neue Richtungen. Es kamen aus Großbritannien neue Bands wie Cream, Pink Floyd, Genesis, Black Sabbath, Deep Purple und Led Zeppelin. Aus Amerika schwappte ein neuer Sound mit Musikern wie Jimi Hendrix, Jefferson Airplane, Iron Butterfly, Vanilla Fudge und Frank Zappa. Es waren dann Punk und New Wave um 76/77, als Bands wie Clash, Sex Pistols und The Damned mit brachialen und einfachen Gitarrenriffs wieder zu den Beatwurzeln zurückkehrten. Das zeigten auch die 80er-Combos wie The Jam, die im Mods-Habitus daherkamen.

Zum Beat-Lexikon

Weil die Beat-Ära noch eine Single-Ära war, habe ich im Beat-Lexikon über 2000 Singles erwähnt, nicht nur die A-Seiten, sondern auch die dazugehörigen B-Seiten. Natürlich konnte ich nur die wichtigsten Singles aufnehmen. Das bedeutet, daß über 4.000 Song-Titel verzeichnet sind. Die Zahl der erwähnten Langspielplatten geht über 550, wobei fast die Hälfte mehr oder weniger ausführlich besprochen wird. Exotische Scheiben, die nur in bestimmten Auflagen oder Ländern erschienen, sind nicht immer aufgeführt. Viele Künstler und Bands haben selbstverständlich auch nach 1969 noch Schallplatten herausgebracht. Da ich mich aber au

f die Beatphase konzentriert habe, werden diese später erschienenen Platten von mir nicht mehr notiert. Wenn ich dennoch die wichtigsten späteren Plattenprojekte von Bands und Solomusikern erwähne, dann nur, um die Entwicklung bestimmter Musiker aus der Beat-Ära aufzuzeigen und damit auch den weiteren Weg der Beatmusik.

Es sind im Beat-Lexikon alle No. 1-Hits aus Großbritannien, Deutschland und USA von 1963 bis 1969 enthalten. Dazu kommen noch Manager, Produzenten, Clubs, Plattenfirmen, Hitparadennotierungen, Städte und Solomusiker.

In den Texten zu den Bands habe ich mich auf die musikalische Entwicklungen und Besonderheiten beschränkt. Klatsch, Tratsch und Skandale wurden nur dann verzeichnet, wenn sie in einem engeren Zusammenhang mit der Musikgeschichte stehen. Mehr Gewicht legte ich auf Fakten und Entwicklungen. Für mich ist es wesentlich, welchen Weg die Beatmusiker nach ihren ersten Bands gegangen sind. Gerade die Beatbands waren ja meistens Gruppen aus sehr jungen Musikern, die sich in den Siebzigern mit neuen Bands oder mit Solokarrieren hervortaten. So ging Eric Clapton z.B. seinen Weg von den Yardbirds über John Mayalls Bluesbreakers zu Cream und dann zu Blind Faith. In den frühen Siebzigern startete der Gitarrist Eric Clapton dann seine Solokarriere. Auch Musiker wie Steve Winwood, Steve Marriott oder Ron Wood oder wichtige Produzenten und Manager wie Brian Epstein, George Martin, Shal Talmy haben einige interessante Musikstationen vorzuweisen. Deswegen werden diese mit eigenen Stichwörtern im Beat-Lexikon erwähnt. Bei bekannten Beatbands wie den Beatles, den Rolling Stones, den Kinks oder den Who habe ich mich zurückgehalten. Über diese Musikgruppen gibt es ja bereits schon ganze Regale voller Literatur. Es hieße den Beat nach Liverpool zu tragen, wenn ich hier noch ausufernd drauflosschreiben würde. Trotzdem zeige ich an diesen wichtigen Bands, wie der Beat begann, wie er groß wurde, wie er die Hitparaden eroberte, wie er seine Interpreten berühmt und vielleicht auch reich machte, wie die Bands auseinanderbrachen und wie neue Musikstile und neue Musikerkarrieren entstanden.

Beat-West/Beat-Ost?

In meinem Beat-Lexikon beschreibe ich vor allem die Beatmusik in Westeuropa und den USA. Zum Beat in der DDR gibt es bereits ein informatives Buch »Beat in der Grauzone« von Michael Rauhut im Berliner Verlag Basisdruck. Außerdem erscheint im Verlag Schwarzkopf & Schwarzkopf im Herbst 1999 ein Lexikon zum DDR-Rock, wobei das auch die Beatbands in der DDR beinhaltet.

Was ist für mich Beat?

Die Beat-Historie umfaßt für mich hauptsächlich die Zeit von 1963 bis 1969. Deswegen habe ich auch die Musik und die Bands aus dieser Zeit im Beat-Lexikon angesprochen. Ab 1966 kamen dann weitere Musikströmungen wie Flower Power, Underground, Psychedelic und Art-Rock hinzu. Die Auswahl habe ich natürlich subjektiv getroffen, aber auch mit vielen Freunden und Experten über die nötigen Abgrenzungen gesprochen und diskutiert. Warum habe ich zum Beispiel die Band Procol Harum nicht aufgeführt? Antwort: Die Musik dieser Band hat meiner Meinung nach nichts mehr mit dem typischen Beatsound zu tun und ist eher zu der Musikrichtung Klassik- oder Barock-Rock zuzuordnen. Auch Donovan, der damals auch als Beat-Poet bezeichnet wurde und mit einem Stück wie »Mellow Yellow« ein gewisses Beatfeeling offenbarte, ist hier im Beat-Lexikon nicht vertreten, weil Donovan für mich zuallererst ein Folksänger ist. Das gilt ebenso für Bob Dylan, auch wenn er mit »Rainy Day Woman No. 12 & 35« oder »Like A Rolling Stone« durchaus beathaltige Stücke geschaffen hat. Jimy Hendrix, der ekstatische Gitarrist mit der Afro-Frisur, der seine Karriere zwar in den späten Sechzigern begann, als er von einem Beatmusiker (Chas Chandler von den Animals) entdeckt wurde, ist musikalisch bereits in einer anderen Welt zu suchen. Ein weiteres Beispiel sind die The Mamas & The Papas. Die Combo aus New York war zwar in der Beat-Ära präsent mit ihrem Hit »Monday Monday« (1966), jedoch zähle ich sie eher zur folkrockbeeinflußten Hippie-Richtung, wobei auch ihre Gesangsharmonien kaum etwas mit dem üblichen Beat zu tun haben. An dieser Stelle möchte ich bemerken, daß für mich das gültige Maß für diese Musik solche Beatnummern sind wie »Cadillac« von den Renegades, »Hang On Sloopy« von den McCoys oder »Your Really Got Me« von den Kinks.

Um diesen Beat-Geschmack meinen Lesern noch besser zu verdeutlichen, habe ich eine subjektive Hitparade meiner 10 liebsten Beatsongs aus Großbritannien, aus den USA und aus Deutschland aufgestellt. Natürlich blutete mir das Herz, als ich mich beim Heimatland des Beat für 10 Songs entscheiden mußte. Es wäre für mich natürlich kein Problem gewesen, hier 50 oder mehr Titel aufzuführen. Aber was sein muß, muß sein:

Meine 10 besten Beat-Titel aus Großbritannien

1) Cadillac – Renegades
2) Happy Jack – Who
3) Get Off Of My Cloud – Rolling Stones
4) Wild Thing – Troggs
5) Midnight To Six Man – Pretty Things
6) I Want To Hold Your Hand – Beatles
7) All Day And All Of The Night – Kinks
8) Painterman – Creation
9) Keep On Running – Spencer Davis Group
10) Jack The Ripper – Casey Jones

Meine 10 besten Beat-Titel aus den USA

1) Hang On Sloopy – McCoys
2) 96 Tears – ? And The Mysterians
3) Last Train To Clarksville – Monkees
4) Summer In The City – Lovin' Spoonful
5) Cara-Lin – Strangeloves
6) Do It Again – Beach Boys
7) Mony Mony – Tommy James And The Shondells
8) I Got You Babe – Sonny & Cher
9) These Boots Are Made For Walking – Nancy Sinatra
10) Indian Giver – 1910 Fruitgum Company

Meine 10 besten Beat-Titel aus Deutschland

1) Love Of My Life – Rattles
2) Cut My Hair – Lords
3) We Are Out Of Sight – German Bonds
4) Gloria – Boots
5) Long Live Beethoven – Beathovens
6) Shake Hands – Drafi Deutscher
7) Poor Boy – Lords
8) Ju Ju Hand – Rainbows
9) It Is Love – Rattles
10) I'm A Hog For You Baby – Lords

Und weil die B-Seiten der Singles in der Beat-Epoche doch recht bedeutend waren, kommt hier meine Top-Ten der B-Seiten:

Meine 10 besten B-Seiten

1) We Can Take It – Smoke (Rückseite von »My Friend Jack«)
2) In The City – Who (Rückseite von »I'm A Boy«)
3) Off The Hook – Rolling Stones (Rückseite von »Little Red Rooster«)
4) Gloria – Them (Rückseite von »Baby Please Don't Go«)
5) L.S.D. – Pretty Things (Rückseite von »Come See Me«)
6) I'm Down – Beatles (Rückseite von »Help!«)
7) I Gotta Move – Kinks (Rückseite von »All Day And All Of The Night«)
8) Talk To You – Small Faces (Rückseite von »Here Comes The Nice«)
9) Sing Hallelujah – German Bonds (Rückseite von »We Are Out Of Sight«)
10) I Want You – Troggs (Rückseite von »With A Girl Like You«)

Der Beat hat auch sehr schöne Balladen hervorgebracht, die zeigen, daß der Beat nicht nur drauflosstampfte, sondern durchaus auch Nahrung für die Seele, das Herz und die Gefühle bot. Beatfans durften nicht nur fröhlich sein, sondern auch mal melancholisch. Deshalb hier meine persönlichen 10 Favoriten der Beatballaden, die unter die Haut gehen:

Meine 10 besten Beatballaden

1) Tell Me – Rolling Stones
2) Play With Fire – Rolling Stones
3) You Were On My Mind – Crispian St. Peters
4) So Long – Kinks
5) The Sun Ain't Gonna Shine Anymore – Walker Brothers
6) Girl – The Beatles
7) If I Fell – The Beatles
8) Cry To Me – Pretty Things
9) When A Man Loves A Woman – Spencer Davis Group
10) Sorrow – Merseys

Bemerkenswert ist hierbei, daß gerade die harten R&B-Bands, hauptsächlich die wilden Rolling Stones, sehr sanftmütige, romantische und gefühlsbetonte Balladen schreiben und spielen konnten. Das war wohl auch der Grund für die große Anziehungskraft auf die Jungs und Mädchen: Dieser Widerspruch zwischen laut und leise, zwischen hart und weich, zwischen frischdrauflos und besinnlich, zwischen grell und harmonisch, zwischen brutal und sanft, zwischen lachen und weinen.

Beat-Puristen, zu denen ich mich auch zähle, sehen als eigentliche Beat-Ära die Jahre 1963 bis 1966 an. Allerdings gab es auch noch später erfolgreiche Bands wie die Who und die Troggs, die mit ihren knallharten Gitarrenriffs die Flower-Power der Hippie-Generation völlig ignorierten. Ich kann mich gut erinnern, daß selbst Bands wie Deep Purple um 1968 noch bei uns in Deutschland auf Tournee-Plakaten vielversprechend als die »Neue Beat Band« angekündigt wurden, obwohl sie mit Beat absolut nichts mehr zu tun hatten und bereits das Kapitel Hardrock einleiteten.

Meine Beat-Karriere

Auf meiner ersten Gitarre spielte ich zuerst Schlager von Cliff Richard und die wilderen Songs von Little Richard, Chuck Berry und Bill Haley. Als ich in meiner Heimatstadt Augsburg, einer ehemaligen Textilhochburg, meine Karriere als jüngster Beatmusiker im Alter von 15 Jahren startete, gab es hier Beat-Clubs wie den Big Apple, Schützenhalle, Weissenburger Hof, Tarantel und Zirbelnuss. Meine erste Beatband hieß The Wilds, und wir hatten unseren Übungsraum in einer Garage. Unsere Live-Premiere hatten wir im Wertachstüble, benannt nach dem vorbeifließenden Gebirgsfluß. Unser damaliges Programm umfaßte Stücke wie »Shakin' All Over«, »Poor Boy« und »Louie Louie«. Das Honorar waren Getränke und Brotzeit. Mein Vater war meistens bei meinen Auftritten in diversen Lokalen dabei, um dem Jugendschutz genüge zu tun. Zudem half er mir beim Transport meiner Anlage. Mit meinen Freunden Victor Buchfink und Bernd Müller gründete ich 1967 die Gruppe Trace. Unsere Songs holten wir uns von den englischen Bands wie Rolling Stones, Beatles, Who oder Kinks. In dieser Zeit konnten wir viele Live-Auftritte, auch in der Umgebung absolvieren. Augsburg war eine Garnisonsstadt mit drei US-Kasernen. Die GIs freuten sich über unser Beat-Programm im Recreation Center.

Damals besuchte ich, wenn irgendwie möglich, jede bekanntere Band bei ihren Gastkonzerten in Town. Ich kann mich noch gut an die Auftritte von den Lords, den Rattles, den Creation, Screaming Lord Sutch und den Kinks erinnern. Die erste Single, die ich mir 1964 von meinem kargen Lehrlingsgehalt (ca. 95,- DM) als Dekorateur zulegte, war »Slow Down« von den Beatles. Übrigens, die Rückseite von »Slow Down« ist »I'm Happy Just To Dance With You«. Meine immer länger werdende Beatfrisur wurde nur deswegen von meinem Chef akzeptiert, weil dieser Beruf durch seine leicht künstlerische Ausstrahlung dieses Outfit gerade noch zuließ.

Es kam schon mal vor, daß Musiker-Kollegen sich gegenseitig aushalfen, wenn Not am Mann war. Zu mir kam eines Tages der Gitarrist Henry McCullough (später bei den Wings von Paul McCartney) von den Irish Kingbees, die gerade im Weissenburger Hof gastierten, und bat mich um meine Dynacord Bassking-Anlage. Seine war kaputt oder nicht vorhanden. Weitere Bands, in denen ich als Sänger dabei war, sind Mephisto, Lionheart und Salvation Army, die sich auf Grund eines Briefes von der deutschen Heilsarmee-Zentrale in Köln umbenennen mußten, da der Name Salvation Army geschützt ist. Also nannten wir uns hinfort Salvation Road. Schallplatten habe ich mit Lionheart (»Remember All«/«Walking The Dog«) und Salvation Road (CD »Salvation Road« mit 13 Songs) aufgenommen. Zu dem Indianerfilm »Das Erbe der Mandan« habe ich zusammen mit Manfred Hecker die Musik geschrieben. Als Vorband war ich mit Salvation Road schon bei den Konzerten von Jane, Russ Ballard und Paul Rogers von Free und Bad Company.

Im Bürgerzentrum Kresslesmühle veranstaltete ich mit dem Musikerkollegen Manfred Blank in den 80ern rappelvolle Beatparties. Da kamen die Fans aus der gesamten Umgebung und freuten sich besonders über die Special-Nights, bei denen immer eine Beatband ausführlich vorgestellt wurde. 1983 eröffnete ich in der Altstadt meinen Schallplattenladen »Cover«, Mittlerer Lech 20, 86152 Augsburg.

Spezialisiert bin ich hier auf den Sound der Sechziger und Siebziger, besonders mit Aufnahmen auf Vinyl. Ich freue mich über jeden Besuch und über kreative Gespräche zum Thema Beat.

Beat-Revival und Beat-Troggerie

Ich bin sicher, daß noch viele, viele Beat-Revivals über die Bühnen, durch die Lautsprecher und über die Mattscheibe kommen werden. Begonnen wurde damit in den Achtzigern und Neunzigern, seit bei diversen Oldie-Festivals ehemalige Beatstars durch die Lande ziehen, allerdings meist nicht mehr in der Originalbesetzung. Sollte jedoch die Gelegenheit bestehen ein, Konzert der Troggs anzusehen, dann empfehle ich: nichts wie hin! Keine Beatband verkörpert auch 30 Jahre nach der einzigartigen Beat-Ära den Geist und den Sound so echt wie die gnadenlos musizierenden Höhlenmenschen unter Leitung von Reg

Presley, dem typischsten Beat-Elvis der Sechziger. In dem Beatorkan der Troggs wird jedem klar, auch wenn er erst 1963 und später geboren wurde, warum der Beat eine Generation faszinierte, warum der Beat die Jugend dynamisierte, warum der Beat die Welt eroberte. Die Troggs sind keine geklonte Revival-Formation, was man spüren kann, wenn sie auftreten und loslegen. Wenn es überhaupt ehrliche Rockmusik gibt, dann kann sie nur von den Troggs kommen. Ihre Spielfreude ist ungetrübt wie am ersten Tag. Ihre Begeisterung kommt nicht aus einer Marketing-Agentur sondern aus dem Herzen. Playback halten sie immer noch für Betrug am Publikum. Die Troggs waren, sind und bleiben immer die Musiker-Kumpels, die ihren Beatsound unverfälscht und ohne einen Funken jammeriger Nostalgie durch die Boxen donnern und auch zum 150.000 Mal ihr »Wild Thing« als Soundlawine über die Zuhörer rasen lassen, die plötzlich in Beat-Boots und schockfarbenem Minirock vor der Bühne tanzen, jubeln und kreischen: »I Can't Control Myself!« Vergeßt die Aufputschmittel der Drogerie. Nehmt einfach den echten, wahren Beat aus der Troggerie. Das hilft bestimmt, um eine spannende, aufwühlende und unvergeßliche Zeitreise in die Sechziger zu unternehmen. Gerade so, als ob der »Cavern« oder der »Star Club« ihre Pforten eben erst geöffnet haben, um zur ultimativen Beat-Party ins neue Jahrtausend zu bitten. Ich bin ganz sicher, mit den Troggs werden wir im Jahr 2063 das 100jährige Beat-Jubiläum feiern. Dieses Beat-Lexikon soll schon mal für die geeignete Vorfreude sorgen. Ich bin dabei: The Beat Goes On!

Viel Spaß beim Lesen im Beat-Lexikon
wünscht Euch

Manfred Langner

Anmerkungen

1) Cohn, Nick: Rock from the Beginning. Weidenfeld & Nicholson, London 1969. Später als Taschenbuch in dtsch.:
A Wop Bopa Loo Bop A Lop Bam Boom, Rowohlt, Reinbeck 1970.

A

Action (Großbritannien)

Die Musikgruppe Action begann im Jahr 1963 unter dem Namen Boyfriends. Als der Leadgitarrist Peter Watson hinzukam, änderten sie den Namen in The Action. Ihr Popsound war in den Clubs von London sehr beliebt, aber trotz einer Reihe von Singles auf dem Label Parlophone blieb der Erfolg aus. Der Organist, Jon Lord, der hinterher zu der Beatcombo → Riot Squad ging, verkaufte später als Mitglied bei den Hardrockgiganten Deep Purple Millionen von Schallplatten.

Besetzung der Band: Reggie King (vocal), Alan King (guitar), Peter Watson (lead-guitar), Nick Evans (bass), Roger Powell (drums), John Lord (organ)

Singles *1965: Land Of Thousand Dances / In My Lonely Room*
1966: Baby You've Got It / Since I Lost My Baby
1966: I'll Keep Holding On / Wasn't It You
1967: Never Ever / Twenty
1967: Shadows And Reflections / Something Has Hit Me
1968: Harlem Shuffle / Wasn't It You

LP *1966: The Ultimate Action:*
Song-Titel: I'll keep on holding on – Harlem Shuffle – Never Ever – Twenty fourth hour – Since I lost my baby – In my lonely room – Hey sha-lo-ney – Wasn't it you – Come on, come with me – Just once in my life – Shadows and reflections – Something has hit me – The place – The cissy – Baby you've got it – I love you – Land of a thousand dances

Adams, Danny & The Challengers (Großbritannien)

Single: *1964: Bye Bye Baby, Bye Bye / I'm So Proud Of You*

Adams, Don & The Flying Scotch (USA)

Single *1964: Oop-Poop-Pah-Doo / Sweet And Sour Tears*

Addicts (Großbritannien)

Eine Band aus dem Ort Widnes in Lancashire, die in den frühen Sechzigern für Decca aufgenommen hat.

Single *1964: Here She Comes / That's My Girl*

After Tea (Niederlande)

Die holländische Band After Tea, um den Gitarristen Ray Fenwick, der später mit Spencer Davis und danach mit Jan Akkerman (Focus), Cozy Powell (Rainbow, Whitesnake) und Neil Murray (Whitesnake) bei der Formation Forcefield spielte.

Singles *1967: A Little Bit Today / Blues Ride*
1967: The Jointhouse Blues / I'm Here (And Nowhere Else)
1967: Lilly Of The West / Peruquine Thomas
1968: Snowflakes On Amsterdam / The Palace Showboat

LPs *1967: After Tea*
1967: Bubblegum Beat Party

Alexander Real Estate, Lloyd (Großbritannien)

Single *1967: Gonna Live Again / Watcha Gonna Do*

A Little Bit Of Sound (Frankreich)

Instrumental-Beat aus Frankreich.

Single: *1967: Incence And Peppermints / I Want You*

All, The (Deutschland)

Single *1968: You Don't Have To Say / I Don't Go Back*

Alligators (Niederlande)

Single *1967: I Feel Like Crying / I'm On The Run*

Allrounds (Deutschland)

Single *1965: Carmen Romantica / Widi-Bum-Bum*

Amen Corner (Großbritannien)

Bend me shape me anyway you want me (»Bend me shape me«)

Bei den Teenagern war die Band Amen Corner, die im Jahr 1966 von sieben Schulfreunden in der Stadt Cardiff (Wales) zusammengestellt, wurde, besonders beliebt. Sie wohnten alle zusammen in einem großen Landhaus. Ihre erste Single-Veröffentlichung war der langsame Blues-Titel »Ginhouse«. Neben ihren Hits hatten die Amen Corner auch sehr erfolgreiche Fernsehshows wie »A Night With Amen Corner«. Die andere TV-Serie der Amen Corners hieß »Stars in their Eyes«. Im Jahre 1970 löste die Band sich auf. Der Keyboarder John »Blue« Weaver spielte in den Siebzigern mit bekannten Musikern wie Strawbs und Mott The Hoople. Der Sänger Andy Fairweather-Low (geb. am 2. August 1950) gründete 1971 die Band Fairweather mit der er den Folkrock-Bestseller »Natural Sinner« verbuchte.

Besetzung der Band: Andy Fairweather-Low (vocal), Neil Jones (guitar), Clive Taylor (guitar, piano), Alan Jones (sax), Mike Smith (sax), John »Blue« Weaver (keyboard), Dennis Byron (drums)

Singles *1967: Gin House Blues / I Know*
1968: Bend Me Shape Me / Satisnek The Job's Worth
1968: High In The Sky / Run Run Run
1969: If Paradise Is Half As Nice / Hey Hey Girl
1969: Hello Suzie / Evil Man's Gonna Win

LPs *1968: Round Amen Corner*
Song-Titel: Bend me shape me – Judge Rumpel Crassila – Love me tender – Our love (is in the pocket) -Something You Got – I am an angel (but I can't fly) – Let the good times roll – Feel so good – Can't get used to losing you – Gin House – Good time
1969: The World Of Amen Corner
1969: The National Welsh Coast Explosion Company
1969: Farewell To The Real Magnificent Seven

American Twisters (Italien)

Single 1966: Hully Gully Baby / Do The Hully Gully

Andrews, Chris (Großbritannien)

My friends please hear me do
I've got a message just for you (»To Whom It Concern«)

Seine beste Zeit in England hatte Chris Andrews, der am 15. Oktober 1942 in Romford geboren wurde, im Jahr 1966. Er begann seine Musi-

Amen Corner

kerlaufbahn bei der Band → Chris Ravell And The Ravers. Chris Andrews war der Songwriter von Adam Faith, den Four Seasons und → Sandie Shaw. Mit seinem ersten Solo-Song »Yesterday Man« konnte Chris Andrews bis auf Platz 3 der englischen Hitparade klettern. In Deutschland, wo er später auch heiratete, gelang ihm mit »Yesterday Man« der Sprung auf Platz Eins. Ähnlich gestrickt war auch der Nachfolgetitel »To Whom It Concerns«. Nach seiner Beat-Phase brachte Chris Andrews für seine deutschen Fans die Single »Mit unserem Glück ist alles okay« heraus, die als Rückseite den Titel »Mitten im Winter« hat.

Singles	*1965: Yesterday Man / Too Bad You Don't Want Me*
	1965: To Whom It Concerns / It's All Up To You
	1966: Something On My Mind / I'll Do The Best I Can
	1966: Stop That Girl / I'd Before Better Off Without You
	1966: I'll Walk To You / They've All Got Their Eyes On You
	1967: Hold On /Easy
LP	*1966: Portrait in Music*

Anglos (Großbritannien)

Single 1965: Incence / You're Foolin' Me

Animals (Großbritannien)

There is a house in New Orleans, they call the Rising Sun
(»The House Of The Rising Sun«)

Im Jahre 1962 entstand in Newcastle aus der 1959 gegründeten Band Alan Price Combo die Gruppe Animals. Ihre Musik basierte auf dem → Rhythm & Blues der Vorbilder aus Amerika, wie zum Beispiel Chuck Berry und Bo Diddley. Die erste Schallplatte der Animals war »Baby Let Me Take You Home« und war inspiriert von dem Song »Baby Don't You Tear My Close«. Gleich ihre zweite Singleproduktion begründete den Ruhm der Formation, ein alter Folksong mit dem Titel »House Of The Rising Sun«. Dabei handelt es sich um die Geschichte eines Bordells in News Orleans. Dieser Erfolgstitel ist ein Traditional, der von den »Animals« neu interpretiert wurde. Diese Aufnahme wäre beinahe nicht veröffentlicht worden, weil sie den Bossen der Schallplattenfirma mit über 5 Minuten zu lang erschien. Aber auf beiden Seiten des Atlantiks stürmte die Platte die Bestseller-Listen. In den nächsten beiden Jahren folgten 7 weitere Hits der Animals. 1965 wurde der Organist Alan Price durch Dave Rowberry ersetzt, weil Alan Price seine Flugangst nicht überwinden konnte und somit Tourneen fast nicht möglich waren. Im Jahr 1966 löste sich die Ur-Formation der »Animals« auf: Chas Chandler wurde Manager von solch bekannten Stars wie zum Beispiel Jimi Hendrix und Ambrose Slade, die unter dem gekürzten Namen

Slade als Glamrocker viele Erfolge feiern konnten. Der Sänger Eric Burdon (geb. am 11. Mai 1941 in Newcastle on Tyne) ging nach San Francisco und stellte dort die neuen Animals zusammen. 1970 gründete Eric Burdon mit Lee Oskar die multikulturelle Gruppe »War«.

Besetzung der Band: Eric Burdon (vocal), Alan Price (keyboard), Hilton Valentine (guitar), Chas Chandler (bass), John Steele (drums)

Singles *1964: Baby Let Me Take You Home / Gonna Send You Back To Walker*
1964: House Of The Rising Sun / Talkin' Bout You
1965: Don't Let Me Be Misunderstood / Club A Go-Go
1965: Bring It On Home To Me / For Miss Caulker
1965: We've Gotta Get Out Of This Place / I Can't Believe It
1965: It's My Life / I'm Gonna Change The World
1966: Inside Looking Out / Outcast
1966: Don't Bring Me Down / Cheating

LPs *1964: The Animals:*
Songtitel: Story of Bo Diddley – Bury my body – Dimples – I've been around – I'm in love again – The girl can't help it – I'm mad again – She said yeh – The right time – Memphis – Boom boom – Around and around
1965: Animal Tracks
Songtitel: Mess around – How you've changed – Hallelujah I love her so – I believe to my soul – Worried life blues – Roberta – I ain't got you – Bright lights big city – Let the good times roll – For Miss Caulker – Roadrunner
1966: Animalism

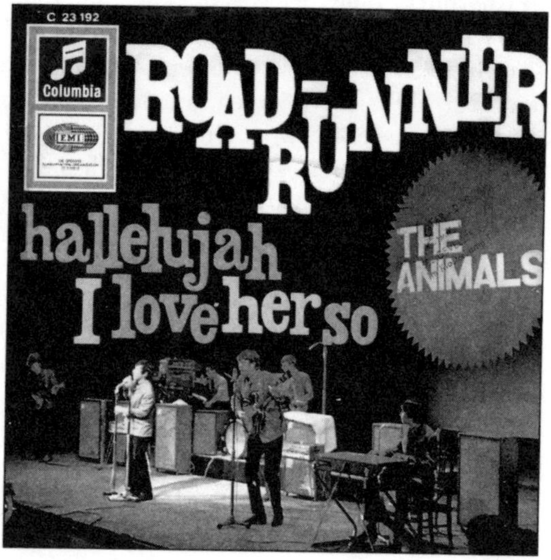

The Animals

Annette & Mogans (Schweiz)

Single *1967: Johnny ist Okeh / Oh, My Honeyboy*

Anteeks (Großbritannien)

Die »Anteeks« sind eine Band, die Mitte der Sechziger eine Single bei der Schallplattenfirma Phillips herausbrachte.

Single *1966: I Don't Want You / Ball And Chain*

Anton, Rey (Großbritannien)

Singles *1965: Girl You Don't Know / Don't Treat Me Bad (& The Peppermint Men)*
1966: Wishbone / Kings Way (& The Peppermint Men)

Apaches (Italien)

Single *1966: Sittin' On My Sofa / Out Of Time*

Applejacks (Großbritannien)

Tell me when you feel a little blue (»Tell Me When«)

Die Jungs spielten schon seit ihrer Schulzeit zusammen, als die Applejacks 1964 einen Plattenvertrag bei Decca bekamen. Die erste Single, »Tell Me When« war sofort ein Top-Ten Erfolg, und als die nächste Platte »Like Dreamers Do« (ein Song-Titel von Lennon / McCartney) unter die ersten 20 kam, wagten die »Applejacks« sich an die Produktion einer Langspielplattte. Ihre Hauptattraktion war ihre Bassistin, Megan Davies.

Besetzung der Band: Al Jackson (vocal), Martin Baggott (lead guitar), Phil Cash (rhythm guitar), Megan Davies (bass), Don Gould (organ), Gerry Freeman (drums)

Singles *1964: Tell Me When / Baby Jane*
1964: Like Dreamers Do / Everybody Fell Down
1964: Three Little Words / You're The One For Me
1965: Chim Chim Cheree / It's Not A Game Anymore
1965: I Go To Sleep / Make Up Or Break Up
1965: I'm Through / We Gotta Get Together
1967: You've Been Cheatin'/ Love Was In My Eyes

LP *1965: Applejacks*
Song-Titel: Tell me when – Wishing will never make it so – Over Suzanne – Hello Josephine – As a matter of fact – Too much monkey business – Mem'ries of you – Ain't that just like me – Kansas City – I wonder – Three little words – Baby Jane – No time – See if she cares – What's the matter little girl – What'd I say

Arbors (USA)

Single *1969: I Can't Quit Her / Loving Tonight*
LPs *1968: Symphony For Susan*
1968: Valley Of The Dolls
1969: Feat. I Can't Quit her & The Letter

Archies (USA)

Sugar, oh honey, honey, you are my candy girl (Sugar Sugar)

In Amerika gab es in den Sechzigern eine Zeichentrickserie (John L. Goldwater und Bob Montana) im Fernsehen, die wie die »Peanuts« schon Kultstatus hatte, die »Archies«. Zu den Trickfiguren gehörten dabei: Archie Andrews, Hot Dog, Reggie, Betty und Veronica. Die Musik für diese Comic-Serie im TV machte Don Kirshner, der schon mit den → Monkees Erfolge feiern konnte. Auch diesmal stellte er wieder eine Retortenband zusammen. 1969 stellte sich mit dem Stück »Sugar Sugar« ein Riesenhit ein. Die Musik war typischer Bubblegum.

Ende 1970 gab es die Archies nicht mehr, die vorher auch schon keine richtige Band mit Musikern war, sondern nur als Studioprojekt existierte. Einzig der Sänger Andy Kim konnte sich später noch als Solist mit einem Hit wie »Baby I Love You« behaupten.

Singles *1968: Feelin' So Good / Love Light*
1969: Sugar Sugar / Melody Hill
1969: Everything's Allright / Together We Too
1970: Who's Your Baby / Senorita Rita

LPs *1968: The Archies*
1968: Sugar Sugar
Songtitel: Feelin' so good – Melody hill – Rock'n'Roll Music – Kissin' – Don't touch my guitar – Circle of blue – Sugar sugar – You little angel, you – Bicycles, roller skates and you – Hot dog – Inside out-upside down – Love light
1969: Everything's Archies
1969: Sunshine
1970: This Is Love

Arlon, Deke (Großbritannien)

Single *1964: I'm Just A Boy / I Can't Make Up My Mind (& The Offbeats)*

Art Movement (Großbritannien)

Single *1968: Loving Touch / Happy Song*

Avant Garde (Deutschland)

Singles *1968: Naturally Stoned / Honey And Gall*
1969: Fly With Me / Revelation's Revolution

Avengers (Großbritannien)

Single 1968: Everyone's Gonna Wonder / Take My Hand

The Archies

B

Bad Boys (Italien)

Single *1964: Summertime Blues / Wishin' And Hopin'*

Band Of Angels (Großbritannien)

Die Mitglieder der Band Of Angels kamen alle von der gleichen Schule und veröffentlichten ab 1964 eine Reihe recht guter Singles. Im Jahr 1966 ging der Sänger Mike d'Abo zu der Gruppe → Manfred Mann und bewirkte so das vorzeitige Aus für die Band der Engel.

Besetzung der Band: Mike d'Abo (vocal, piano), Christian (John) Gaydon (guitar, vocal), John Baker (guitar), Dave Wilkinson (bass), James Rugge-Price (drums)

Singles *1964: She'll Never Be You / Gonna Make A Woman Of You*
1966: Leave It To Me / Too Late My Baby
1966: Invitation / Cheat And Lie

Bandwagon (Großbritannien)

Single *1968: Breakin' Down The Walls Of Heartache / Dancin' Master*

Banshees (Großbritannien)

Die Banshees sind eine Band aus New Castle, die in den frühen Sechzigern zusammenkam. Der Sänger der Banshees war ein gewisser Brian Ferry, der in den Siebzigern mit der Gruppe Roxy Music Triumphe mit Songs wie »Virginia Planc« feierte.

Single *1965: I'm Gonna Keep On Loving You / Yes Indeed*

Barbarians (USA)

Der Schlagzeuger dieser Gruppe namens Barbarians hatte nur einen Arm. In ihrem Song »Moulty« wird die Geschichte dieses einarmigen Musikers erzählt.

Besetzung der Band: Victor »Moulty« Moulton (drums, vocal), Bruce Benson (guitar), Jeff Morris (guitar), Jerry Causi (bass)

Singles *1965: Suzie Q / What The New Breed Say*
1966: Moulty / I'll Keep On Seeing You
LP *1965: Are You A Boy Or Are You A Girl*

Song-Titel: Are you a boy are you a girl – Mr. Tambourine man – House of the rising sun – Marie Elena – Bo-Diddley – Memphis,Tennessee – What the new breed say – Take it or leave it – I'll keep on seeing you – Linguica – Susy Q – I've got a woman – Moulty

Baroques, Les (Niederlande)

Singles *1966: Such A Cat / Summer Beach*
1966: I Know / She's Mine
1966: I'll Send You To The Moon / Troubles
1967: Love Is The Sun / Dreamed My Dreams Away
1967: Working On A Tsjing Tsjang / Dreammaker
LPs *1966: Baroques*
1966: Barbarians Sweet Love
1967: With Love

Barrier, The (Großbritannien)

Single *1968: U H / Spot The Light*

Barry, Sandra (Großbritannien)

Singles *1964: Really Gonna Shake / When We Get Married*
1966: Stop Thief / I Want Try And Change Your Mind

Batman (Deutschland)

Single *1968: Batman / Tell Me You're Coming Back*

Bats (Deutschland)

Singles *1964: Shake Shake Slop Slop / Money (Gib mir Liebe)*
1966: My Baby / The I Got Everything
1968: I Got A Girl / I'm So In Love

Bats (Irland)

Singles *1964: Accept It / Lovers Lie Sleeping*
1966: Listen To My Heart / Stop, Don't Do It
1967: Take Me As I Am / Hard To Get Up In The Morning
1967: You Look Good Together / You Will Now, Won't You

Beach Boys (USA)

Ba ba ba Barbara Ann (»Barbara Ann«)

Die Brüder Brian Wilson (geb. 20. Juni 1942), Dennis Wilson (geb. am 4. Dezember 1944, gest. am 28. Dezember 1983) und Carl Wilson (geb. am 21. Dezember 1946) kommen aus Hawthorne in Kalifornien. Sie gründeten 1961 mit ihrem Cousin Mike Love (geb. am 15. März 1941) und mit Al Jardine (geb. am 3. September) die »Beach Boys«. 1962 begann mit dem Schallplattentitel »Surfin' Safari« der grosse Durchbruch. Manager der Beach Boys war der Wilson-Vater Murray. Brian Wilson schuf mit seinen perfekten mehrstimmigen Satzgesängen und eigenwilligen Harmonien eine komplett neue Musikrichtung, den Surfsound. Ein wahrer Strom von Hits kam zwischen 1963 und 1965 aus seiner Feder. Ihr erster Nummer-Eins-Hit in den Vereinigten Staaten war der Titel »I Get Around« (1964). In Deutschland kamen die Beach-Boys mit ihrem Surf-Sound 1966 durch den Song »Sloop John B.« an die Spitze der Hitparade. Die richtige Musik zum Wellenreiten auf dem Surfbrett. 1965 bekam Brian Wilson, der dem Stress durch den Erfolg und die dauernden Tourneen nicht mehr gewachsen war, einen Nervenzusammenbruch und zog sich zurück. Seinen Platz bei Auftritten nahm Bruce Johnston (geb. am 27. Juni 1944 in Illinois) ein. Mit dem Stück«Good Vibrations« kam im Jahr 1966 der absolute Top-Hit für die Band. Ende der Sechziger schwand langsam das Interesse an der Musik der »Beach Boys«, die aber noch einige Male ein Comeback erlebten. Mit → Status Quo nahmen die Strandjungs aus den Staaten Ende der Neunziger ihre Erfolgsnummer »Fun Fun Fun« neu (1964) auf.

Besetzung der Band: Carl Wilson (guitar, vocal), Brian Wilson (keyboard, bass, vocal) ersetzt durch Bruce Johnston (keyboard, bass, vocal), Dennis Wilson (drums, vocal), Mike Love (vocal), Al Jardine (vocal)

Singles 1962: *Surfin' Safari / 409*
1962: Ten Little Indians / Country Fair
1963: Surfin' USA / Shut Down

The Beach Boys

1963: Surfer Girl / Little Deuce Cups
1963: In My Room / Be True To Your School
1964: Fun Fun Fun / Our Car Club
1964: I Get Around / Don't Worry Baby
1964: Little Honda / When I Grow Up (To Be A Man)
1964: Wendy / Mountain Of Love
1964: Dance, Dance, Dance / The Warmth Of The Sun
1965: Do You Wanna Dance ? / Please Let Me Wonder
1965: Help Me, Rhonda / Kiss Me, Baby
1965: California Girls / Let Him Run Wild
1965: The Little Girl I Once Knew / There's No Other (Like My Baby)
1966: Barbara Ann / Girl Don't Tell Me
1966: Sloop John B. / You're So Good To Me
1966: God Only Knows / Wouldn't It Be Nice
1966: Good Vibrations / Let's Go Away For A While
1967: Heroes And Villains / You're Welcome
1967: Wild Honey / Wind Chimes
1967: Gettin' Hungry / Devoted To You
1967: Darlin' / Here Today
1968: Friends / Little Bird
1968: Do It Again / Wake The World
1968: Bluebirds Over The Mountains / Never Learn Not To Love
1968: I Can Hear Music / All I Want To Do
1969: Cottonfields / Time To Get Alone
1969: Break Away / Celebrate The News

LPs *1962: Surfin' Safari*

The Beach Boys

1963: Surfin' USA
1963: Surfer Girl
1963: Little Deuce Coupe
Song-Titel: Little deuce coupe – Ballad of Ole' Betsy – Be true to your school – Car crazy cutie – Cherry, cherry coupe – 409 – Shut down – Spirit of America – Our car club – No-go showboat – A young man is gone – Custom machine
1964: All Summer Long
1964: Christmas Album
1964: Concert
1965: Today
1965: Summer Days
1965: Party
1966: Pet Sounds
Song-Titel: Wouldn't it be nice – You still believe in me – That's not me – Don't talk – I'm waiting for the day – Let's go away for awhile – Sloop John B. – God only knows – I know there's an answer – Here today – I just wasn't made for these times – Pet sounds – Caroline no –
1967: Smiley Smile
1967: Wild Honey
1968: Friends
1969: The Beach Boys 20 / 20
1970: Sunflower

Beachcombers (Großbritannien)

Die Beachcombers waren eine rockige Instrumentalband, die im Jahr 1963 die Single »Mad Goose« aufnahm. Ein passender Song-Titel, wenn man bedenkt, daß der Schlagzeuger der Beachcombers Keith Moon war, das spätere Enfant terrible der → Who!

Singles *1963: Mad Goose / You Can't Sit Down*
1964: Samoa / Lone Survivor

Bean, George (Großbritannien)

Singles *1963. Secret Love / Lonely Weekends*
1964: Will You Be My Lover Tonight / It Should Be You
1965. She Belongs To Me / Why Must They Criticize
1968: Bring Back Loving / Floatin'

Beat Brothers (Deutschland)

Singles *1964: Du liegst mir am Herzen / Here Comes Linda*
1964: Nick-Nack-Hully-Gully / Laternen-Hully-Gully

Beat-Club

Am 25. September 1965 startete Radio Bremen im deutschen Fernsehen eine Sendung, die Millionen von Teenagern vor den damals noch schwarz-weißen Bildschirm lockte: den »Beat-Club«. In dieser Sendung traten fast alle bekannten in- und ausländischen Bands auf. Der »Beat-Club« wurde auch in Ländern wie Thailand, Libanon, Elfenbeinküste, Kenia, Argentinien, Marokko, Österreich, Schweiz, Finnland, Holland und Schweden ausgestrahlt. In Deutschland sollen bis zu 5 Milionen Zuschauer den »Beat-Club« verfolgt haben. Auch die aktuellen Sechziger-Top-Acts wie → Easybeats, Creation und Bee Gees waren hier zum Teil zum ersten Mal in Deutschland zu sehen und wurden von der Moderatorin Uschi Nerke angekündigt. Ende der 60er Jahre war sogar Dave Dee von → Dave Dee, Dozy, Beaky, Mick & Tich einer der Moderatoren der Sendung. Die Leser der Musikzeitschrift »Musik Express« wählten den »Beat-Club« zur beliebtesten deutschen Fernsehsendung. Anfang der 70er Jahre kam das Ende für die Sendung. Michael Leckebusch, der Regisseur des »Beat-Clubs«, erzählt über seine Idee von Beat-Musik auf der Mattscheibe: »Die Grundidee war damals ganz anders. Die Jugendlichen gingen damals in Diskotheken oder den Hamburger Star-Club und ich dachte mir, daß es doch möglich sein müsse, etwas derartiges fürs Fernsehen zu machen. Die Uridee war, mit einem Ü-Wagen in den Star-Club zu gehen, dort einfach mal ein, zwei oder drei Stunden aufzunehmen und das dann zu senden. Aber dann habe ich angefangen, das mal alles durzchzurechnen und merkte, daß es billiger würde, wenn ich quasi meinen eigenen Star-Club im Studio aufbaute. Und so hat der Beat-Club angefangen. Ich hab das technisch natürlich ewas anders gemacht. Wir hatten da zwei Band-Stands, in der Mitte Publikum und an den Seiten Sitztribünen, so daß sich so etwas wie eine Lokalatmosphäre ergab, ohne jedoch kischig zu wirken. Andererseits bin ich dabei geblieben, die Studioatmosphäre zu bewahren – so konnte man zum Beispiel auch Kameras sehen, denn ich fand, daß man im Fernsehen ehrlich sein müßte und ruhig mal zeigen könnte, wie das alles abläuft. Nach anderthalb, zwei Jahren sind dann aber auch alle Möglichkeiten, die man so hat, erschöpft. In der Popzeit hatte ich 14,16 Gruppen im Programm, aber da waren die Stücke auch nur 2,3 Minuten lang. Dann hatt ich manchmal nur 3 Gruppen, verteilt über eine Stunde. Die Konstruktion einer Sendung wurde im Grunde genommen von Angebot, der Marktlage und vom Zufall diktiert. Für 600 Mark Gage und Spesen pro Gruppe kann ich einfach nicht anders, als mich nach denen zu richten. Da sind höchstens die Reisekosten für Gruppen aus England drin. Bei amerikanischen Bands muß ich warten, bis sie hier auf Tournee sind.«

Beathovens (Deutschland)

Single	*1965: Long Live Beethoven / I've Got My Mojo Working*
	1966: Aeh Baeh Buh! / Ones
	1967: Blow Up Machine / Sweet Music
LP	*1965: Happy To Be Happy*

Beatles (Großbritannien)

It's been a hard days night and I've been working like a dog (»A Hard Days Night »)

Sie waren die eigentlichen Begründer des Beat. Ihre ersten musikalischen Schritte machten John Winston Lennon (geb. am 9. Oktober 1940, gest. am 8. Dezember 1980), James Paul McCartney (geb. 18. Juni 1942) und George Harrison (geb. am 25. Februar 1943) als Quarrymen in ihrer Heimatstadt → Liverpool. Als 1959 Stuart Sutcliffe als Bassist zu ihnen kam, änderten sie den Bandnamen in Silver Beatles. Mit → Pete Best am Schlagzeug vervollständigten sie die erste feste Besetzung. Auftritte im legendären → »Cavern Club« in → Liverpool und natürlich im → »Star Club« zu Hamburg verschafften ihnen eine erste Basis für den späteren Erfolg. In Hamburg nahmen sie auch ihre ersten Platten mit → Tony Sheridan auf. Stuart Sutcliffe blieb bei seiner Freundin Astrid Kirchherr, die die berühmte Pilzkopffrisur erfand. Sutcliffe verstarb wenige Jahre später in Hamburg an einem Gehirntumor. Zurück in → Liverpool wurde → Brian Epstein im → »Cavern Club« auf die Jungs aufmerksam, nahm die Beatles unter Vertrag und schuf so die Basis zu einer Weltkarriere. Die meisten Plattengesellschaften (z.B. Decca) lehnten die Beatles ab, weil sie in solchen Grup-

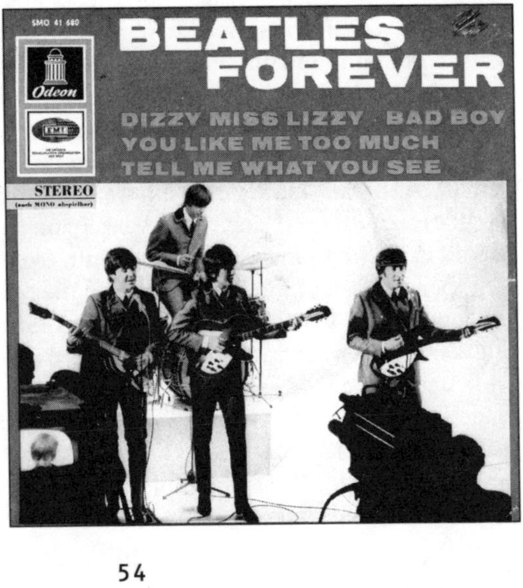

The Beatles

pen keine Zukunft sahen. Nur die Schallplattenfirma EMI gab ihnen eine Chance. Ihr Produzent wurde → George Martin. Der unglückliche → Pete Best wurde am Schlagzeug gegen Ringo Starr (eigentlich als Richard Starkey am 7. Juli 1940 geb.) von Rory Block and the Hurricanes ausgetauscht. Damit war die erste Supergruppe der modernen Musikgeschichte komplett. Die Beatles bestanden darauf, eigenes Material aufzunehmen, und die erste Single Love Me Do erreichte sofort Platz 17 in den englischen Charts. Dies war die schlechteste Plazierung der Beatles. Unter ihren anderen Singles waren nicht weniger als 17 Nummer 1 Hits. Die »Beatlemania« ergriff die ganze Nation und bald die ganze Welt. Auch Deutschland lag im Beatles-Fieber und konnte die Fab-Four sogar auf deutsch singen hören mit »Komm gib mir deine Hand« (»I want To Hold Your Hand«) und »Sie liebt Dich« (»She Loves You«). Beide deutschsprachigen Lieder wurden in Paris aufgenommen. Im Jahr 1964 starteten die Beatles zu ihrer ersten großen Tournee über den Atlantik nach Amerika. Ihre Scheiben besetzten die Hitparaden auf der ganzen Welt, und die Live-Auftritte waren überfüllt mit hysterisch kreischenden Fans. John Lennon und Paul McCartney wurden zu den bekanntesten Songschreibern der Welt, und viele Interpreten nahmen ihre Lieder in ihr Repertoire auf. Auch die beiden Spielfilme »A Hard Days Night« und »Help!« trugen zu ihrem Ruhm bei. Ab 1966 beendeten die Beatles ihre Tourneen, da es für sie immer schwieriger wurde, ihre mittlerweile sehr komplexen Kompositionen live zu verwirklichen. Hier endet auch die Beat-Ära der Beatles. Von diesem Zeitpunkt an entdeckten die Beatles andere musikalische Horizonte, schufen sogenannte

The Beatles

Konzeptalben und fanden sich in der psychedelischen Musik der späten Sechziger Jahre wieder.

Besetzung der Band: John Lennon (guitar, vocal), Paul McCartney (bass, vocal), George Harrison (guitar, vocal), Ringo Starr (drums, vocal)

Singles
1962: Love Me Do / P.S. I Love You
1963: Please Please Me / Ask Me Why
1963: From Me To You / Thank You Girl
1963: She Loves You / I'll Get You
1963: I Want To Hold Your Hand / This Boy
1964: Can't Buy Me Love / You Can't Do That
1964: A Hard Days Night / Things We Said Today
1964: I Feel Fine / She's A Woman
1965: Ticket To Ride / Yes It Is
1965: Help / I'm Down
1965: Day Tripper / We Can Work It Out
1966: Paperback Writer / Rain
1966: Yellow Submarine / Eleanor Rigby
1967: Penny Lane / Strawberry Fields Forever
1967: All You Need Is Love / Baby You're A Rich Man
1968: Lady Madonna / The Inner Light
1968: Hey Jude / Revolution
1969: Get Back / Don't Let Me Down
1969: Ballad Of John And Yoko / Old Brown Shoe
1969: Something / Come Together
1970: Let It Be / You Know My Name

The Beatles

1970: The Long And Winding Road / For Your Blue

LP *1963: Please, Please Me*

Song-Titel: I saw her standing there – Misery – Anna – Chains – Boys – Ask me why – Please please me – Love me do – P.S. I love you – Baby it's you – Do you want to know a secret – A taste of honey – There's a place – Twist and shout

1963: With The Beatles

Song-Titel: It won't be long – All I've got to do – Don't bother me – All my loving – Little child – Roll over Beethoven – Till there was you – Please Mister Postman – Hold on tight – You really gotta hold on me – Devil in her heart – I wanna be your man – Not a second time – Money

1964: A Hard Day's Night

Song-Titel: A hard day`s night – I should have known better – If I fell – I'm happy just to dance with you – And I love her – Tell me why – Can't buy me love – Anytime at all – I'll cry instead – Things we said today – When I get home – You can't do that – I'll be back

1964: Beatles For Sale Song-Titel: No reply – I'm a loser – Baby's in black – Rock and roll music – I'll follow the sun – Mr. Moonlight – Kansas City – Eight days a week – Words of love – Honey don't – Every little thing – I don't want to spoil the party – What you're doing – Everybody's trying to be my baby

1965: Help

Song-Titel: Help – The night before – You've got to hide your love away – I need you – Another girl – Ticket to ride – Act naturally – It's only love – You like me too much – Tell me what you see – I've just seen a face – Yesterday – Dizzy Miss Lizzy

1965: Rubber Soul

1966: Revolver

1967: Sgt. Pepper's Lonely Hearts Club Band

1967: Magical Mystery Tour

1968: The Beatles (White Album)

1969: Yellow Submarine

1969: Abbey Road

1970: Let It Be

Beatman (Tschechoslowakei)

Single *1965: Enchanted Lie / Beat It*

Beatstalkers (Schottland)

Die Beatstalkers stammten aus dem schottischen Glasgow und wurden die »schottischen »Beatles« genannt. 1965 gingen die Beatstalkers nach London und nahmen bei der Schallplattenfirma Decca einige gute, aber leider nicht sehr erfolgreiche Singles auf. 1967, nach mehreren Besetzungswechseln, nahm die Musikgruppe bei CBS fünf Platten auf, darunter auch drei Songtitel von David Bowie: «Silver Treetop School For Boys«, »When I'm Five« und »Everything Is You«. Da der Erfolg weiterhin auf sich warten ließ, trennte sich die Formation 1969.

Besetzung der Band: Davis Lennox (vocal), Ronnie Smith (guitar, vocal), Alan Mair (bass), Eddie Campbell (organ), »Tudge« Williamson (drums)

Singles *1966: A Love Like Yours / Base Line*
1966: Left Right Left / You'd Better Get A Hold On Me
1968: Rain Colored Roses / Everything Is You

Beat Stones (Deutschland)

Single *1966: What Am I In Love / Ibn Dibn Dub*

Beau Brummels (USA)

Diese Band mit dem etwas merkwürdigen Namen Beau Brummels, die von 1964 – 1969 existierte, war die amerikanische Antwort auf die »British Beat Invasion«. Die amerikanischen Beatmusiker hatten sich nach einer exzentrischen Person benannt: einem gewissen George Brummel, einem englische Dandy, der von 1778 bis 1840 gelebt hat. Tatsächlich dachten viele Amerikaner, daß es sich bei den Beau Brummels um eine britische Band handelt. Sie hielten sich am Anfang ihrer Bandkarriere auch stark an die Vorbilder aus dem → Mersey-Beat.

Besetzung der Band: Ron Elliott (guitar), Declan Mulligan (guitar), ersetzt durch Don Irving (guitar), Ron Meagher (bass), Sal Valentino (percussion, vocal), John Petersen (drums)

Singles *1964: You Tell Me Why / I Want You*
1964: Laugh Laugh / Still In Love With You Baby
1965: Just A Little / They'll Make You Cry
1965: Good Time Music / Sad Little Girl
1968: Are You Happy / Lift Me

LP *1964: Introducing*
Song-Titel: Laugh, laugh – Still in love with you baby – Just a little – Just wait and see – Oh lonesome me – Ain't that loving you baby – Stick like glue – They'll make you cry – That's if you want me to – I want more loving – I would be happy – Not too long ago
1965: Vol. 2
1966: 66
1967: Vol. 44
1967: Triangle
1968: Bradley's Barn

Beck, Jeff (Großbritannien)

Geboren wurde der Gitarrist Jeff Beck am 24. Juni 1944 in Surrey. Er studierte auf der Kunstakademie in Wimbledon. Seine erste Band hieß The Tridents. 1965 kam Jeff Beck zu den → Yardbirds und übernahm den Posten von → Eric Clapton. Schon 1966 verließ er die Yardbirds und versuchte sein Glück als Solomusiker. Eine seiner Singles aus dieser Zeit ist »Hi-Ho Silver Lining«. Diese kam unter die Top Twenty in 1967 in Britannien. Diese Single schaffte es 1972 wieder, bis auf Platz 17 zu kommen. Er gründete die Jeff Beck Group mit dem Sänger Rod Stewart, der später bei den Faces seine Reibeisen-Stimme einsetzte. Bei der Jeff Beck Group stand Ron Wood später bei der Faces mit den Rolling Stones am Bass. Für das Schlagzeug hatte Jeff Beck Mick Waller, und am Piano saß der Studiomusiker Nicky Hopkins. Die Jeff Beck Group existierte bis 1969 und machte in dieser Zeit zwei Langspielplatten: »Beck-Ola« und »Truth«. Das Trio Beck, Bogert, Appice war eine weitere nennenswerte Station von Jeff Beck. Mit vollem Namen: Tim Bogert (am Bass) und Carmine Appice (am Schlagzeug). Weiterhin machte Jeff Beck mit Robert Plant und → Jimmy Page (beide Led Zeppelin) das Studio-Projekt »The Honeydrippers«. Zu den wichtigsten Solo-Alben von Jeff Beck zählen: »Blow By Blow«, »Rough And Ready«, »Wired« und »Guitar Shop«.

Beefeaters (Dänemark)

Single: *1964: Please Let Me Love / Don't Be King*

Bee Gees (Großbritannien)

Feel I'm going back to Massachussetts (»Massachussetts«)

Obwohl viele Leute glauben, daß die Bee Gees aus Australien stammen, sind sie doch eine rein britische Band. Die drei Gibb-Brüder Robin Gibb (geb. am 22. Dezember 1949), Maurice Gibb (geb. am 22. Dezember 1949) und Barry Gibb (geb. 1. September 1946) begannen ihre Musikerkarriere 1956 in → Manchester als Pausenfüller bei Kinoveranstaltungen. 1958 wanderte die Gibb-Familie nach Australien aus. In kurzer Zeit wurden die Bee Gees in den frühen Sechzigern zu einer der bekanntesten Gruppen des australischen Kontinents. Nach ihrer Rückkehr in die englische Heimat 1966 vervollständigten sie ihre Band mit dem Schlagzeuger Colin Peterson und dem Bassisten Vince Melouney. Ihre erste Single-Produktion »Spicks And Specks« 1967 war ein Flop. Die weiteren Platten wurden jedoch immer erfolgreicher, und bald war der melodische Klang ihrer Lieder ein Begriff. Mit dem Lied vom Grubenunglück (»New York Mining Desaster 1941«) gelangten die Bee Gees 1967 auf Platz 10 der deutschen Verkaufsliste. In England und Deutschland kamen die Gibb-Brüder mit ihrem Song von »Massachuetts« auf den ersten Platz der Hitparaden. In den Vereinigten Staaten von Amerika gelangten sie erst 1971 mit »How Can You Mend A Broken Heart« an die Chart-Spitze. Außerdem hatte das Chanson-Duo Esther und Abi Ofarim mit der Bee Gees-Komposition »Morning Of My Life« einen großen Verkaufserfolg. In späteren Jahren fanden die Brüder jedoch wieder zusammen und erlebten in der Zeit der Disco-Music wiederum große Triumphe.

Bandbesetzung:: Barry Gibb (vocal, guitar), Robin Gibb (vocal), Maurice Gibb (guitar, vocal), Colin Peterson (drums), Vince Melouney (bass)

Singles 1967: *Spicks And Specks / I Am The World*
1967: *New York Mining Disaster 1941 / I Can See Nobody*
1967: *To Love Somebody / Close Another Door*
1967: *Holiday / Red Chair Fade Away*
1967: *Massachussetts / Barker Of The UFO*
1967: *World / Sir Geoffrey Saved The World*
1968: *Jumbo / The Singer Sings His Song*
1968: *I've Gotta Get A Message To You / Kitty Can*

LPs 1967: *First*
1968: Horizontal
1968: Idea
1968: Rare Precious And Beautiful
Song-Titel: Where Are You – Spicks And Specks – Playdown – Big Chance – Glass House – How Many Birds – Second Hand People – I Don't Know Why I Bother With Myself – Monday's Rain – Tint Of Blue – Jingle Jangle – Born A Man
1969 Odessa

Bees (Deutschland)

Single *1967: Jesse James Rides Again / The Girl In My Dreams*

Bennett, Cliff and The Rebel Rousers (Großbritannien)

I Was Alone, I Took A Ride, I Didn't Know What I Would Find There (»Got To Get You Into My Life«)

Nachdem Cliff Bennett (geb. am 4. Juni 1940) in den Fünfzigern in verschiedenen Gruppen gesungen hatte, gründete er 1961 die Rebel Rousers und produzierte auch gleich eine Platte. Trotz des Namens waren die Rebel Rousers »brave Jungs« mit ordentlichem Haarschnitt und Anzügen, die in vielen Clubs in Britannien und auf dem europäischen Kontinent sehr beliebt waren. Cliff Bennett And The Rebel Rousers hatten den gleichen Manager wie die → Beatles: nämlich → Brian Epstein. Die Besetzung von Cliff Bennett And The Rebel Rousers wechselte ständig. Unter den Musikern befand sich auch Frank Allen, der

Cliff Bennett & His Band

später bei den → Searchers spielte, und der Sessionmusiker Nicky Hopkins, der zusammen mit Bands wie den → Rolling Stones und → Jeff Beck Schallplattenaufnahmen machte. Cliff Bennet And The Rebel Rousers hatten einen Vertrag bei Parlophone und brachten mehrere Singles heraus, von denen eine von Paul McCartney produziert wurde. Die Band übernahmen von der → Beatles-Langspielplatte »Revolver« das Stück »Got To Get You Into My Life«. Im Jahr 1969 liess Cliff Bennett seine Haare wachsen und gründete die progressive Rockband Toe Fat.

Singles *1961: You Got What I Like / I'm In Love With You*
1961 When I Get Paid / That's What I Said
1962: Poor Joe / Hurtin' Inside
1963: Everybody Loves A Lover / My Old Standbye
1963: You Really Got A Hold On Me / Alright
1964: Got My Mojo Workin'/ Beautiful Dreamer
1964: One Way Love / Slow Down
1965: I'll Take You Home / Do You Love Him
1965: Three Rooms With Running Water / If Only You'd Reply
1965: I've Cried My Last Tear / As Long As She Looks Like You
1966: You Can't Love Em All / Need Your Lovin'Tonight
1966: Hold On I'm Coming / Ice For You
1966: Got To Get You Into My Life / Baby Each Day
1966: Don't Help Me Out / Never Knew My Lovin'
1967: I'll Take Good Care Of You / I'm Sorry
1967: Use Me / I'll Be There

LPs *1964: Cliff Bennett & The Rebel Rousers*
1966: Driving You Wild
1967: Got To Get You Into My Life:
Song-Titel: It's a wonder – Ain't love good, ain't love proud – 6345-789 – Roadrunner – Baby each day – Got to get you into my life – Barefootin' – See-Saw – I'm not tired – Stop her on sight – You don't know like I know – See see rider
1967: Cliff Bennett Branches Out

Berry, Dave and the Cruisers (Großbritannien)

Long distance information give me Memphis Tennessee (»Memphis Tennessee«)

Der 2-Meter-Hüne Dave Berry (geb. am 6. 2. 1941 in Sheffield) und seine Begleitband »The Cruisers« spielten ständig in den Clubs in und um Sheffield, bis Dave Berry And The Crusiers im Jahr 1963 einen Vertrag mit Decca unterzeichnen konnte. Die erste Single »Memphis Tenn-essee« (ein Rock'n'Roll-Song) kam bis in die Top 20, obwohl zur gleichen Zeit das Original von Chuck Berry überall zu hören war. Nach einer weiteren → Rhythm & Blues-Coverversion (»My Baby Left Me«), komponiert von dem amerikanischen Bluesmusiker Arthur Crudup, änderte Dave Berry mit seinen Jungs radikal den musikalischen Stil der Band und sang immer mehr Balladen, die er im Studio meistens ohne seine Begleitband aufnahm. Es war nicht überraschend, daß die »Cruisers« über diese Entwicklung nicht besonders glücklich waren und im Oktober 1964 aufhörten. Berry engagierte neue Musiker, mit denen er weitermachte. Als der Wechsel in der Musikszene deutlich wurde, ging es Dave Berry wie vielen anderen. Er spielte nur noch in kleinen Clubs, und Ende der 60er Jahre verschwand er aus der Szene.

Besetzung der Band: Dave Berry (vocal), Frank White (lead-guitar), Alan Taylor (guitar), Peter Cliff (bass), John, Riley (drums)

Singles (Dave Berry and the Cruisers)

1963: Memphis Tennessee / Tossin'And Turnin'
1964: My Baby Left Me / Hoochie Coochie Man
1964: Baby It's You / Sweet And Lovely
1964: The Crying Game / Don't Gimme No Lip Child
1964: One Heart Between Two / You're Gonna Need Somebody

Singles (Dave Berry)

1965: Little Things / I've Got A Tiger By The Tail
1965: This Strange Effect / Now
1965: I'm Gonna Take You There / Just Don't Know
1966: If I Wait For Love / Bidden
1966: Mama / Walk Walk Talk Talk
1966: Picture Me Gone / Ann
1967: Stranger / Stick By The Book
1967: For Ever / And I Have Learned To Dream
1967: Just As Much As Ever / I Got The Feeling
1968: Do I Figure In Your Life / Latisha

LPs *1964: Dave Berry*
Song-Titel: The crying game – Not fade away – I don't want to go on – Ella Speed – The girl from the fair isle – Go on home – Everybody tries – God bless the child – Memphis Tennessee – On the other side of town – Go home girl – My last date – St. James Infirmary – Just a little bit – C.C. Rider – Don't make fun of me
1964: The Special Sound Of Dave Berry
1966: One Dozen Berrys
1968: Dave Berry '68

Berti & The Royal Beat Band (Deutschland)

Single *1966: Versuch es noch einmal / Immer nur die ander'n*

Best, Pete Four (Großbritannien)

Pete Best (geb. am 24. 11. 1941 in Indien) war der unglückliche Schlagzeuger, der kurz vor dem Durchbruch der → Beatles von den Fab Four gefeuert und durch Ringo Starr ersetzt wurde. Pete Bests neue Band wurde sofort von der Schallplattenfirma Decca, einer der Firmen, die die → Beatles abgelehnt hatten, unter Vertrag genommen. Aber der alte Ruhm war nicht genug für eine eigene Karriere.

Singles *1964: Boys / Kansas City*
1964: I'm Gonna Knock On Your Door / Why Did I Fall In Love With You?

Beverly (Niederlande)

Single *1966: Happy New Year / Where The Good Times Are*

Big Six (Deutschland)

Single *1966: Starlight Melody / Comin' Home Baby*
1966: Sure Gonna Miss Her / Nowhere Man

Big Three (Großbritannien)

Die Musikgruppe Big Three war ein fester Bestandteil der → Merseybeat-Szene und behauptete die erste Beatgruppe in → der Großstadt Liverpool gewesen zu sein. Big Three wurden bald von Decca unter Vertrag genommen und die ersten beiden Singles erreichten auch bald die unteren Regionen der Charts. Für den Beat-Club »Cavern« wo sie unermüdlich auftraten, haben sie mit »Cavern Stomp« einen eigenen Song komponiert. Im November 1963 gründeten jedoch John Gustafson und Brian Griffith ihre eigene Band: The Seniors. Obwohl John Hutchinson mit anderen Musikern weitermachte, war die Luft raus. John Gustafson war später Mitglied der → Merseybeats und hat in den 70ern u.a. mit Roxy Music gearbeitet.

Besetzung der Band: Brian Griffith (vocal, guitar), John Gustafson (bass, vocal), John Hutchinson (drums)

Singles *1963: Cavern Stomp / By The Way*
1963: I'm With You / Peanut Butter
1964: If You Ever Change Your Mind / You've Gotta Keep Her Under Hand

Big Wheel (Niederlande)

Singles *1969: If I Stay Too Long / Little Woman*
1969: What A Day / Old Songs, New Songs

Birds (Großbritannien)

Die Birds (mit »i«, statt mit »y« wie ihre amerikanischen Beatkollegen) stammten aus Middlesex und nannten sich 1961 bei ihrer Gründung ursprünglich Thunderbirds. Nachdem die Birds den Namen abgekürzt hatten, waren sie in den Clubs mit ihrer Rhythm & Blues- Musik gerngesehene Gäste. Zwischen 1964 und 1965 nahmen die Birds für Decca drei Singles auf. Hauptsächlich wurden sie jedoch durch den Rechtsstreit mit der amerikanischen Musikgruppe → Byrds bekannt, bei dem es um den Bandnamen ging. Als Kim Gardner und Ron Wood im Jahr 1966 zu → Creation gingen, löste sich die Band auf.

Besetzung der Band: Alistair McKenzie (vocal), Ron Wood (guitar), Tony Monroe (guitar), Kim Gardner (vocal), Pete McDaniels (drums)

Singles 1964: You're On My Mind / You Don't Love Me
1965: Leaving Here / Next In Line
1965: No Good Without You Baby / How Can I Be

Birmingham

Aus der mittelenglischen Millionenstadt Birmingham, der zweitgrößten Stadt in England, kommen Beatbands wie → Mike Sheridan And The Nightriders, Keith Powell And The Valets, → Nocturnes, → Mike Sheridan, die → Uglies sowie bekanntere wie die → Fortunes, die → Spencer Davis Group und die → Move. Das Ballungszentrum Birmingham, das von den Einheimischen gerne als »Brum« bezeichnet wird, entstand vor allem durch die Metallindustrie. In den Sixties schlugen die Verkehrsplaner im Fortschrittswahn zu und durchpflügten die Innenstadt von Birmingham mit Autobahnen, Unter- und Überführungen. Der Absturz der Britischen Automobilindustrie wurde für die Stadt eine Katastrophe. Zu Birmingham gehört auch das »Black Country«. In den Sechzigern des 19. Jahrhunderts sollen hier über 400 Zechen mit über 150 Hochöfen schwarze Wolken in den Himmel geblasen haben. Die Hochöfen spuckten pausenlos glühendes Eisen aus.

Black, Cilla (Großbritannien)

Priscilla Maria Veronica White (geb. am 27. 5. 1943) aus Liverpool machte eine regelrechte Bilderbuchkarriere. Im → »Cavern Club« in Liverpool arbeitete Cilla als Garderobenmädchen und sang nach Lokalschluß ab und zu ein paar Lieder mit den anwesenden Musikern. Dabei wurde sie von → Brian Epstein und seinen Schützlingen, den → Beatles, entdeckt. Ihre erste Platte unter dem Namen Cilla Black, »Love Of The Loved«, war eine Komposition von Lennon/ McCartney. Mit der nächsten Aufnahme, »Anyone Who Had A Heart« erreichte Cilla Black

Platz 1 der Charts in Großbritannien. Sie bekam bald eine eigene Show im britischen Fernsehen und hielt ihre Karriere bis 1971 aufrecht.

Singles *1964: Anyone Who Had A Heart / Just For You*
1964: It's ForYou / He Won't Ask Me
1964: You're My World / Suffer Now I Must
1966: Nighttime / Alfie

LPs *1965: Cilla*
Songtitel: Goin' out of my head – Every little bit hurts – Baby it's you – Dancing in the street – Come to me – Ol' man river – One little voice (Uno di voi) – I'm not alone anymore – Watcha gonna do 'bout it – Love letters -This empty place – You'd be so nice to come home to
1966: Sings A Rainbow
1968: Step Inside Love
1969: Surround Yourself With Cilly

Black, Roy And His Cannons (Deutschland)

Ein Blick von dir und ich bin happy (»Sweet Baby Mine«)

Der spätere Schlagerstar Roy Black (geb. 1943 in dem Walddorf Straßberg bei Augsburg), versuchte es zuerst mit seiner Begleitband, The Cannons und deutschsprachigen Beatnummern. Durch eine englische Tänzerin am Augsburger Stadttheater bekamen Roy Black And His Cannons zum ersten Mal Schallplatten von den → Beatles in die Hand. Bei ihren Aufnahmen in einem Münchner Studio halfen ihnen die Musiker der Beatformation The Five Liverpools.Diese kannten Roy Black And His Cannons von ihren gemeinsamen Auftritten im Live-Club »Sied-

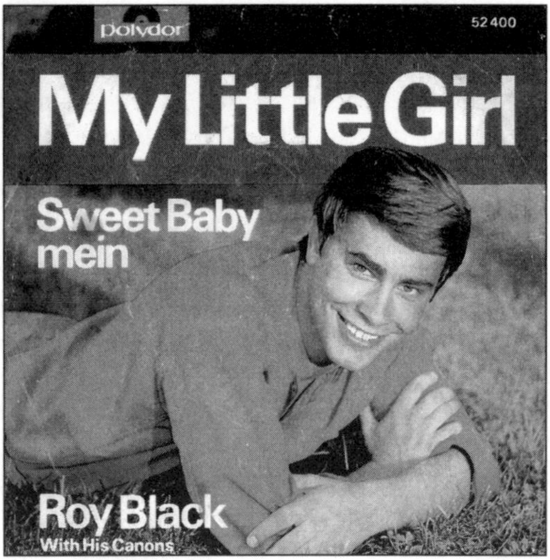

Roy Black

lerhof« zu Augsburg, wo auch legendäre Combos wie → The Monks oder → The Rainbows auftraten.

Singles *1965: Sweet Baby mein / My Sweet Little Girl*
1965: Darling My Love / Let's Go

Black Albinos (Niederlande)

Singles *1962: Shish Kebab / St. Louis Blues*
1964: Shakin' All Over / Hi-Heel Sneakers

Black Devils (Deutschland)

Single *1965: Whiskey-A-Go-Go / Keine Schule mehr*

Black Shadows (Deutschland)

Single *1968: Motherless Child / Batman*

Black Stars (Deutschland)

Singles *1966: Ich frag Dich noch einmal / My Poor Heart Cries*
1966: Scrivo sui muri / Remember

Blackberries (Deutschland)

Singles *1966: Sie / Wir sind ein Herz und eine Seele*
1967: Vier Uhr fünfunddreißig / Herz ist Trumpf
1968: Ja oder nein / Baker Street

Blackbirds (Deutschland)

Singles *1968: No Destination / Space*
1969: Lead On Light / Sherry Baby

Blackjacks (Großbritannien)

Single *1964: Woo-Hoo / The Red Dragon*

Blizzards (Deutschland)

Die »Blizzards« kamen aus der kleinen Stadt Stade in Niedersachsen. Sie spielten hauptsächlich Eigenkompositionen mit deutschen Texten, und Gesangsharmonien wie bei den → Beatles oder → Hollies waren ihr Markenzeichen. Die häufigsten Auftritte hatten die Blizzards in den Bundesländern Niedersachsen und Schleswig Holstein. Sie wurden in Veranstaltungs-Anzeigen auch als die »beste Twist-Band der Niederelbe« bezeichnet.

Band-Besetzung (64): Gerd Dethlefs (guitar, vocal), Joachim Beutler (guitar, vocal), Jürgen Nehrke (guitar, vocal), Horst George (bass), Dieter Meyer (drum)

Singles *1964: Grausame Stadt / Wie gewonnen so zerronnen*

1964: I'm Your Guy / 108 Pounds Of Heartache
1964: Ohne Dich / Ich sag ihr Adieu
1965: Diamonds / Happy Cowboy
1965: Hab' keine Lust heut' aufzustehn / Exodus
1965: Isabel / Viel zu schön
1966: Hiawatha / Pony Express

Blossom Toes (Großbritannien)

Die Blossom Toes waren eine der besseren englischen Gruppen, die im Jahr 1967 entstanden. Sie nahmen mehrere Singles und zwei LPs für die Firma Marmalade auf. Aber trotz ihrer musikalischen Fähigkeiten war die Gruppe nicht besonders erfolgreich. Die Band löste sich auf, als ihre Schallplattenfirma Pleite ging.

Besetzung der Band: Brian Godding (vocal, guitar), Jim Cregan (guitar, vocal), Brian Belshaw (bass), Kevin Westlake (drums)

Singles *1967: What On Earth / Mrs. Murphys Budgerigar / Look At Me I'm You*
1968: I'll Be Your Baby Tonight / Love Is
1968: Postcard / Everybody Is Leaving Me Now
1969: Peace Loving Man / Up Above My Hobby Horse's Head

LPs *1967: We Are Ever So Clean:*
Song-Titel: Look at me I'm you – I'll be late for tea – The remarkable saga of the frozen dog – Telegram tuesday – Love is – What's it for – People for the Royal parks – What on earth – Mrs. Murphy's budgenigar – I will bring you this and that – Mister watchmaker – When the alarm clock rings – The intrepid balloonist's handbook 1 – You – Track for speedy freaks
1969: If Only For A Moment

Blue Moons (Deutschland)

Singles *1968: Mary Maria / Molly And Jojo*
1970: Ha-Lee-Loo-Ya / Mary-Mary
LP *1968: Dance To The Tops*

Blue Rhythm (Deutschland)

Single *1966: So-la-la / Hello Josefine*

Blue Things (USA)

Die Musikgruppe Blue Things aus dem Staate Kansas war eine hervorragende Live-Band. Höhepunkt ihrer Konzerte war ein Medley mit Songs der → Beatles. Bei einem Auftritt verbrannte Mike Chapman seine Gitarre, Jahre bevor Jimi Hendrix seine Stratocaster anzündete.

Besetzung der Band: Mike Chapman (guitar), Val Stecklein (guitar), ersetzt durch Larry Burton (guitar), Richard Scott (bass), Richard Larzarale (drums), ersetzt durch Bobby Day

Single 1969: *Just Two Days Ago / Pretty Thing Oh*
LP 1964: *Blue Things*

Bonney, Graham (Großbritannien)

Hey, Super girl with your fine fancy clothes (»Super Girl«)

Nachdem Graham Bradley (geb. am 2. 6. 1945 in London) als Sessionmusiker für bekannte Bands wie → Ivy League gearbeitet hatte, schlug er im Jahr 1965 unter dem Namen Graham Bonney eine Solokarriere ein. 1966 hatte er mit seiner zweiten Singleproduktion »Supergirl« einen Nr. 8 Hit in Germany. Vor allem in Deutschland war er sehr beliebt, weshalb er die meisten Songtitel auch in deutscher Sprache aufnahm.

Singles 1966: *No One Knows / Mixed Up Baby Girl*
1966: *Supergirl / Baby's Gone*
1966: *Das Girl mit dem La-La-La / Tausendmal*
1967: *Siebenmeilenstiefel / Aber nein, nein, nein*
1968: *Traumgirl / Dank deiner Mami*
1969: *Wähle 3-3-3 / Schneewittchen*
1969: *99, 9 Prozent / Sag ihr die Wahrheit*
1970: *Alle Kirschen / Teddybär*

LPs 1966: *Supergirl*
1967: *Girls*
1968: *Best Of Graham Bonney*

Boots (Deutschland)

She makes me feel so good, Lord she makes me feel alright (»Gloria«)

Die Boots fanden im Jahr 1965 in Berlin zusammen. Sie spielten oft im »Liverpool Hoop House« dessen Besitzer ihr Manager war.

Die Band wurden gerne mit folgendem Pressetext angekündigt: »Achtung! Warnung an alle! Dies ist die neue musikalische Geheimwaffe der Berliner: Demnächst werden die talentierten Stiefel (Boots) als Eroberer komme um die Herzen der Beatfans im Sturm zu nehmen. Ob das dem bundeswehrdienstbefreiten Spreetäuflingen glückt, bleibt bei der starken Konkurrenz natürlich abzuwarten. Gutes Rüstzeug bringen sie sicher mit: Obwohl erst ein Jahr aktiv, sind sie der letzte Gag der Jungberliner und auch eine Decca-Scheibe ist unterwegs. Viel Glück denn!«

Eine ihrer besten Coverversionen war der → Them-Song »Gloria«, eine Rückseite der Them-Single »Baby Please Don't Go«.

Besetzung der Band: Werner Krabbe (vocal), Jörg Schulte-Eckel (lead-guitar, vocal), Ulli Grün (organ, harp), Bob Bresser (bass), Heinz Hoff (drums)

Singles *1965: But You Never Do It, Babe / Dimples*
1965: Gaby / Another Tear Falls
1965: Gloria / Walking In The Sand
1965: There's A Baby / Time Doesn't Matter Anymore
1965: In The Midnight Hour / Watch Your Step
1966: Alexander / I Don't Want To Go On Without You
1968: In The Beginning / No Part Of It

LPs *1965: Beat With The Boots*
Song-Titel: Gaby – Another tear falls – Get out of my life woman – Searching days – It's a man's, man's, man's world – I feel good – It was a private affair – I can not believe – Barefootin – Green onions – Alexander – Do you really know – Don't fight it – I don't want to go on without you – Comin home
1966: Here Are The Boots

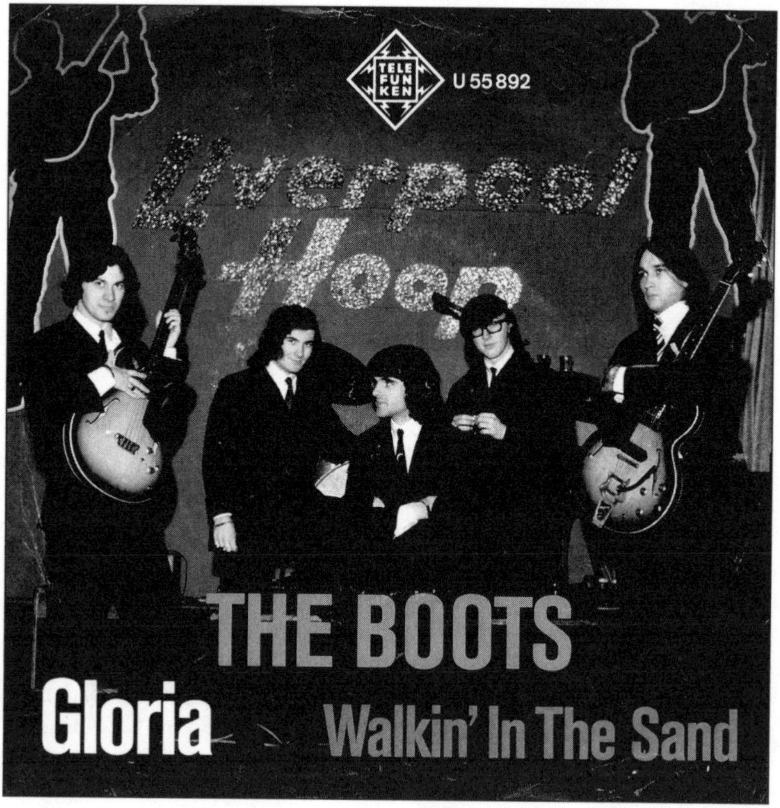

Song-Titel: She's about a mover – Mama keep your big mouth shut – Gloria – It ain't necessarily so – Got love if you want it – But you never do it babe – Enchanted sea – Baby please don't go – Whatcha gonna do about it – When I loved her – Jump back baby – Dimples – Boogie children – Walkin' in the sand

Boots (Schottand)

Single *1968: Keep Your Lovelight Burning / Give Me One More Chance*

Boris (Schweden)

Single *1963: Hully Gully Time / Hully Gully Holiday*

Boston, The (Deutschland)

Singles *1967: Crazy Family / Cornflakes*
1970: Swingin' Creeper / Hitch-Hike

Boston Crabs (Großbritannien)

Eine Band aus den Midsixties, die einige Singles für Columbia aufnahm.

Singles *1965: As Long As I Have You / Alley Oop*
1965: Down In Mexico / Who?

Boston Dexters (Großbritannien)

Eine der wenigen Gruppen aus Edinburgh in Schottland sind die Boston Dexters. Auf der Bühne verkleideten sie sich als amerikanische Gangster.

Single *1965: Try Hard / No More Tears*

Boston Show Band (Deutschland)

Singles *1966: Time To Go / Wo, wo, wo*
1970: Hey Diddle Diddle / Come On Over
LPs *1968: Hair Dance*
1968: Non Stop Pop Hits
1968: Piccadilly Rock

Box Tops (USA)

Give me a ticket for an airoplane ain't got time to take a fast train (»The Letter«)

Der 16jährige Alex Chilton (geb. am 28. 12. 1950 in Memphis /Tennessee) gründete im Jahr 1966 mit einigen Schulfreunden die Gruppe Box Tops. Im Jahr 1967 bekam die Band einen Plattenvertrag und veröffentlichten den Schallplattentitel »The Letter«, der sofort die Nummer 1 in den Bestsellerlisten wurde. Bis zu ihrer Auflösung im Jahre 1970 folgten noch etliche Hits.

Besetzung der Band: Alex Chilton (vocal), Gary Talley (guitar), John Evans (keyboard), ersetzt durch Rick Allen (keyboard), ersetzt durch Harold Cloud (keyboard), William Cunningham (bass), ersetzt durch Swain Scharfer (bass), Daniel Smythe (drums), ersetzt durch Thomas Boggs (drums)

Singles *1967: The Letter / Happy Times*
1968: Cry Like A Baby / The Door You Closed On Me
1968: I Met Her In Church / People Gonna Talk
1968: Choo Choo Train / Fields Of Clover
1969: Turn On Dream / Together
1969: Sandman / Sweet Cream Ladies Forward March
1970: You Keep Tightening Up On Me / Come On, Honey

LPs *1967: The Letter*
1968: Cry Like A Baby
Song-Titel: Cry like a Baby – Deep in Kentucky – I'm the one for you – Weeping Analeah – Every Time – Fields of clover – Trouble with Sam – Lost – Good morning dear – 727 – You keep me hanging on
1968: Non Stop
1968: Dimensions

Boys, The (Deutschland)

Single *1965: Baby, muss das sein / Let Me Know*

Brincos, Los (Spanien)

Singles *1966: Flamenco / Es Como Un Sueno*
1966: Major / I Try To Find
1968: Gracias Por Tu Amor / El Domingo

LPs *1966: Los Brincos*
1970: World Devil Body

British Walkers (USA)

Single *1964: Shake / That Was Yesterday »Britton, Buddy And The Regents« (Großbritannien)*

Buddy Brittin And The Regents

Eine Merseybeat–Gruppe, die im Jahr 1963 für die Firma »Oriole« aufnahm. Leider hatten → Freddie & the Dreamers und → Bern Elliott & the Fenmen zur gleichen Zeit die gleichen Songs aufgenommen wie Buddy Britton And The Regents und damit Erfolg. Nach einigen weiteren Singles teilte die Beatgruppe das Schicksal vieler anderer: sie lösten sich auf.

Singles *1962: My Pride And Joy / Long Gone Baby*
1963: If You Gotta Make A Fool Of Somebody / Money

1963: When I See You Smile / My Resistance Is Low
1965: She's About A Mover / Since You're Gone

Buckinghams (USA)

You gotta live for yourself for yourself and nobody else (»I'll Go Crazy«)

Im Gegensatz zu den Aufnahmen auf ihren Singles, die reiner Beat/Pop waren, sind die Jungs aus Illinois auf ihren Alben sehr experimentierfreudig gewesen.

Besetzung der Band: Dennis Tuffano (guitar, vocal), Carl Giammarese (guitar), Dennis Miccols (keyboard), ersetzt durch Marty Grebb (keyboard), Nick Fortuna (bass), Jon Poulos (drums)

Singles *1966: I Call Your Name / Wakin' Up And Breakin' Up*
1967: Mercy, Mercy, Mercy / You Are Gone
1968: Back In Love Again / You Misunderstand Me

LPs *1966: Kind Of A Drag*
Songtitel: Kind of a drag – I call your name – I'll go crazy – Don't want to cry – Virginia Woolf – Beginners love – Sweets for my sweet – I've been wrong – Makin' up and breakin' up – You make me feel so good – Summertime – Love ain't enough
1967: Time And Changes
1968: In One Ear & Out Of The Other

Budhi (Niederlande)

Single *1967: Embryo / Preachers*

Bunch, The (Deutschland)

Single *1967: Don't Come Back To Me / You Can't Do This*

Burt & The Gentlemen (Deutschland)

Single *1961: The Great Pretender / Long Tall Sally*

Butterflys (Deutschland)

Single *1965: Goodnight Baby / Swim*

Byrds (USA)

Hey Mr. Tambourine man play a song for me I'm not sleepy and there aint no place I'm going to (»Mr.Tambourine Man«)

Als Roger McGuinn (geb. am 13. 7. 1942 in Chicago) sich im Jahr 1964 in der Film-Metropole Los Angeles aufhielt, traf er auf die Musiker David Crosby (geb. am 14. 8. 1941 in Los Angeles), Gene Clark (geb. am 17. 11. 1944 in Tipton, gest. am 24. 5. 1991) und Michael Clarke (geb. am 3. 6. 1944 in New York City, gest. am 19. 12. 1993). Gemeinsam gründeten sie die Folkrock-Band Jet Set, die bald mit dem Gitarristen Chris Hillman (geb. am 4. 12. 1942 in Los Angeles) erweitert wurde. Ihr Produzent Jim Dickson war der Meinung, daß die Band nur mit einem Songtitel von Bob Dylan Erfolg haben könnte. So nahmen die Jungs das Stück »Mr. Tambourine Man« auf, das sofort unheimlich positive Resonanz erfuhr. Bemerkenswert ist, daß auf der Aufnahme lediglich Roger McGuinn ein Instrument spielt, den Rest besorgten Studiomusiker. Viele andere Bands wie die → Turtles spielten danach einen ähnlichen Stil. Damit war der Folk-Rock angesagt. Das Unverkennbare am Sound der Byrds war die elektrische 12-saitige Gitarre von Roger McGuinn. Mit »Eight Miles High« gelang ihnen noch ein Klassiker, der später von → Golden Earring in einer Rockversion nachgespielt wurde. Die Zeit der Byrds war auch die Zeit der Entdeckung der psychedelischen Musik, der ersten Drogenexperimente und der Lightshows. Ihre Musik war auch im Kultfilm der Hippies, »Easy Rider«, zu hören mit dem Song »I Wasn't Born To Follow«. Roger McQuinn hatte in dem Biker-Movie mit Peter Fonda und Dennis Hopper zwei Songs: »Ballad

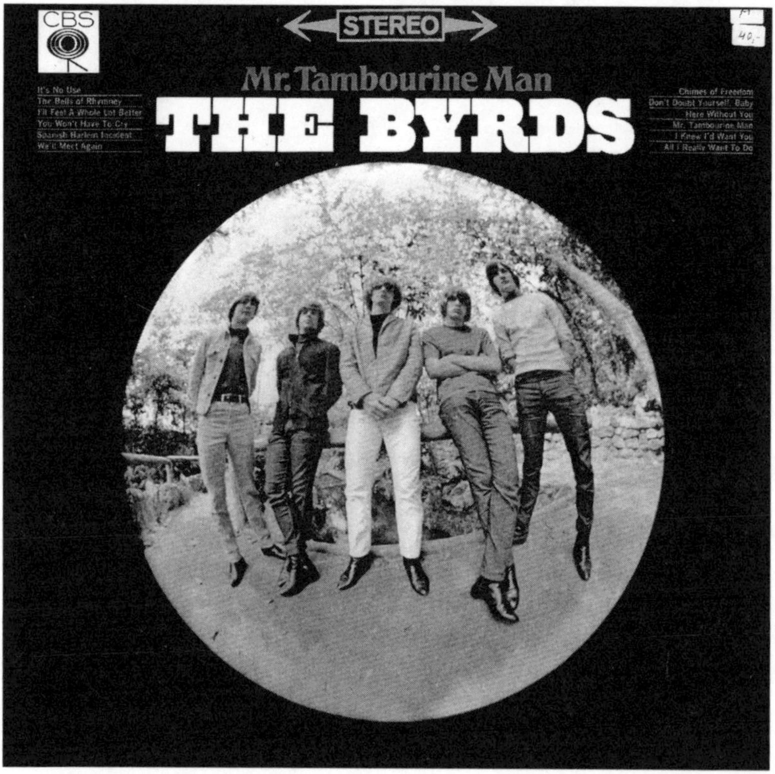

Of Easy Rider« und »It's Alright Ma«. Mehrere kleine Umbesetzungen in der Musikgruppe fanden zwischen 1967 und 1971 statt. Ab 1973 begannen die Musiker Solopfade einzuschlagen. David Crosby tat sich mit Neil Young, Graham Nash und Stephen Stills zu dem Quartett Crosby, Stills, Nash & Young zusammen. Graham Parsons (geb. am 5. 11. 1946, gest. am 19. 9. 1973), der Gene Clark ersetzte, ging mit Chris Hillman zu den »Flying Burrito Brothers.«

Besetzung der Band: James Roger McGuinn (guitar, vocal), Chris Hillman (guitar, bass, vocal), Gene Clark (guitar, harm, vocal), ersetzt durch Gram Parsons (guitar, vocal), David Crosby (guitar, vocal), Michael Clarke (drums)

Singles *1965: Mr. Tambourine Man / I Knew I'd Want You*
1965: All I Really Want To Do / I'll Feel A Whole Lot Better
1965: Turn! Turn! Turn! / She Don't Care About Time
1966: Get You Free This Time / It Won't Be Wrong
1966: Eight Miles High / Why
1966: 5 D / Captain Soul

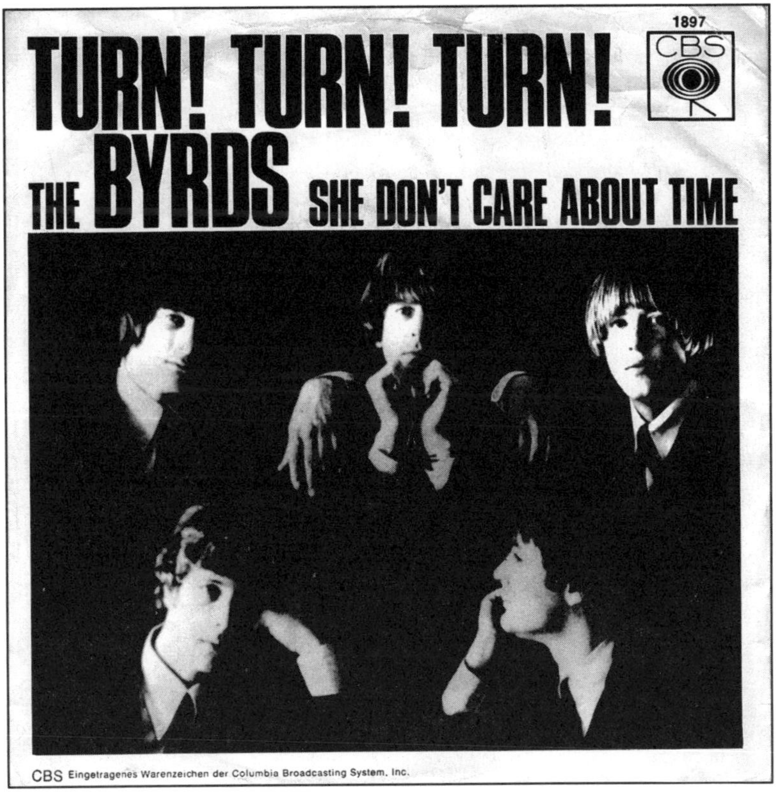

1966: Mr. Spaceman / What's Happening ? !
1967: So You Want To Be A Rock'n'Roll Star / Everybody's Been Burned
1967: My Back Pages / Renaissance Fair
1967: Have You Seen Her Face / Don't Make Waves
1968: Pretty Boy Floyd / I'm A Pilgrim
1968: Artificial Energy / You Ain't Going Nowhere
1969: Drug Store Truck Drivin' Man / Bad Night At The Whiskey
1970: I Wasn't Born To Follow / Ballad Of Easy Rider
1970: Jesus Is Just Alright / Mr. Spaceman

LPs *1965: Mr. Tambourine Man*
Song-Titel: Mr.Tambourine man – I'll feel a whole lot better – Spanish Harlem incident – You won't have to cry – Here without you – The bells of Rhymney – All I really want to do – I knew I'd want you – It's no use – Don't doubt yourself Babe – Chimes of free dom – We'll meet again
1966: Turn! Turn! Turn!
Song-Titel: Turn! Turn! Turn! – It won't be wrong – Set you free this time – Lay down your weary tune – He was a friend of mine – The world turns all around her – Satisfied mind – If you're gone – The times they are a-changing – Wait and see – Oh Susannah!
1966: Fifth Dimension
Song-Titel: 5 D – Wild mountain thyme – Mr. Spaceman – I see you – What's happening – I come and stand at every door – Eight miles high – Hey Joe – Captain Soul – John Riley – 2-4-2 Fox Trot
1967: Younger Than Yesterday
1968: Dr Byrds & Mr Hyde
1968: Notorious Byrds Brothers
1968: Sweetheart Of The Rodeo
1969: Preflyte
1970: Ballad Of Easy Rider
1970: Untitled

C

Cadets (Irland)

Single *1965: Right Or Wrong / Jealous Heart*

Candies, Die (Deutschland)

Single *1967: Ein Boy wie ein Mädchen / Reden*

Capitols (Deutschland)

Single *1967: Cool Jerk / Hello Stranger*

Caravans (Deutschland)

Single *1967: Lazy Holiday / Trip To Spain*

Carefrees (Deutschland)

Single *1964: We Love You »Beatles« / Hot Blooded*

Carnaby (Großbritannien)

Wie man schon aus dem Namen sehen kann, war es eine typische Londoner Mod-Band der Sechziger, die sich stets nach der neuesten Mode kleidete und die Modestraße, die Carnaby-Street in London, als Namensgeber hernahm. Doch trotz aller Anstrengungen schaffte keine ihrer Aufnahmen den Sprung in die Hitparaden.

Single *1965: Jump And Dance / Love Will Stay*

Carnations (Deutschland)

Single *1963: Funny Time / Punctuation*

Carr, Johnny & The Cadillacs (Großbritannien)

Die Gruppe Johnny Carr & The Cadillacs begann 1958 in Bristol als Rock'n'Roll-Band. Sie hatten im Laufe der Zeit verschiedene Sänger, die sich aber alle John Carr nannten. Nachdem ihr Stil dann mehr zu → Rhythm & Blues wechselte, gingen Johnny Carr & The Cadillacs, wie viele andere Bands auch, nach Hamburg. Als im Jahr 1965 Con

O'Sullivan die Rolle des John Carr innehatte, hatten sie den einzigen Plattenerfolg. Die Band existierte bis Ende der 60er Jahre.

Besetzung der Band: John Carr (vocal), Ray Truscott (guitar), Mervyn Alexander (bass), Dave Purslow (drums)

Single 1965: *Do You Love That Girl / Give Me A Little Time*

Carruthers, Ben & Deep (Großbritannien)

Single 1965: *Jack O'Diamonds / Right Behind You*

Carter-Lewis and the Southerners (Großbritannien)

Von John Carter und Ken Lewis in den frühen Sechzigern auf die Beine gestellt, hatte die Band viele Auftritte bei BBC-Shows und im Jahr 1963 sogar einen kleineren Hit. John Carter und Ken Lewis waren sehr erfolgreiche Songwriter. Im Jahre 1964 bildeten Carter-Lewis And The Southerners den Großteil der Besetzung von → Ivy League. Unter den Musikern, die bei den Southerners spielten, war auch der Drummer → Viv Prince, der später zu den → Pretty Things abwanderte.

Singles 1963: *Two Timing Baby / Will It Happen To Me*
1965: *Sweet Tender Romance / Who Told You*

Cavern Club

Es war Ray McFall, der den Jazz-Keller »Cavern Club« in Liverpool in einen Beat-Club umwandelte wo sich in den Sixties unzählige Beatbands die Klinke oder die Steckdose in die Hand gaben. Das Jazz-Publikum hatte nichts für den Beatsound übrig. Das waren damals zwei fremde Welten. Die Jazz-Fans wollten den sophisticated Sound der Saints aus Manchester, Mr. Acker Bilk oder Kenny Ball sehen und hören. Zuerst durften die Beatcombos im Cavern nur Nachmittags spielen, wenn die Teenies mit dem Schulranzen vor ihrem mühsam ersparten Cola sassen. Alkoholausschank wie im »Star Club« zu Hamburg war hier im Liverpooler »Cavern« offiziell nicht erlaubt. Erst als der Publikums-Run auf die Konzerte der Beatformationen immer stärker wurden, durften die Beatmusiker nicht nur nachmittags, sondern auch Abends auftreten. Die Jazzfans blieben immer mehr aus und der »Cavern« wurde ein Beatlokal. Das Wasser tropfte von seiner Decke, eine Belüftung fand durch die Eingangstüre statt und die Bühne war sehr eng. Von der Technik und Organisation wie im Hamburger → »Star Club« konnten am Mersey die Bands nur träumen. Mehrere Gesangsmikrophone, gute Stromversorgung und eine ordentliche Gage, wie in Hamburg, waren hier zuerst Fehlanzeige. Das schadete dem → Merseyeat-Feeling aber nicht im geringsten. Im »Cavern« entdeckte → Brian Epstein – im korrekten Geschäftsanzug – nicht nur die → Beatles, sondern einige andere Beatbands. Am 27. Mai 1973 musste der »Cavern Club« der U-Bahn weichen. Liz und Jim Hughes, ehemalige Stammgäste aus dem »Cavern«, eröffneten 1981 in Liverpool das »Cavern Mecca« in der Mathew-Street als eine Art Beat- und Beatles-Museum im Stil der Sechziger.

Caz (Niederlande)

Single *1966: Cha-La-La / Feel Alright*

Cedars (Großbritannien)

Single *1968: Hide If You Want To Hide / For Your Information*

Centaurs (Niederlande)

Single *1967: Lady / Be Happy*

Chancellors (Deutschland)

Single *1963: Jenny Jenny / My Girl*

Chants (Großbritannien)

Die Chants unterschieden sich von den anderen → Liverpooler Gruppen schon dadurch, daß alle Mitglieder farbig waren. Sie waren die erste farbige Gesangsgruppe in England. Sie überdauerten auch die meisten anderen Merseybeatgruppen. Die Singles, die die Chants bei verschiedenen Plattenfirmen aufnahmen, waren aber alle keine Erfolge.

Single *1968: A Man Without A Face / Baby I Don't Need Your Love*

Chasers (Großbritannien)

Singles *1965: Hey Little Girl / That's What They Call Love*
1967: Ways Of A Man / Summergirl

Cheetas (Großbritannien)

Single *1966: Russian Boat Song / The Gamble*

Cherokees (Großbritannien)

Seven Golden Daffodils Dreaming In The Sun (»Seven Daffodils«)

Die Band Cherokees überraschte alle, als ihre Version des Songtitels »Seven Daffodils« eine bessere Position erreichte als die Aufnahme der → Mojos. Doch obwohl die Cherokees von → Mickie Most produziert wurden, konnte sich keine andere Platte von ihnen durchsetzen.

Besetzung der Band: John Kirby (vocal), Terry Stokes (guitar), Dave Dower (guitar), Mike Sweeney (bass), Jim Green (drums)

Singles *1965: I Will Never Turn My Back On You / Dig A Little Deeper*

1966: Land Of 1000 Dances / Everybody Needs
1966: Seven Daffodils / Are You Back In My World Now

Cherry Roland (Deutschland)

Single *1965: Another Night Alone / Cry, Baby, Cry*

Cherry Smash (Großbritannien)

Eine Band, von der leider nur bekannt ist, daß sie bei der Schallplattenfirma Decca einige Songtitel aufnahm.

Single *1967: Sing Songs Of Love / Movie Star*

Chocolate Watch Band (USA)

Die kalifornischen Stones, nur wilder und lauter.

Besetzung der Band: Dave Augilar (vocal), Dave »Sean« Tolby (guitar), Mark Loomis (guitar), Bill Flores (bass), Gary Andrijasevich (drums)

Single *1967: Baby Blue / Sweet Young Thing*

Christian, Neil And The Crusaders (Großbritannien)

An diese Musikgruppe mit den langen Namen Neil Christian And The Crusaders (Crusaders: Kreuzritter) erinnert man sich hauptsächlich dadurch, daß hier ein noch sehr junger Gitarrist namens Jimmy Page, der später bei den → Yardbirds und noch später bei Led Zeppelin für Aufsehen sorgte, mitspielte. Einen ganz besonderen Sound hatte auch ihr erfolgreichstes Lied mit dem Titel »That's Nice«. Der deutsche Schlagersänger Rex Gildo coverte diese Nummer und machte daraus sein Lied »Augen wie zwei Sterne«. Die Band brachte mehrere Singles heraus. Die Version des Songs »Honey Hush« des → Rhythm & Blues-Musikers Big Joe Turner wurde von Neil Christian And The Crusaders mit einem kräftigen Schuss Merseybeat aufgenommen.

Singles *1961: A Road To Love / Big Beat Drum*
1963: A Little Bit Of Something Else / LOD
1964: Honey Hush / Monkey
1965: That's Nice / She's Got The Action
1966: Oops / She Said Yeah
1966: Two At A Time / Wanna Lover
1967: You're All Things Bright And Beautiful / I'm Gonna Love You Baby

Clapton, Eric (Großbritannien)

Geb. wurde der Gitarrist Eric Patrick Clapton am 30. 3. 1945 in Ripley/Surrey. Anfang 1963, bei Ausbruch des Beatfiebers in Europa, gründete Eric Clapton seine erste Formation mit dem Namen Roosters. Die Roosters, bei denen Ben Palmer (Piano), Tom McGuinness (guitar),

Robin Mason (drums) und Terry Brennan (vocal) mitspielten, waren Anhänger des R & B mit großer Bandbreite von Chuck Berry bis Fats Domino. Zusammen mit Tom McGuinness ging Eric Clapton im Herbst 1963 von den Roosters nur einen Monat lang zu der Band Casey Jones And The Engineers. Nach → Casey Jones And The Engineers trennten sich dann die Wege der beiden ex-Roosters-Musiker. Der Gitarrist Tom McGuinness ging zu → Manfred Mann. Eric Clapton hingegen sah seine musikalische Zukunft als Gitarrist bei der Band → Yardbirds, denen er im Oktober 1963 beitrat. Bei den Plattenaufnahmen von »For Your Love« und »I Wish You Would« spielte Eric Clapton mit seiner Gibson ES 335 mit. Danach ging er zu John Mayalls Bluesbreakers. Zusammen mit Jack Bruce am Bass und Ginger Baker am Schlagzeug formierte Eric Clapton im Sommer 1966 das erste Mega-Trio der Rockmusik: The Cream. Hinterher baute Eric Clapton mit → Stevie Winwood (von Spencer Davis und Traffic kommend), Ginger Baker (von Cream kommend) und Rick Grech (von Family kommend) die vermeintliche Super-Group Blind Faith auf, die allerding nur von 1969 bis 1970 existierte. Danach wollte der vielgerühmte Gitarrist (»Clapton is God!«, Graffiti an einer Hauswand und U-Bahn-Station) sich aus dem Star-Rummel zurückziehen. Deswegen trat er als Background-Gitarrist bei dem amerikanischen Duo Delaney & Bonnie & Friends auf. Im Anschluß daran startete Eric Clapton seine Solokarriere unter dem Pseudonym Derek & The Dominos und dem Hit Layla. Zu seinen wichtigsten Soloalben gehören: »461 Ocean Boulevard« (1974), »Slowhand« (1977), »There is One In Every Crowd« (1975), »Another Ticket« (1981) und »Money And Cigarettes« (1983).

Clark, Dave Five (Großbritannien)

You always be mine, I'm feeling glad all over (»Glad All Over«)

Die Band Dave Clark Five erregte zum ersten Male Aufsehen, als sie im Jahr 1963 als die Tottenham Sound Abteilung des Merseybeat bezeichnet wurden. Die ersten beiden Veröffentlichungen (»Mulberry Bush« und »Do You Love Me«) bei Columbia, waren nicht so erfolgreich. Aber dann kam im Januar 1964 der Titel »Glad All Over«heraus, stürmte die Hitparaden und begründete eine Reihe von Hits, die bis in das Jahr 1970 reichten. Sie wurden eine der bekanntesten und erfolgreichsten britischen Bands in Amerika und erreichten dort mit dem Stück«Over And Over«im Jahr 1966 Platz 1. Ihre Aufnahmen hatten einen typischen stampfenden Beat. Der zweite Hit »Bits And Pieces« brachte die Tänzer in den Clubs so zum Kochen, daß die Besitzer von Tanzlokalen mit gefederten Böden dieser tanzbodenschädigenden Scheibe Spielverbot in ihrem Haus erteilten. Im Jahr 1965 machte die

Gruppe, wahrscheinlich von den Filmen der → Beatles beeinflusst, den Kino-Streifen Catch Us If You Can. Wie alles, was die Beatgruppe hervorbrachte, war der kommerzielle Erfolg größer, als der künstlerische Wert. Die meisten Titel wurden von dem Keyboarder Mike Smith geschrieben. Der Namensgeber der Band, Dave Clark (geb. am 15. 12. 1942 in London), beschränkte sich darauf, wie ein Uhrwerk sein Schlagzeug zu bearbeiten. Anfang der 70er Jahre löste sich die Gruppe auf.

Besetzung der Band: Mike Smith (keyboard, vocal), Lenny Davidson (guitar, vocal), Rick Huxley (bass), Denny Payton (sax), Dave Clark (drums)

1962: Chaquita / In Your Heart
1962: I Walk Line / First Love
1962: I Knew It All The Time / That's What I Said
1963: The Mulberry Bush / Chaquita
1963: Do You Love Me / Doo-Dah
1963: Glad All Over / I Know You
1964: Bits And Pieces / All Of The Time
1964: Can't You See That She's Mine / Because
1964: Thinking Of You Baby / Whenever You're Around
1964: Anyway You Want It / Crying Over You
1965: Everybody Knows / Say You Want Me
1965: Reelin' And Rockin' / Little Bitty Pretty One
1965: Come Home / Mighty Good Loving
1965: Catch Us If You Can / Move On
1965: Over And Over / I'll Be Yours
1966: Try Too Hard / All Night Long
1966: Look Before You Leap / Please Tell Me Why
1966: 19 Days / I Need Love
1967: You Got What It Takes / Sittin' Here Baby
1967: Tabatha Twitch It / Man In A Pin-Striped Suit
1967: Everybody Knows / Concentration Baby
1968: No One Can Break A Heart / You Don't Want My Lovin'
1968: The Red Balloon / Maze Of Love
1968: Live In The Sky / Children
1969: Mulberry Tree / Smalltalk
1969: Get It On Now / Maze Of Love
1969: Put A Little Love In Your Heart / 34 – 06
1969: Play Good Old Rock'n' Roll Pt. 1 / Part 2
1970: Everybody Get Together / Darling I Love You
1970: Julia / Five By Five
1970 Here Comes Summer / Break Down And Cry
1970: More Good Old Rock'n'Roll
1971: Southern Man / If You Wanna See Me Cry

1971: Won't You Wanna Be My Baby / Into Your Life

LPs *1964: Dave Clark Five With The Washington D. C. s*

1964: A Session With Dave Clarke Five

Song-Titel: Can't you see that she's mine – I need you I love you – I love you no more – Rumble – Funny – On Broadway – Zipa-dee-doo-dah – Can I trust you – Forever and a day – Theme without a name – She's all mine – Time

1965: Catch Us If You Can

Song-Titel: Catch us if you can – On the move – If you come back – Long ago – Any time you want love – I can't stand it – Your turn to cry – Hurtin' inside – Don't be taken in – Don't you realize – I cried over you – Sweet memories

1966: Greatest Hits – 14 World Wide Million Sellers

1967: Everybody Knows

1968: 5 By 5 = Go!

1970: If Somebody Loves You

The Dave Clark Five

Clayton Squares (Großbritannien)

Das Pech von Clayton Squares war es, auf der Szene zu erscheinen, als das Interesse an Gruppen aus → Liverpool schon im Schwinden war. Eines ihrer Mitglieder, Alby Donelly, ist bis zum heutigen Tage mit seiner Gruppe Supercharge als Live-Band unterwegs.

Singles *1965: Come And Get It / And Tears Fall*

Clique (Großbritannien)

Single *1965: We Didn't Kiss, Didn't Love / You've Been Unfair*

College Boys (Großbritannien)

Single *1964: I Just Don't Understand / I'm Gonna Cry*

Contrasts (Großbritannien)

Single *1963: I Can't Get You Out Of My Mind / Click When You're In Love*

Coopers, The (Niederlande)

Single *1967: Didn't I / Not A Bit*

Copains (Deutschland)

Single *1966: Give Your Love To Me / I'm So Lonely*

Copains, Les (Frankreich)

Single *1968: Sie liebt einen andern / Oh Darling, es regnet*
LP *1963: Les Croulants*

Cops & Robbers (Deutschland)

You move it to the left and you go for yourself (»Harlem Shuffle«)

Die deutsche Band Cops & Robbers ließ sich gern durch die Soul-Nummern von Musikern wie Ray Charles oder Otis Redding inspirieren. Der Bassist Steffen Wecker von dieser Beatformation behauptete Ende der Sechziger in den »Star Club News«: »Die Masche mit Bums auf drei Gitarren zieht nicht mehr. Bands, die nur Hitparaden nachspielen, können heute keinen Blumentopf mehr gewinnen.«

Single *1968: Harlem Shuffle / It Hurts Me Too*

Cops 'n' Robbers (Großbritannien)

Die Band Cops 'n' Robbers, die aus Watford stammten, waren eine R&B-Gruppe, die hauptsächlich Coverversionen aufnahm. Ihre Version von »It's All Over Now Blue« verkaufte sich eine Weile recht gut. Eine weitere Singleproduktion war »St. James Infirmary«, ein Lied, das auch Eric Burdon mit den → Animals auf seiner Langspielplatte »Every

One Of Us« verewigte. Als sich die Beatgruppe Cops'n'Robbers im Jahr 1966 trennte, gründete der Schlagzeuger Henry Harrison die New Vaudeville Band. Mit der New Vaudeville Band gelang Henry Harrison der Verkaufsknüller »Winchester Cathedral«, der die Hörer zum Mitpfeifen einlud.

Besetzung der Band: Smudger Smith (vocal), Terry Fox (organ), Steve Smith (bass), Henry Harrison (drums)

Cords, The (Niederlande)

Single *1965: Country Church / Termites*

Cornell, Lyn (Großbritannien)

Single *1962: Never On Sunday (einseitiges Demo)*

Cortinas (Großbritannien)

Single *1968: Phoebe's Flower Shop / Too Much In Love*

Countdown Five, The (Deutschland)

Single *1966: Shaka Shaka Na Na / Money Man*

Count Five (USA)

Weil die Count Five alle noch Schüler am örtlichen College in San José/Kalifornien waren und später an der Universität studieren wollten, haben sie nie die Gegend verlassen. Auf der Bühne traten sie mit Dracula-Umhängen auf. Musikalisch klingen Count 5 ähnlich wie die → Yardbirds. Mit »Psychotic Reaction« haben sie mit einer heulenden Mundharmonika ein Meisterwerk abgeliefert.

Besetzung der Band: Sean Byrne (guitar, vocal), John Michalski (guitar), Roy Cheney (bass), Kenn Ellner (percussion), Craig Atkinson (drums)

Singles *1966: Peace Of Mind / Morning After*
1966: Psychotic Reaction / They're Gonna Get You

LP *1966: Psychotic Reaction*
Songtitel: Double-decker bus – Pretty big mouth – The world – My generation – She's fine – Psychotic reaction – Peace of mind – They're gonna get you – The morning after – Can't get your loving – Out in the street

Cousins, The (Belgien)

Singles *1961: Kili-Watch / Fuego*
1961: Bye Bye Lola / Honolulu Love
1961: Dang Dang / Stoola
1962: Robot / Relax

1962: Hey Hey / When The Cousins Come Twistin' In
1963: Am Sonntag wirst Du 17 Jahre alt / Marilyn
1963: Hully Gully Boy / Toodeloo
1963: S. O. S. / Tel Aviv
1964: A Girl Named Sue / Peps
1964: Do Re Mi / Wenn Du Susanne liebst
1964: House Of The Rising Sun / Do Re Mi
1964: It's The Beat / P'tit Orseaux
1964: New Orleans / Tell Me You're Coming Back
1965: Funny How Love Can Be / Wait A Minute
1966: Der alte Mann in New Orleans / Immer überall

LPs *1964: Live*
1965: Koutchi Koutchi

Crawdaddy

Ein bekannter Club in Richmond, bei dem Station Hotel in der Grafschaft Surrey. Zuerst war der Crawdaddy-Club ein Domizil für Jazz-Gruppen. Als der R&B mit Alexis Korner immer erfolgreicher wurde, verwandelte sich der Jazz-Club in eine Heimat für R&B-Musiker. Hier traten dann viele Rhythm & Blues-Gruppen auf. Eine der bekanntesten, die dort ihre Karriere begannen, waren die → Rolling Stones. Die → Yardbirds haben im Crawdaddy dann die → Rolling Stones abgelöst.

Creation (Großbritannien)

Went to college studied art (»Painter Man«)

Die Band entstand aus der Formation → Mark Four und änderte im Jahr 1966 den Namen. Obwohl die Musikgruppe auf dem Kontinent sehr populär war, hatte die Creation auf der britischen Insel nie den großen Erfolg. Die einzigen Achtungserfolge erzielte die Band mit den Song »Makin Time« und »Painter Man«. In Deutschland kam der Hit »Painter Man« auf Platz 8. Der excellente Gitarrist Eddie Phillips (geb. am 15. 8. 1945 in Leyton) war der erste Musiker, der seine Gitarre mit einem Geigenbogen bearbeitete, eine Technik die → Jimmy Page bei Led Zeppelin später perfektionierte. Im Jahr 1968 löste sich die Band Creation auf, und die einzelnen Musiker setzten ihre Laufbahn mit unterschiedlichem Erfolg bei anderen Formationen fort. Schlagzeuger Kim Gardner gründete mit Tony Ashton Ashton, Gardner & Dyke, John Dalton ging als Bassist zu den → Kinks und Gitarrist → Ron Wood wurde bei → Jeff Beck, bei den Faces und später bei den → Rolling Stones reich und berühmt.

Besetzung der Band: Kenny Pickett (vocal), Eddie Phillips (guitar), später ersetzt durch Ron Wood, John Dalton (bass), ersetzt durch Kim Gardner, Jack Jones (drums)

Singles *1966: Makin'Time / Try And Stop Me*
1966: Painter Man / Biff Bang Pow
1967: Tom Tom / Nightmares
1967: Life Is Just Beginning / Through My Eyes
1967: Cool Jerk / Life Is Just Beginning
1967: How Does It Feel / If I Stay Too Long
1967: Image / Heartaches Between Heartaches
1969: Boney Moronie / Mercy Mercy Mercy
1969: For All That I Am / Uncle Bert

LP *1967: We Are Paintermen*
Song-Titel: Cool jerk – Making time – Through my eyes – Like a rolling stone – Can I join your band – Tom Tom – Try and stop me – If I stay too long – Biff, Bang, Pow – Nightmares – Hey Joe – Painterman

The Creation

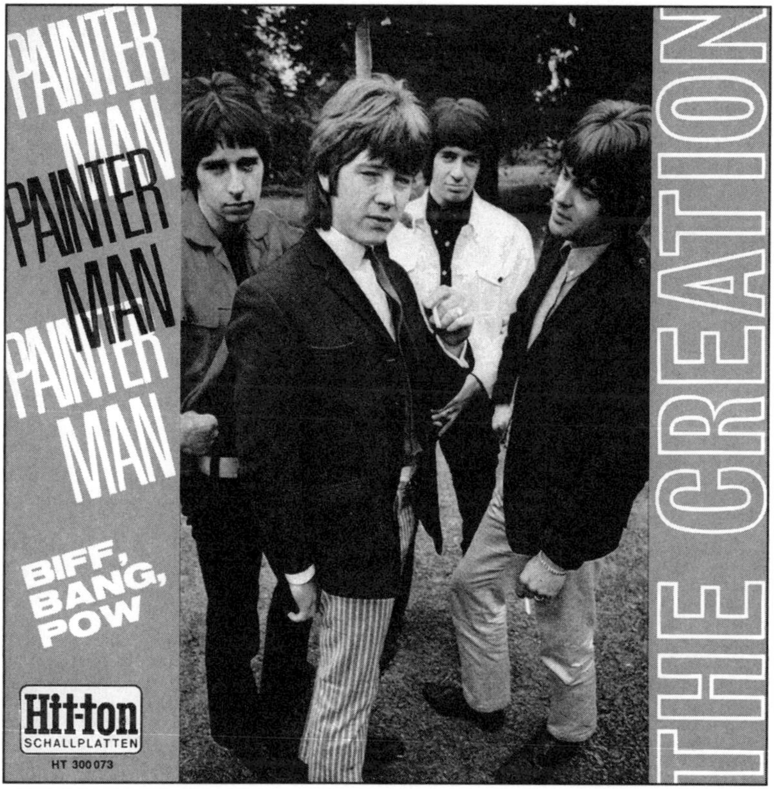

Crescendos (Deutschland)

Singles *1962: Heidi-Heidi-Ho / Chance Of A Lifetime*
1963: Uncle Willie / Not For Me
LP *1963: Crescendos*

Crescents (Deutschland)

Single *1964: Mister Moonlight / Sandy*

Cresters (Großbritannien)

Single *1966: I Just Don't Understand / I Want You*

Cryan Shames (USA)

Bei einem Auftritt der Beatgruppe Cryan Shames aus Illinois war ein gewisser Jim Pilster anwesend, konnte sich nicht zurückhalten, sprang auf die Bühne, schnappte sich ein Tambourine, fuchtelte mit seinem »Haken« herum (er hatte nur noch seine rechte Hand, am linken Arm befand sich ersatzweise der Haken) und das Publikum wurde verrückt. Von da an ging die Post für die Band erst richtig ab.

Besetzung der Band: Tom Doody (vocal), Gerry Stone (guitar), ersetzt durch Isaac Guillory (guitar), Jim Fairs (guitar), ersetzt durch Dave Carter (guitar), Dave Purple (bass), ersetzt durch Lenny Kerley, Dennis Conroy (drums), ersetzt durch Al Dawson (drums), Jim Pilster (tambourine)

LPs *1966: Sugar & Spice*
1967: Scratch In The Sky
1968: Synthesis

Cry'n Strings (Deutschland)

Singles *1967: Monja / Bu Bu Bi Du*
1967: My Sweet Anja / Addio Margaretha
1968: Sommernacht / Heartbreak Melodie

C-Sounds (Niederlande)

Single *1967: Along Comes Mary / Remember When I Loved Her*

Curiosity Shoppe (Großbritannien)

Single *1968: Baby I Need You / So Sad*

Curtis, Lee And The All Stars (Großbritannien)

In Trinidad there was a family with much confusion as you will see (»Shame And Scandal in The Family«)

Peter Flannery, der sich als Beatmusiker Lee Curtis (umgedrehter Name des amerikanischen Musikers Curtis Lee) nennt, stammt aus Liverpool.

Zeitweise wirkte bei den Allstars (1962) auch Pete Best mit, der einst an der Schiessbude der → Beatles sass und von Ringo Starr abgelöst wurde. Am Bass der Allstars war ein bekannter Mann, nämlich Bob Garner, der bereits bei → Tony Sheridan und auch mal bei → Creation dabei war. Der Schlagzeuger Joe Walsh wanderte zu der Band Ian And The Zodiacs. Nach seinem Unfall im Jahre 1967 konnte Lee Curtis, der oft in Hamburg auf der Bühne stand, nicht mehr als Live-Musiker auftreten.

Band-Besetzung (65): Lee Curtis (vocal), Paul Pilnick (guitar), Chris Dennis (organ), Dave McShane (saxophon), Bob Garner (bass), Joe Walsh (drums)

Singles *1963: Let's Stomp / Poor Unlucky Me*
1965: Shot Of Rhythm'n'Blues / Ecstasy
1966: Shame And Scandal In The Family / Nobody But You
1967: Come On Down To Me / Concert For Her

LP *1965: It's Lee*
Song-Titel: Shame and scandal in the family – Um um um um um – Stand by me – Little Egypt – Stupidity – Slow down – Jezebel – Wooly Bully – Irresistable you – It's no good for me – Mickey's monkey – Sticks and stones – One night – Nobody but you

Curtiss, Jimmy (Großbritannien)

Single *1965: Psychedelic Station / Gone But Not Forgotten*

Cymbaline (Großbritannien)

Eine Popgruppe aus der Mitte der 60er Jahre, die bei Mercury und Philips aufnahm.

Single *1967: Peanuts And Chewy Macs / Count My Girl*

D

Dakotas (Großbritannien)

Als → Brian Epstein die Dakotas im Jahr 1963 in → Manchester hörte, bot er ihnen an, die Begleitband für seine neueste Entdeckung, → Billy J. Kramer zu sein. Sie spielten bei den Aufnahmen zu Billy J. Kramers Hits mit und brachten selber auf Parlaphone einige Singles heraus.

Besetzung der Band: Mike Maxfield (lead-guitar), Robin McDonald (guitar), Ray Jones (bass), Tony Mansfield (drums)

Singles *1963: Cruel Sea / Millionaire*
1964: Oyeh / My Girl Josephine
1967: I'm An Hardworking Barrow Boy / 7 Lb's Of Potatoes

Dallon, Mikki (Großbritannien)

Single *1965: I Care About You / I'll Give You Love*
1966: Cheat & Lie / I'm Gonna Find A Soul

Danish Sharks (Dänemark)

Singles *1964: Long Tall Sally / Close In Your Arms*

Davani, Dave And The D Men (Großbritannien)

Eine Band aus den frühen Sechzigern, die bei Columbia aufnahm. Davani gründete später The Dave Davani Four und ging zu Parlophone.

Singles *(D Men) 1963: She's The Best For Me / Don't Fool Around*
(Davani Four) 1966: One Track Mind / On The Cooler Side
1966: Tossing And Turning / The Jupe

Dave Dee, Dozy, Beaky, Mick & Tich (Großbritannien)

Bend it, bend it just a little bit (»Bend It«)

DDDBM&T (So wurden Dave Dee, Dozy, Beaky, Mick & Tich öfters abgekürzt) waren die bunten Paradiesvögel der Beatszene. Ihre gemeinsame Karriere begann in Salisbury unter dem Namen Dave Dee and the Bostons. Als sie das Songwriterteam → Ken Howard und Alan Blaikley im Jahre 1964 trafen, änderten sie ihren Namen, und die Karriere konnte beginnen. Howard und Blaikley waren sowohl die Manager der

Truppe als auch die Komponisten ihrer Hits. Es dauerte zwar noch bis 1966, als sie ihren ersten großen Erfolg mit dem Stück »Hold Tight« hatten, aber dann folgte ein Hit auf den anderen, darunter die von vielen Radiostationen verbannte Nummer »Bend It«. Mit diesem Hit, der auf dem griechischen Sirtaki-Sound aufgebaut war, begann das Komponisten-Duo die Musikstile anderer Kulturen einzubauen. Während bei »Don Juan« spanische Klänge zu hören waren, konnte »Okay« mit Akkordeon-Sound einen gewissen Balkan-Touch erzeugen. Markenzeichen der Band waren ein poppig-buntes Outfit und eine witzige Show. Leider gelang es ihnen nicht, in Amerika den Erfolg fortzusetzen. 1969 trennte sich Dave Dee von der Band. Da waren's nur noch vier, aber als Dozy, Beaky, Mick & Tich konnten sie mit dem Stück »Mr. President« noch einen Top–30-Erfolg verzeichnen.

Besetzung der Band: David »Dave Dee« Harman (vocal), Trevor »Dozy« Davies (bass), John »Beaky« Dymond (guitar), Mick Wilson (drums), Ian »Tich« Amey (lead-guitar)

Singles
1965: No Time / Is It Love
1965: All I Want / It Seems A Pity
1965: You Make It Move / I Can't Stop
1966: Hold Tight / You Know What I Want
1966: Hideaway / She's So Good
1966: Bend It / Here's A Heart
1966: Save Me / Shame
1967: Touch Me Touch Me / Marina
1967: Okay / He's A Raver
1967: Zabadak / The Sun Goes Down
1968: The Legend Of Xanadu / Please
1968: Last Night In Soho / Mrs. Thursday
1968: The Wreck Of The Antoinette / Margareta Lidman
1969: Don Juan / Margareta Lidman
1969: Snake In The Grass / Bora Bora

LPs
1966: Dave Dee, Dozy, Beaky, Mick & Tich. Song-Titel: DDDBMT – We've got a good thing goin' – Here's a heart – Something I gotta tell you – All I want to do – Frustration – Hold tight – Hard to love you – Nose for trouble – No more love – After tonight – No time – Bam
1966: If Music Be The Food Of Love: Bang – I'm on the up – Hideaway – Shame – Hands off – Loose of England – Help me – Master Llewellyn – You make it move – All I want – Hair on my chinny.chin-chin – Bend it
1967: A Plea For Sanity / DDDBM&T
1967: Golden Hits Of DDDBM&T
1968: If No One Sang
1968: The Legend Of
1969: Together

Davis, Spencer Group (Großbritannien)

When I was just a little boy of seventeen (»Somebody Help Me«)

Die Mitglieder der Spencer Davis Group hatten schon alle in Jazzgruppen in → Birmingham gespielt, bevor sie zusammenfanden. Trotz des Gruppennamens war der musikalische Kopf der Band zuerst → Steve Winwood (geb. am 12. Mai 1948), der die meisten Songtitel schrieb und auch für den typischen Sound verantwortlich war. Namensgeber Spencer Davis selbst, der am 7. 7. 1939 in Swansea (Wales) geboren wurde, war der Rhythmus-Gitarrist. Im Jahr 1966 kam der große Durchbruch mit dem Songtitel »Keep On Running«. Danach waren alle Singles und LPs Riesenerfolge. Als Steve Winwood im Jahr 1967 die Musikgruppe verließ um Traffic zu gründen, wurde er durch Eddie Hardin (geb. am 19. 2. 1949), später mit Pete York als Duo Hardin & York erfolgreich) ersetzt. Doch sein Ausscheiden hinterließ eine deutlich spürbare Lücke. Die richtigen Erfolge blieben von diesem Zeitpunkt an aus, und 1968 verließen der Organist Eddie Hardin und der Drummer Pete York (geb. am 15. 8. 1942 in Yorkshire) die Gruppe, um ein Duo zu gründen. Die Spencer Davis Group spielte mit unterschiedlichen Besetzungen weiter und ist immer noch in den Clubs zu sehen und zu hören. Eine exotische Aufnahme lieferte die Band 1966 mit dem Songtitel »Det war in Schöneberg« ab. Dieser deutsche Song hat wohl seinen Ursprung darin, daß Spencer Davis Deutschlehrer an der Universität von → Birmingham war.

Besetzung der Band: Spencer Davis (guitar), Steve Winwood (keyboard, guitar, vocal), Muff Winwood (bass), Pete York (drums)

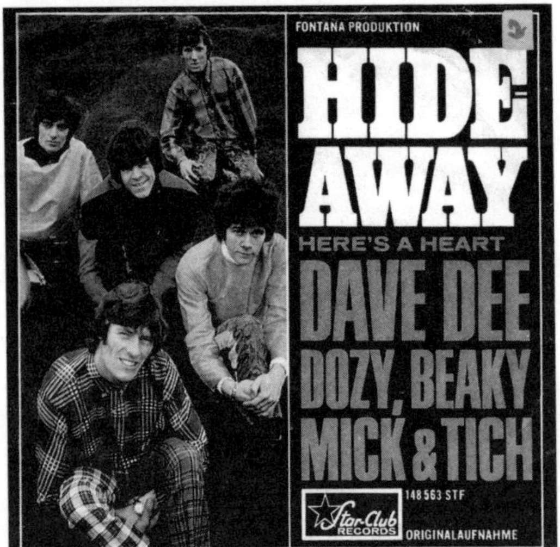

Dave Dee, Dozy, Beaky, Mick & Tich

Singles *1964: Dimples / Sittin' And Thinkin'*
1964: I Can't Stand It / Midnight Train
1965: Every Little Bit Hurts / It Hurts Me So
1965: Strong Love / This Hammer
1965: Keep On Running / High Time Baby
1966: Somebody Help Me / Goodbye Stevie
1966: When I Come Home / Trampoline
1966: Gimme Some Loving / Blues In F
1967: I'm A Man / I Can't Get Enough Of It

LPs *1965: Their First LP*
1965: Sittin'and Thinkin'
1966: Second Album
Song-Titel: Look away – Keep on running – This hammer – Georgia on my mind – Please do something – Let me down easy – Strong love – I washed my hands in muddy water – Since I met you baby – You must believe me – Hey darling – Watch your step
1966: Autumn ' 66
1967: Best Of Stevie

Daylighters (Deutschland)

Single *1965: I Can't Stop Crying / Magic Touch*

Dean, Alan & His Problems (Großbritannien)

Single *1964: Time It Takes / Dizzy Nights*

Dean, Paul And The Soul Savages (Großbritannien)

Eine Beatgruppe der frühen sechziger Jahre aus der Londoner Gegend. Später nannten sie sich Paul Dean And His Thoughts.

Single *1965: You Don't Own Me / Hole In My Head*

Dee, Alan & The Chessmen (Irland)

Single *1965: There's Nothing To It / What In The World's Come Over You*

Dee Jays (Schweden)

Singles *1965: Farmer John / Just Can't Go Sleep*
1965: Coming Strong / Dimples
1967: Baby Talk / I'll Never Get You

Defenders (Deutschland)

Single *1965: Wooly Bully / Jump Back Baby*

Dennisons (Großbritannien)

If you don't know how to do it I show you how to walk the dog (»Walking The Dog«)

Die Dennisons waren eine weitere Band aus → Liverpool, die bei der Schallplattenfirma Decca unter Vertrag kam, während sie in den Clubs spielte. Zu ihren eher mässigen Erfolgen zählte eine Coverversion von »Walking The Dog«, von dem R&B-Sänger Rufus Thomas.

Singles *1964: Nobody Like My Baby / Lucy*
1964: Walking The Dog / You Don't Know What Love Is

Details (Deutschland)

Single *1964: I Cried All Night / What Shall I Do*

Deutscher, Drafi (Deutschland)

Shake hands, shake hands, dein Herz liebt einen andern (»Shake Hands«)

Im Jahr 1963 nahm Drafi Deutscher, der am 9. 5. 1946 in Berlin geboren wurde, an einem Talentwettbewerb teil und veröffentlichte 1963 seine erste Singleproduktion »Teeny«. Mit dem Song »Shake Hands« der ab Mai 1964 die Hitparaden hochkletterte und im Juni auf Platz 1 landete, schaffte er den absoluten Durchbruch. Von diesem Zeitpunkt an war Drafi, der einige Platten mit seiner Begleitband Magics aufnahm, oft in den Charts vertreten. Sein bisher größter Erfolg ist wohl ohne Zweifel der Kult-Hit »Marmor, Stein und Stein Eisen bricht« (»...aber unsere Liebe nicht, alles alles geht vorbei, doch wir sind uns treu...«), der von November 65 bis Februar 66 unter den ersten 10 in der Deutschen Hitparade war. »Marmor, Stein und Eisen bricht« war vier Wochen ohne Unterbrechung auf Platz Eins! Die Schallplattenfirma Decca überreichte ihm dafür die Goldene Schallplatte. Aber 1966, auf dem Höhepunkt seiner Karriere, mußte er für einige Jahre von der Bildfläche verschwinden, um als Produzent zu arbeiten und immer wieder unter Pseudonymen (wie Goldbird, Masquerade und Gebegern) eigene Aufnahmen zu veröffentlichen.

Singles *1963: Teeny / Shu Bi Du Bi Do The Slop*
1964: Shake Hands / Come On, Let's Go
1964: Keep Smiling / Es war einmal
1964: Cinderella Baby / Es ist besser, Du gehst
1965: Heute male ich Dein Bild, Cindy Lou / Hast Du alles vergessen
1965: Marmor, Stein und Eisen bricht / Das sind die einsamen Jahre
1966: Nimm mich so wie ich bin / Ich geh durchs Feuer für Dich
1966: Honey Bee / Little Girl
1966: Ich hab' den Mond in meiner Tasche / An deiner Seite

LPs *1965: Shake Hands!*
1966: Drafi

Song-Titel: Waterloo – Denn da waren wir beide noch Kinder – I don't need that kind of lovin' – Noahs Arche (...und der Regen fiel) – Wunder – He's got the whole world in his hands – Marmor, Stein und Eisen bricht – The language of love – Tränen der Liebe – Ich will frei sein – Liebe, Glück und Treue – Honey Bee – Bring Grüße zu Mary – Welche Farbe hat die Welt

Diamond, Brian (Großbritannien)

Singles *1963: Jealousy / Will Get You Nowhere*
1965: Big Bad Wolf / See If I Care (& The Cutters)
1965: Bone Idol / Sands Of Time (& The Cutters)
1966: Keine Angst Little Woman / Daisy Lou
1966: Watcha Gonna Do Now / I'll Get You Back One Day

Didi und die ABC-Boys (Deutschland)

Die Berliner Band Didi und die ABC-Boys wurde hauptsächlich dadurch bekannt, daß sie Songs der → Beatles mit deutschen Texten nachspielte, z.B. A »Hard Day's Night« wurde zu »Das war ein harter Tag«.

Besetzung der Band: Dieter Zill (vocal, guitar), Michael Dierks (guitar), Günther Kreuzer (bass), Jürgen Neumann (organ), Bernd Knaak (drums)

Singles *1964: Das war ein harter Tag / Ja, das hätt' ich wissen müssen*
1964: Hello Susann / Das ist Musik
1965: Tell Me Baby / Cry Na, Na, Na
LPs *1966: Beat aus Berlin*
1967: Beat Beat Beat

Drafi Deutscher

Dischas, The (Deutschland)

Singles *1968: Woman / Hurry Up*
1969: Let's Go Together / Never Never

Divers, The (Deutschland)

Single *1969: Please Kiss Me / It's Good*

Divorced, The (Deutschland)

Single *1965: I'm Coming Home / Big Little Woman*

Dixies, The (Irland)

Single *1968: Little Arrows / City Of Tears*

Double Dutch (Niederlande)

Single *1967: You're Out Of Sight / Double Cross*

Doval, Jim (USA)

Single *1964: Beatle Rule / Pink Elephants*

Dowlands (Großbritannien)

Single *1964: All My Loving / Hey Sally*

Downliners Sect (Großbritannien)

Im Jahre 1963 wurde die Gruppe Downliners Sect gegründet. Die erste Veröffentlichung der Band war eine Live-EP, auf der sich hauptsächlich Rhythm & Blues-Klassiker fanden. Kurze Zeit später bekamen die Downliners Sect einen Vertrag bei Columbia und veröffentlichten während der nächsten Jahre eine ganze Reihe von Singles. Leider war keiner davon ein großer Erfolg beschieden, was zu einem Teil auch daran lag, daß sich die Band, obwohl sie live guten, rauhen Rhythm & Blues spielten, auf ihren Platten anscheinend nicht auf einen Stil festlegen konnte. Witzigerweise machten die Downliners Sect bei ihren B-Song-Titeln und den LPs oft Wortspiele mit ihrem Namensteil Sect. 1967 brach die Musikgruppe nach dem Versuch, mehr die psychedelische Richtung einzuschlagen, auseinander.

Besetzung der Band: Don Crane (vocal, autoharp), Terry Gibson (guitar), Keith Grant (bass), Johnny Sutton (drums)

Singles *1964: Baby What's Wrong / Be A Sect Maniac*
1964: Little Egypt / Sect Appeal
1964: Find Out What's Happening / Insecticide
1965: Rag Of The Old ' 97 / Leader Of The Sect
1965: I Got Mine / Waiting In Heaven Somewhere

1965: Bad Storm Coming / Lonely And Blue
1966: All Night Worker / He Was A Square
1966: Glendora / I'll Find Out
1966: The Cost Of Living / Everything I've Got To Give

LPs *1964: The Sect*
Song-Titel: Hurt by love – One ugly child – Lonely and blue – Our little rendezvous – Guitar boogie – Too much monkey business – Sect appeal – Baby what's on your mind – Cops and robbers – Easy rider – Bloodhound – Bright lights – I wonna put a tiger in your tank – Be a sect maniac
1965: The Country Sect
1966: The Rock Sect In

Driftin'Five (Niederlande)

Singles *1962: Yankee Doodle / Driftin' Five Twist*
1962: It Keeps Rainin'/ She Left Me
1967: A Long Time / Hard Headed Woman

Druids (Großbritannien)

Single *1963: Long Tall Texan / Love So Blue*

Dukes, The (Niederlande)

Single *1967: Abra-Kadabra / In Istanboel*

Dukes, The (Schweiz)

Singles *1965: When I Come Home / Ride Your Pony*
1967: Friday On My Mind / The Day That Changed My Life
1967: I Need A Band / I'm An Artist
1967: Vera Petruschka / I'll Be True

E

Easybeats (Großbritannien)

Monday morning feel so bad everybody seems to nag me (»Friday On My Mind«)

Die Easybeats, die im Jahr 1966 nach England kamen, werden immer als australische Band angesehen. Dabei waren zwei der Mitglieder, Harry Vanda (geb. am 22. 3. 1947 in Den Haag) und Dick Diamonde (geb. am 28. 12. 1947 in Hilversum), Holländer und der Rest Briten, die alle zusammen in Australien gelebt hatten und dort eine der bekanntesten Gruppen waren. Ihre zweite Single bei United Artists, Friday On My Mind, (in Deutschland erreichte »Friday On My Mind« im Januar 1967 den 10. Platz in der Hitparade) wurde zu ihrem größten Erfolg. Obwohl noch mehrere gute Aufnahmen wie »Good Times« (bei genauem Hinhören ist im Hintergrund die Stimme von → Steve Marriott zu hören) folgten, hatten die Easybeats erst im Jahr 1968 wieder einen Song (»Hello How Are You«) in den Hitparaden. Danach löste sich die Gruppe auf. Harry Vanda und George Young (geb. am 6. 11. 1947 in Glasgow) konzentrierten sich später in Australien erfolgreich

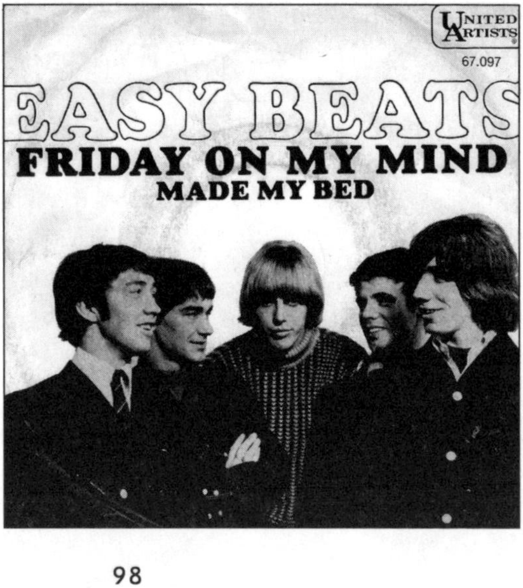

Easybeats

auf die Produktion, und in den 70ern waren sie die treibende Kraft hinter der Hardrockband AC / DC, bei der die Brüder von George Young die Gitarren spielen. Bei der New-Wave Combo Flash And The Pan waren Harry Vanda und George Young ebenfalls die Macher.

Besetzung der Band: Stevie Wight (vocal), Harry Vanda (lead-guitar), George Young (guitar), Dick Diamonde (bass), Snowy Fleet (drums)

Singles *1966: Come And See Her / Make You Feel Allright*
1966: Friday On My Mind / Made My Bed Gonna Lie In It
1967: Heaven And Hell / Pretty Girl
1968: Music Goes Round My Head / Good Times
1968: Hello How Are You / Music Going Round In My Head
1969: St. Louis / Can't Find Love
1970: Who Are My Friends / Rock'n'Roll Boogie

LPs *1965: Easy*
1966: Friday On My Mind
Song-Titel: River deep,mountain high – Do you have a soul – Saturday night – You me, we love – Pretty girl – Friday on my mind – Happy is the man – Hound dog – Who'll be the one – Made my bed gonna lie in it – Remember Sam – See line woman
1967: Good Friday
1968: Easybeats
1968: Vigil

Eccentrics (Großbritannien)

Die Eccentrics waren eine recht gute Rhythm & Blues-Gruppe, die 1965 bei der Schallplattenfirma PYE eine Single herausbrachte.

Single *1965: What You Got / Fe Fi Fo Fum*

Echo Sounds (Deutschland)

Single *1966: You Must Be Joking / Bull Moose*

Edgar & The Breathless (Deutschland)

Singles *1964: Wohin gehst Du, schönes Mädchen / Schade um die Zeit*
1967: Hey Butler / Moscow Nights

Electras (Deutschland)

Single *1966: Little Girl Of Mine / Mary Mary*

Elements (Niederlande)

Singles *1966: You Won The Scare / The Love I Had Before*
1968: Imagination / Coloured Movie Scene

Elli (Großbritannien)

Single *1967: Never Mind / I'll Be Looking Out For You*

Elliott, Bern & the Fenmen (Großbritannien)

Your lovin' give me a thrill but your lovin' don't pay my bill (»Money«)

Aus Kent stammte die Band Elliott & The Fenmen. Ihre beiden größten Erfolge waren der Klassiker »Money« und der Titel »New Orleans«. »Bern Elliott & The Fenmen«. vermischten recht geschickt den Sound von → Rhythm & Blues mit Merseybeat. Bern Elliott trennte sich 1964 von den Fenmen und holte sich neue Musiker hinzu, die sich dann Bern Elliott & The Klan nannten. Die Fenmen nahmen als Band dann noch einige Platten auf, so »Rag Doll« und »California Dreams.«

Singles *1963: Money / Nobody But Me*
1963: New Orleans / Everbody Needs A Little Love

End, The (Spanien)

Single *1967: Why / Yo-Yo*

Endevers (Großbritannien)

Single *1968: Remember When We Were Young / Taking Care Of Myself*

Episode Six (Großbritannien)

Walk me out in the morning dew, my honey (»Morning Dew«)

Das Sextett Episode Six aus den späten Sechzigern, das dadurch bemerkenswert ist, daß es eine Organistin hatte: Sheila Carter Dimmock. Und zudem sind zwei Musiker bei dieser Gruppe nicht unwesentlich für die spätere Rockmusik: Der Sänger Ian Gillan (19. 8. 1945 in Middlesex) und der Bassist Roger Glover (geb. am 30. 11. 1945 in Wales), die später bei der berühmten Hardrock-Formation Deep Purple agierten.

Singles *1966: Put Yourself In My Place / That's All I Want*
1966: I Hear Trumpets Blow / True Love Is Funny
1966: Here, There And Everywhere / Mighty Morris Ten
1967: Love-Hate-Revenge / Baby Baby Baby
1967: Morning Dew / Sunshine Girl
1967: I Can See Through You / When I Fall In Love
1968: Lucky Sunday / Mr. Universe
1969: Mozart Versus The Rest / Jak D'Or

LP *1969: I Can See Through You*

Epstein, Brian

Brian Epstein (geb. am 19. 9. 1934, gest. am 27. 8. 1967) war ursprünglich der Chef der NEMS-Plattengeschäfte in → Liverpool. Nachdem er jedoch die → Beatles entdeckt hatte und ihr Manager wurde, personifizierte er die treibende Kraft des → Merseybeats. Zahllose Gruppen wie → Gerry And The Pacemakers, → The Dakotas und → The Big Three, um nur einige zu nennen, verdanken Brian Epstein ihre Karriere. Er baute die Firma NEMS zu einem richtigen Imperium aus und wollte auch noch in andere Gebiete expandieren. Mit demTod von Brian Epstein ging auch das Kapitel → Merseybeat zu Ende.

Equals (Großbritannien)

Brother Clifford plays that organ in the local babtist church (»Soul Brother Clifford«)

Die Zusammensetzung der Band Equals aus London war schon bemerkenswert: zwei Engländer und drei Jungs von den West-Indischen Inseln. Ihre Musik erinnerte entfernt an Bubblegum. Zu ihrer Zeit hatten die Equals viele erfolgreiche Singles, von denen »Baby Come Back« und »Viva Bobby Joe« wohl die größten Hits waren. »Baby Come Back« erreichte 1968 den ersten Platz in Großbritannien. Die höchste Hit-Notierung in Deutschland hatten die Equals mit dem Titel »Rubber Dub Dub«, womit sie im Februar 1970 auf Platz 4 kamen. Nach der Auflösung der Gruppe startete ihr Sänger Eddie Grant (geb. am 5. 3. 1948 in Palisance) eine erfolgreiche Solokarriere.

Besetzung der Band: Derve Gordon (vocal), Eddie Grant (Guitar), Lincoln Gordon (guitar), Patrick Lloyd (bass), John Hall (drums)

Singles *1967: Baby Come Back / Hold Me Closer*
1968: Softly Softly / Lonely Rita
1969: Green Light / Love Potion
1969: Michael And The Slipper Tree / Honey Gum
1969: Viva Bobby Joe / Instant Love
1970: Rub A Dub Dub / Butterfly Red White And Blue
1970: Soul Brother Clifford / Happy Birthday Girl
1970: Black Skin Blue Eyed Boys / Ain't Got Nothing To Give You

LPs *1968: Unequalled Equals. S ong-Titel: Giddy-up-a ding dong – Can't find a girl to love me – I get so excited – Ding-dong – My life ain't easy – Hey baby it's time you got going – I won't be there – You lied just to save your name – To the church – Fire – I'm a poor man – Can't you hear that melody*
1968: Supreme
1968: Sensational Equals
1968: At The Top
1968: Explosion
1969: Strike Again

Escorts (Großbritannien)

Im Jahre 1963 wurden die Escorts zu einer der beliebtesten Gruppen aus → Liverpool gewählt, und sie waren sicher auch eine der besten. Es gab mehrere personelle Veränderungen, aber die Escorts waren im Jahr 1966 immer noch aktiv. Terry Sylvester und Mike Gregory gingen zu den → Swinging Blue Jeans. 1968 ersetzte Terry Sylvester den Sänger Graham Nash bei den → Hollies.

Besetzung der Band: Terry Sylvester (guitar, vocal), John Kinrade (lead-guitar), Mike Gregory (bass), Johnny Sticks (drums)

Singles *1964: Dizzy Miss Lizzy /All I Want Is You*
1964: The One To Cry / Tell Me Baby
1964: I Don't Want To Go On Without You / Don't Forget To Write
1965: C'mon Home Baby / You'll Get Her Lovin' That Way
1966: From Head To Toe / Night Time
1966: Let It Be Me / Mad Mad World

Eternals (Deutschland)

Single *1966: Girl / Born*

Event (Deutschland)

Single 1967: *Mervyn Guy / Scratchin' My Head*

Every Mother's Son (USA)

Eine typische »One Hit Wonder«-Gruppe, die daran scheiterte, daß sie 1967, als die psychedelische Musik bereits zu blühen anfing, sehr sauber und adrett daherkam. Auf einem Albumcover posierten die Every Mother's Son sogar mit ihren Müttern.

Besetzung der Band: Lary Larden (guitar, vocal), Dennis Larden (guitar), Bruce Milner (organ), Schuyler Larsen (bass), Chris Augustine (drums)

Singles 1967: *Come On Down To My Boat / I Believe In You*
1967: *Pony With The Golden Mane / Dolls In The Clock*

LPs 1967: *Every Mother's Son*
Songtitel: Come and take a ride in my boat – I won't – Brandy – Didn't she lie – What became of Mary – Ain't it a drag – Allison Dozer – I believe in you – Ain't no use – Sittin' here – Come on Queenie
1968: *Back*

Exciters (Deutschland)

Single 1966: *Hard Way To Go / Tell Him*

Extreem, The (Deutschland)

Single 1966: *On The Beach / Don't You Know Me*

Eyes (Großbritannien)

Eine Mod-Band der Mitte-Sechziger, die einige Singles bei Mercury aufnahm.

Singles 1965: *I'm Rowed Out / When The Night Falls*
1966: *Immediate Pleasure / My Degeneration*
1966: *Man With Money / You're Too Much*

Equals

F

Factotums (Großbritannien)

Single *1966: I Can't Give You Anything But Love / Absolutely Sweet Mary*

Faithfull, Marianne (Großbritannien)

It is the evening of the day, I sit and watch the children play (»As Tears Go By«)

Marianne Faithfull (geb. am 29. 12. 1947 in London) war die Tochter einer britischen Baroness und wurde auf Grund ihrer Schönheit und ihrer Stimme von → Andrew Loog Oldham, dem Manager der → Rolling Stones bei einer London-Party, bei der auch Peter Asher (von → Peter and Gordon) anwesend war, als 17jährige sofort unter Vertrag genommen. Mit der sensiblen Ballade »As Tears Go By«, komponiert von dem Erfolgs-Duo Mick Jagger/Keith Richards (→ Rolling Stones) konnte Marianne Faithfull im Sommer 1964 in die englischen Top Ten einsteigen. Später betätigte sich die Ex-Freundin von Mick Jagger als Schauspielerin in dem Film »Girl On A Motorcycle«. Ihr Schauspielpartner war dabei der französische Filmstar Alain Delon. Sie war auf der Bühne auch als Ophelia in dem Shakespeare-Stück »Hamlet« zu sehen. Marianne Faithull kehrte nach einer längeren Pause in den 80ern und 90ern in die Öffentlichkeit zurück. Dabei schlug sie den Weg einer Chanson-Sängerin ein und konnte auch mit Bert/Weill-Songs in den späten Neunzigern große Erfolge verzeichnen.

Singles *1964: As Tears Go By / Greensleaves*
1964: Blowin In The Wind / House Of The Rising Sun
1965: Come And Stay With Me / What Have I Done Wrong
1965: This Little Bird / Morning Sun
1965: Sommer Nights / The Sha la la-Song
1965: Yesterday/Oh Look Around You
1966: Tomorrow's Calling / That's Right Baby
1966: Counting / I'd Like To Dial Your Number
1967: Is This What I Get For Loving You Baby? / Tomorrow's Calling
1969: Something Better / Sister Morphine

LPs *1965: Marianne Fatihfull*
1965: Come My Way

1965: Go Away From My World
Song-Titel: Go away from my world – Yesterday – Come my way – Last thing on my mind – How should true love – Wild mountain thyme – Summer nights – Mary Ann – Scarborough Fair – Lullabye – North country maid – Sally – Free and easy
1966: Faithfull Forever
1967: Love In A Mist

Fallouts (Niederlande)

Single *1967: I'm Sick Of Living / I've Been Waiting*

Fame, Georgie And The Blue Flames (Großbritannien)

Ride your pony, get on your pony and ride (»Ride Your Pony«)

Ende 1961 gründete Georgie Fame (geb. am 26. 6. 1943 in Lancashire), der mit bürgerlichem Namen Clive Powell heißt, die Blue Flames. Die Band war die erste, die ein Festengagement im → »Flamingo« hatte. Im Jahr 1963 bekam die hervorragende Rhythm & Blues-Gruppe einen Plattenvertrag bei Columbia. Ihre vierte Single »Yeh Yeh« wurde im Jahr 1965 die Nr. 1 der Charts. Weitere Hits folgten bis zum Jahr 1966. Die Blue Flames spielten bei dem Beatles-Song »Got To Get You Into My Life« von der Langspielplatte »Revolver« die Bläser. Die Besetzung der Blue Flames veränderte sich laufend, und unter den Musikern waren so bekannte Namen wie John McLaughlin (Mahavishnu Orchestra), Jon Hiseman (später Colosseum) und Mitch Mitchell (Jimi Hendrix). Nach der zweiten Nr. 1 im Herbst 1966 (»Get Away«) trennte sich Georgie Fame von seiner Band, um eine Solokarriere zu verfolgen. Seine Musik wandelte sich von Rhythm & Blues zur Popmusik. Im Jahr 1967 hatte er einen Welthit mit dem Song »The Ballad Of Bonnie And Clyde«. Danach hörte man nur noch wenig von ihm.

Besetzung der Band: Georgie Fame (piano, vocal), Colin Green (guitar), Mick Eve (sax), Tony Makins (bass), Red Reece (drums)

Singles *1964: Do The Dog / Shop Around*
1964: Do Re Mi / Green Onions
1964: Bend A Little / I'm In Love With You
1964: Preach And Teach / Yeh Yeh
1965: In The Meantime / Telegram
1965: Like We Used To Be / It Ain't Right
1965: Something / Outrage
1966: Getaway / See Saw
1966: Sunny / Don't Make Promises
1966: Sitting In The Park / Many Happy Returns

LPs *1964: Rhythm And Blues At The Flamingo*

1964: Fame At Last
1966: Sweet Things
Songtitel: Sweet thing – See saw – Ride your pony – Funny how time slips away – Sitting in the park – Dr.Kitch – Music talk – The »in« crowd – The world is round – The whole world's shaking – Last night

Farinas (Großbritannien)

Die »Farinas« waren eine sehr gute Rhythm & Blues-Gruppe aus Leicester. Die Mitglieder landeten später bei The Roaring Sixties und bei Family.

Single *1964: I Like It Like That / You'd Better Stop*

Farlowe, Chris And The Thunderbirds (Großbritannien)

Baby, baby, baby you're out of time (Out Of Time)

Nachdem Chris Farlowe (geb. am 13. 10. 1940 in London als John Henry Deighton) in den frühen Sechzigern einige Solosingles veröffentlicht hatte, stellte er sich eine Begleitband, die »Thunderbirds«, zusammen. Mit ihnen spielte er häufig im → »Flamingo«. Die Musik bestand hauptsächlich aus Blues- und Soulstandards. Die kräftige, unverwechselbare Stimme von Chris Farlowe wurde als eine der besten in England bezeichnet. Trotzdem ließ ein Plattenerfolg auf sich warten. Erst im Jahre 1966 kam mit dem Song »Out Of Time« von den → Rolling Stones der Durchbruch. Weitere kleine Hits folgten. Zwischenzeitlich löste Chris Farlowe die Thunderbirds auf, um sie später wieder neu zu gründen. Da ein dauerhafter Erfolg jedoch nicht in Sicht war, fiel die Formation wieder auseinander und Chris Farlowe zog sich für eine Weile aus dem Musikgeschäft zurück, bevor er in den frühen 70ern mit Colosseum und Atomic Rooster wieder Erfolge feiern konnte.

Besetzung der Band: Chris Farlowe (vocal), Albert Lee (guitar), Dave Greenslade (keyboard), Bruce Waddell (bass), Ian Mague (drums)

Singles *1963: I Remember / Push Push*
1964: Hound Dog / Hey Hey Hey
1966: Air Travel / Why Did You Break My Heart
1966: Out Of Time / Baby Make It Soon
1967: Handbags And Gladrags / Paint It Black
1967: Moanin' / What Have I Been Doing
1967: Ride On Baby / Headlines
1968: Dawn / April Was The Month
1968: Last Goodbye / Paperman Fly In The Sky

LPs *1966: Chris Farlowe And The Thunderbirds*
1966: Art Of Farlow

Song-Titel: What became of the broken hearted – We're doing fine – Paint it black – Cuttin' in – Open the door to your heart – North south east west – You're so good for me – Out of time – Im free – I've been loving you too long – Life is but nothing – It was easier to hurt her – Reach out I'll be there – Ride on baby
1966: Fabulous
1966: 14 Things To Think About
1968: The Last Goodbye

Faron's Flamingoes (Großbritannien)

Während der Zeit des Merseybeat waren die Faron's Flamingos regional recht bekannt, schafften es jedoch nicht, national erfolgreich zu werden. Ende 1963 löste sich die Band auf, und die Mitglieder gingen zu → The Big Three und zu den → Mojos.

Singles *1963: Do You Love me? / See If She Cares*
1963: Shake Sherry / Give Me Time

Farr, Gary And The T-Bones (Großbritannien)

Der Vater von Bandgründer Gary Farr war der berühmte Boxer Tommy Farr. Farrs Bruder Ricky veranstaltete die Festivals auf der Isle of Wight. Dazu kam noch, daß ihr Manager der Inhaber des bekannten Live-Clubs »Crawdaddy« war: Giorgio Gomelski. An den Keyboards von Gary Farr And The T-Bones soll sogar der spätere Star Keith Emerson gespielt haben. Aber all diese Erfolgsfaktoren halfen nicht, um aus Gary Farr And The T-Bones eine ganz große Beatband zu machen. Gary Farr nahm auch als Solist einige Singles wie »Hi Daddy« auf, aber es blieb bei bescheidenen Ergebnissen. Die T-Bones versuchten es noch mit einer Platte, bei der auch die bekannte Jazz-Band von Chris Barber mitwirkte, und nannten sich dabei New T-Bones.

Singles *1964: How Many More Times / I'm A Lover Not A Fighter*
1965: Won't You Give Him / Hamish's Express Release
1965: Give All She's Got / Don't Stop And Stare

Ferris Wheel (Großbritannien)

In der Club-Szene der späten Sechziger und frühen 70er war Ferris Wheel viel unterwegs. Zu den Mitgliedern gehörte zeitweise auch die farbige Sängerin Marsha Hunt, die später eine Solokarriere hatte.

Single *1967: Number One Guy / I Can't Break The Habit*
LPs *1967: Can't Break The Habit*
1970: Ferriswheel

Fidelios (Schweiz)

Single *1964: Strontium 90 / On The Hook*

Finn, Micky And The Blue Man (Großbritannien)

Bei der → Rhythm & Blues Gruppe Micky Finn And The Blue Man spielte → Jimmy Page Gitarre, bis er im Juli 1966 zu den → Yardbirds wechselte.

Single *1964: Tom Hank / Goes Bluebeat*

First Gear (Großbritannien)

Mitte der 60er nahm die Band First Gear (deutsch: Erster Gang) zwei Singles für die Plattenfirma PYE auf. Wieder einmal war hier → Jimmy Page an der Gitarre zu hören. Beide Aufnahmen wurden von → Shel Talmy produziert.

Besetzung der Band: Dave Walton (vocal), Raymond Wafer (guitar), Phil Birkenshaw (guitar, vocal), Michael Ryal (bass), Ian Colling (drums)

Singles *1964: Certain Girl / Leave My Kitten Alone*
1965: In Crowd / Gotta Make Their Future Bright

Five Americans (USA)

Nach Aussage des Bassisten Jim Grant gab es zwei Gruppen, die eine mit ihren »dit dit dit dits« (»Western Union«) im Studio, und die andere, die auf der Bühne wie ein D-Zug daherkam.

Besetzung der Band: Mike Rebon (guitar, vocal), Norman Ezell (guitar), John Durill (organ), Jim Grant (bass), Jimmy Wright (drums)

Singles *1967: Western Union / Now That It's Over*
1967: Sound Of Love / Sympathy
1967: Stop Light / Tell Ann I Love Her

LPs *1965: Five Americans*
1965: I See The Light
Song-Titel: I see the light – The losing game – Goodbye – I know they lie – Twist and shout – She's-a-my-own – The train – It's a crying shame – I'm so glad – Don't blame me – The outcast – What I'd say – The train – Good times
1967: Progressions
1967: Western Union
1968: Now And Then

Five Dops (Deutschland)

Single *1966: Es war im letzten Jahr / She's Out Of My Mind*

Five Dorados (Schweiz)

Singles 1966: *Empty Chair / But Most Of All*
1966: *Tilt / Wake Up*

Five Liverpools, The (Deutschland)

Single 1965: *Tokyo / Skinny Minnie*

Fixx, The (Deutschland)

Single 1966: *Land Of 1000 Dances / Looking For The Right Girl*

Flamingo Club (Großbritannien)

Neben dem benachbarten → »Marquee« war der »Flamingo Club« nach seiner Öffnung 1962 einer der Haupttreffpunkte der Soul und → Rhythm & Bluesszcene in London. Hier spielten die bekannten Bands → Georgie Fame And The Blue Flames, → Chris Farlowe And The Thunderbirds und was sonst im → Rhythm & Blues noch Rang und Namen hatte. Einer der Besitzer, Rik Gunnell, hatte auch eine Agentur, bei der die Künstler, die im »Flamingo« auftraten, unter Vertrag standen.

Flamingos (Deutschland)

Single 1964: *Glücklich wie noch nie / Mein Beatle Baby*

Force Five (Großbritannien)

Die Force Five nahmen Mitte der Sechziger bei United Artists mehrere Singles auf.

Singles 1965: *Baby Don't Care / Come Down To Earth*
1965: *I Want You Babe / Gee Too Tiger*
1965: *Yeah I'm Waiting / I Don't Want To See You Again*

Force West (Großbritannien)

Obwohl die Musikgruppe Force West aus der Stadt Bristol viele Fans hatte, schaffte sie den richtigen Durchbruch nicht. Ihre Singles bei Decca blieben weitgehend unbeachtet.

Singles 1966: *When The Sun Comes Out / Oughta Tell Somebody*
1968: *I'll Walk In The Rain / What's It To Be*

Fontana, Wayne & The Mindbenders (Großbritannien)

In den »Fontana«-Studios stand im Jahr 1963 ein Sänger namens Glyn Ellis (geb. am 28. 10. 1945 in Manchester) und wartete vergebens auf seine Begleitband. Glücklicherweise waren einige Studiomusiker anwesend, die einspringen konnten. Glyn Ellis nannte sich von diesem Zeitpunkt an Wayne Fontana, und die Musiker wurden zu seiner Begleitband, den → Mindbenders. Die Band spielte auch von dem Rock 'n' Roll-Pianisten Fats Domino den Song »Hello Josephine« und hatte damit ihre erste Single auf dem Markt. Die an diesem Tag aufgenommene Platte hatte keinen Erfolg, aber danach folgten schon einige kleinere Hits, bis dann im Jahr 1964 »Um Um Um Um Um« Platz 5 in den englischen Charts erreichte. Die nächste Scheibe von Wayne Fontana & The Mindbenders war ein Nr. 2-Erfolg. Dann ging es aber abwärts, und Sänger und Band gaben sich gegenseitig die Schuld dafür. Im Jahr 1966 folgte die Trennung . In der darauf folgenden Zeit machte Wayne Fontana noch einige Platten, die nie an seine Erfolge anknüpfen konnten, bis er sich endgültig aus dem Musikgeschäft zurückzog. Auch die Mindbenders spielten noch bis 1968 weiter. Ihre bemerkenswerteste Aufnahme aus dieser Periode ist »A Groovy Kind Of Love«.

Besetzung der Band: Wayne Fontana (vocal), Eric Stewart (guitar), Bob Land (bass), Rick Rothwell (drums)

Singles *1963: Hello Josephine / Roadrunner*
1963: For You, For You / Love Potion No. 9
1964: Little Darlin' / Come Dance With Me
1964: Duke Of Earl / Stop, Look And Listen
1964: Um Um Um Um Um / First Taste Of Love
1965: Game Of Love / Since You've Been Gone
1965: It's Just A Little Bit Too Late / Long Time Comin'
1965: She Needs Love / Like I Did

LPs *1964: Wayne Fontana And The Mindbenders*
1965: Eric, Rick, Wayne & Bob
Song-Titel: Some other guy – She's a rebel – Like I did – Memphis Tennessee – It's just a little bit too late – The shadow knows – I remember love – Skinny Minnie – Honey and wine – I'm your hoochie coochie man – Please stay – Long time comin'

Ford, Dean And The Gaylords (Großbritannien)

Im Jahre 1963, im schottischen Glasgow, wurde die Gruppe Dean Ford And The Gaylords zusammengestellt. Sie tourte durch ganz England und nahm auch für Columbia Schallplatten auf. Da der richtige Erfolg aber für Dean Ford And The Gaylords ausblieb, gingen sie zu der Plattenfirma CBS und änderten den Namen in Marmalade. Als Marmalade konnten sie dem Publikum poppige Hits wie »Ob-La-Di Ob-Li-Da« (von den → Beatles) recht gewinnbringend aufs Butterbrot schmieren.

Besetzung der Band: Dean Ford (vocal), Junior Campbell (guitar), Pat Fairlie (guitar), Graham Knight (bass), Raymond Duffy (drums)

Single *1965: Name Game / That Lonely Feeling*

Fortunes (Großbritannien)

When I see that girl go walking by, an old boy should'nt cry (»Here It Comes Again«)

Die Fortunes waren die Alternative zu den rauhen Jungs der Rhythm & Blues-Szene: gepflegter Haarschnitt; feine Anzüge und immer ein freundliches Lächeln waren die Markenzeichen der 1964 in → Birmingham gegründeten Beatgruppe. Sie spielten eingängige Popmusik mit perfekten Gesangsharmonien. Im Jahre 1965 hatten die Fortunes ihren ersten Erfolg: eine Nr. 2 in den Bestseller-Listen mit dem Ohrwurm »You've Got Your Troubles«. Weitere Hits folgten bis zum Jahr 1966, doch dann verließ die Fortunes das Glück. Sie machten immer weiter und spielten noch lange, hauptsächlich in kleinen Clubs und bei Oldie-Festivals.

Besetzung der Band: Barry Pritchard (guitar), Glen Dale (guitar), David Carr (keyboard), Rod Allen (bass), Andy Brown (drums)

Singles 1964: Come On Girl / I Like The Look Of You
1964: Summertime Summertime / I Love Her Still
1965: You've Got Your Troubles / I Got To Go
1965: Here It Comes Again / Things I Should Have Known
1966: This Golden Ring / Someone To Care
1966: You Gave Me Something To Love / Silent Street
1966: Is It Really Worth Your While / Am I Losing My Touch
1967: Idol / His Smile Was A Lie
1969: Sunday Night / Just Another Dream
1969: Ballad Of The Alamo / Save A Little Dream
1969: Seasons In The Sun / Louise

LPs 1965: The Fortunes
1966: Freedom
Song-Titel: Freedom come, freedom goes – A man is a man – Red clay county line – Whether you like it or not – Today I killed a man – Someone is standing outside – Gasoline alley bred – Four and twenty hours – Excuse me friend – There's a man

Foundations (Großbritannien)

Aus London kam diese multikulturelle Beat-Band namens Foundations. Die Mitglieder stammten aus England, Barbados, Jamaica, Sri Lanka und aus der Dominikanischen Republik. Zwischen 1967 und 1969 hatten die Foundations bei der Schallplattenfirma PYE eine ganze Reihe von Hits. »Baby, Now That I've Found You« kam im September 1967 auf Platz 1 in den britischen Charts.

Besetzung der Band: Alan Warner (guitar, vocal), Colin Young (guitar, vocal), Tony Gomesz (organ), Eric Allendale (tromb), Peter MacBeth (bass), Tim Harris (drums)

Singles 1967: Baby Now That I've Found You / Come Back To Me

	1968: Build Me Up Buttercup / New Direction
	1968: Back On My Feet Again / I Can Take Or Leave Your Loving
	1968: Any Old Time You're Lonely And Sad / We Are Happy People
	1969: Take A Girl Like You / I'm Gonna Be A Rich Man
LPs	*1967: From The Foundations*
	Song-Titel: Baby, now that I've found you – I can take or leave your loving – Hold me just a little while longer – Come on back to me – Love is a five letter word – Call me – Show me – Jerking the dog – A whole new thing – The writings on the wall – Mr . Personality Man
	1968: Rocking The Foundations
	1969: Digging

Four Kings, The (Deutschland)

Single 1966: *Save Me / Nose For Trouble*

Fourmost (Großbritannien)

Obwohl sie einen weicheren und gefälligeren Sound hatten, gehörten die Fourmost doch zum → Merseybeat. Sie begannen ihre Karriere als The Four Jays und The Four Mosts, bis → Brian Epstein das Management übernahm. Die ersten Singles kamen alle in die Top Twenty, und auch die weiteren Veröffentlichungen waren relativ erfolgreich. Trotzdem fand die Beatband durch die Krankheit ihres Chefs Mike Millward, der bei Auftritten teilweise durch Bill Parkinson ersetzt wurde, ein schnelles Ende. Im Jahr 1966 mußte Millward die Band ganz verlassen und starb kurze Zeit später.

Besetzung der Band: Brian O'Hara (lead-guitar), Mike Millward (guitar, vocal), Billy Hatton (bass), Dave Lovelady (drums)

Singles	*1963: Hello Little Girl / Just In Case*
	1963: I'm In Love / Respectable
	1964: A Little Loving / Waiting For You
	1964: How Can I Tell Her / You Got That Way
	1964: Baby I Need Your Loving / That's Only What They Say
	1965: Everything In The Garden / He Could Never
	1966: Aunt Maggie's Remedy / Turn The Lights Down
	1966: Here, There And Everywhere / You've Changed
LP	*1965: First And Fourmost*
	Song-Titel: Till you say you'll be mine – Yakety yak – Girls, girls, girls – My block – So fine – Some kind of wonderful – The girl can't help it – Today I'm in love – The in crowd – Baby sittin' boogie – Heebie jeebies – Sure to fall – Bound to lose my heart – Something's got a hold on me

The Foundations

Four Pennies (Großbritannien)

Die Four Pennies kamen aus dem Ort Blackburn und nannten sich ursprünglich The Lionel Morton Four. In der Industriestadt Sheffield begannen sie die Karriere. Zu dieser Zeit gab es einige Bands, die sich so oder ähnlich nannten. Daher werden die Four Pennies oft mit anderen Beatgruppen verwechselt. Die Bandmitglieder schrieben fast alle ihre Songs selber. Im Jahr 1964 hatten sie mit dem Titel »Juliet« einen Nummer 1-Hit. Öfters wird ihre Vorliebe zu den Liedern von Girl-Groups (»Da Doo Ron Ron«) bei ihren Live-Auftritten erwähnt. Danach folgten noch einige kleinere Hits, und im Jahr 1966 lösten sich die Four Pennies dann auf. Gitarrist und Sänger Fritz Fryer blieb weiter im Musikbusiness und produzierte Bands wie Skin Alley.

Besetzung der Band: Lionel Morton (guitar, vocal), Mike Wilsh (guitar, piano), Fritz Fryer (guitar, bass), Alan Buck (drums)

Singles *1964: Juliet / Tell Me Girl*
1964: Black Girl / You Went Away
1964: I Found Out The Hard Way / Don't Tell Me You Love Me

1965: Way Of Love / Place Where No One Goes
1966: Keep The Freeway Open / Square Peg
1966: Trouble Is My Middle Name / Way Out Love
1966: Until It's Time For You To Go / ' Til Another Day

LPs *1964: Two Sides Of The Four Pennies*
1966: Mixed Bag
Songtitel: Cryin' inside – Look down – I'm on my own – She didn't say yes – It is no secret – Iko-Iko – Without love – Try to find another man – Maracabamba – Stewball – All my sorrows – Someday soon – Wild goose – Let it be me

Four Renders (Deutschland)

Under the boardwalk out of the sun, under the boardwalk we'll be having some fun (»Under The Boardwalk«)

Bereits 1960 formierte sich die Hamburger Beat-Band Four Renders. Am 3. 12. 1963 nahm die Band an einem Wettbewerb im → »Star Club« zu Hamburg teil und konnte sich dort den ersten Platz erspielen. Eine Tour durch England konnten sie 1964 zusammen mit den → Phantom Brothers und den → German Bonds machen. Sie nahmen auch den durch die → Rolling Stones bekanntgemachten Titel »Under The Boardwalk« auf.

Besetzung der Band (1961-1965): Hermann »Rugy« Rugenstein (guitar, vocal), Klaus Rebesky (guitar, vocal), Ingo Luehrs (bass, vocal), Herbert Bornhold (drums, vocal)

Single *1965: Under The Boardwalk / Long Tall Texan*

Fouryos (Deutschland)

Single *1964: Baby Doll / Und nebenbei hast Du noch mich*

Fred, John & His Playboy Band (USA)

I'm hungry for your lovin'When the lights go out (»When The Lights Go Out«)

Die ehemalige Highschool-Band aus Louisiana wurde Mitte der Sechziger in den Staaten sehr populär. Auf dem zweiten Album fand sich der einzige grosse Hit »Judy In Disguise«, eine Parodie auf »Lucy In The Skies With Diamonds« von den → Beatles. Der Titel erreichte in Deutschland Platz 1. Die Beatband tourte auch noch nach ihrem Karrierehöhepunkt durch die Südstaaten, wo sie viele Fans hat.

Besetzung der Band: John Fred Gourrier (vocal, harm), Andrew Bernard (sax), Ronald Goodson (trumpet), Charles Spinosa (trumpet), James O'Rourke (guitar), Thomas de Generes (keyboard), Harold Cowart (bass), Joseph Miceli (drums)

Singles *1967: Judy In Diguise (With Glasses) / When The Lights Go Out*
1968: Hey Bunny / No Letter Today
1968: Little Dum Dum / Tissue Paper

1969: *We Played Games / Lonely Are The Lonely*

LPs 1968: *John Fred & His Playboy Band*

1968: *Judy In Disguise With Glasses*

1968: *Agnes English*

Song-Titel: Up and down – Judy in disguise – Off the wall – Out of left field – She shot a hole in my soul – Most unlikely to succeed – Agnes english – When the lights go out – No good to cry – Sometimes you just can't win – Sad story – Achenall riot

1968: *34: 40 Of John Fred & His Playboy Band*

1969: *Permanently Stated*

1970: *Love My Soul*

Freddie And The Dreamers (Großbritannien)

I'm telling you now, I say what you wanna hear (»I'm Telling You Now«)

Im Jahr 1959 entstand aus der Band The Kingfishers, die hauptsächlich Skiffle spielte, Freddie And The Dreamers. Freddie Garrity (geb. am 14. 11. 1936 in Manchester) war der Kopf der Band. Als in den Anfangstagen der → Beatles überall neue Gruppen entstanden, hatten die Dreamers ihre erfolgreichste Zeit. Zwei Jahre lang folgte ein Hit dem anderen. Es begann mit der Scheibe »If You Gotta Make A Fool Of Somebody«. Die Gruppe entwickelte ihren frühen Sound, der Rock 'n' Roll-Standards wie »Kansas City« oder »Money« enthielt, hin zu Beatballaden. Das Repertoire reichte von rockigen Nummern bis zu Comedy. Freddie war für seine extravagante Bühnenshow bekannt. So konnte es schon einmal vorkommen, daß er in der Mitte eines Liedes einfach seine Hose runterliess, eine Methode, die später von berühmten Rockmusikern übernommen wurde. Als im Jahr 1965 die großen Erfolge aufhörten, verlegten sie sich auf Kabarett und Pantomime. Freddy Garritty und Pete Birrell (geb. am 9. 5. 1941 in Manchester) traten in den 70ern noch im Kinderfernsehen auf.

Besetzung der Band: Freddie Garritty (vocal), Roy Crewsdon (guitar), Derek Quinn (lead-guitar), Pete Birrell (bass), Bernie Dwyer (drums)

Singles 1963: *If You Gotta Make A Fool Of Somebody / Feel So Blue*

1963: *I'm Telling You Now / The Viper*

1963: *You Were Made For Me / Send A Letter To Me*

1964: *Over You / Come Back When You're Ready*

1964: *I Love You Baby / Don't Make Me Cry*

1964: *Don't Do That To Me / Just For You*

1964: *I Understand / I Will*

1965: *Little You / Things I'd Like To Say*

1965: *Thou Shalt Not Steal / I Don't Know*

1966: *If You've Got A Minute / When I'm Home With You*

1966: *Playboy / Some Day*
1966: *Turn Around / Funny Over You*
1967: *Hello Hello / All I Ever Want Is You*
1967: *Brown And Porter's Lorry / Little Brown Eyes*

LPs 1963: *Freddie And The Dreamers*
1965: *You Were Made For Me*
Song-Titel: Jailor bring me water – It doesn't matter anymore – Tell me when – Cut across Shorty – I'll never dance again – What'd I say – See you later alligator – Early in the morning – I think of you – Only you – Johnny B. Goode – I don't love you anymore – Say it isn't true – Write me a letter
1966: *Freddie And The Dreamers In Disneyland*
1967: *King Freddie And His Dreaming Knights*

Freed, The (Deutschland)

Single 1967: *Ruby Lips / Bad, Bad, Boy*

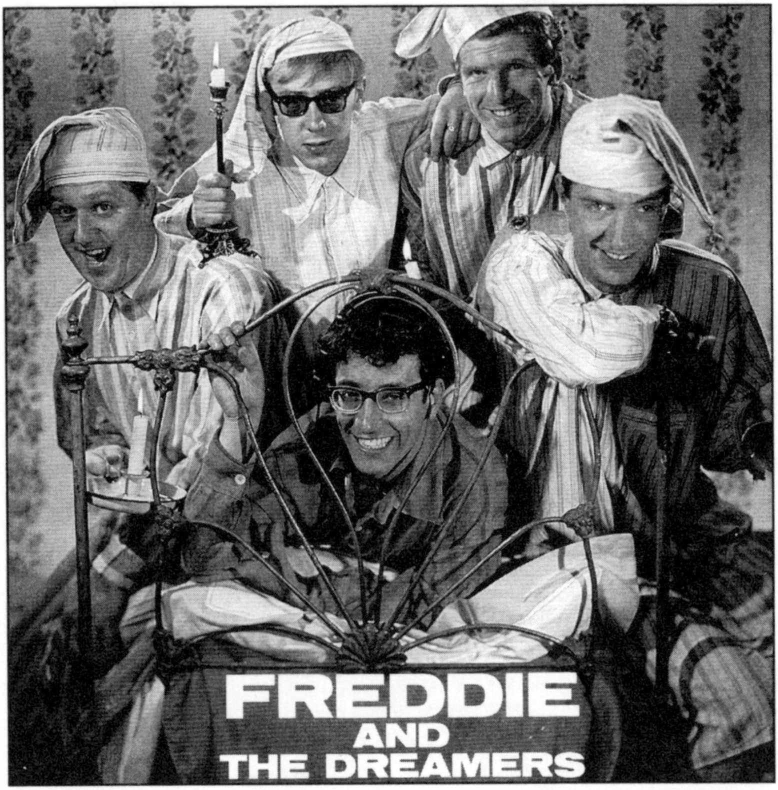

Fuller, Bobby Four (USA)

I'm breakin'rocks in the hot sun (»I Fought The Law«)

Die Beatformation »Bobby Fuller Four« zog von El Paso nach Los Angeles, wo sie einen Plattenvertrag bekam. Den großen Hit hatte die Band mit der Aufnahme »I Fought The Law«, komponiert von Sonny Curtis, der früher bei der Begleitgruppe The Crickets von Buddy Holly mitspielte. Die Bobby Fuller Four waren auf dem besten Weg zum Erfolg, als Bandleader Bobby Fuller (geb. am 22. 10. 1942 in Texas) am 18. 7. 1966 verstarb. Danach löste sich die Musik-Gruppe bald auf.

Besetzung der Band: Robert Fuller (vocal, guitar), Randy Fuller (guitar), James Reese (bass), DeWayne Quirico (drums), ersetzt durch Dalton Powell (drums)

Singles 1963: *I Fought The Law / Feelin' Allright*
1965: Let Her Dance / Another Sad And Lonely Night
1966: Love's Made Fool Of You / Don't Ever Let Me Know
1966: My True Love / Magic Touch

LPs *1966: I Fought The Law*
1966: KRLA King Of The Wheels
1966: Memorial Album

Fun Of It (Niederlande)

Single *1967: Out With It / You're So Tempting*

G

Gale, Martin (Niederlande)

Single *1966: Theme 10: 32 / Lotus*

Gamblers (Großbritannien)

Als diese Beatband Gamblers aus Newcastle im Jahr 1963 die Chance bekam, den britischen Rock'n'Roll-Sänger Billy Fury zu begleiten, schnupperten die Gamblers zum ersten Mal Erfolgsluft. Danach spielten sie in verschiedenen Clubs und nahmen für Decca und später für Parlaphone mehre Singles auf. Eine davon, »It's So Nice«, erreichte im Jahr 1964 die Top 30.

Besetzung der Band: Jim Crawford (guitar), Alan George (keyboard), Tony Damond (trumpet, guitar), Alan Sanderson (bass), Andy Mac (drums

Singles *1964: Nobody But Me / It's So Nice*
1965: Now I'm Alone / Find Out What's Happening
1965: One Way Love / Tobacco Road

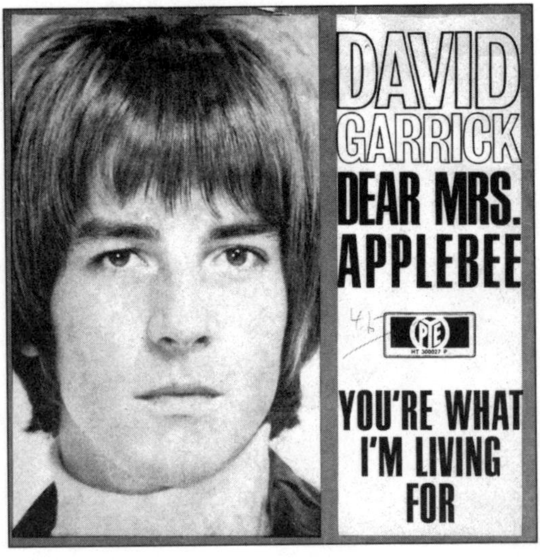

David Garrick

Gants (USA)

It ain't no use to sit and wonder why, babe (»Don't Think Twice«)

Bei einem Konzert der Musikgruppe Gants war der im Publikum anwesende Mike Jeffries so begeistert, daß er sie als Vorgruppe für die bevorstehende US-Tournee der → Beatband → Animals, deren Manager er damals war, verpflichtete.

Besetzung der Band: Sid Herring (guitar, vocal), Johnny Sanders (guitar), Vince Montgomery (bass), Don Wood (drums)

LPs *1965: Roadrunner*

Songtitel: Road Runner – Stormy Weather – Gloria – Six days in May – You've got to hide your love away – The house of the Rising Sun – Bad boy – My baby don't care – Never go right out of sight – Don't think twice, it's alright – I don't want to see her again

1966: Again

Garrick, David (Großbritannien)

Dear Mrs. Applebee, I've got to get something of my chest (»Dear Mrs. Applebee«)

Im Jahr 1965 erschien in der Pop-Szene ein junger Mann aus → Liverpool. Er hieß laut Geburtsurkunde Philip Darryl Core und kam aus der Industriestadt am Mersey-River. Er benannte sich nach einem Schauspieler aus dem 18. Jahrhundert: David Garrick. Seinen entscheidenden Durchbruch hatte er im Jahr 1966 mit dem eingängigen Lied »Dear Mrs. Applebee« (Deutschland Platz 1). Diesen Song hatte er zuvor der Gruppe Herman's Hermits angeboten, die davon aber nicht Gebraucht, machten. David Garrick war der Liebling der Teen-Magazine. Er nahm noch weitere Platten auf, die aber nicht an den Erfolg seines ersten Hits herankamen. David Garrick, der in Germany sehr beliebt war, brachte zwei Singles in deutscher Sprache heraus. 1967: »Hey Mr. Möbelmann«. Die Rückseite hieß damals »Zeig den andern nicht dein Herz«. 1969: »Rüdesheim liegt nicht an der Themse«/»Lady Marmelade«.

Singles *1966: Dear Mrs. Applebee / You're What I'm Living For*
1967: A Certain Misunderstanding / I'm Looking Straight At You
1967: Don't Go Out In The Rain / Theme For A Wishing Heart
1967: Please Mr. Movingman / You Can't Hide A Broken Heart
1968: Rainbow / I'll Be Home
1968: A Little Bit Of This / Flutter By Butterfly
1969: Bake Me A Woman / House In The Heather
1969: Poor Little Me / Molly With Hair Like Silver

LPs *1967: A Boy Called David*

Song-Titel: So much love – I'm looking straight at you – A groovy kind of love – Dear Mrs . Applebee – Liza Brown – You don't know – Dandy – I've been lovin' you too long – Lady Jane – Ain't gonna lie – When the world

was our own – Master John – It's just not that easy – The man who took the valise off the floor of Grand Central Station at noon
1967: David Garrick
1968: Blow Up Live

Gary & The Gamblers (Deutschland)

Singles *1964: Schöne Träume / Man redet so viel*
1964: Das sag ich Dir, wenn wir allein sind / Vertrau auf mich

Gates Of Eden (Deutschland)

Singles *1966: Mini Skirts / Ya Da*
1967: 1 To 7 / Hey To Now

Gaylords (Deutschland)

Single *1961: Ma Ma Marie / Bella Bambinella*

G Brothers (Niederlande)

Single *1966: Baby It's Allright / I Will Remember You*

Gene & The Esquires (Deutschland)

Single *1964: Rave On / Space Race*

Gentlemen (Deutschland)

Single *1965: Let Me In / Anniversary Song*

Gentrys (USA)

Zumindest ein Mitglied der Beatgruppe Gentrys aus Tennessee brachte es zu Weltruhm: Jimmy »The Mouth Of The South« Hart, der bei der »World Wrestling Federation« (WWF) als Manager des blonden Superwrestlers Hulk Hogan mitmischte.

Besetzung der Band: Jimmy Hart (vocal), Bruce Bowles (vocal), Larry Raspberry (guitar, vocal), Jimmy Johnson (trumpet), ersetzt durch Larry Butler (organ), Bobby Fisher (sax), Pat Neel (bass), Larry Well (drums)

Singles *1965: Keep On Dancing / Make Up Your Mind*
1965: Spread It On Thick / Brown Paper Sack
LPs *1965: Keep On Dancing*
1966: Time
1970: Gentrys

George & The Monarchs (Deutschland)

Single *1964: Boo-Zooh / Twingy Baby*

German Blue Flames (Deutschland)

Well, my room has got two windows (»Lonely Avenue«)

Die 1964 in Gelsenkirchen auf die Beine gestellte Beatband German Blue Flames belegte beim »1. Beat-Festival« in der Vestland-Halle in Recklinghausen den 1. Platz.

Besetzung der Band: Hartmut Kulka (vocal, guitar), Ulrich Feldhege (guitar), Klaus Grochowski (guitar, vocal), Heiner Landwehr (bass), Hans Lißek (drums)

Singles 1965: Baby, warte auf mich / That's All About Love
1965: Goodbye / Rhythm And Blues And Johnny
1965: Mein Herz ist noch frei / Sunbeams At The Sky
1965: Sunbeams At The Sky / Ecstasy
1966: Ole Bardot / Along Comes Mary
1966: Sha-La-La-Lee / Rama Lama

LP 1965: German Blue Flames
Song-Titel: Rhythm and blues Johnny – Everybody – Lonely avenue – Let me go lover – I feel so sad – Ready teddy – That's all about love – Ecstasy – Good bye – When the flames – Please don't say it's over now – Sun beams at the sky

German Bonds (Deutschland)

I know I got a long long journey (»Sing Hallelujah«)

Die Beatband German Bonds (deutsch: Deutsche Wertpapiere) kam im Jahr 1963 nach Hamburg in den → »Star Club« und belegte dort bei einem Band-Wettbewerb den zweiten Platz hinter den → Four Renders. Zum Repertoire der Musikgruppe gehörte auch das klassische Stück »Sonata Facile« von Wolfgang Amadeus Mozart, bei dem der Keyboarder Peter Hecht als Mozart verkleidet in Kostüm und Perücke auftrat. Viele Tourneen und Plattenaufnahmen machten die German Bonds in Deutschland zu Publikumslieblingen. Sie waren auch die Vorgruppe für bekannte Beatbands aus England wie den → Hollies, den → Troggs oder den Amerikanern → Sam The Sham And The Pharaos. Als sich die German Bonds 1970 auflösten, gingen einige Mitglieder zu anderen Bands, so zu der Krautrockgruppe Lucifer's Friend.

Besetzung der Band: Rainer Degner (guitar, vocal), Peter Hecht (keyboard), Dieter Horns (bass, vocal), Peter »Peet« Becker (drums)

Singles 1965: Sonata Facile / So Mystifyin'
1965: We Are Out Of Sight / Sing Hallelujah
1966: Skinny Eleonore / Birthday Is Today

Gerry And The Pacemakers (Großbritannien)

Bevor Gerry Marsden 1959 (geb. am 24. 9. 1942 in Liverpool) in der Mersey-Stadt Liverpool die Pacemakers gründete, hatte er schon in verschiedenen Gruppen in → Liverpool gespielt. Bald gingen Gerry And The Pacemakers nach Hamburg, um dort im Live-Club »Top Ten« aufzutreten. Nach ihrer Rückkehr wurden sie vom Beatles-Manager → Brian Epstein unter Vertrag genommen. Die ersten drei Singles von Gerry And The Pacemakers schlugen ein wie eine Bombe und erreichten sofort Platz 1 der britischen Charts. Das Stück »You'll Never Walk Alone« wurde zur Hymne der Fussballfans in den Stadien. Von dem bekannten → Rhythm & Blues–Sänger Ray Charles übernahm die Band den Song »Don't Let The Sun Catch You Crying«. Auch das erste Album »How Do You Like It« blieb monatelang in den britischen Charts. Weitere Hits folgten bis zum Jahr 1967, als sich Gerry von der Band trennte und solo weiter arbeitete.

Besetzung der Band: Gerard Marsden (vocal), Leslie Maguire (keyboard) John Chetwick (bass), Fred Marsden (drums)

German Bonds **Rechts: Gerry and the Peacemakers**

Singles	*1963: How Did You Do It / Away From You*
	1963: I Like It / It's Happened To Me
	1963: You'll Never Walk Alone / It's Alright
	1964: I'm The One / You've Got What I Like
	1964: Don't Let The Sun Catch You Crying / Show Me That You Care
	1964: It's Gonna Be Alright / It's Just Because
	1965: Ferry Cross The Mersey / You You You
	1965: I'll Be There / Baby You're So Good To Me
	1965: We'll Walk Hand In Hand / Dreams
	1966: La La La / Without You
	1966: Girl On A Swing / Fool To Myself
LPs	*1963: How Do You Like It*
	Song-Titel: A shot of rhythm and blues – Jambalaya – Where have you been – Here's hoping – Pretend – Maybellene – You'll never walk alone – The wrong yo yo – You're the reason – Chills – You can't fool me – Don't you ever – Summertime – Slow down
	1965: Ferry Cross The Mersey

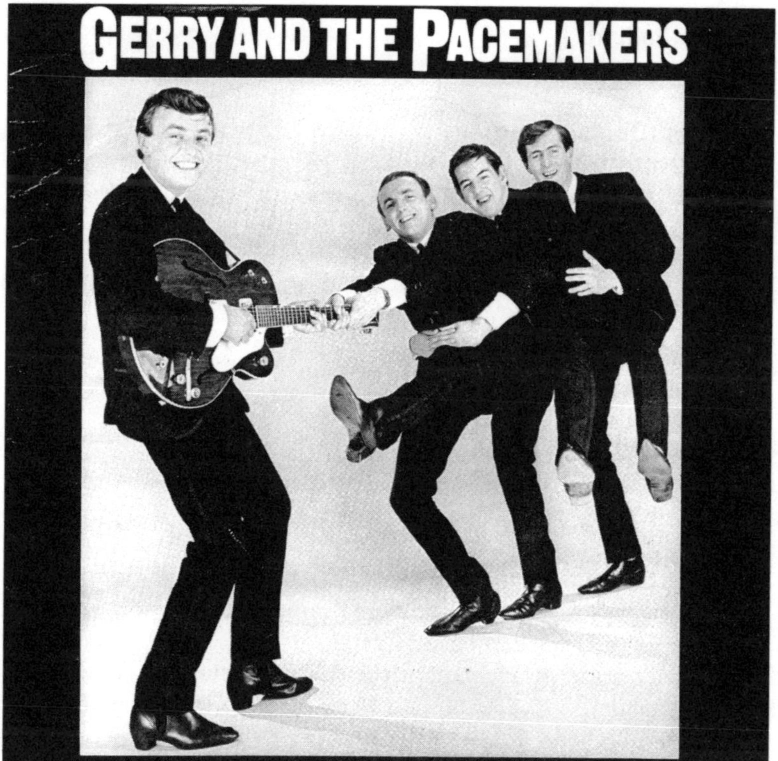

Giants (Deutschland)

Singles 1965: *Down Yonder / Peppermint Shake*
1965: *Even The Bad Times Are Good / My Magical Room*
1966: *Sherry Baby / Put Yourself In My Place*
LP 1964: *Live*

Gibsons (Australien)

Die Beatformation Gibsons kam im Jahr 1966 von Australien nach England und nahm hier eine der besseren Platten des Jahres auf: »Magic Book«. Leider war der Aufnahme kein Erfolg beschieden, ein Schicksal, das die anderen Platten der Beatgruppe teilten.

Single 1967: *City Life / Night And Day*
1967: *Magic Book / You Know I Need Your Lovin'*
1967: *Two Kinds Of Lovers / Hey Girl*

Gidian (Schottland)

Single 1965: *Feeling / Don't Be Ashamed*

Giganti (Italien)

Single 1966: *Tema / La Bomba Ottonica*

Gloomys (Deutschland)

Singles 1967: *Daybreak / Calling Mayfair*
1968: *David & Goliath / Western Station*
1968: *Winds Of Change / Sooner Or Later*
1969: *I'm A Bum / Let Me Dream*
1969: *Treat Her Like You Wonna Be Treated / Day-O*
1970: *Pretty Jane / In My Dreams*
LPs 1967: *Daybreak*
1969: *II*

Gnomes Of Zurich (Großbritannien)

Singles 1966: *Please Mr. Sun / I'm Coming Down With The Blues*
1967: *High Hopes / Pretender*

Gods (Großbritannien)

In dieser eigentlich recht unbekannten Beatband mit dem Namen Gods (deutsch: Götter) spielten neben Greg Lake (geb. am 10. 11. 1947 in Dorset), der später zu Emerson, Lake & Palmer ging, und dem späteren Mitglied der → Rolling Stones, Mick Taylor, auch die Uriah Heep-Gründungsmitglieder Ken Hensley und Lee Kerslake.

Singles 1967: *Come On Down To My Boat / Garage Man*
1968: Baby's Rich / Somewhere In The Street
1969: Maria / Long Time, Bad Time, Sad Time
1969: Hey Bulldog / Real Love Guaranteed

LPs *1968: Genesis*
Song-Titel: Towards the skies – Candles getting shorter – You're my life – Looking glass – Misleading colours – Radioshow – Plastic horizon – Farthing man – I never know – Time and eternity
1969: To Samuel A Son

The Golden Earring

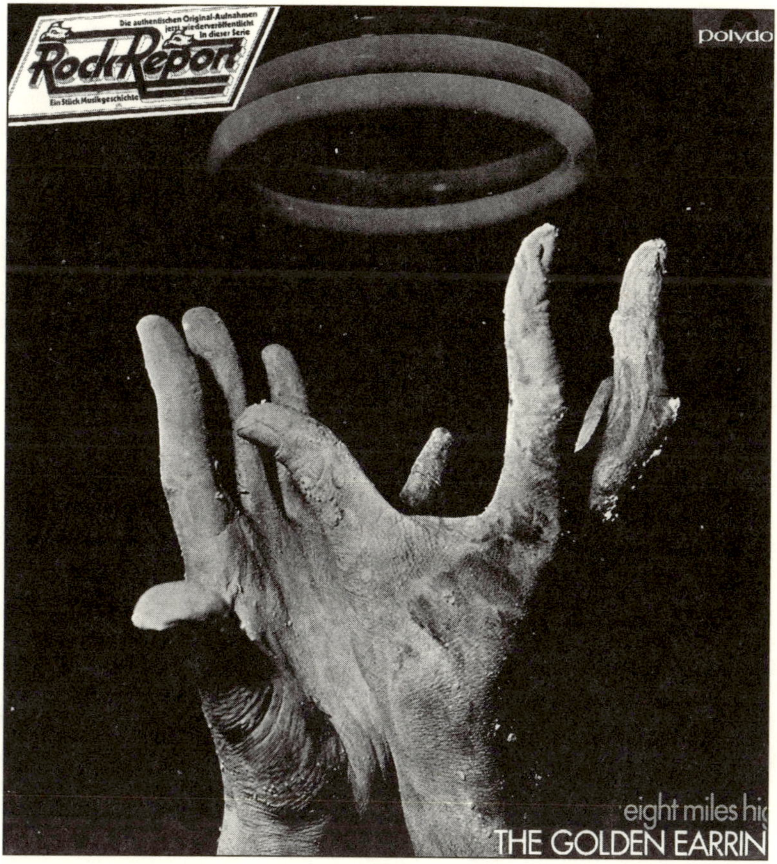

Golden Earring (Niederlande)

It's always good to be back home (»Back Home«)

1961 noch unter dem Namen Golden Earrings gegründet, entwickelten sie sich bald zu einem Exportschlager für das Land der Tulpen. Golden Earring gehörte zu den wenigen Bands aus Europa, die auch in Amerika Erfolg hatten. 1965 kam der erste Charterfolg mit dem Titel »Please Go«. Weitere Hitsingles und Alben folgten.Weltweit bekannt wurden Golden Earring durch ihre Interpretation des Klassikers von den → Byrds: »Eight Miles High«, den sie über eine ganze LP–Seite mit 19.57 Minuten ausdehnten. Mehrere erfolgreiche Singles folgten bis 1972.

Band-Besetzung: George Kooymans (guit, voc), Barry Hay (guit, fl, voc), Marinus Gerritsen (bass, org), Cesar Zuiderwijk (drums)

Singles *1965: Please Go / Junk Of Steel*
1966: That Day / The Words I Need
1966: If You Leave Me / Waiting For You
1967: Together We Live Together We Love / I Wonder
1967: Sound Of The Screaming Day / She Won't Come
1968: A Truth About Arthur / Gypsy Rhapsodiy
1969: Where Will I Be / It's Alright
1970: Back Home / This Is The Time Of The Year

LPs *1966: Just Earrings*
Songtitel: Nobody but you – I hate saying these words – She may be – Holy witness – No need to worry – Please go – Sticks and stones – I am a fool – Don't stay away – Lonely everyday – When people talk – Now I have
1967: Winter Harvest
1968: Miracle Mirror
1969: Eight Miles High

Grassroots (USA)

Von 1965 – 1967 gab es zwar Platten auf dem Markt, die unter dem Namen Grassroots erschienen, aber es gab keine Musikgruppe dazu. Die ganze Sache war eine (Studio-) Idee der Herren P. F. Sloan und Steve Barri. Die Grassroots-Aufnahmen ließen die beiden Produzenten Sloan und Barri von den »Bones«: Howe (percussion), Larry Knechtel (keyboard) und Joe Osbourne (bass) einspielen. Die Bones-Musiker waren damals dauernd gefragt. Erst nach dem Erfolg der Aufnahmen wurde eine echte Band zusammengestellt.

Besetzung der Band: Warren Entner (guitar, vocal), Creed Bratton (guitar), Rob Grill (bass, vocal), Rick Coonce (drums)

Singles *1967: Let's Live For Today / Depressed Feeling*
1967: Things I Should Have Said / House Of Stone

1967: Wake Up, Wake Up / No Exit
1969: Lovin' Things / You And Love Are The Same
1969: I'd Wait A Million Years / Fly Me To Havana

LPs *1966: Where Were You When I Needed You*
1967: Let's Live For Today
1967: Feelings
Songtitel: Feelings – Here's where you belong – The sins of a family fall on the daughter – Melody for you – Who will you be tomorrow – You might as well go my way – All good things come to an end – Hot bright lights – Hey friend – You and love are the same – Dinner for eight – Feelings (reprise)
1969: Golden Grass
1969: Leaving It All Behind
1969: Lovin' Things

Greenbeats (Irland)

Single *1964: You Must Be The One / If This World Were Mine*

Green Selection, Bobby (Niederlande)

Single *1968: What's That Sound / Never Saw The Love So Clear*

Greenslade, Arthur & G-Men (Großbritannien)

Single *1961: Rockin' Susannah / Eclipse*

Group X (Großbritannien)

Die Instrumentalband Group X, die unter anderem 1963 bei Fontana eine Single mit dem zungenbrecherischen Song-Titel »There Are Eight Million Cossack Melodies – And This Is One Of Them« aufnahm.

Singles *1963: Crossbeat / Roti Calliope*

Guys, The (Deutschland)

Single *1966: Ich bin froh, daß ich Dich los bin / Ich wein Dir nicht nach*

H

Habits (Großbritannien)

Die Habits waren ein Trio aus London, die ihre Musik bei der Schallplattenfirma Decca aufnahmen. Ihre Single »Elbow Baby« wurde von Spencer Davis und → Stevie Winwood von der → Spencer Davis Group produziert.

Singles *1966: Elbow-Baby/Need You*

Haigs, The (Niederlande)

Singles *1966: Never Die / That's The Way She Is*
1966: Where To Run / Separated
1967: From Now On / Hey Baby
1968: Roly Poly Martha / Out Of Life

Harris, Joe (Niederlande)

Single *1966: Whirlpool Love / Only Child*

Haunted (USA)

Haunted war die tonangebende kanadische Beatgruppe der Mittsechziger. Da die Bandmitglieder aus der überwiegend französisch sprechenden Provinz Quebec stammten, mußten die Haunted natürlich auch diesem Personenkreis ihre Referenz erweisen und nahmen bekannte Songs auf französisch auf: »Pourquoi« (»Talk Talk« von der Band → »Music Machine«) und »Vapeur Mauve« (»Purple Haze« von Jimi Hendrix).

Besetzung der Band: Bob Burgess (vocal), ersetzt durch John Monk (vocal), Jurgen Peter (guitar), Al Birmingham (guitar), Mason Shea (bass), ersetzt durch Bob Bozac (bass), Dave Wynne (drums), ersetzt durch Nick Farlowe (drums)

LP *1967: Haunted*

Hedlund, Sven (Schweden)

Single *1967: A Fool Such As I / As Long As I Have You*

Heinz (Deutschland)

Der deutsche Sänger Heinz Burt (geb. am 24. 7. 1942 in Hagen) war bis zum Jahr 1963 Bassist bei den → Tornados. Danach versuchte er sich als Gesangssolist und hatte mit der Aufnahme »Just Like Eddie« seinen (h)einzigen Hit. Dabei ließ sich Heinz von dem Rock 'n' Roller Eddie Cochran inspirieren. Zu Eddie Cochrans legendären Hits zählten der »Summertime Blues« und »C'mon Everbody«. Bis Mitte der 60er veröffentlichte Heinz noch weitere Songs. Produziert wurde er von Joe Meek. Dieser Joe Meek erschoss sich am Todestag des Rock 'n' Rollers Buddy Holly, am 3. Februar 1967. Außerdem produzierte John Meek → The Honeycombs und → Screaming Lord Sutch. Im Jahr 1964 spielte Heinz zusammen mit Richie Blackmore (später bei Deep Purple) in der Band Heinz And The Wild Boys.

Singles *1963: Just Like Eddie / Don't Knock At My Door*
1963: Country Boy / Long Tall Jack
1964: You Were There / No Matter What They Say
1964: Questions I Can't Answer / Beating Of My Heart
1965: Diggin' My Potatoes / She Ain't Coming Back

LP *1964: Tribute To Eddie*
Song-Titel: Tribute to Eddie – Hush-a-by baby – I ran all the way home – Summertime blues – Don't keep picking on me – Cut across shorty – Three steps to heaven – Come on and dance – Twenty flight rock – Look for a star – My dreams – I remember – Rumble in the night – Just like Eddie

Heralds (Niederlande)

Single *1966: Like A Rolling Stone / Coming To You*

Herd (Großbritannien)

I'm from the land of shadows and darkness (»From The Underworld«)

Die Musikgruppe Herd wurde im Jahr 1965 gegründet und bekam bald einen Plattenvertrag bei Parlophone. Die ersten Aufnahmen waren ziemlich erfolglos, und die Beatband wechselte Ende 1966 zu Fontana. Hier wurden die Herd von → Ken Howard und Alan Blaikley betreut, die dann auch für das musikalische Profil der Gruppe zuständig waren. Der erste Erfolg kam im Jahr 1967 mit dem bombastisch arrangierten Songtitel »From The Underworld«. Nachdem Peter Frampton (geb. am 22. 4. 1950 in Kent) im Jahr 1968 zum »Gesicht des Jahres« gewählt worden war, schien der weitere Erfolg vorprogrammiert. Zwei weitere Top-Ten-Erfolge kamen. Als jedoch die Herd-Single »Sunshine Cottage« durchfiel, verließ Peter Frampton die Gruppe, um mit Steve Marriott von den → Small Faces die Rockgruppe Humble Pie zu gründen. Die anderen Herd-Mitglieder blieben für eine weitere Aufnahme zusammen, bevor sich ihre Wege endgültig trennten. Keyboarder Andy Bown wurde Mitte der Siebziger Mitglied bei → Status Quo. Sänger Gary Taylor ging nach Perth in Australien.

Besetzung der Band: Peter Frampton (guitar, vocal), Andy Bown (keyboard, vocal), Gary Taylor (bass, vocal), Andrew Steele (drums)

Singles 1967: *From The Underworld / Sweet William*
1967: *Paradise Lost / Come On Believe Me*
1967: *I Can't Fly / Diary Of A Narcissist*
1968: *Sunshine Cottage / Miss Jones*
1968: *I Don't Want Our Loving To Die / Our Fairytale*
1969: *The Game / Beauty Queen*

LP 1968: *Paradise Lost*
Song-Titel: From The Underworld – On My Way Home – I Can Fly Goodbye Groovy – Mixed Up Minds – Impressions Of Oliver Paradise Lost – Sad – Something Strange – On Your Own – She Loves Me She Loves Me Not – Fair Thee Well

Herman's Hermits (Großbritannien)

There's a kind of hush, all over the world (»There's A Kind Of Hush«)

Peter Noone (geb. am 5. 11. 1947 in Manchester) gründete im Jahr 1963 in → Manchester die Gruppe Heartbeats. Bei ihr spielten die Musiker Carl Green (geb. am 31. 7. 1947 in Manchester), Keith Hopwood (geb. 26. 10. 1947 in Manchester). Als sich die Heartbeats auflösten, kamen von der Band Wailers Barry Whitwam (geb. am 21. 7. 1946 in Manchester) und Derek Leckenby (geb. am 14. 5. 1943 in

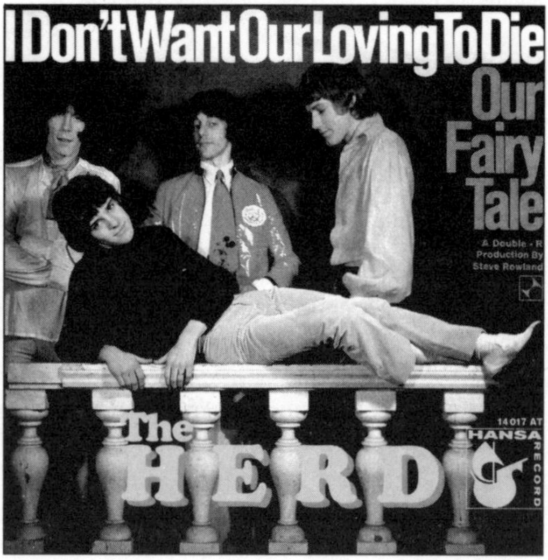

The Herd

Leeds, gest. am 4. 6. 1994) dazu. Barry Whitwam und Derek Leckenby kannten sich bereits von der Formation Hellions. Während die Wailers eher R&B spielten, widmeten sich die Heartbeats mehr der popigen Richtung, z. B. mit Songs von Bobby Rydell. Die Triebfeder hinter dem Zusammenschluß von Heartbeats und Wailers sollen die beiden Jungmanager Harvey Lisberg und Charly Silverman aus Manchester gewesen sein. Bald wurden sie von dem Produzenten → Mickie Most entdeckt und unter Vertrag genommen. Zuerst sollten sie etwas länger Herman and the Hermits heißen. Bei dem goldenen Händchen, das → Mickie Most oft bewies, war es kein Wunder, daß Herman's Hermits mit den ersten Platten sofort die Charts stürmten. Die erste Nummer Eins-Single der Band in Großbritannien war 1964 der Song-Titel »I'm Into Something Good« ein Stück von Carol King. Der Sommerhit des Jahres. Der Piratensender Radio Caroline auf der Isle of Man verhalf diesem Song mit zum Durchbruch. In den Vereinigten Staaten konnten Herman's Hermits 1965 mit dem Lied »Mrs. Brown You've Got A Lovely Daughter« gut einsteigen. 1965 sollen sie sogar weltweit mehr Singles verkauft haben als die → Beatles. Bis zum Jahr 1970 hatte die Gruppe einen Hit nach dem anderen. Es ist kaum bekannt, daß diese Beatband auf ihren Platten meistens nicht selber spielte. Zu den Musikern, die auf vielen ihrer Hits zu hören sind, gehören → Jimmy Page und John Paul Jones. Der Keyboarder und Gitarrist John Paul Jones (geb. am 3. 1. 1946 als John Baldwin in Sidcup/Kent) und ebenso Jimmy Page schlugen später ihre Zelte bei The New Yardbirds, die dann als Led Zeppelin firmierten, für eine fulminante Band-Ära auf. Die LPs der Musik-

Herman's Hermits

gruppe Herman's Hermits verkauften sich in Amerika sehr gut. Damit waren die Herman's Hermits der größte Exportschlager aus England seit den → Beatles. Die Band spielte auch in Filmen mit. Bei dem Streifen »When The Boys Meets The Girls«, mit Connie Francis, durften sie mit den Liedern »Listen People« und »I'm Biding My Time« kurz auftreten. Ein reiner Film mit Herman's Hermits kam nach ihrem Erfolg in Amerika. Sie drehten in Hollywood das Movie »Hold on«. Der dritte Film mit ihnen war der Streifen »Mrs. Brown you've got a lovely Daughter.« Er handelte von einer Beat-Gruppe, die nach London ging, um dort eine Schallplatte aufzunehmen. Die Flöhe eines Rennhundes nisteten sich in den Pilzköpfen der Herman's Hermits-Musiker ein und schon begann das Tohuwabohu. Die Band hatte einen Vertrag mit der Filmfirma MGM für zwei Filme. Sie sollten pro Jahr mindestens 48 Songs auf Schallplatte herausbringen. Dazu braucht es eigentlich an die vier Langspielplatten pro Jahr. In Deutschland sind Herman's Hermits 1967 in den Luftwaffenstützpunkten der US-Army aufgetreten, aber auch in Hallen wie dem »Circus Krone Bau« in München. Ray Davies von den → Kinks überließ seine Komposition »Dandy« seinen Kollegen von Herman's Hermits, weil die → Kinks diesen Titel eigentlich nicht als Single heausbringen wollten. Jedoch gab es dann doch zwei Versionen: eine von → Kinks und eine von den Herman's Hermits. Nach dem Ausscheiden von Sänger Peter Noone, der 1970 eine Solokarriere mit wenig Erfolg startete, trennte sich die Gruppe.

Besetzung der Band: Peter »Herman« Noone (vocal), Keith Hopwood (guitar), Derek Leckenby (guitar), Karl Green (bass), Barry Whitwam (drums)

Singles *1964: I'm Into Something Good / Your Hand In Mine*
1964: Show Me Girl / I Know Why
1965: Can't You Hear My Heartbeat / Silhouettes
1965: Wonderful World / Dream On
1965: Just A Little Bit Better / Take Love Give Love
1965: A Must To Avoid / Man With The Cigar
1966: You Won't Be Leaving / Listen People
1966: This Door Swings Both Ways / For Love
1966: No Milk Today / My Reservation's Been Confirmed
1966: East West / What Is Wrong And What Is Right
1967: There's A Kind Of Hush / Gaslite Street
1967: Museum / Moonshine Man
1967: I Can Take Or Leave Your Loving / Marcel's
1968: Sleepy Joe / Just One Girl
1968: Sunshine Girl / Nobody Needs To Know
1968: Something's Happening / The Most Beautiful Thing In My Life
1969: My Sentimental Friend / My Lady

1969: Here Comes The Star / It's Alright Now
1970: Years May Come, Years May Go / Smile Please
1970: Bet Yer Life I Do / Searching For The Southern Sun
1970: Lady Barbara / Don't Just Stand There

LPs *1965: Herman's Hermits*
Song-Titel: Heartbeat – Travelin' light – I'll never dance again – Walkin' with my angel – Dream on – I wonder – For your love – Don't try to hurt me – Tell me baby – I'm Henry VIII, I am – The end of the world – Mrs . Brown, you've got a lovely daughter
1967: Both Sides Of Herman's Hermits
1967: There's A Kind Of Hush
1968: Mrs. Brown You've Got A Lovely Daughter
1968: The Best Of Herman's Hermits

Hi – Balls (Schweden)

Single *1965: Disappointed / Can't You See*

High Numbers (Großbritannien)

Drei Freunde von der »Acton County School« fanden sich 1959 zu einer Beatband zusammen und nannten sich zuerst The Detours und dann → The Who. Als im Jahr 1964 der Verleger Peter Meaden das Management übernahm, gab er ihnen den Namen High Numbers und verschaffte der Band einen Vertrag bei Fontana. Die Partnerschaft hielt nicht sehr lange, und die Beatgruppe nannte sich danach wieder The Who, ersetzte den Schlagzeuger und kam zu Weltruhm.

Besetzung der Band: Roger Daltrey (vocal), Pete Townshend (guitar), John Entwhistle (bass), Doug Sanden (drums)

Single *1964: I'm The Face / Zoot Suit*

Hitparaders (Deutschland)

Single *1964: I Feel Fine / Little Red Rooster*

Hollies (Großbritannien)

See the girl with cymbals in her fingers (»Stop Stop Stop«)

Nach den → Beatles waren die Hollies die beständigsten Hitlieferanten der Sechziger Jahre in Großbritannien. Gegründet wurden die Hollies 1962 von Allan Clarke (geb. am 5. 4. 1942 in Lancashire) und Graham Nash (geb. am 2. 2. 1942 in Blackpool), die schon in ihrer Schulzeit zusammen spielten. Die ersten Singles auf Parlophone waren Coverversionen bekannter amerikanischer Hits. Doch bald entdeckten die Hollies ihre eigenen Qualitäten als Songschreiber. Der erste Chart-Breaker der Hollies gelang mit dem Stück »I'm Alive«. In Deutschland wurden die sie vor allem mit ihrem Hit »Bus Stop« bekannt. Der Hollies-Titel »Stop Stop Stop« kam bis auf Platz 4 der deutschen Hitparade. Von dem Beatles-Gitarristen George Harrison stammt der Hollies-Song »If I Needed Someone«. Das Markenzeichen der Band war ein ausgefeilter mehrstimmiger Gesang. Nach Auseinandersetzungen mit der Musikgruppe über den weiteren musikalischen Weg verließ Graham Nash die Band, um in Amerika mit David Crosby und Stephen Stills (von Buffalo Springfield) die Supergruppe Crosby, Stills & Nash aufzubauen. Die Hollies fanden für Graham Nash bald Ersatz in Terry Sylvester, der schon bei den → Escorts und den → Swinging Blue Jeans gespielt hatte. Weitere Hits wie »Sorry Suzanne« folgten. Ende der Sechziger wurde es auch für die Hollies schwerer, im Geschäft zu bleiben. Doch in den 70ern gelangen ihnen noch weitere große Hits, auch mit dem sehr rockigen Titel »Long Cool Woman In A Black Dress«.

The Hollies

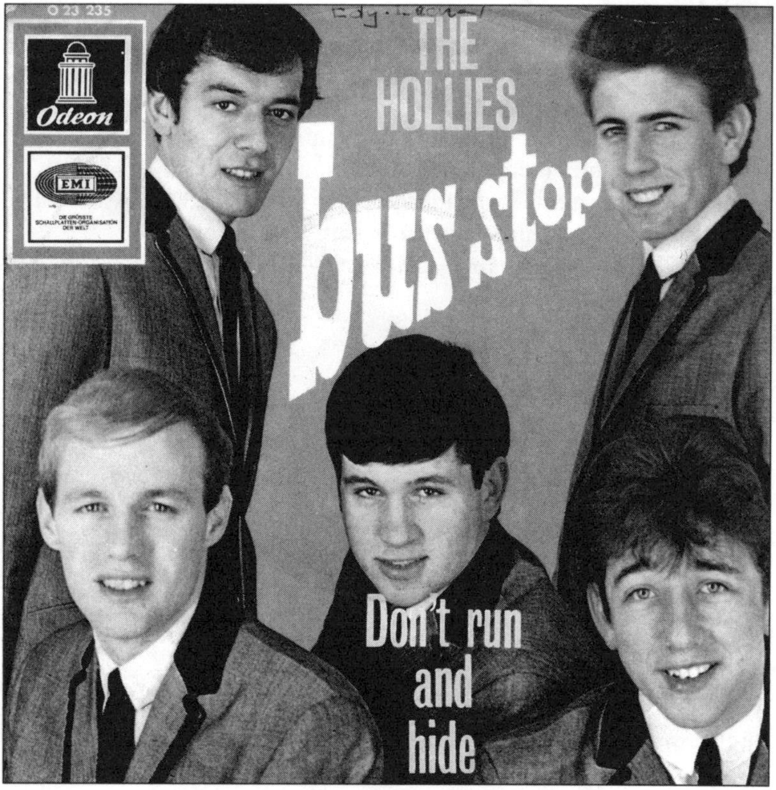

Besetzung der Band: Allan Clarke (vocal), Graham Nash (guitar, vocal) ersetzt durch Terry Sylvester (guitar, vocal), Tony Hicks (guitar), Bernie Calvert (bass), Bobby Elliot (drums)

Singles *1963: Ain't That just Like Me / Hey, What's Wrong With Me*
1963: Searchin'/ Whole World Over
1963: Stay / Now's The Time
1964: Just One Look / Keep Off That Friend Of Mine
1964: Here I Go Again / Baby That's All
1964: We're Through / Come On Back
1965: Yes I Will / Nobody
1965: I'm Alive / You Know He Did
1965: Look Through Any Window / So Lonely
1965: If I Needed Someone / I've Got A Way Of My Own
1966: I Can't Let Go / Running Through The Night
1966: Bus Stop / Don't Run And Hide
1966: Stop Stop Stop / It's You
1967: On A Carousel / All The World Is Love
1967: Carrie Ann / Signs That Will Never Change
1967: King Midas In Reverse / Everything Is Sunshine
1968: Jennifer Eccles / Open Up Your Eyes
1968: Listen To Me / Do The Best You Can
1969: Sorry Suzanne / Not That Way At All
1969: He Ain't Heavy, He's My Brother / Cos You Like To Love Me
1970: I Can't Tell The Bottom From The Top / Mad Prof. Blyth
1970: Gasoline Alley Bred / Dandelion Wine

LPs *1964: Stay With The Hollies*
Song-Titel: I'm talking about you – Mr. Moonlight – You better move on – Lucille – Baby don't cry – Memphis – Do you love me – Rockin' Robin – Watcha gonna do – It's only make believe – What kind of girl are – Little lover – Candy man
1964: In The Hollies Style Song-Titel: Nitty gritty/Something's got a hold on me – Don't you know – To you my love – It's in her kiss – Time for love – What kind of boy – Too much monkey business – I thought of you last night – Please don't feel too bad – Come on home – You'll be mine – Set me free
1965: The Hollies Days
1966: Would You Believe
Song-Titel: I take what I want – Hard, hard year – That's how strong my love is – Sweet little sixteen – Oriental sadness – I am a rock – Take your time – Don't you even care – Fifi the flea – Stewball – I've got a way of my own – I can't let go.
1966: For Certain Because

1967: Evolution

Song-Titel: Carrie-Anne – Stop right here – Rain on the window – Then the heartaches begin – Ye olde toffee shoppe – You need love – Heading for a fall – Games we play – Lullabye to Tim – Have you ever loved somebody

1967: Butterfly

1967: The Hollies Greatest Hits

1969: The Hollies Sing Dylan

1969: Hollies Sing Hollies

1970: Confession Of The Mind

Honeycombs (Großbritannien)

Have I the right to hold you, you know I always told you (»Have I The Right«)

In London entstand im Jahr 1963 die Beatgruppe Sheratons, aus der dann die Honeycombs hervorgingen. Der Bandname wurde vom Namen und Beruf der Schlagzeugerin Honey

The Honeycombs

Lantree (geb. am 28. 8. 1943 in Middlesex als Anne Lantree), die zuvor als Friseuse gearbeitet hatte, abgeleitet. Comb ist auf deutsch der Kamm. Ihr Bruder John Lantree steht am Bass. Ihre erste Single »Have I The Right« (für die Plattenfirma PYE) erreichte 1964 die Nummer 1 in der englischen Hitparade. Dieses Lied bekam auch einen deutschen Text und hieß dann »Hab' ich das Recht«. Die Rückseite war »Du sollst nicht traurig sein.« Vom → Kinks-Mann Ray Davies bekamen die Honeycombs den Songtitel »Something Better Beginning«. Nach einigen weiteren kleinen Hits, allesamt vom bekannten Team Howard/Blaikley geschrieben, verschwande die Band bald wieder in der Versenkung.

Besetzung der Band: Denis D'Ell (vocal, harm), Martin Murray (lead-guitar), Alan Ward (guitar), John Lantree (bass), Honey Lantree (drums)

Singles 1964: *Have I The Right / Please Don't Pretend Again*
1964: *Is It Because / I'll Cry Tomorrow*
1964: *Eyes / If You've Got To Pick A Baby*
1965: *I Can't Stop / Colour Slide*
1965: *Don't Love You No More / I'll See You Tomorrow*
1965: *Something Better Beginning / I'll See You Tomorrow*
1965: *That's The Way / Can't Get Through You*
1965: *This Year Next Year / Not Sleeping Too Well Lately*
1966: *Who Is Sylvia / How Will I Know*
1966: *It's So Hard / I Fell In Love*
1966: *That Loving Feeling / Should A Man Cry*

LPs 1964: *Honeycombs*
Song-Titel: Colour slide – Once you know – Without you it is night – That's the way – I want to be free – How the mighty have fallen – Have I the right – Just a face in the crowd – Nice while it lasted – Me from you – Leslie Anne – She's too way out – It ain't necessarily so – This too shall pass away
1965: *All Systems Go*

Hoofbeats (Deutschland)

Single 1966: *Our Tiger / Sha-La-La-La-Lee*

Hounddogs (Deutschland)

Singles 1965: *Gloria / Clara Bella*
1966: *Respect / Shake*

Howard & Blaikley (Großbritannien)

Vor allem für die Hitcombo →ß Dave Dee, Dozy, Beaky, Mick & Tich komponierte das Songwriter-Duo Ken Howard und Alan Blakley sämtliche Erfolgsnummern. Zuvor waren die beiden für die Gruppe →

Honeycombs aktiv und schrieben für sie den Song »Have I The Right«. Ebenso komponierten sie für die relativ unbekannte Band → Potatoes mit »Bend« einen Song, der stark an den Hit »Bend It« von → Dave Dee, Dozy, Beaky, Mich & Tich erinnert, jedenfalls vom Titel her. Auch die Gruppe → Herd wurde von dem Team Ken Howard & Alan Blaikley betreut. Die → Herd-Hits »From The Underworld« und »Paradise Lost« sind aus ihrer Feder.

Human Beinz (USA)

Ihr Song »Nobody But Me« klang so schwarz, daß die meisten Radio-DJs dachten, es handele sich um eine schwarze Gruppe. Dadurch erhielt der Song der Human Beinz natürlich viel Airplay.

Besetzung der Band: John Belley (guitar, vocal), Joe Markulin (guitar), Mel Pachute (bass), Mike Tatman (drums)

Singles *1967: Nobody But Me / Sueno*
1968: Turn On Your Lovelight / It's Fun To Be Clean
1969: This Little Girl Of Mine / I've Got To Keep Pushin'

LPs *1968: Nobody But Me*
Song-Titel: Nobody but me – Foxy lady – The shamen – Flower grave – Dance on through – Turn on your light – It's fun to be clean – Black is the colour of my true love's hair – This lonely town – Sueno – Seranade to Sarah
1969: Evolutions

Hunters (Niederlande)

Die Hunters waren eine Beatband, deren Gitarrist Jan Akkermann (geb. am 24. 12. 1946 in Amsterdam) Ende 1969 die Rockgruppe Focus mitbegründete. Diese hatten mit dem Song »Hocus Pocus« einen Charterfolg in den Vereinigten Staaten.

Singles *1961: Golden Earrings / Tally Ho*
1961: Stomp / How's M Chicks
1961: Teen Scene / Santa Monica Flyer
1965: Bury Me Benath The Willow / You Were On My Mind
1966: Russian Spy And I / Spring
1967: I'm The King / The Consul Or Sidney
1967: Janosh / When I See Babette

I

Ian And The Zodiacs (Großbritannien)

Ride your pony, get on your pony and ride (»Ride Your Pony«)

Die Merseybeatgruppe Ian And The Zodiacs nahm zwischen 1963 und 1966 mehrere Platten auf und trat auch im Hamburger → »Star Club« auf. Der Schlagzeuger Joe Walsh war vor seiner Mitgliedschaft bei Ian And The Zodiacs der Drummer von Lee Curtis & The Allstars. Ihr Song »No Money No Honey« wurde von dem deutschen Komponisten Klaus Doldinger (heute bekannt als Bandleader von der Jazzrockgruppe Passport und Filmmusik-Komponist) geschrieben, der auch damals unter Pseudonym und Perücke im → »Star Club« auftrat.

Besetzung der Band: (65-66) Ian Edwards (vocal, guitar), Peter Wallace (guitar), Charly Flinn (bass, vocal), Joe Walsh (drums)

Singles *1963: Beechwood Drive 45789 / You Can't Think Again*
1965: Spartacus / Take A Message To Martha
1965: Why Can't It Be Me / Leave It To Me
1966: No Money, No Honey / Ride Your Pony
1966: So Much In Love / All Of Me
1966: Wade In The Water / Come On Along Girl

LPs *1963: Beat & Prosa Im Starclub*
1965: Starclub Show 7
1966: Locomotive
Song-Titel: Ride your pony – Respect – See-saw – Where were you – Cool jerk – This won't happen to me – Come on along, girl – Going to a Go-Go – Wade in the water – Get out of my life woman – No money,no honey – Thinking about you, girl – Working in a coal mine – Soulful dress
1966: Listen To Ian And The Zodiacs
1966: Gear Again

In Crowd (Großbritannien)

I be the moon when the sun goes down (»That's How Strong My Love Is«)

Die Rhythm & Blues-Gruppe, die Mitte der Sechziger auf die Beine gestellt wurde, nannte sich anfänglich Four Plus One. Die erste Single der In Crowd mit dem Titel »That's How Strong My Love Is«, eine

Beatballade, die auch von den → Rolling Stones vertont wurde, erreichte 1965 das untere Ende der Hitparaden. Nachdem die zweite Aufnahme ein Flop war, wurde der Gitarrist gefeuert und durch Steve Howe (geb. am 8. 4. 1947 in London) ersetzt. Eine weitere Single folgte und auch ein Album wurde aufgenommen, das aber nie in den Plattenläden auftauchte. Danach änderte die Band wieder den Namen. Diesmal nannten sie sich Tomorrow. Der Sänger Keith West konnte mit seiner Schallplatte »Excerpts From A Teenage Opera« im Jahre 1968 einen Bestseller landen. Gitarrist Steve Howe, ein weiterer Musiker der Gruppe, machte sich mit der Artrock-Band Yes einen Namen.

Besetzung der Band: Keith West (vocal), Les Jones (lead-guitar), ersetzt durch Steve Howe, John »Junior« Wood (guitar), Simon »Boots« Alcot (bass), Ken Lawrence (drums)

Singles 1965: *That's How Strong My Love Is / Things She Says*
1965: *Stop! Wait A Minute / You're On Your Own*
1965: *Why Must They Criticize / I Don't Mind*

Interns (Großbritannien)

Die Interns aus Cardiff, deren Name auf deutsch Internisten bedeutet, fielen hauptsächlich dadurch auf, daß sie auf der Bühne Arztkittel trugen. Mitte der 60er Jahre nahmen sie einige Singles bei Philips und Parlophone auf.

Single 1964: *Don't You Dare / Here, There, Everywhere*

Ipsissimus (Großbritannien)

Single 1969: *Hold On / Lazy Woman*

Ivy League (Großbritannien)

Als sich im Jahr 1964 → Carter-Lewis And The Southerners endgültig trennten, fanden sich zwei Mitglieder (John Carter, geb. am 20. 10. 1942 und Ken Lewis, geb. am 3. 12. 1942) zu der neuen Beatformation Ivy League zusammen. Dazu kommt auch noch Perry Ford, der schon bei Adam Faith mitmischte. Ihre Spezialität war hoher mehrstimmiger Gesang. Ihr Outfit mit gestreiften Jacken und dunkelgrauen Hosen war auch der Grund für ihren Bandnamen. Nach einigen kleineren Hits im Jahre 1965 verließ John Carter die Musikgruppe, und kurz darauf folgte ihm Ken Lewis. Für John Carter kam dann Neil London dazu. In dieser Besetzung existierte die Band noch bis zum Jahr 1967 und änderte dann den Namen. Sie versuchten in der Hippie-Ära als Flowerpot Men einen Blumentopf zu gewinnen. Zeitweise gehörte auch Jon Lord, der spätere Mitbegründer von Deep Purple zu den Flowerpot Men. Diese landeten dann auch einen Knüller mit dem Song »Let's Go To San Francisco«.

Singles *1964: What More Do You Want / Wait A Minute*
1965: Funny How Love Can Be / Lonely Room
1965: That's Why I'm Crying / A Girl Like You
1965: Tossing And Turning / Graduation Day
1965: Our Love Is Slipping Away / I Could Make You Fall In Love
1966: Running Around In Circles / Rain Rain Go Away
1966: Willow Tree / One Day
1966: My World Fell Down / When You're Young
1967: Four And Twenty Hours / Arrividerci Bab
1967: Thank You For Loving Me / In The Not Too Distant Future
1967: Suddenly Things / Tomorrow Is Another Day

LP *1965: This Is Ivy League*
Song-Titel: Almost grown – That's why I'm crying – The floral dance – What more do you want – Lulu's back in town – We're having a party – Don't worry, baby – Make love – Don't think twice, it's alright – Funny how love can be – My old Dutch – Dance to the locomotion

J

Jackson, Tony And The Vibrations (Großbritannien)

She said, what she need is: love potion No. 9 (»Love Potion No.9«)

Als die → Searchers auf dem Höhepunkt ihrer Karriere waren, stieg der Bassist Tony Jackson (geb. am 16. 7. 1940 in Liverpool) aus und gründete eine eigene Beatband, die Vibrations. Der Titel »Love Potion No. 9«, mit dem die → Searchers bereits 1964 in den Vereinigten Staaten auf Platz 3 kamen, coverten auch Tony Jackson And The Vibrations. Zwischen 1964 und 1965 nahm diese Beatgruppe drei Singles bei der Schallplattenfirma PYE auf, bevor sie wieder verschwand.

Singles *1964: Bye Bye Baby / Watch Your Step*
1965: Love Potion No. 9 / Fortune Teller
1965: Stage Door / That's What I Want

James, Tommy & The Shondells (USA)

My baby does the hanky panky (»Hanky Panky«)

Tommy James (geb. am 29. 4. 1947 als Thomas Gregory Jackson in Ohio) machte 1962 eine Aufnahme des Songs »Hanky Panky«, die völlig unbeachtet blieb. Jahre später, 1966, wurde die Platte durch Zufall wieder entdeckt und entwickelte sich zum Knüller. In Deutschland gelangte »Hanky Panky« bis auf Platz 3. Eine neue Formation der Shondells wurde zusammengestellt, und bis zum Jahr 1970 löste ein Hit den anderen ab. Die meisten der Lieder stammten aus der Feder von Tommy James. Nach 1970 trennte er sich für eine Sololaufbahn von der Band. Der Rock-Klassiker »Mony Mony« wurde 1999 von den → Pretty Things mit der Ex-Ronettes-Sängerin Ronnie Spector (auf der CD »Rage Before Beauty«) aufgenommen. Sie war die Frau des bekannten Produzenten Phil Spector.

Besetzung der Band: Thomas Gregory Jackson (Tommy James)(vocal), Joseph Kessler (guitar), ersetzt durch Edward Gray (guitar), George Magura (sax, bass, organ), Ronald Rosman (keyboard), Michael Vale (bass), Vincent Pietropaoli (drums), ersetzt durch Peter Lucia

Singles *1962: Hanky Panky / Thunderbolt*
1966: It's Only Love / Ya Ya
1966: Say I Am / Lots Of Pretty Girls
1967: Think We're Alone Now / Gone Gone Gone
1967: Mirage / Run Baby Run
1967: I Like The Way / I Can't Take It No More
1967: Gettin' Together / Real Girl
1967: Out Of The Blue / Love's Closin' In On Me
1968: Mony Mony / One Two Three And I Fell
1968: Somebody Cares / Do Into Me
1968: Do Something To Me / Ginger Bread Man
1968: Crimson And Clover / Some Kind Of Love
1968: Sweet Cherry Wine / Breakaway
1969: Crystal Blue Persuasion / I'm Alive
1969: Sugar And Sunday / Breakaway
1969: Ball Of Fire / Making Good Time
1969: She / Loved One
1970: Gotta Get Back To You / Red Rover
1970: Ball And Chain / Candy Maker
1970: Come To Me / Talkin' And Signifyin'

LPs *1966: Hanky panky*
Song-Titel: I'll go crazy – I'm so proud – The lover – Love makes the world go 'round – Good lovin'– I say I am – Cleo's mood – Don't throw our love away – Shake a tail feather – Soul searchin' baby – Lot's of pretty girls
1968: Mony Mony
1969: Cellophone Symphony
1969: Gettin' Together
1970: Travelin'

Jay Combo (Großbritannien)

Single *1963: Teenage Idol / Think Of Me*

Jay Five (Deutschland)

Singles *1965: Kalanga / Ode To Billie Jo*
1966: It's Rainin' / Tell Me How You Feel

Jet Stars, The (Deutschland)

Single *1964: Lawdy Miss Clawdy / Lucky Guy*

Jimmy & The Rackets (Großbritannien)

Pretended happy when you blue (»Pretend«)

Jimmy Duncombe (geb. am 4. 4. 1943) spielte 1961 mit der Band Sonny Steward & The Dynamos im → »Star Club« in Hamburg. Nach seiner Rückkehr stellte er in England eine eigene Beatband zusammen, die im Jahr 1964 die → Beatles und die → Kinks auf Tourneen begleitete. Die Aufnahmen der Musikgruppe Jimmy & The Rackets blieben in England weitgehend unbeachtet. Doch in Deutschland feierten sie mit Songtiteln wie »Skinny Minnie« Erfolge. Jimmy Duncombe siedelte in die Schweiz über und heiratete dort. Ende der Sechziger löste sich die Band auf.

Besetzung der Band: James »Jimmy« Duncombe (vocal, guitar), Barry Jeffers (piano), Lawrence Sprector (bass), Reginald Washington (drums)

Singles 1963: Skinny Minnic / Oh Mona Lisa

Jimmy and the Rackets

	1966: Pretend / Suzie Q.
	1966: Peggy Sue / Baby, Baby, I Should Have Known
	1967: Be Bop A Lu La / Jump Jive
	1967: This Is Rock'n'Roll / Big Mouth Blues
LP	*1965: Jimmy And The Rackets*
	Song-Titel: My soul – O Mona Lisa – She's got it – Rock'n'Roll music – Ten little indians – Stick with me baby – Hey little girl – Black eyes – Skinny Minnie – Continental twist – Pretend – Susy-Qu – I saw you kissing her – Only you – Girls were made for love –

Joe und die Skippies (Deutschland)

Single	*1966: Ich kann ohne Dich nicht leben / Der letzte Tanz*

Johnny & The Blue Sisters (Deutschland)

Single	*1966: Yes Sir, That's My Baby / Hello My Blue Boy*

John's Children (Großbritannien)

1964 in der Grafschaft Surrey zusammengestellt, gilt die Beatband John's Children als eine der interessantesten Formationen in der Spätbeat-Ära. Nachdem sie die ersten Aufnahmen bei Columbia gemacht hatten, wurde der Gitarrist Geoff McLelland durch Marc Bolan (geb. am 30. 9. 1947 in London, gest. am 16. 9. 1977) ersetzt. Die erste Single mit ihm wurde wegen der schockierenden Zeile »Lift up your skirt and fly« von den meisten Sendern nicht gespielt. Als PR-Gag bei ihrem Auftritt beim »Fourteen Hour Technicolor Dream Festival« wollten John's Children ursprünglich nackt auf der Bühne erscheinen, nahm dann aber doch von diesem Vorhaben Abstand. Marc Bolan balancierte seine Gitarre auf dem Kopf und erzeugte dadurch ohrenbetäubende Rückkopplungen. Im Jahr 1967 verließ Marc Bolan die Band, die noch eine Weile als Trio weiterbestand und gründete Tyrannosaurus Rex und dann T. Rex.

Besetzung der Band: Andy Ellison (vocal), John Hewlett (guitar, bass), Geoff McLelland (guitar), ersetzt durch Marc Bolan, Chris Townson (drums)

Singles	*1967: Desdemona / Remember Thomas A. Becket*
	1967: Come And Play With Me In The Garden / Sara Crazy Child
	1967: Just What You Want Just What You'll Get / But She's Mine
	1967: Gogo-Girl / Jagged Time Lapse
LP	*1969: Orgasm*

Jones, Casey And The Engineers (Großbritannien)

Sie waren eine Beatband aus London, bei der auch der Bluesgitarrist → Eric Clapton kurz mitspielte, bevor dieser zu den → Yardbirds ging. Ein weiteres Mitglied war Tom McGuinness, der später bei → Manfred Mann an der Gitarre zu hören war.

Single *1964: Tall Girl / Blue Tears*

Jones, Casey And The Governors (Großbritannien)

Don't you know Yockomo (»Yockomo«)

Einen Grossteil ihrer Zeit verbrachte die Beatband Casey Jones And The Governors aus → Liverpool in Deutschland, wo sie bei der Schallplattenfirma Goldene 12 auch mehrere Platten aufnahm. Casey Jones ist das Pseudonym für Brian Cassar (geb. am 21. 3. 1939 in Liverpool), der eigentlich von Beruf Koch war. Er spielte auch bei einigen Maigret-Filmen mit. Nach seiner kurzen Schauspielerkarriere gründetet er das

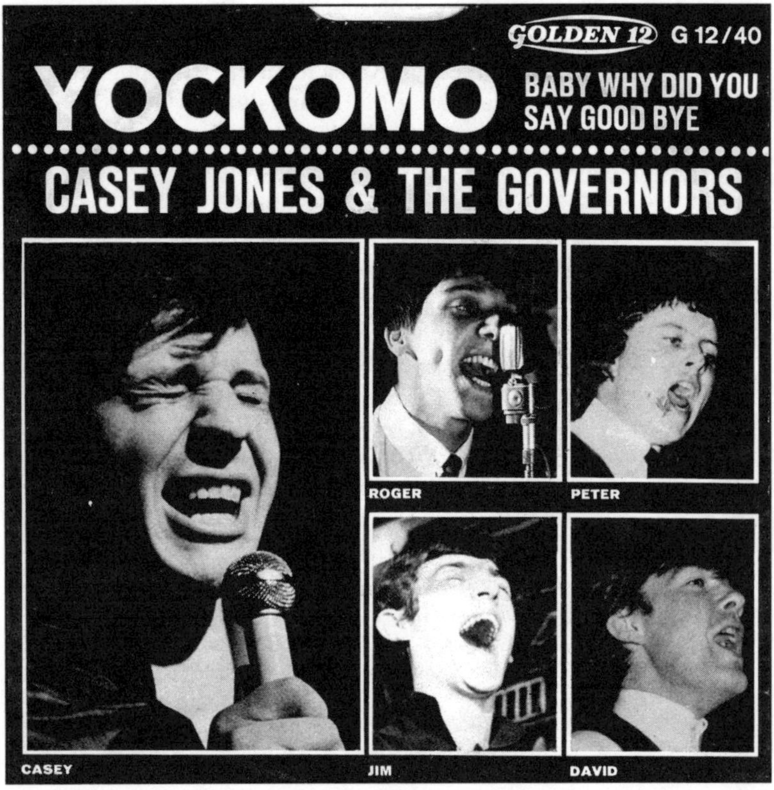

Quintett Casey Jones and the Governors. Mit dem Titel »Don't Ha Ha« kam Casey Jones mit seinen Governors in Deutschland auf Platz 2.

Besetzung der Band: Brian Cassar »Casey Jones« (vocal), Roger Hook (vocal, git), David Colman (vocal, git), Jim Redford (vocal, bass), Peter Richards (vocal, drums)

Singles *1964: Don't Ha Ha / Long Gone Train*
1965: Little Girl / A Legal Matter
1965: Yockomo / Baby Why Did You Say Goodbye
1965: Jack The Ripper / So Long Baby
1965: Candy Man / Tallahassee Lassie
1966: Come On And Dance / It's Alright
1966: Down In The Valley / It Seems I've Waited Too Long
1966: Dream A Girl / Pretty, Pretty Girl

LPs *1964: Don't Ha Ha*
Song-Titel: Don't ha ha – Love potion No.9 – Micky's monkey – Parchman farm – Slow down – Too much monkey business – Sounds like locomotion – Dizzy Miss Lizzy – Talking 'bout you – Do the dog – Can't judge a book – So long baby – Jack the ripper – Nashville special
1965: 2
1965: Beat Hits Vol. 2

Casey Jones and the Governors

K

Kasenetz Katz Singing Orchestral Circus (USA)

Die Band Kasenetz Katz Singing Orchestral Circus war zum Ende der Bubblegum-Zeit ein gigantisches 46köpfiges Beat-Orchester, das mit dem Song-Titel »Quick Joey Small« einen Hit verbuchen konnten. Hinter dem Kasenetz Katz Singing Orchestral Circus standen die Bubblegum-Produzenten Jerry Kasenetz und Jeff Katz. Die Formation bestand aus mehreren Bubbelgum-Groups wie → Ohio Express und → 1910 Fruitgum Compnay.

Singles *1968: Mrs. Green / Down In Tennessee*
1968: Picken Up / All Fall Down
1968: Quicky Joey Small / Mr. Jenson
LP *1968 Quick Joey Small*

Kendall, Johnny & Heralds (Niederlande)

Singles *1964: I Found Myself A Brandnew Baby / A Thousand Ways*
1965: I Wanna Be Free / That's My Baby
1965: Greenback Dollar / Bad News
1965: See See Rider / Shake Hands
1965: St. James Infirmary / Little Girl
1966: Jezebel / Hoochie Coochie Man
1966: Run Run Run / I Hear Horns Blow
1967: Went Wrong / I'm High
1969: Feeling Strange / Every Little Thing
LP *1965: On The Move*

Kenny (Deutschland)

Single *1966: Our Love Doesn't Need Any Words / Don't Miss You*

Kentuckys, The (Deutschland)

Single *1965: Uncle Willie / 5 Dollars And Saturday Night*

Kettels (Deutschland)

Single *1964: Poison Ivy / Be Bop A Lu La*

Kidd, Johnny And The Pirates (Großbritannien)

When you movin'right close to me (Shakin'All Over)

Der gebürtige Londoner Frederick Heath (geb. am 23. 12. 1939 in Willesden/London, gest. am 7. 10. 1966) trat in den späten 50ern mit einer Rock'n'Roll-Band auf, als ihn eine gerissene Gitarrensaite so unglücklich am Auge traf, daß er mit einer Augenklappe auftreten mußte. Ein Fan meinte hinterher, daß Fred wie der Pirat Captain Kidd aussehen würde. So kam die Beatformation zu ihrem Namen Johnny Kidd And The Pirates und die Augenklappe wurde zum Markenzeichen von Johnny Kidd. Ihr ursprünglicher Rock'n'Roll war für die britische Musikszene ungewöhnlich, und ihre erste Single verkaufte sich recht gut. Doch der Hit folgte erst 1960 mit der Nummer »Shakin'All Over«. Dieser Titel wurde von der deutschen Beat-Band → The Lords übernommen, und sie kamen damit immerhin bis auf Platz 11 der deutschen Hitparade. Nach ein paar weiteren Schallplatten-Veröffentlichungen gingen die Mitglieder von Johnny Kidd And The Pirates auseinander und formierten die → Tornados. Johnny Kidd stellte eine neue Beatband zusammen, mit der er weiterhin Aufnahmen machte und durch England tourte. Bei der Bühnenshow warf Kidd mit Schwertern nach den Gitarristen. Es dauerte bis zum Jahr 1963, bis sie durch dem Song »I'll Never Get Over You« wieder erfolgreich in den Bestsellerlisten vertreten waren. Danach wurde es langsam ruhig um die Gruppe. Im Jahr 1966 starb Johnny Kidd bei einem Autounfall.

Besetzung der Band (von 1959 bis 1962): Johnny Kidd (vocal), Joe Moretti (lead-guitar), Art Caddy (guitar), Brian Gregg (bass), Clem Cattini (drums)

Besetzung der Band (ab 1963): Johnny Kidd (bis 66) Micky Green (lead-guitar), Johnny Spencer-Holiday (bass), Frank Farley (drums)

Singles 1959: *Please Don't Touch / Growl*
1959: *If You Were The Only Girl In The World / Feelin'*
1960: *You Got What It Takes / Longing Lips*
1960: *Shakin'All Over / Yes Sir, That's My Baby*
1960: *Restless / Magic Of Love*
1961: *Linda Lu / Let's Talk About Us*
1961: *Please Don't Bring Me Down / So What*
1962: *Hurry On Back To Love / I Want That*
1962: *A Shot Of Rhythm And Blues / I Can Tell*
1963: *I'll Never Get Over You / Then I Got Everything*
1963: *Hungry For Love / Ecstasy*
1964: *Always And Ever / Doctor Feelgood*
1964: *Jealous Girl / Shop Around*
1964: *Whole Lotta Woman / Your Cheatin' Heart*
1965: *The Birds And The Bees / Don't Make The Same Mistake As I*

1965: *Shakin'All Over / Gotta Travel On*
1966: *Send For That Girl / Fool*

King Beats (Deutschland)

Singles 1965: *Too Much Language Business / Same Way Every Day*
1966: *Archibald 2 / Hear What I Say*

King Pins (Großbritannien)

Die »King Pins« kommen aus der britischen Stadt Stoke-on-Trend. Sie spielten gerne die Lieder von Roy Orbison und Del Shannon.

Single 1966: *Gotta Get A Good Thing Going / Willow Tree*

King Size Taylor And The Dominoes (Großbritannien)

You make me dizzy Miss Lizzy the way you rock and roll (»Dizzy Miss Lizzy«)

Die King Size Taylor And The Dominoes waren eine der ersten Merseybeatgruppen und spielten zu Beginn sehr oft in Hamburg. Zu ihrem Repertoire gehörten viele Standards von Larry Williams (»Dizzy Miss Lizzy«), Chuck Berry (»Memphis«, »Hello Josephine«). Taylor, der auch sehr gut Saxophon spielte, startete nach dem Ende der Dominoes eine Solokarriere.1967 kehrte er in seinen bürgerlichen Beruf als Metzger zurück.

Singles 1963: *Fortune Teller / Never In A Hundred Years*
1964: *Hello Josephine / Stupidity*
1964: *I'm Late / I'm Watching You*
1964: *Skye Boat Song / Down In The Valley*

LPs 1964: *Real Gonk Man*
1964: *Star Club Time Mit King Size Taylor And The Dominoes*

Kinks (Großbritannien)

I'm not content to be with you in the daytime (»All Day And All Of The Night«)

In Muswell Hill bei London, wurde Anfang der 60er Jahre eine Beat-Gruppe gegründet, die Musikgeschichte schreiben sollte: die Kinks. Es waren die Brüder Ray Davies (geb. am 21. 6. 1944 in Muswell Hill/London) und Dave Davies (geb. am 3. 2. 1947 in Muswell Hill/London), die mit den Kinks zuerst mit brutalen Beat-Riffs und später mit anspruchsvollen Texten Furore machten. Ihre ersten beiden Schallplattenveröffentlichungen »Long Tall Sally« (Little Richard) und »You Still Want Me« bei der Schallplattenfirma PYE fanden kein Echo, doch dann begann der Kopf der Band, Ray Davies, eigenes Material zu schreiben und aufzunehmen. Gleich sein erstes Produkt, »You Really Got Me«, kam auf Platz Eins. Ein Hammerriff, ebenso wie bei dem Song »All Day And All Of The Night«, das die späteren Hardrockcombos schwer beeinflußte. Über die nächsten Jahre folgte ein Hit dem anderen. Produzent ihrer Erfolge war → Shel Talmy. In ihren doch recht anspruchsvollen Texten befaßten sich die Kinks mit typischen Szenen aus dem britischen Alltagsleben, das sie meist etwas ironisch abhandelten. Ihr Song »Dandy« war die einzige Nummer Eins in Deutschland und kam auch nur hier mit der B-Side »Party Line« als Single heraus. Dave Davies, der meistens im Schatten seines Bruders Ray stand, fabrizierte im Jahr 1967mit der Nummer »Death Of A Clown« ein wahres Meisterstück der Popgeschichte. Ab 1968 war es auch für die erfolgsverwöhnten Kinks nicht mehr so leicht, die Hitparaden zu beherrschen. Die Tatsache, daß Ray Davies jetzt mehr auf durchdachte Konzeptalben (»Arthur«) setzte, machte es vielleicht noch schwerer. Mit dem »Arthur«-Album gesellten sich die Kinks als Rockoper-Komponisten zu Bands wie → The Who (»Tommy«) und → Pretty Things (»S. F. Sorrow«). Mit dem Mega-Seller »Lola« hatten die Kinks sogar noch 1970 einen weiteren Chartbreaker.

The Kinks

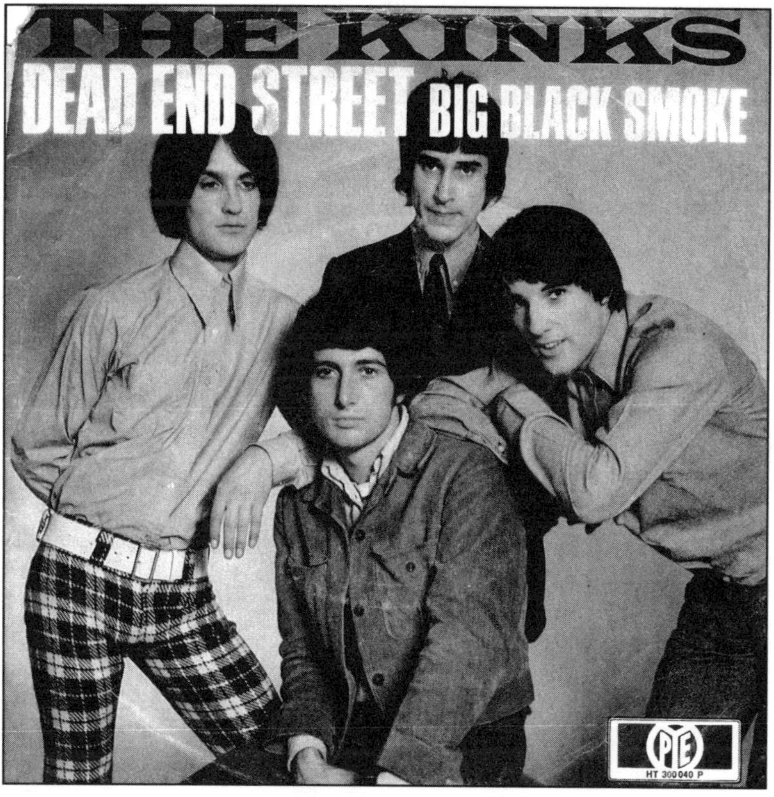

Besetzung der Band: Ray Davies (guitar, vocal), Dave Davies (lead-guitar), Pete Quaife (bass), ersetzt durch John Dalton (bass), Mick Avory (drums)

Singles *1964 Long Tall Sally / I Took My Baby Home*
1964: You Still Want Me / You Do Something To Me
1964: You Really Got Me / It's Alright
1964: All Day And All Of The Night / I Gotta Move
1965: Tired Of Waiting For You / Come On Now
1965: Ev'rybody's Gonna Be Happy / Who'll Be The Next In Line
1965: Set Me Free / I Need You
1965: See My Friends / Never Met A Girl Like You Before
1965: Till The End Of The Day / Where Have All The Good Times Gone
1966: Dedicated Follower Of Fashion / Sittin' On My Sofa
1966: Sunny Afternoon / I'm Not Like Everybody Else
1966: Dead End Street / Big Black Smoke
1967: Mr. Pleasant / This Is Where I Belong
1967: Waterloo Sunset / Act Nice And Gentle
1967: Autumn Almanac / David Watts
1968: Wonderboy / Pretty Polly
1968: Days / She's Got Everything
1969: Plastic Man / King Kong
1969: Drivin' / Mindless Child Of Motherhood
1969: Shangri-La / This Man He Weeps Tonight
1969: Victoria / Mr. Churchill Says
1970: Lola / Berkeley Mews
1970: Apeman / Rats

LPs *1964: Kinks*
Song-Titel: Beautiful Delilah – So mystifying – Just can't go to sleep – Long tall Shorty – I took my baby home – I'm a lover not a fighter – You really got me – Cadillac – Bald headed Woman – Revenge – Too much monkey business – I've been driving on bald mountain – Stop your sobbing – Got love if you want it
1965: Kinda Kinks
Song-Titel: Look for me baby – Got my feet on the ground – Nothing in the world can stop my worrying 'bout that girl – Naggin' woman – Wonder where my baby is tonight – Tired of waiting for you – Dancing in the street – Don't ever change – Come on now – You shouldn't be so sad – Something better beginning
1965: The Kink Kontroversy
Song-Titel: Milk cow blues – Ring the bells – Gotta get the first plane home – When I see that girl of mine – I am free – Till the end of the day – The world keeps going round – I'm on an island – Where have all the good times gone – It's too late – What's in store for me – You can't win

1966: Well Respected Kinks
1966: Face To Face
Song-Titel: Party line – Rosie won't you please come home – Dandy – Too much on my mind – Session man – Rainy day in June – A house in the country – Holiday in Waikiki – Most exclusive residence for sale – Fancy – Little miss queen of darkness – You're looking fine – Sunny afternoon – I'll remember
1967: Something Else By The Kinks
1967: Sunny Afternoon
1968: Live At The Kelvin Hall
1968: Village Green Preservation Society
1969: Arthur
1970: The Kinks
1970: Lola Vs Powerman And The Moneygoround: Part One

Singles
Dave Davies: 1967 Death Of A Clown / Love Me Till The Sun Shines
1967: Susannah's Still Alive / Funny Face
1968: Lincoln County / There's No Life Without Love
1969: Hold My Hand / Creeeping Jean

Knack (Großbritannien)

Die Musikgruppe Knack aus London nahm für Decca und PYE auf. Hauptsächlich spielten sie in Deutschland unter dem Bandnamen → Londoners. Später wurde aus ihnen The Gun, die im Jahr 1968 mit dem infernalischen Gitarren-Stück »Race With The Devil« einen Smash-Hit landeten.

Besetzung der Band: (64-67) Brian Parish (guitar, vocal), Paul Gurvitz (guitar vocal), Mick Palmer (bass, vocal), Topper Clay (drums)

Singles 1966: Stop / Younger Girl
1966: Save All My Love For Joey / Take Your Love
1966: Did You Ever Have To Make Up Your Mind / Red Hearts
1967: (Man From The) Marriage Guidance & Advice Bureau / Dolly Catch Her Man

Knickerbockers (USA)

Die Beatband, deren Top Twenty-Hit »Lies« fast mehr nach den → Beatles klang, als die → Beatles selber, kam aus New Jersey. Die Knickerbockers benannten sich nicht nach der Hose, die an den Knien endet, sondern nach eine Straße in ihrer Heimatstadt Bergenfield.

Besetzung der Band: Beau Charles (guitar). Buddy Randell (sax), John Charles (bass), Jimmy Walker (drums)

Singles 1966: High On Love / Stick With Me

1966: Lies / The Coming Generation
1966: Love Is A Bird / Rumours, Gossip, Words Untrue
1966: One Track Mind / I Must Be Doing Something Right

LPs *1966: Lies*
1966: Jerk And Twine Time
Song-Titel: You really got me – All day and all of the night – Money – The jolly green giant – Twine time – Land of 1000 dances – The in crowd – The jerk – Jerk town – She's not there –
1966: Lloyd Thaxton Presents

Knight, Terry And The Pack (USA)

Wie fast alle Bands aus Michigan wurden Terry Knight And The Pack weniger dadurch bekannt, daß ihre Platten (falls sie überhaupt Zeit hatten eine aufzunehmen, da sie dauernd »On Tour« waren), in den lokalen Radiostationen gespielt wurden, sondern durch ihre Live-Auftritte. Die beiden Mitglieder Mark Farner und Don Brewer gründeten Grand Funk Railroad, die hauptsächlich als Live-Band 1969 ihren Durchbruch feiern konnten.

Besetzung der Band: Terry Knight (vocal), Curt Johnson (guitar), Bob Caldwell (organ), Mark Farner (bass), Don Brewer (drums)

Single *1969: Saint Paul / Legend Of William And Mary*

LPs *1966: Terry Knight And The Pack*
Songtitel: Numbers – What's on your mind – Where do you go – You're a better man than I – Lovin' kind – The shut-in – Got love – A change on the way – Lady Jane – Sleep talkin' – I've been told – I (who have nothing)
1967: Reflections

Kramer, Billy J. And The Dakotas (Großbritannien)

You'll never know how much I really love you you'll never know how much I really care (»Do You Want To Know A Secret«)

Ende 1962 wurde Billy J. Kramer (geb. am 19. 8. 1943 als William Ashton) von → Brian Epstein entdeckt, der ihn mit der Gruppe Dakotas aus → Manchester zusammenbrachte. Die erste Single auf Parlophone war eine Komposition von Lennon / McCartney: »Do You Want To Know A Secret«. Dieser Song kletterte sofort auf Platz 2 in der englischen Hitparade. Bei den nächsten Aufnahmen griffen Billy J. Kramer And The Dakotas auch wieder auf Material der → Beatles-Komponisten zurück und konnten damit an ihren ersten Hit anschließen. Als im Jahr 1966 der Merseybeat langsam sein Ende fand, trennte sich Kramer von den Dakotas. Er nahm noch einige Soloplatten auf, bevor er verschwand.

Bandbesetzung: William Ashton »Billy J. Kramer« (vocal), Michael Maxfield (guitar), Robin McDonald (guitar), ersetzt durch Michael Green, Ray Jones (bass), Tony Mansfield (drums)

Singles	*1963: Do You Want To Know A Secret / I'll Be On My Way*
	1963: Bad To Me / I Call Your Name
	1963: I'll Keep You Satisfied / I Know
	1964: Little Children / They Remind Me Of You
	1964: From A Window / Second To None
	1965: It's Gotta Last Forever / Don't You Do It No More
	1965: Trains And Boats And Planes / That's The Way I Feel
	1965: Neon City / I'll Be Doggone
	1966: We're Doing Fine / Forgive Me
	1966: You Make Me Feel Like Someone / Take My Hand
LPs	*1963: Listen To*
	Song-Titel: Danc with me – Pride (in fact a little word) I know – Yes – The twelfth of never – Sugar babe – Da do run run – Great balls of fire – Tell me, girl – Anything that's part of you – Beautiful dreamer – Still waters run deep – I call your name
	1965: Trains And Boats And Planes
	1966: Little Children

Krauts, The (Deutschland)

Single	*1966: Ally Ally Oxen Free / A Lot Of Love*

L

Ladybirds (Niederlande)

Single *1963: Lady Bird / I Don't Care Anymore*

Lancasterians (Großbritannien)

Single *1965: Let's Lock The Door / You're Goin' To Leave Me*

Lea Riders Group (Schweden)

Single *1966: Got No Woman / But I Am*

Leaves (USA)

Where are you going with the gun in your hand (»Hey Joe«)

1966 war das »Hey Joe«-Jahr. Unzählige Gruppen (z. B. → Creation, → Music Machine, Jimi Hendrix) nahmen den Song auf, aber die Leaves aus Kalifornien landeten damit den Hit. Dank der Fuzz-Box ihres neuen Gitarristen Bobby Arlin.

Besetzung der Band: John Beck (vocal), Bill Rhineheart (guitar), ersetzt durch Bobby Arlin (guitar), Robert Lee Reiner (guitar), Jim Pons (bass), Tom Rey (drums)

Single *1966: Hey Joe / Funny Little World*

LPs *1966: Hey Joe*

Songtitel: Dr. Stone – Just a memory – Get out of my life, woman – Girl from the east – He was a friend of mine – Hey Joe – Words – Back on the avenue – War of distortion – Tobacco Road – Good bye, my lover – Too many people

1967: All The Good That's Happening

Lemon Pipers (USA)

Listen when I play my green tambourine (»Green Tambourine«)

Eines der sogenannten One-Hit-Wonders waren die Lemon Pipers. im Jahr 1967 brachten sie den Hit »Green Tambourine« heraus, der später auch von → Status Quo gecovert wurde. Dieser Song ist eine Mixtur aus Bubblegum und früher amerikanischer Psychedelic. Der Gitarrist William Bartlett brachte später mit der Band Ram Jam den Knaller »Black Betty« heraus.

Besetzung der Band: Ivan Browne (vocal, guitar), William Bartlett (guitar), R. G. Nave (keyboard), Steven Walmsley (bass), William Albaugh (drums)

Singles *1967: Green Tambourine / No Help From Me*
1969: Rice Is Nice / Blueberry Blue
1969: Jelly Jungle / Shoeshine Boy

LPs *1968: Green Tambourine*
Songtitel: Green tambourine – Rice is nice – Turn around and take a look – Through with you – Shoeshine boy – Blueberry blue – Ask me if I care – Fifty year void – The shoemaker of Leatherware Square – Stragglin' behind – Rainbow tree
1968: Jungle Marmalade

Lenne & Lee Kings (Dänemark)

Single *1964: Always And Ever / Stop The Music*

Levene, Gerry And The Avengers (Großbritannien)

Hey all you women welcome around (»Dr. Feelgood«)

Die Band Gerry Levene And The Avengers entstand in den frühen Sechzigern und kam aus → Birmingham. Sie nahmen bei der Schallplattenfirma Decca eine Version der R&B – Nummer »Dr. Feelgood« auf. Ihr Schlagzeuger Graeme Edge ging später zu den → Moody Blues.

Single *1964: Dr. Feelgood / It's Driving Me Wild*

Lions (Deutschland)

Singles *1965: Gone, Gone, Gone / Fireball Mail*
1965: Teenage Letter / It's Gonna Work Out Fine

Litter (USA)

Mashed potatoes, alligator do the snake, the hippy shake (»Land Of 1000 Dances«)

Das Repertoire der Beatband Litter aus Minnesota bestand hauptsächlich aus Songs der britischen Beat- und R&B-Szene, allerdings weniger aus den bekannten Songtiteln, sondern überwiegend Single B-Seiten und Album-Tracks. Jedoch übernahmen die Litter auf ihren Langspielplatten oft bekannte Titel von den → Kinks und den → Zombies.

Besetzung der Band: Denny Waite (vocal), Tom Caplan (guitar), Dan Rinaldi (guitar), Jim Kane (bass), Tom Murray (drums)

Singles *1969: Silly People / Feeling*

LP *1967: Distortions*

Liverbirds (Großbritannien)

Just try to get a message to you (»Talking About You«)

Aus → Liverpool, der Heimatstadt der → Beatles, kamen die Liverbirds, eine reine Mädchenband. Anfänglich waren die Kollegen und die Manager skeptisch, ob die Mädels überhaupt Musik machen konnten. Doch ihr Sound, zwischen Beat und Rhythm & Blues angesiedelt, überzeugte alle. Bereits 1964 tourten sie als Profi-Combo durch Großbritannien. Engagements im → »Star Club« festigten den Ruf der Liverbirds als hervorragende Live-Band. Diese Girl-Group war warscheinlich die erste Frauenband überhaupt, die nicht nur sangen, sondern auch ihre eigenen Instrumente auf der Bühne spielen konnten. Eine Anekdote erzählt von einem skurrilen Vorfall: Als den Kinks ihre Girarren gestohlen wurden, halfen die Liverbirds mit ihren Instrumenten aus, damit ihre männlichen Kollegen den Song »You Really Got Me« auf-

The Liverbirds

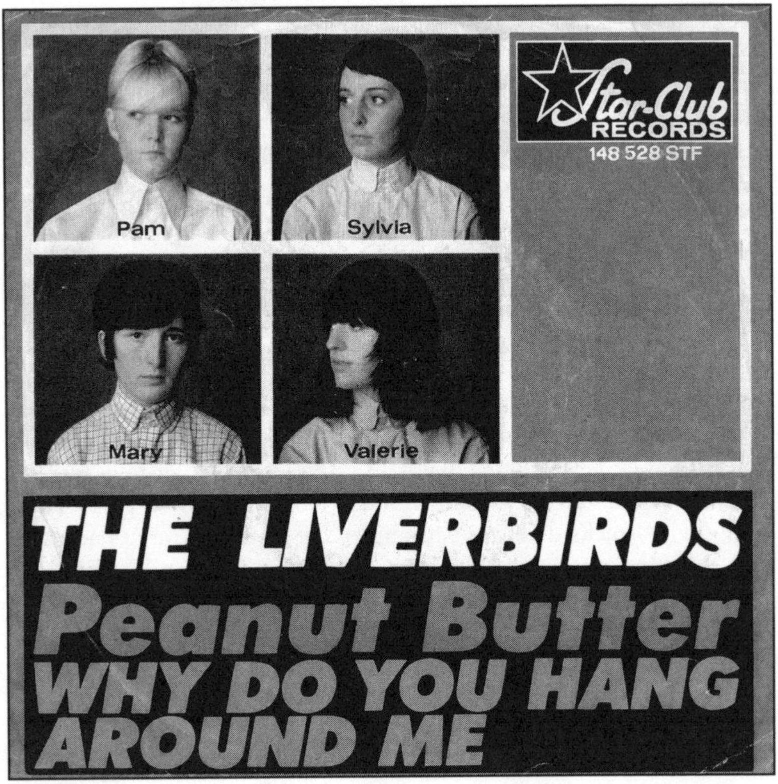

nehmen konnten. Die Liverbirds waren sehr von dem Sound des Mississippi-Gitarristen Bo Diddley angetan. Gleich zwei Nummern handeln von dem R&B –Mann mit der viereckigen Gitarre. Außerdem haben sie einige Nummern von ihm gecovert. Die Bassistin Mary McGlory heiratete später Frank Dostal, den Sänger der deutschen Beatband → Rattles, die aus Hamburg kommen.

Besetzung der Band: Valerie Gell (guitar), Pamela Birch (guitar), Mary McGlory (bass), Sylvia Saunders (drums)

Singles *1965: Diddley Daddy / Leave All Your Love In The Past*
1965: Peanut Butter / Why Do You Hang Around Me
1965: Shop Around / It's Got To Be You
1966: Bo Diddley Is A Lover / Loop De Loop

LPs *1965: Star Club Show 4*
Song-Titel: Johnny B. Goode – You can't judge a book by looking at the cover – Love hurts – Talking about you – Mona – Money – Too much monkey business – Road runner – Diddley daddy – Hands off – Before you accuse me – Leave all your old loves – Got my mojo working –
1966: More Of ...
Song-Titel: Peanut butter – It's so exciting – He hardly ever calls me honey anymore – For your love – Oh no not my baby – Around and around – Down home girl – He's something Else – Heatwave – Why do you hang around me – He's about a mover – Long tall shorty

Liverpool

Noch in den 60ern zählte das englische Industriegebiet Lancashire mit der Großstadt Liverpool zum größten Baumwollindustriegebiet der Welt. Liverpool, eine Hafenstadt an der Trichtermündung des Mersey-Rivers, wurde reich durch den Schiffshandel mit Afrika und Amerika. Dazu gehörte auch das Geschäft mit den Sklaven. Mit 40 Docks war Liverpool nach London die zweitgrößte Hafenstadt auf den britschen Inseln. Die Matrosen und Schiffsgäste brachten in den 50ern und 60ern die neuesten Schallplatten aus den USA mit, die die jungen Musiker in Liverpool mit dem packenden Rock 'n' Roll-Virus infizierten. Als der Live-Club → »Cavern« in der Stadtmitte von Liverpool im Jahre 1961 den Jazz zu Grabe trug und seine Pforten für die Rock 'n' Roll-Fans öffnete, begann die Ära des Beats. → Big Three, eine Beatband der ersten Stunde, hat dazu die passende Clubhymne geschrieben: »Cavern Stomp«. In den späten Fünfzigern prägten noch Bands wie → Rory Storm & The Hurricanes, Berry Wilkie & The Seniors und Cass & The Casanovas die örtliche Szene. Die erste Liverpool-Welle umfaßte Beatbands wie → Billy J. Kramer, → The Big Three, die → Undertakers, die → Four Jays,→ Lee Curtis & The All Stars, die → Remo Four und natürlich die → Beatles. Sie begannen die üblichen Rock 'n' Roll Standards ihrer amerikanischen Vorbilder aus den 50ern mit dem neuen Beatfeeling der Sechziger zu vermischen. Der Liverpool-Sound war geb.. Dann kamen noch die → Searchers, → Ian & The Zodiacs, die → Swinging Blue Jeans, und der Beat eroberte von Liverpool aus die ganze Welt. Während es um 1962 in Liverpool an die 300 Beatbands gab, sollen es im Jahr 1964 schon an die 1000 gewesen sein. Die großen englischen Plattenfirmen saßen allerdings in London. Es war das Verdienst von → Brian Epstein, dem Geschäftsführer einer der größten Schallplattenhandlungen in Liverpool, durch seine Kontakte zu den Plattenfirmen an der Themse erstmals mehrere Bands vom Mersey unter Vertrag zu bekommen. Durch den Tod von Brian Epstein war auch das Schicksal der meisten Liverpool-Gruppen besiegelt. Später wurde in Liverpool für beatbegeisterte Touristen eine Sightseeing-Tour auf den Spuren der Beatbands der Sechziger eingerichtet. Ein Beatles-Museum kann man in Liverpool ebenfalls besuchen. Paul McCartney von den → Beatles hat in seiner Heimtstadt am Mersey-River sogar eine Rock-Schule eingerichet. Eine deutsche Beatgruppe mit Namen »The Beatles« veröffentlichte die Langspielplatte mit dem Titel »Nice Girls Need It Too« und hat als aufklappbaren Innenteil eine »Liverpool-Beatgame« herausgebracht, bei dem vier junge Beatmusiker, die in der Merseystadt leben, durch diverse bekannte und unbekannte Clubs und Pubs tingeln, um endlich ihre Musikerkarriere starten zu können. Das »Liverpool-Beatgame« einschließlich der dazugehörigen Platte ist inzwischen auf den Plattenbörsen ein begehrtes Sammlerstück geworden.

Lollipops (Schweden)

Singles *1966: I Can't Live Without Your Loving / Swing And Sway*
1967: Susy Moore / Love
LP *1964: Lollipops*

London

Etwa jeder fünfte Brite lebt in London einer der größten Städte der Welt. London ist nicht nur in Großbritannien, sondern auch in Europa eine der wichtigsten und interessantesten Städte, wenn es um Kultur geht. Hier drängen sich Live-Clubs, Theater, Kinos, Galerien, Buchhandlungen, Bibliotheken und Museen dicht an dicht. Schon mancher beatbegeisterte Tourist hat in den Schallplattenhandlungen Londons seine Ersparnisse für die Beatprodukte der Sechziger freiwillig oder in einer Art Kaufrausch zurückgelassen. Schon in den Sechzigern war London eine multikulturelle Stadt, wodurch hier besonders der R&B, der seinen Ursprung im Sound der farbigen Musiker hat, hochkam. Es ist der Wunschtraum von jedem Rockmusiker, seine Schallplatte in einem Londoner Tonstudio aufzunehmen. In der Abbey Road ist das legendäre Tonstudio der Beatles zu finden, wo auch viele andere erfolgreiche Beatbands der Sixties ihre Hits aufgenommen haben. Manche der berühmten R&B-Clubs an der Themse haben ihre Türen immer noch für die Fans guter Live-Musik geöffnet. Im Wachsfigurenkabinett von Madame Toussaut sind nicht nur angsteinflößende Serienkiller zu sehen, sondern auch die Serienproduzenten von Beathits zu bestaunen. Typisch für London sind immer noch die Doppeldeckerbusse, die schwarzen Taxis mit Trennscheibe innen, die Subway, die roten Telefonzellen, die Bobbies und die Wahrzeichen Towerbridge und Big Ben. In den Pubs gibt es Beer, und günstiges englisches Essen ist vor allem »Fish & Chips«. Nicht zu vergessen sind Sehenswürdigkeiten: Hyde Park, Houses Of Parliament und die Tate Galerie. Und nachts geht's in die Lastermeile von Soho. Ein passender Beatsong hierzu ist von Dave Dee, Dozy, Beaky, Mick T& Tich: »Last Night In Soho«.

Londoners (Großbritannien)

Die Londoners waren 1964 die Begleitband des Rock 'n' Roll Stars Gene Vincent (geb. am 11. 2. 1935 als Vincent Eugene Craddock in Norfolk/Virginia/USA, verstorben 1971 nach einem Schlaganfall), der mit »Be Bop A Lula« bereits 1956 einen Welthit verzeichnen konnte. Diese Rolle sagte ihnen aber auf Dauer nicht zu, und sie nahmen wieder Auftritte in Deutschland an. In England kannte man die Londoners besser unter dem Namen → Knack.

Besetzung der Band: (64-67) Brian Parish (guitar, vocal), Paul Gurvitz (guitar, vocal), Mick Palmer (bass, vocal), Topper Clay (drums)

Single: 1965: That's My Desire / Bring It On Home To Me

Lord Allan & Sir Richard (Deutschland)

Singles 1965: Little Things / Run In The Dark

Lord, Jon (Großbritannien)

Der Organist Jon Lord (geb. am 9. 6. 1941 in Leicester), der schon immer einen Hang zur Klassik hatte und mit der Hardrockband Deep Purple in den späten Sechzigern und frühen Siebzigern berühmt wurde, begann seine Musikerkarriere in der Beatzeit bei Bands wie → Action und → Rio Squad. Zeitweise drückte er auch die Tasten bei der Hippie-Combo Flowerpot Men. Vor der Wiedervereinigung von Deep Purple spielte Jon Lord seine Orgel auch bei Whitesnake. Jon Lord kam als einer der ersten Rockmusiker auf die Idee, als Hardrockband zusammen mit einem Klassikorchester eine Schallplatte aufzunehmen. So entstand die legendäre Scheibe »Concerto for Group And Orchestra«, eine Aufnahme der Deep Purple mit »The Royal Philharmonic Orchestra – Conducted by Malcolm Arnold« mit einem »Live Concert at the Royal Albert Hall«. Jon Lord unternahm viele Soloprojekte. Dazu gehören: »Gemini Suite«, »Sarabande« und »Windows«.

Lords (Deutschland)

When I was born you know, I couldn't speak and go (»Poor Boy«)

Die Lords sind neben den »Rattles« die bekannteste Beatformation in Deutschland. Sie begannen 1959 als Skifflegruppe mit dem Namen Skiffle-Lords in Berlin. Bei einem Wettkampf um den Titel Berliner Skiffleband Nr. 1 gewannen sie das »Goldene Waschbrett«. Nachdem die Band im Jahr 1963 zu Deutschlands Beatband Nr. 1 gewählt wurde, war ihre Karriere nicht mehr aufzuhalten. Ulli Günther (geb. am 14. 6. 1942 in Berlin) und Klaus Peter Lietz (geb. am 31. 12. 1943), Rainer Petry (geb. am 5. 8. 1944) und Bernd Zamulo (geb. am16. 8. 1944) ließen das Skiffle weg und nannten sich als reine Beatband nur noch die Lords. 1965 waren sie schon die Vorband von Beatgrößen wie Casey Jones And The Governors und den Kinks. Bei einem Autounfall im Februar 1965 wurde Lord Knuth schwer verletzt. Seinen Posten als Bassist übernahm zuerst Heinz Hegemann. Dieser wurde wiederum kurze Zeit später von Bernd Zamulo abgelöst. Sie begannen mit einem deutschen Song »Hey Baby lass den anderen«. Bei dem Songtitel »Don't Mince Matter« hatten die Lords eine spezielle Soundidee: Der Gitarrist spielte seine Gitarre über einen Orgelverstärker, und so entstand eine eigenartige Tonmischung aus Orgel und Gitarre. Ihren ersten Hit hatten sie mit dem Song »Shakin' All Over«, einer Komposition von → Johnny Kid and the Pirates. Außer »Poor Boy« waren alle ihre Hits Coverversionen. Ihre höchste Notierung in der deutschen Hitparade erreichte ihr Titel »Gloryland« im Jahr 1967.

Besetzung der Band: Ulli Günther (voc), Klaus Peter »Leo« Lietz (guitar), Rainer Petry (guitar), Knut Kuntze (bass), ersetzt im Jahr 1965 durch Bernd Zamulo, Peter »Max » Donath (drums).

Singles *1964: Hey Baby, lass den anderen / Tobacco Road*
1965: Shakin'All Over / Seven Daffodils
1965: Poor Boy / Poison Ivy
1966: Greensleeves / Sing Hallelujah
1966: Have A Drink On Me / Late Last Sunday Evening
1966: Que Sera / Boom Boom
1966: What They Gonna Do / Ballad Of A Condemned Man
1966: Don't Mince Matter / No One Knows
1967: Gipsy Boy / Coco-Cat-Love

1967: *Gloryland / Raindreams*
1967: *Good Side Of June / Rockin'Pneumonia*
1968: *And At Night / Fire*
1968: *Good Time Music / Somethin'Else*
1968: *John Brown's Body / Cut My Hair*
1969: *People World / 4 O'Clock In New York*
1969: *Talk About Love / When I Was Young*
1969: *3-5-0-0 / Manchester England*

LPs 1965: *In Black And White – In Beat And Sweet*
Song-Titel: Tobacco road – Lonesome traveller – Kevin Berry – Shakin' all over – Ain't she sweet – Midnight special – Memphis Tennessee – Wedding bells – Wishin' and hopin' – Seven daffodils – Lost John – Hey baby, laß den ander'n
1966: *Shakin'All Over – The Lords 2*
1967: *Some Folks By The Lords*

The Lords

Song-Titel: Greensleeves – My laggan love, Miss Otis regrets – Where could I go – The ballad of the condemned man – The valley of the moon – I'll go crazy – Over the rainbow – East Virginia – Sing hallelujah -Nobody's child – San Miguel
1969: Ulleogamaxbe

Los Bravos (Spanien/Großbritannien)

Black is black I want my baby back (»Black Is Black«)

In Spanien war die Beatband Los Bravos durch ihren deutschen Sänger Michael (Mike) Kogel schon recht erfolgreich, als sie 1966 nach England kam. Michael Kogel war zuvor am Mikrophon der Kölner Beatgruppe → Michael & The Firebirds. Die erste Single von Los Bravos bei Decca mit dem Song »Black Is Black« wurde zum Sommerhit des Jahres. Auch die nächste Aufnahme »Bring It A Little Lovin'« konnte sich behaupten. Danach kam kein Songtitel mehr in die Hitparaden.

Besetzung der Band: Mike Kogel (vocal), Tony Martinez (guitar), Manuel Fernandez (organ), Miguel Vicens (bass), Pablo Sanllehi (drums)

Singles *1966: Black Is Black / I Want A Name*
1966: Bring A Little Lovin' / Make It Last
1966: Going Nowhere / Brand New Baby
LP *1966: Black Is Black*
Song-Titel: Black is black – Trapped – Baby baby – I want a name – Make it easy for me – She believes in me – I don't care – Stop that girl – I'm cuttin'out – Don't be left out in the cold – You won't get far – Baby believe me

Losers, The (Deutschland)

Single *1968: Jerkin' Tree / Give Me Time*

Love (USA)

Sie brachten als eine der ersten amerikanischen Bands mit weißen und farbigen Musikern den Straßensound nach Los Angeles, weg vom Plastik der Musikindustrie und auch weg vom britischen Einfluß. Arthur Lee (Arthur Porter Taylor, geb. 1944 in Mephis) startete Jahre später als Arthur Lee and Love eine neue Musikerkarriere.

Besetzung der Band: Arthur Lee (vocal), John Echols (guitar), Bryan McLean (guitar), Ken Forssi (bass), Don Conka (drums), ersetzt durch Alban »Snoopy« Pfisterer (drums), ersetzt durch Michael Stuart (drums)

Singles *1966: 7 And 7 Is / No. Fourteen*
1967: Alone Again / A House Is Not A Home
LPs *1966: Love*

Song-Titel: My little red book – Can't eyplain – A message to pretty – My flash on you – Softly to me – No matter what you do – Emotions – You I'll be following – Hey Joe – Signed D.C. – Colored balls falling – And more

1967: Da Capo

1968: Forever Changes

1969: Four Sail

1969: Out Here

Lovin' Spoonful (USA)

Hot town summer in the city, back o'my neck gettin' dirt and gritty (»Summer In The City«)

Ihren Namen hat die Beatcombo von einem Song des Bluesers Mississippi John Hurt übernommen. In New York war Lovin Spoonful im Jahr 1965 die erste ihrer Art, die Country, Folk und Beat mischten. Schlagzeuger Joe Butler erblickte am 19. 1. 1943 das Licht der Welt in New York. Die Amerikaner waren stolz, daß sie den Briten endlich eine erfolgreiche Beatband entgegenstellen konnten. Die humorvollen Songs (»Nashville Cats«, »Daydream«) von Lovin Spoonful etablierten sich schnell in den Hitparaden. Ihr rockiger Titel »Summer In The City« war auch in Europa ein großer Erfolg. Bis zum Jahr 1969 existierte die Truppe. Der Sänger John Sebastian (geb. am 17. 3. 1944 in Greenwich Village/New York) ein talentierter Songschreiber begann ab 1967 eine Solokarriere, zu deren Höhepunkt ein Auftritt in Woodstock zählt. Ihr größter Hit »Summer In The City« wurde von Coverspezialist Joe Cocker in den Neunzigern neu interpretiert.

Los Bravos

Besetzung der Band: John Benson Sebastian (vocal, harm, organ), Zalman Yanowsky (guitar), ersetzt durch Jerry Yester (guitar), John Stephen Boone (bass), Joseph Campbell Butler (drums)

Singles 1965: *Do You Believe In Magic / You Didn't Have To Be So Nice*
1966: *Daydream / Night Owl Blues*
1966: *Did You Ever Have To Make Up Your Mind / Bald Headed Lena*
1966: *Summer In The City / Fishin' Blues*
1966: *Rain On The Roof / Warm Baby*
1966: *Nahville Cats / Full Measure*
1967: *Darling Be Home Soon / Darlin' Companion*
1967: *Six O'Clock / You're A Big Boy Now*
1967: *She Is Still A Mystery / Only Pretty, What A Pitty*
1967: *Money / Close Your Eyes*
1968: *Never Going Back / Forever*

The Lovin' Spoonful

LPs *1965: Do You Believe In Magic*
1966: What's Up, Tiger Lily
1966: Day Dream
1966: Hums Of
Song-Titel: Lovin' you – Best friends – Voodoo in my basement – Darlin' Companion – Henry Thomas – Full measure – You and me and rain – On the roof – Coconut grove – Nashville cats – 4 eyes – Summer in the city
1967: Everything Playing
1967: You're A Big Boy Now
1969: Revelation Revolution

Lulu and The Luvvers (Großbritannien)

Das Mädchen Marie McDonald McLaughlin Lawrie (geb. am 3. 11. 1948) aus Lennoxtown im bergigen Schottland war erst sweet 15, als sie ihre Gesangslaufbahn startete. Ihre kräftige Röhre war sehr beliebt. Sie hatte eine Stimme wie eine farbige Sängerin. Es war keine Überraschung, daß sie durch ihre unüberhörbaren Stimmqualität bald einen Schallplattenvertrag bekam. Auf Decca konnte sie ihre erste Single mit dem Titel »Shout« veröffentlichen. Diese kletterte im Sommer 1964 auf Platz 7 der englischen Hitparade. Die nächsten beiden Schallplattenveröffentlichungen (mit dem Song »Here Comes The Night« und »Satisfied«) gelangten nur in die unteren Bereiche der Top 50, und sie trennte sich von ihrer Band The Luvvers. Mit dem Song »Wenn du da bist« veröffentlichte Lulu im Jahr 1966 sogar eine Single in Deutschland.

Singles *1964: Shout / Forget Me Baby*
1964: Can't Hear You No More / I Am In Love
1965: Satisfied / Suprise, Suprise
1964: Here Comes The Night / That's Really Some Good
1965: Leave A Little Love / He Don't Love You Anymore
1965: Try To Understand / Not In The Whole World
1965: Tell Me Like It Is / Stop Fooling Around
1966: What A Wonderful Feeling / Tossin' And Turnin'
1967: The Boat That I Row / Dreary Days And Nights
1967: Let's Pretend / To Sir With Love
1967: To Love Loves' To Love Love / Yopu And I
1968: Me The Peaceful Heart / Look Out
1968: Boy / Sad Memories
1968: I'm A Tiger / Without Him
LPs *1968: Shout*
1967: From Lulu with Love

M

Magnets (Deutschland)

Single 1963: Achterbahn 8 / Spaßvögel

Maggots (Deutschland)

»Ha Ha Mr. Froggie« war der erste und wahrscheinlich einzige Single-Titel der Maggots. In einer kleinen Zeitungsmeldung kann man über sie lesen: »Daß die Single nicht zum Hit wurde, scheint seine Ursache in mysteriösen Vertragsstreitigkeiten zu haben. Jedenfalls fühlen die Boys sich geprellt, seit sie vor einem ostfriesischen Dorf monatelang in einem klapprigen Wohnwagen hausen mußten.«

Single 1965: Ha Ha Mr. Froggie / It's No Good

Mama Betty's Band (Deutschland)

Das wäre fein, fein, fein aber leider hab'ich dafür kein Geld (»Eine Reise nach New York«)

Die erste Single von Mama Betty's Band erschien auf Philips und hatte den Titel »Juliet«. DieRückseite bei dieser Single ist die deutsche Version von »Fun Fun Fun«, einem Song der amerikanischen → Beach Boys. Den deutschen Text dazu hat der Schlagerimpresario Ralph Siegel geschrieben.

Band-Besetzung (63-65): Alfred »Freddy« Kolossof (vocal), Hans Gerdes (guitar, vocal), Peter Schlichting (guitar, vocal), Hermann Osternack (bass, vocal), »Jonky« Pelupessy (drums, vocal)

Singles 1964: Juliet / Eine Reise nach New York
1965. Die Liebesmedizin / Wie John, Paul, George und Ringo

Manchester

Nach → Liverpool mit seinen → Merseybeatbands war Manchester dran – eine Industriestadt zwischen → Liverpool und Leeds auf dem südlichen Ausläufer der Pennines-Berge – von den Plattenfirmen in London entdeckt zu werden. Manchester ist eine jener typischen »Cornubations«, eine industrielle Metropole, die sich aus einigen Städten zusammensetzt. Während in der City sich die Häuser des Geldes, des

Handels und der Medien befinden, werden sie eingeschlossen von den endlosen Vororten mit den Industriesiedlungen aus Reihenhäuserzeilen, zumeist gebaut aus unverputzten roten Ziegeln. Zu den berühmtesten Beatbands, die aus Manchester stammen, sind → Wayne Fontana & The Mindbenders, → Freddie & The Dreamers, die → Dakotas, → Herman's Hermits und die Hollies zu zählen. Mehr den Insidern sind Gruppen wie → Toggery Five und die → Measles bekannt. Es war wohl die Nähe zu → Liverpool, die die Bands aus Manchester auch nach → Merseybeat klingen ließ.

Manfred Mann (Großbritannien)

There she was just a-walking down the street (»Doo Wah Diddy Diddy«)

Der am 21. 10. 1940 in Johannesburg/Südafrika geborene Pianist Manfred Mann (Manfred Lubowitz) kam 1962 nach England und gründete bald darauf die nach ihm benannte Beatband. Ihren ersten Live-Auftritt hatten sie im Jahr 1963 im → »Marquee Club« zu London. Doch es sollte bis zum Jahr 1964 dauern, bis sie mit dem Songtitel »5-4-3-2-1«, der Erkennungsmelodie für die TV-Sendung »Ready Steady Go!«, in die Charts kamen. Im Sommer 1964 folgte die erste Nr. 1: »Doo Wah Diddy Diddy«. Das war der Beginn einer lang andauernden Karriere. »Sie« (»She«) hieß ein deutschsprachiger Song von Manfred Mann, dessen B-Seite »Pretty Baby weine nicht« lautete. Manfred Mann kam aus der Jazz-Szene, was auch den B-Seiten seiner Singles durchaus anzumerken ist. Das Besetzungskarussell bei Manfred Mann war ständig in Bewegung, und es spielten so bekannte Musiker wie Jack Bruce mit ihm. 1967 wurde Bruce durch den deutschen Bassisten Klaus Voorman ersetzt. Jack Bruce gründete mit Eric Clapton und Ginger Baker die Formation Cream. Sänger Mike D'Abo (geb. am 1. 3. 1944) übernahm im Jahr 1969 in dem Musical »Jesus Christ Superstar« den Part des biblischen Kindermörders König Herodes. Als sich die Musikgruppe1969 dann endgültig trennte, hatte sie nicht weniger als 15 Songtitel in den Top-10 gehabt. Manfred Mann selber gründete danach zuerst die jazz-orientierte Formation Chapter Three, bevor er mit Manfred Mann's Earth Band zu härteren Tönen wechselte.

Besetzung der Band: Manfred Mann (keyboard, voc), Tom McGuinness (guitar, voc), Paul Jones (vocal), ersetzt durch Mike D'Abo (vocal), Jack Bruce (bass), ersetzt durch Klaus Voormann (bass), Mike Hugg (drums), Mike Vickers (guitar, sax)

Singles *1963: Why Should We Not / Brother Jack*
1963: Cook-A-Hoop / Now You Needing Me
1964: 5-4-3-2-1 / Without You
1964: Hubble Bubble Toil And Trouble / I'm Your Kingpin
1964: Doo Wah Diddy Diddy/ What You Gonna Do

1964: Shalala / John Hardy
1965: Come Tomorrow / What Did I Do Wrong
1965: Oh No, Not My Baby / What Am I Doing Wrong
1965: If You Gotta Go Now / Stay Around
1966: Pretty Flamingo / You're Standing By
1966: You Gave Me Somebody To Love / Poison Ivy
1966: Just Like A Woman / I Wanna Be Rich
1966: Semi-Detached Suburban Mr. James / Morning After The Party
1967: Ha Ha Said The Clown / Feeling So Good
1967: Sweet Pea / One Way
1968: Mighty Quinn / By Request Edwin Garvey
1968: Theme From Up The Junction / Sleepy Hollow
1968: My Name Is Jack / There Is A Man
1968: Fox On The Run / Too Many People
1969: Ragamuffin Man / A »B« Side

LPs *1965: The Five Faces Of Manfred Mann*

Song-Titel: Smokestack lightnin' – Don't ask me what I say – Sack o'woe – What you gonna do – Hoochie coochie – I'm your kingpin – Down the road apiece – I've got my mojo working – It's gonna work out fine – Mr. Anello – Untie me – Bring it to Jerome – Without you – You've got to take it

1965: Mann Made

Song-Titel: Since I don't have you – You're for me – Look away – The abominable snowman – Watch your step – Call it stormy monday – I really do believe – Hi Lili, hi lo – The way you do the things you do – Bare hugg – You don't know me – L.S.D. – I'll make it up to you

1966: Mann Made Hits

1966: Asis

1967: Soul Of Mann

1967: What A Mann

1968: Up The Junction

1968: Mighty Garvey

Manfred Mann

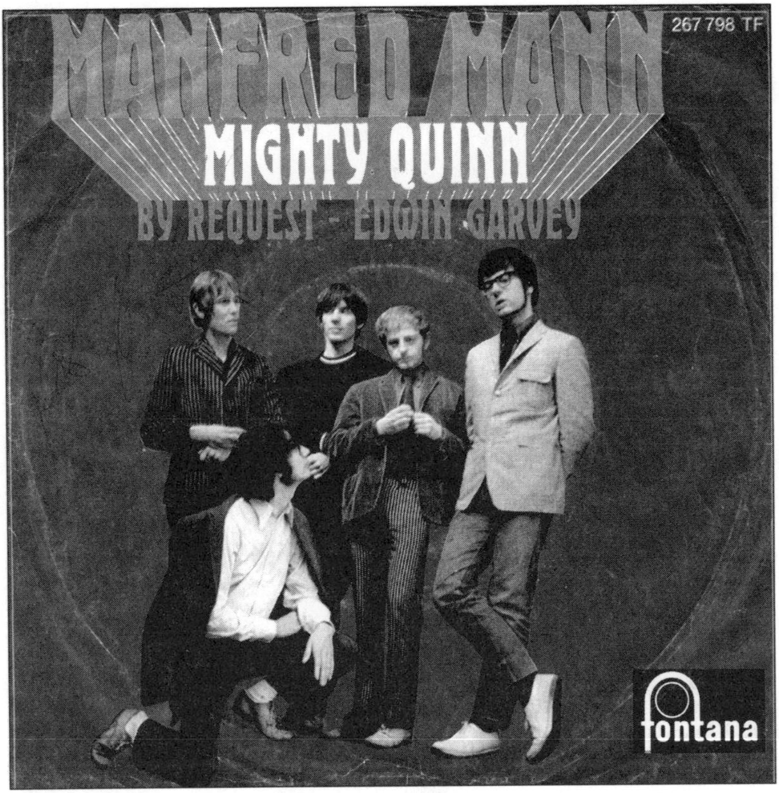

Song-Titel: Happy families – No better no worse – Each and every day – Country dancing – It's so easy falling – Happy families – Mighty Quinn – Big Betty – The vicar's daughter – Every day another hair turns grey – Cubist town – Ha! Ha! said the clown – Harry the one-man band – Happy families

Marauders (Großbritannien)

Aus Stoke-on-Trent kam die Rhythm & Blues-Gruppe Marauders, deren Schallplatten bei Decca erschienen.

Singles *1963: That's What I Want / Hey Wha'd Ya Say*
1963: Always On My Mind / Heart Full Of Tears
1964: Lucille / Little Egypt
1965: Baby I Wanna Be Loved / Somebody Told My Girl

Marion (Deutschland)

Die deutsche Sängerin Marion (geboren am 17. 8. 1943 in Flensburg als Marion Litterscheid) konnte mit dem Lied »Er ist wieder da« eine bemerkenswerte Beatballade in deutscher Sprache abliefern. Sie kam damit im Dezember 1965 auf Platz 6 in der Hitparade. Nach einer längeren Schaffenspause machte sie als Marion Maerz weiter und veröffentlichte ab 1972 noch weitere Singles wie »Es war nur der Sommerwind« und »Du gehst fort«.

Single *1965: Er ist wieder da / Blau blau blau*

Mark Four (Großbritannien)

Zwischen 1964 und 1965 veröffentlichte die Beatgruppe Mark Four einige Singles bei Decca und Fontana. Als John Dalton zu den → Kinks ging, machte die Band unter dem Namen → Creation weiter.

Besetzung der Band: Kenny Pickett (vocal), Eddie Phillips (guitar), John Dalton (bass), Jack Jones (drums)

Singles *1964: Rock Around The Clock / Slow Down*
1965: Hurt Me If You Will / I'm Living

Marquee Club

Nachdem der Marquee Club in London seine Pforten öffnete, stiegen zuerst Jazzbands auf die Bühne. Als der Club nach Soho umzog, kamen vor allem Bluesbands wie Alexis Korner zum Einsatz – und dann die Beatbands. Der Marquee-Club in dem Vergnügungsviertel Soho (Wardour Street) ist wohl für jeden Musikfan die bekannteste Live-Adresse in London. Hier hatten die → Rolling Stones ihren ersten richtigen Auftritt, und auch für viele andere bedeutende Bands war der Marquee

Club das Sprungbrett für die Karriere. Noch immer spielen viele Rockstars dort, auch wenn sich die Musik im Laufe der Zeit geändert hat.

Marquee Sect, The (Deutschland)

Single *1969: Only Music / Stay What You Are*

Marriott, Steve (Großbritannien)

Der Gitarrist und Sänger Steve Marriott (geb. am 30. 1. 1947 in London, gest. am 20. 4. 1991) wird zu den besten Beat- und Rockmusikern gerechnet. Seine Musikerkarriere startete er mit der Beatgruppe Moments, bei der auch der Organist Jimmy Winston (geb. am 20. 4. 1945 in London) dabei war, mit dem Steve Marriott dann im Jahr 1965 die → Small Faces gründete. Die Small Faces waren neben den → Who eine der bekanntesten Mod-Bands. Ein Lieblingssong der Mods war neben »My Generation« von den → Who, der Song »All Or Nothing« von den Small Faces, der in Großbritannien im Sommer 1966 den 1. Platz erreichte. Nach der Trennung der Small Faces im Jahr 1969 formierte Steve Marriott zusammen mit dem ehemaligen → Herd-Mitglied Peter Frampton die Superhardrockband Humble Pie. Schon im August 1969 eroberte die Band mit der Nummer »Natural Born Boogie« die Hitparaden. Die bekanntesten Alben von Humble Pie sind: »Rock On«, »Rockin' The Fillmore«, »Smokin'«, »Thunderbox« und »Streetrats«. Nach dem Ende von Humble Pie unternahm Steve Marriott einige Soloprojekte. Steve Marriott starb unter tragischen Umständen durch eine brennende Zigarette in seinem Landhaus.

Martin, George

Geboren wurde George Martin am 3. 1. 1926 in London. Er besuchte die Guildhall-School of Music und spielte Oboe in einem Orchester. Der bekannte Beatles-Produzent begann seine Tonstudio-Karriere im Abbey Road-Studio (Adresse: 3 Abbey Road, London NW 8, eröffnet 1931 als Tonstudio) 1955 mit Produktionen von Comedy- und Varieté-Gruppen. Dabei waren auch Künstler wie Peter Seller. Es waren auch die Erfahrungen von George Martin aus dem Klassik-Bereich, die dem Beatles-Sound manche Klangidee brachten. George Martin lernte die → Beatles im Abbey Road Studio bei den ersten Aufnahmen im Juni 1962 zu den Songs »Love Me Do«, »PS I Love You«, »Ask Me Why« und »Besame Mucho« kennen. Er hat mit den Fab Four bis zu ihrer Auflösung fast alle Singles und Langspielplatten (Ausnahme: »Let It Be« 1970 mit Phil Spector) aufgenommen, abgemischt und produziert. Den ersten Number-One-Song der → Beatles, mit dem Titel »From Me To You«, der 1963 in England die Hitparade eroberte, betreute George

Martin am 5. 3. 1963 in der Abbey Road. Er hat auch die Aufnahmen einiger Beatbands wie → Gerry And The Pacemakers, oder die Sängerin Cilla Black, die der Beatles-Manager → Brian Epstein unter Vertrag hatte, meistens hitreif produziert. Für seine Verdienste an der britischen Musikindustrie bekam George Martin einen englischen Adels-Titel.

Martin, Mark (Deutschland)

Single *1967: An Extraordinary Girl / Love Could Be Like Hell*

Maskers (Niederlande)

Singles *1966: Baby Blue / Danny Boy*
1966: Batman / The Saint
1966: Three's A Crowd / Livin' In The Past
1967: Cadillac / Spanish Tears
1968: Adagio / Concerto de Aranjuez
1968: Saints And Sinners / Danse Macabre
LPs *1966: Beat Meets Rhythm & Blues*
1966: Sensations In Sound

Matadors (Dänemark)

Singles *1966: Memphis Tennessee / You're My Dream*
1967: Love Birds / Last Love
1967: My Situation / Why Feeling Blue
LPs *1967: The Way We Do It*
1967: Matadors
1968: Mark III

McCoys (USA)

Come on Sloopy, come on, come on (»Hang On Sloopy«)

Zu den erfolgreichsten Beatbands aus Amerika zählten in den Sechzigern die McCoys aus Ohio, die im Jahr 1965 mit »Hang On Sloopy« einen Superhit hatten. Ob sie sich bei ihrem Bandnamen von dem Soulsänger Van McCoy inspirieren ließen, ist nicht bekannt. Der Beatknüller kletterte im Jahr 1965 auf Platz 1 in den US-Bestseller-Listen. In Deutschland kam »Hang On Sloopy« immerhin unter die ersten 10 der Hitparade. Das Lied gehört zu den besten Beathämmern aller Zeiten. Im Jahr 1968 begannen sie mit psychedelischen und progressiven Experimenten, die aber scheiterten und zur Auflösung der Musikgruppe führten. Die Mitglieder von McCoys wurden danach die Begleitband von Johnny Winter.

Besetzung der Band: Rick Zehringer (später Rick Derringer), (guitar, vocal), Randy Hobbs (bass), Bobby Peterson (organ), Randy Zehringer (drums)

Singles *1965: Hang On Sloopy / I Can't Explain It*
1966: You Make Me Feel So Good / Runaway
1966: Don't Worry Mother / Ko Ko
1966: Fever / Sorrow
1966: Up And Down / If You Tell A Lie
1966: Come On Let's Go / Little People
1966: I Got To Go Back / Dynamite
1966: Beat The Clock / Like You Do To Me
1967: Say Those Magic Words / I Wonder If She Remembers Me

LPs *1965: Hang On Sloopy*
Song-Titel: Hang on Sloopy – Fever – If you tell a lie – I don't mind – Stubborn kind of fellow – I can't help falling in love – All I really want to do – Papa's got a brand new bag – I can't explain it – High heel sneakers – Stormy monday blues
1966: You Make Me Feel So Good
1968: Infinite McCoys

The McCoys

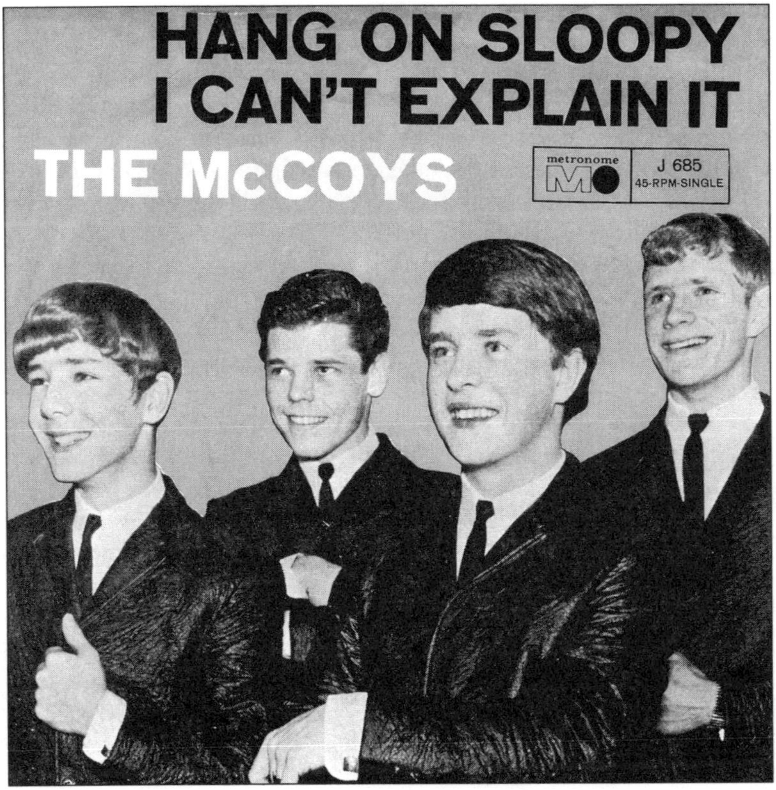

1969: Human Ball

Measles (Großbritannien)

Die Measles (deutsch: Masern) aus → Manchester waren eine hervorragend Rhythm & Blues-Band mit einigen Aufnahmen bei Columbia. Leider konnten sie sich nicht so richtig durchsetzen.

Single *1965: Casting My Spell / Bye Birdie Bye*

Mefistos (Tschechoslowakei)

Single *1967: Teensville / Lullabye Of The Leaves*

Merseybeat

Eine Bandlawine prägte schon ab 1962 den Begriff vom Merseybeat. Wie es der Name schon sagt, kommt der Merseybeat aus → Liverpool, der Stadt am Mersey-Fluss. Besungen wird er von der Beatformation → Gerry And The Pacemakers mit dem Lied von der Fähre über den Mersey: »Ferry Cross The Mersey«. Gerry & The Pacemakers drehten unter dem gleichen Titel im Jahr 1965 sogar einen Film über die Beat-Battle, den Kampf der Bands um die musikalische Vorherrschaft in der Mersey-City. Dazu kam eine lokale Musikzeitschrift mit dem Namen Merseybeat, die von Bill Harrey herausgegeben wurde. Eine Musikgruppe mit dem Namen Merseybeat trat damals auch auf. Ein Auslöser dabei war auch die Entdeckung des Rhythm And Blues (R&B). Der US-Swing, der den Jazz und Rock'n'Roll befruchtet hatte, wurde weggelassen, und die frech-unbekümmerte Lebensart der → Liverpool-Kids machte den neuen Sound unkompliziert-gradlinig, fröhlich-krachig und mitreißend-frisch. Während sich die Rock'n'Roll-Vorbilder in den Staaten als Solohelden wie Elvis, Chuck Berry, Budy Holly, Jerry Lee Lewis oder Little Richard den Plattenmarkt und das Herz der Jugendlichen eroberten, gaben sich die Musiker am Mersey lieber Gruppennamen. Es waren Musiker wie Bo Diddley, die den swingenden Rock 'n' Roll-Rhythmus begradigten und den Übergang zum europäischen Beat schufen. So ist es kein Wunder, daß gerade die Bo Diddley-Nummern wie »Mona«, »He Bo Diddley«, »I'm A Man«, »Pretty Thing« und »Who Do You Love« von Beatbands wie den → Rolling Stones erfolgreich übernommen wurden. Auch der Tanzstil der Jungen wandelte sich vom swingenden Boogie, Jitterbug und Rock 'n' Roll hin zum Twist, Shake und Slop. Das bestimmende Instrument beim Merseybeat war die elektrische Rhythmus-Gitarre, dazu kam das hellgrelle Schlagzeugerblech und die mehrstimmigen Vocals. Eine Bass- und eine Fußtrommel gab es meist nicht. Die Snare konnte mit ihren hellen Drum-Tönen gerade noch in die Ohren der jugendlichen Beatfans vordringen. Das lag aber nicht nur am Können oder Nicht-Können der Beatmusikanten vom Mersey, sondern oft an der Aufnahmetechnik der englischen Tonstudios Anfang der Sechziger. Während die US-Studios schon durchaus in der Lage waren, mit ihrem modernen Aufnahme-Equipment ordentliche Bässe und Solo-Gitarren auf die Masterbänder zu bannen, konnten die englischen Musiker davon nur träumen. Nur die hellen Töne der scheppernden Becken und des zischenden Hi-Hats waren auf den Platten bestens zu hören. Deswegen wurde auch die Aufmerksamkeit der Beatmusiker auf diesen Umstand gelenkt und der Merseybeat-Sound dadurch stark bestimmt. Bands wie → Heinz, → Dave Berry & The Cruisers, die → Escorts, → Farons's Flamingos, die → Merseybeats, die → Cryin' Shames, die → Fourmost, die → Undertakers, die → Mojos und die → Marauders zählen noch zu den bekanntesten Merseybeat-Pionieren in der Armada unzähliger Beatgruppen, die am Mersey auf die Bühnen stiegen.

Merseybeats (Großbritannien)

Sie waren wohl eine der besten Gruppen, die in den Sechzigern existierten. Mit der ersten Single »Is Love That Really Counts« konnten sie 1963 gleich in die Top-30 kommen. Trotz einiger Besetzungswechsel hatten sie in den nächsten Jahren mehrere Hits in den britischen Charts. Bill Kinsley stieg plötzlich aus und wurde von Bob Garner ersetzt. Dieser ging später zu → Creation, wo er nur ganz kurz dabei war. Johnny Gustafson, der vorher bei → Big Three spielte, füllte wiederum diese Lücke. Als im Jahr 1966 der Erfolg nachließ, löste sich die Beatgruppe auf. Tony Crane und Bill Kinsley wollten nicht ganz von ihrer alten Sache lassen und gründeten um 66 eine Beatband mit dem verkürzten Namen → The Merseys.

Besetzung der Band: Tony Crane (lead-guitar, voc), Aaron Williams (guitar), Billy Kinsley (bass), John Banks (drums)

Singles 1963: It's Love That Really Counts / Fortune Teller
1963: Mr. Moonlight / Think Of You
1964: Don't Turn Around / Really Mystified
1964: Last Night I Made A Little Girl Cry / See Me Back
1964: Wishin' And Hopin' / Milkman
1965: I Stand Accused / All My Life
1965: Don't Let It Happen To Us / It Would Take A Long Long Time

Merseys (Großbritannien)

Tony Crane und Bill Kinsley, die von den → Merseybeats kamen, gründeten als Duo die Merseys im Jahre 1966. Als Begleitcombo engagierten sie sich die → Liverpool-Band The Fruit Eating Bears. Ihr erster

Song »Sorrow« war ein Knüller und zog sofort hoch auf Platz 4 in den Hitparaden.

Singles 1966: *Sorrow / Some Other Day*
1966: *So Sad About Us / Love will Continue You*
1966: *Rhythm Of Love / Is It Love*
1967: *The Cat / Change Of Heart*
1968: *Penny In My Pocket / I Hope You're Happy With Him*
1968: *Lovely Lauretta / Dreaming*

Meteors (Deutschland)

Single 1964: *Ruby Ann / Got A Load Of This*

Michael & The Firebirds (Deutschland)

Aus Köln kam die Band Michael & The Firebirds. Der Singletitel »Lass sie gehen« ist die deutsche Fassung des → Zombie-Hits »She's Not There«. Sänger Michael Kogel konnte 1966 mit der spanischen Beatcombo → Los Bravos den Hammer-Hit »Black ist Black« landen.

Single 1964: *Lass sie gehn / Make Me Happy*

Migil Five (Großbritannien)

1961 ursprünglich als Jazzgruppe gegründet, nahmen Migil Five mehrere Songs bei der Schallplattenfirma PYE auf. Diese Titel konnten sich alle in den Top Thirty etablieren.

Singles 1963: *Mockingbird Hill / Long Ago And Far Away*
1963: *Maybe / Can't I*
1964: *Near You / Don't Wanna Go On Shaking*

Mike & Joe & die Rebel Guys (Deutschland)

Single 1963: *Wie geht's / Ich möcht wissen was Du denkst*

Mike & Joe (Deutschland)

Single 1967: *Blue Beat Baby / Hallo Du*

Mindbenders (Großbritannien)

When you're close to me I can hear your heartbeat (»Groovy Kind Of Love«)

Die ehemalige Begleitgruppe von → Wayne Fontana, die Mindbenders, erwies sich als erfolgreicher wie die erste Gruppierung. »A Groovy Kind Of Love«, die erste Veröffentlichung der Mindbenders bei Fontana erreichte sofort Platz 2. Später hatten sie noch mehr Top-20 Erfolge. 1968 ging die Beatband auseinander. Nur Eric Stewart machte später erfolgreich mit den Bands Hotlegs (Hit: »Neandertal Man«) und 10 CC weiter.

Besetzung der Band: Eric Stewart (guitar, voc), Bob Land (bass), Ric Rodwell (drums)

Singles *1965 A Groovy Kind Of Love / Love ist Good*
1966: Can't Live With You, Can't Live Without / One Fine Day
1966: Ashes To Ashes / You Don't Know About Love
1966: I Want Her, She Wants Me / The Morning After
1967: We'll Talk About It Tomorrw / Far Across Town
1967: The Letter /A New Day And Age
1967: Schoolgirl / Coming Back
1968: Blessed Are The Lonely / Yellow Brick Road
1968: Uncle Joe, The Ice Cream Man / The Man Who Loves Trees

LP *1966: A Groovy Kind Of Love:*
Song-Titel: A groovy kind of love – One fine day – Seventh son – Just a little bit – Trickie Dickie – Little nightingale – Why you do the things you do – Allnight worker – Love is good – You don't know about love – Don't cry anymore

Mockingbirds (Großbritannien)

Obwohl Graham Gouldman für Gruppen wie die → Hollies oder die → Yardbirds Hits schrieb, hatte seine eigene Beatband Mockingbirds (deutsch: Drosseln) nie einen eigenen Hit. Ihre erste Single sollte »For Your Love« sein, doch die Schallplattenfirma EMI gab den Song den → Yardbirds. Während der nächsten Jahre veröffentlichten sie mehrere Aufnahmen bei verschiedenen Plattenfirmen. Als die Beatband Ende 1966 auseinanderging, beschäftigte sich Graham Gouldman hauptsächlich mit dem Schreiben neuer Songs, bis er 1972 mit Kevin Godley, Lol Creme und Eric Stewart von den → Mindbenders die Erfolgsgruppe 10 CC ins Leben rief.

Singles *1966: How To Find A Lover / My Story*
1966: One By One / Lovingly Yours

Mods (Niederlande)

Singles *1965: Don't Bring Me Down / Baby Please Don't Go*
1966: Brown Paper Sack / She Was Married

Mojo Men (Großbritannien)

Singles *1965: Dance With Me / The Loneliest Boy In Town*
1966: Hanky Panky / She's My Baby
1966: Off The Hook / Mama's Little Baby

Mojos (Großbritannien)

Nachdem die Merseybeatgruppe Mojos in Hamburg aufgetreten war, zählte sie auch in ihrer Heimat zu den Top-Acts. Ihre Single »Everything's Alright« von 1964 ist heute ein Klassiker. Nach diesem Top-10-Erfolg kam leider nicht der erwartete Durchbruch. Die Band nahm bis zu ihrer Trennung im Jahr 1967 noch weitere Platten auf.

Besetzung der Band: Stu James (vocal), Nicky Crouch (guitar), Terry O'Toole (piano), Keith Alcock (bass), Bob Konrad (drums)

Singles *1963: Forever / They Say*
1964: Everything's Alright / Give Your Lovin'To Me
1964: Seven Daffodils / Nothin' At All
1964: Don't Do It More / Why Not Tonight
1965: Come On To Cry / That's The Way It Goes

Motions (Niederlande)

Singles *1966: Every Step I Take / Stop Your Crying*
1966: Same Old Song / Someday Child
1966: There's No Place To Hide / Everything
1966: Why Don't You Take It / My Love Is Growing
1967: I Want You I Need You / Suzy Baby
1967: Tonight I Will Be Stoned / One Million Red Balloons
1967: You're My Age / Hey Conductorman
1968: It's Gone / I've Got A Misery
1968: Love Won't Stop / No Matter Where You Run
1968: Miracle Man / Something
LPs *1965: Introducing*
1967: Song Book
1968: Impressions Of Wonderful
1968: Live
1968: Their Own Way

Moments (Großbritannien)

You really got me now you got me so I don't know what I'm doing now (»You Really Got Me Now«)

Die kurzlebigen Moments kamen aus London und coverten 1964 den Schallplattentitel »You Really Got Me« von den → Kinks. Das Bemerkenswerte an dieser Musikgruppe ist, daß fast alle Mitglieder später in bekannten Bands spielten: Steve Marriott und Jimmy Winston gründeten die → Small Faces und John Weider ging zu den → Animals.

Besetzung der Band: Steve Marriott (guitar, voc), John Weider (guitar), Jimmy Winston (bass), Kenny Rowe (drums)

Single *1964: Money Money / You Really Got Me*

Money's Big Roll Band, Zoot (Großbritannien)

Did you ever change your mind about leavin', leavin' me behind (»Bring It On Home To Me«)

Zoot Money (George Bruno) kam im Jahr 1964 von Bournemouth nach London und gründete die Big Roll Band. In den Clubs, besonders im → »Flamingo«, machten sie sich bald als Rhythm & Blues-Band einen guten Namen. Es dauerte aber bis zum Jahr 1966, bis sie durch »Big Time Operator« ihren einzigen Top-30 Erfolg hatten. Unter den Musikern war auch Andy Somers, der später mit Zoot Money bei der neuen Formation der → Animals spielte. Im Jahr 1967 löste sich die Big Roll Band dann auf.

Singles	*1964: Uncle Willie / Zoot's Suite*
	1965: Good / Bring It On Home To Me
	1965: Please Stay / You Know You'll Cry
	1965: Something Is Worrying Me / Stubborn Kind Of Fellow
	1965: Let's Run For Cover / Self Disciplining
	1966: Big Time Operator / Zoot's Sermon
	1966: The Star Of The Show / The Mount Moves
	1967: Knick Knack / I Really Learnt How To Cry
LPs	*1965: It Should Have Been Me*
	Songtitel: I'll go crazy – Jump back – Along came John – Back door blues – It should have been me – Sweet little rock and roller – My wife can't cook – Rags and old iron – The cat – Feelin' sad – Bright lights big city – Fina
	1966: Zoot

Monkees (USA)

Then I saw her face, now I'm a believer (»I'm A Believer«)

Durch ein Zeitungsinserat wurden in den Vereinigten Staaten im Jahr 1966 vier Jungs für eine Fernsehserie gesucht. Die Idee war, einen amerikanischen Gegenpol zum Film »A Hard Day's Night« der → Beatles zu schaffen. Nachdem aus unzähligen Bewerbungen mit Davy Jones (geb. am 30. 12. 1946 in Manchester/England), Michael Nesmith (30. 12. 1942 in Dallas/Texas), Peter Tork (geb. am 13. 2. 1945 in Washington DC/USA) und Mickey Dolenz (9. 3. 1945 in Los Angeles) die vier richtigen Kandidaten ausgewählt waren, konnte die Serie »The Monkees« starten. Die musikalischen Fähigkeiten der Jungs waren zu diesem Zeitpunkt nur als bescheiden zu bezeichnen. Daher beschränkten sie sich darauf, die Lieder in den Folgen der Serie nur zu singen. Der musikalische Teil blieb Studiomusikern überlassen. Im Laufe der 52 Sendungen wurden die Monkees in Amerika ein Massenphänomen. Jeder Songtitel war ein Hit. Die Songs wurden teilweise von bekannten Musikern wie Neil Diamond geschrieben. Später lernten die »Monkees« ihre Instrumente zu beherrschen und gingen sogar auf Tournee. Es brach eine regelrechte »Monkeemania«, vergleichbar mit der »Beatlemania« in England, aus. Die Erfolgswelle hielt bis zum Jahr 1968 an. In diesem Jahr wurde auch ein Film mit ihnen gedreht, der einen weiteren Höhepunkt der Karriere bedeutete. Danach ging jeder der Musiker mehr oder weniger erfolgreich eigene musikalische Wege

Besetzung der Band: Davy Jones (vocal), Michael Nesmith (guitar, vocal), Peter Tork (bass, vocal), Mickey Dolenz (drums, vocal)

Singles *1966: Last Train To Clarksville / Take A Giant Step*
1966: I'm A Believer / (I'm Not Your) Stepping' Stone
1967: A Little Bit Me, A Little Bit You / The girl I knew somewere
1967: I Wanna Be Free / You Just May Be The One
1967: Pleasant Valley Sunday / Words
1967: Daydream Believer / Goin' Down
1968: Alternate Title / Forget That Girl

The Monkees

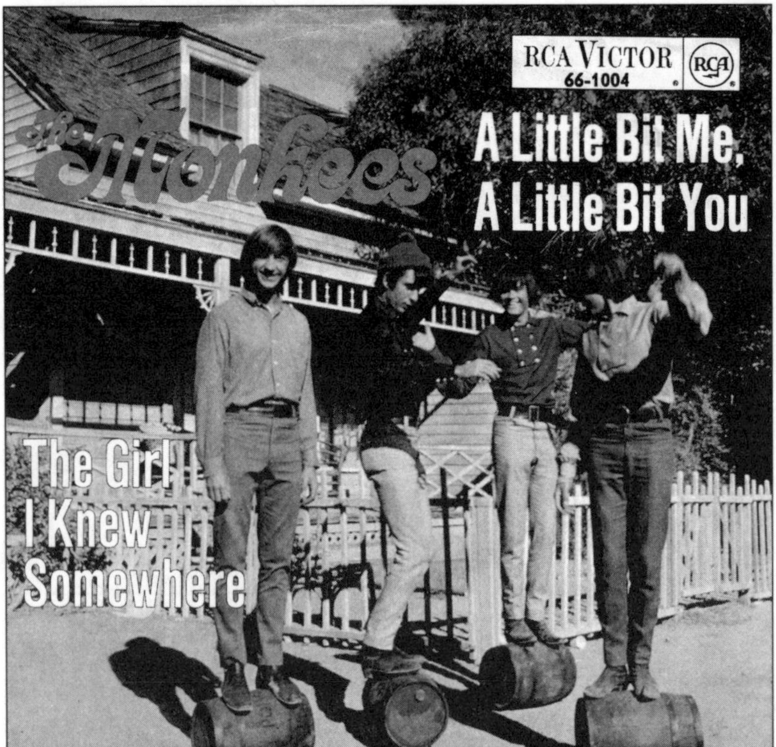

1968: Valleri / Tapioca Tundra
1968: D. W. Washburn / It's Nice To Be With You
1968: Porpoise Song / As We Go Along
1969: Tear Drop City / A Man Without A Dream
1969: Listen To The Band / Someday Man

LPs *1966: The Monkees*
1967: More Of The Monkees
Song-Titel: When love comes knockin'(at your door) – Mary Mary – Hold on girl – Your auntie Grizelda – (Im not your) steppin' stone – Look out (here comes tomorrow) – The kind of girl I could love – Sometime in the morning – Laugh – I'm a believer
1967: Monkees' Headquarters
1967: Pisces, Aquarius, Capricorn & Jones Ltd.
1968: The Birds, The Bees And The Monkees
1968: Head

The Monkees

Monks (USA)

Eigentlich müßte die Beatgruppe unter der Rubrik »Deutschland« aufgeführt werden, denn es handelte sich um fünf GI's, die während und nach ihrer Dienstzeit quer durch die BRD tourten – sie hatten sogar die entsprechende Mönchsfrisur (Tonsur: ausrasierter Schädel, mit Haarkranz), die zu ihrem Namen paßte. Sie traten auch in Mönchskutten auf. »Complication« dürfte wohl die härteste Nummer gewesen sein, die damals auf dem Markt war.

Besetzung der Band: Gary Burger (guitar, vocal), Dave Day (banjo), Larry Clarke (organ), Eddie Shaw (bass), Roger Johnston (drums)

Singles *1965: Complication / Oh How To Do*
1966: Juanita Banana / Pas Adieu
1966: Love Can Tame The Wild / He Went Down To The Sea

LP *1966: Black Monk Time*
Song-Titel: Monk time – Shut up – Boys are boys and girls are choice – Higgly-dy-piggle-dy – I hate you – Oh, how to do now – Complication – We do wie Du – Drunken Maria – Love came tumblin' down – Blast off – That's my girl

Monotones (Großbritannien)

Die Monotones waren eine Band aus Southend, die Anfang der Sechziger bei PYE aufnahm.

Single *1964: It's Great / Anymore*

Moody Blues (Großbritannien)

We already said goodby (»Go Now«)

Man kann es sich fast nicht vorstellen, daß die Moody Blues Mitte der Sechziger Jahre eine Rhythm & Blues-Gruppe waren. Zusammengestellt wurden sie im Jahr 1963 in → Manchester. Im folgenden Jahr gingen sie nach London und bekamen nach Konzerten im → Marquee Club einen Vertrag bei der Schallplattenfirma Decca. Im Jahr 1965 hatten sie durch »Go Now« einen Riesenerfolg. Der Songtitel wurde zur Nr. 1. Sie gingen mit den → Beatles auf Tournee nach Amerika und nahmen eine LP auf. Doch der Erfolg von »Go Now« war einmalig. Mit der Band ging es bergab. Dann wurden Denny Laine (geb. am 29. 10. 1944 in Birmingham) und Clint Warwick (25. 6. 1949 in Birmingham) durch John Lodge (geb. am 20. 8. 1945 in Brimingham) und Justin Hayward (geb. am 14. 10. 1946 in Swindon/Wiltshire) ersetzt. im Jahr 1967 änderten die Moody Blues radikal ihren Stil. Poetische Texte und orchestrale Musik prägten nun das Soundbild der Gruppe. Streicher oder Bläser waren jetzt charakteristisch für ihre Musik. Dazu kam auch der ungewohnte Einsatz des Mellotrons. 1967 kam die LP »Days Of Future Passed« heraus. Auf der LP war auch der Welthit »Nights In White Satin«. Das war der große Durchbruch. Die Moody Blues gründeten ein eigenes Plattenlabel (Threshold) und nahmen darauf ihre folgenden Alben auf.

Besetzung der Band: Denny Laine (guitar, voc), ersetzt durch Justin Hayward (guitar, voc), Mike Pinder (keyboard), Ray Thomas (winds, voc), Clint Warwick (bass), ersetzt durch John Lodge (bass), Graeme Edge (drums)s

Singles *1964: Loose Your Money / Steal Your Heart*
1964: Go Now / It's Easy Child
1965: I Don't Want To Go On Without You / Time Is On My Side
1965: From The Bottom Of My Heart / And My Baby's Gone
1965: Everyday / You Don't
1966: Boulevard De La Madeleine / This Is My House
1966: Life's Not Life / He Can Win
1967: Fly Me High / Really Haven't Got The Time
1967: Love And Beauty / Leave This Man Alone
1967: Nights In White Satin / Cities

LPs *1965: The Magnificent Moodies*

Song-Titel: I'll go crazy – Something you got – Go now – Can't nobody love you – I don't mind – I've got a dream – Let me go – Stop – Thank you baby – It ain't necessarily so – True story – Bye bye bird
1967: Days Of Future Passed
1968: In Search Of The Lost Chord
1969: On The Threshold Of A Dream
1969: To Our Children's Children's Children
1970: A Question Of Balance

Moquettes (Großbritannien)

Die Mod-Gruppe Moquettes vermischte Rhythm & Blues mit Beat und hatte einen Vertrag bei Columbia.

Single 1964: Right String / You Came Along

Most, Mickie (Großbritannien)

Nach einem längeren Aufenthalt in Südafrika, bei dem er als Mitglied der dort bekanntesten Band The Minutemen Erfahrungen gesammelt hatte, kehrte Mickie Most (Michael Hayes) 1962 nach England zurück und begann Bands und Sänger zu suchen, die er produzieren konnte. Bald bewies er sein gutes Gespür für Talente. Zu den Musikern, die er produzierte, gehörten zum Beispiel → Animals, → Herman's Hermits, → Lulu, → Yardbirds und viele andere. Auch in den 70ern war er für die Karriere von Bands wie Hot Cocolate, Mud, Suzy Quatro und Smokie verantwortlich. 1963 nahm Mickie Most selber eine Single auf, die aber nur geringen Erfolg hatte.

Single 1963: Money Honey / That's Alright

Mouse & The Traps (USA)

Als die Single »A Public Execution« der Texaner Mouse & The Traps veröffentlicht wurde, dachten viele, daß es sich um den neuen Song von Bob Dylan handelt. Es klang sehr nach »Positively 4th Street«.

Besetzung der Band: Ronnie »Mouse« Weiss (guitar, vocal), Harry Henderson (guitar), Jerry Howell (organ), Dave Stanley (bass), Ken Murray (drums)

Singles 1967: L. O. V. E. Love / Lie, Bag, Borrow and Steal
1968: Sometimes You Just Can't Win / Singing Inside

Move (Großbritannien)

If I put my hand upon her leg, she hit me with a ruler (»Fire Brigade«)

In → Birmingham waren die Move 1965 schon fast eine Supergruppe, als sie mit ihrem Manager Tony Secunda nach London übersiedelten. Hier verdrängten sie bald die → Who aus dem → »Marquee Club«. Im Jahr 1967 begann ihre Serie von Hits mit dem Song »Night of Fear«.

Alle Songs wurden von Roy Wood (geb. am 8. 11. 1946 in Birmingham) geschrieben, und die Beatband war bald ein Top-Act. Aber nicht nur musikalisch sorgte Roy Wood für Aufsehen, auch wenn es um Publicity ging, bewies er Einfallsreichtum. Im Jahr 1968 veröffentlichte die Band »Flowers In The Rain« zusammen mit einer Postkarte, die den Premierminister Harold Wilson nackt in der Badewanne zeigte. Wilson war nicht sehr angetan davon, und die Band mußte alle Erlöse der Platte wohltätigen Zwecken zukommen lassen. Ab 1968 änderte sich die Besetzung ständig. Zuerst ging der Bassist Ace Kefford, um seine eigene Band zu gründen. Sein Part wurde von Trevor Burton übernommen. Doch auch der verließ die Band bald, um von Rick Price ersetzt zu werden. Da seit 1968 Roy Wood fast alle Titel sang, warf Carl Wayne dann 1970 das Handtuch. Für ihn kam Jeff Lynne (vorher bei der Beatformation Idle Race, mit dem Roy Wood 1972 dann das Electric Light Orchestra (E.L.O.) gründete, was das endültige Aus für Move bedeutete.

Besetzung der Band: Carl Wayne (vocal), ersetzt durch Jeff Lynne (guitar, voc), Roy Wood (guitar, voc), Trevor Burton (guitar, bass), ersetzt durch Rick Price (bass), Chris Kefford (bass), Bev Bevan (drums)

Singles
1967: Night Of Fear / Disturbance
1968: Flowers In The Rain / (Here We Go Round) The Lemon Tree
1968: Wild Tiger Woman / Omnibus
1968: Blackberry Way / Something
1968: Fire Brigade / Walk Upon The Water
1969: Brontosaurus / Lightning Never Strikes Twice
1969: This Time Tomorrow / Curly

Move

1970: Turkish Tram Conductor Blues / Beautiful Daughter
1970: When Alice Comes Back To The Farm / Kilroy Was Here

LPs *1968: The Move*
Song-Titel: Yellow rainbow – Kilroy was here – The lemon tree – Weekend – Walk upon the water – Flowers in the rain – Hey Grandma – Useless information – Zing went the string of my heart – The girl outside – Fire brigade – Mist on a monday morning – Cherry Blossom clinic
1970: Shazam
Song-Titel: Hello Susie – Beautiful daughter – Cherry blossom clinic revisted – Fields of people – Don't make my baby blue – The last thing on my mind
1970: Message From The Country

Music Explosion (USA)

Da die Band Music Explosion leider unter die Fittiche von Jerry Kasenatz und Jeff Katz gelangte, wurde sie sehr schnell in die Schublade

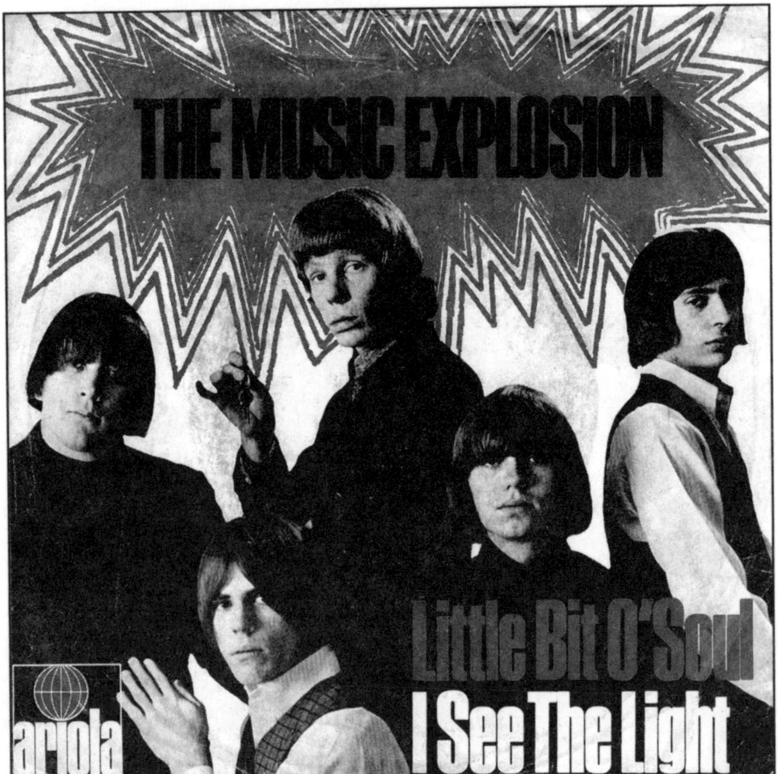

»Bubblegum« gesteckt. Völlig zu Unrecht, denn ihr Songtitel »A Little Bit O' Soul« (und auch weitere Songs) waren doch wesentlich aggressiver als die der echten Bubblegum-Gruppen.

Besetzung der Band: Jamie Lyons (vocal), Don Atkins (guitar), Rick Nesta (guitar), Butch Stahl (bass, organ), Bob Avery (drums, percussion)

Singles *1967: Little Bit O' Soul / I See The Light*
1967: Sunshine Games / You Can't Stop Now
1967: We Gotta Go Home / Hearts And Flowers
1968: Jack In The Box / What's Your Name

LP *1967: A Little Bit O' Soul*
Songtitel: Let yourself go – Everybody – Light of love – What did I do to deserve such a fate – Good time feeling – One potatoe two – Little bit o' soul – Can't stop now – Patch of dawn – Sha la la la – Love love love love – 96 tears

Music Machine (USA)

See See Rider keep me satisfied (»See See Rider«)

Die Gruppe Music Machine trat immer ganz in schwarz auf (jeder trug sogar einen schwarzen Handschuh) – incl. schwarzen Gitarren und schwarzen Verstärkern.

Besetzung der Band: Sean Bonniwell (guitar, vocal), Mark London (guitar), Doug Rhodes (organ), Keith Olsen (bass), Ron Edger (drums)

Singles *1966: Talk Talk / Come On In*
1967: Double Yellow Line / Absolutely Positive
1967: Hey Joe / Wrong
1967: Masculine Intuition / The People In Me
1968: Time Out / Tin Can Beach
1968: You'll Love Me Again / To The Light

LPs *1966: Turn On*
Talk talk – Trouble – Cherry cherry – Taxman – Some other drum – Masculine intuition – The people in me – See see rider – Wrong – 96 tears – Come on in – Hey Joe
1968: Bonniwells Music Machine

N

Namelosers, The (Schweden)

Single *1965: New Orleans / What'd I Say*

Napoleon XIV. (USA)

Jerry Samuels trat mit seiner Band in Verkleidung als Napoleon auf. Unter dem Pseudonym Napoleon XIV. schrieb er den Song »They're Coming To Take Me Away, Ha Haaa« über einen Mann, der ins Irrenhaus kommt, nachdem ihn sein Hund verlassen hat. Die Herstellungskosten für die Platte beliefen sich auf 15 Dollar. Das Hauptinstrument war eine Sirene. Nach zwei Monaten waren allein in Amerika über 1 Million Exemplare von der irren Single verkauft. Die Rückseite mit dem unaussprechlichen Song-Titel »Aaah, Ah, Yawa Em Ekat Ot Gnimoc Er'yeht« ist übrigens nichts anderes als die rückwärts aufgenommene A-Seite.

Single *1966: They're Coming To Take Me Away Ha, Haaa / »Aaah, Ah, Yawa Em Ekat Ot Gnimoc Er'yeht«*

Nashville Teens (Großbritannien)

Die 1962 in Weybridge/Grafschaft Surrey gegründete Rhythm & Blues-Gruppe Nashville Teens spielte im Jahr 1963 einige Monate in Hamburg. Danach waren sie die Begleitband von Bo Diddley während seiner Tournee durch England. Dabei wurden sie von → Mickie Most entdeckt. Er produzierte ihre erste Platte »Tobacco Road« bei Decca, die im Jahr 1964 die Top-10 erreichte. Dieser Song, dessen Originalversion von John E. Loudermilk stammte, wurde nicht nur von den Nashville Teens gecovert, sondern von vielen weiteren Beatbands. Obwohl die musikalischen Qualitäten der Band sehr vielversprechend waren, erhielten sie von ihrer Schallplattenfirma keine ausreichende Unterstützung. Trotzdem arbeiteten sie bis zum Jahr 1969 weiter, veröffentlichten mehrere Platten und waren als Begleitband amerikanischer Rock'n' Roller wie Chuck Berry, Jerry Lee Lewis und Carl Perkins auf Tournee. Mit Carl Perkins und Jerry Lee Lewis nahmen die Nashville Teens sogar Schallplatten auf. Mit Carl Perkins spielten sie 1964 die

Single »Big Bad Blues« mit der B-Seite »Lonely Heart« ein. Mit Jerry Lee Lewis zusammen brachten sie zwei Singles heraus: »High School Confidential« mit der Rückseite »Lewis Boogie« und »Good Golly Miss Molly« mit der Rückseite »LongTall Sally«. Aus dieser Zusammenarbeit der Band mit dem Rock 'n' Roll-Star Jerry Lee Lewis entstand 1965 eine der besten Live-LPs aus dieser Zeit: »Live At The Star Club Hamburg«. Schlagzeuger Barry Jenkins ging 1966 zu Eric Burdon and the Animals. Der Pianist John Hawkens spielte später auch bei Bands wie Vinnegar Joe und den Strawbs.

Besetzung der Band: Art Sharp (vocal), John Allen (guitar), Pete Shannon (guitar), John Hawkens (piano), Ray Phillips (bass), Barry Jenkins (drums)

Singles 1964: Tobacco Road / I Like It Like That
1964: Goggle Eye / TNT
1965: Find My Way Back Home / Devil-In-Law
1965: Little Bird / Watcha Gonna Do
1965: Soon Forgotten / I Know How It Feels To Be Loved
1966: The Hard Way / Upside Down
1966: Revived 45 Time / Forbidden Fruit
1967: That's My Woman / Words
1967: I'm Coming Home / Searching
1967: The Biggest Night Of Her Life / Last Minute
1968: All Along The Watchtower / Sundog

LPs 1964: Tobacco Road
1964: Find My Way Back Home
1973: Live At The Star Club Hamburg With Jerry Lee Lewis

Naturals (Großbritannien)

I should have known better with a girl like you (»I Should Have Known Better«)

Die Naturals kamen aus Harlow und nannten sich anfänglich Blue Beats. Im Jahr 1964 kamen sie mit dem Beatlestitel »I Should Have Known Better« in die Charts. Ihre anderen Aufnahmen konnten sich nicht mehr durchsetzen.

Besetzung der Band: Ricki Potter (vocal), Curt Cresswell (guitar), Bob O'Neale (harmonica), Mike Wakelin (bass), Roy Heather (drums)

Singles 1964: I Should Have Known Better / Didn't I
1964: Look At Me Now / It Was You

Nerve, The (Großbritannien)

Singles 1967: Piece By Piece / The Satisfying Kind
1968: Magic Spectacles / Come The Day

New Colony Six (USA)

Sie kleideten sich in Uniformen der amerikanischen Kolonialzeit und behaupteten, damit wollen sie den Kampf um die Herrschaft über den Beat gegen die Briten gewinnen. Dies gelang ihnen zumindest in ihrer Heimatregion Chicago.

Besetzung der Band: Ray Graffia (vocal), Gerry Van Kollenburg (guitar), Pat McBride (harm, vocal), Craig Kemp (organ), Wally Kemp (bass), Chic James (drums)

Singles — *1967: Dawn Is Breaking / I Confess*
1968: Things I'd Like To Say / Come And Give Your Love To Me
1969: I Will Always Think About You / Hold Me With Your Eyes

LPs — *1966: Breakthrough*
1967: Colonization
Song-Titel: Love you so much – Let me love you – Hello lonely – Warm baby – My dreams depend on you – Elf song – I'm here now – I'm just waiting – You're gonna be mine – Woman – Power of love – Accept my ring – Mister you're a better man than I
1967: Attacking A Straw Man
1968: Revelations

Newcomers (Deutschland)

Single — *1966: You And Me / Have You Seen*

News (Deutschland)

Single — *1968: Baby Blue / The Other Man*

Nicky & The Shouts (Niederlande)

Singles — *1965: Don't Be A Fool / It's Over*
1967: Think / Every Time A Surprise

Nicols (Niederlande)

1967: Lord I've Been Thinking / I Can't Forget Her

Nighttrain (Deutschland)

Single — *1969: Hallo Bimmelbahn / Money*

1910 Fruitgum Company (USA)

Put your hands in the air (»Simon Says«)

Die Produzenten Kasenatz und Katz wollten eine Musik herausbringen, die speziell die jüngeren Kids ansprach. Das Produzentenpaar brachten einen einfachen Beat mit Kinderreimen im Refrain heraus, den sie »Bubblegum« nannten. Mit hervorragenden Studiomusikern produzierten sie das erste Werk, »Simon Says«. Der Name 1910 Fruitgum Company entstand zufällig, als sie ein Kaugummipapier mit diesem Aufdruck sahen. »Simon Says« wurde ein Welthit, und für Tourneen wurde eine spezielle Band zusammengestellt. Anfang der 70er war die Zeit des Bubblegum vorbei.

Besetzung der Band: Pat Karwan (vocal), Mark Gutkowski (guitar, keyboard, vocal), Frank Jeckell (guitar, vocal), Steve Mortkowitz (bass), Floyd Marcus (drums)

Singles *1968: Simon Says / Recollections From A Looking Glass*
1968: Goody Goody Gumdrops / Candy Kisses
1968: 1, 2, 3 Red Light / Sticky, Sticky
1969: Go Away / The Track
1969: Train / Eternal Light
1969: Indian Giver / Pow Wow

LPs *1968: Simon Says*
Song-Titel: Simon says – May I take a giant step – Keep your thoughts on the bright side – Bubble Gum world – Story of Flipper – Pop goes the weasel – Year 2001 – Magic windmill – Poor old Mr. Jensen – Happy Little teardrops – Soul struttin
1968: 1, 2, 3 Red Light
1968: Goody Goody Gumdrops
1969: Indian Giver
1969: Hard Ride

Nix-Nomads (Großbritannien)

Single *1964: You're Nobody / She'll Be Sweeter Than You*

Nocturns (Großbritannien)

Eine Gruppe aus → Birmingham, deren Bassist John Camp später bei der Klassik-Rock-Combo Renaissance spielte.

Single *1966: Three Cool Cats / Carryin' On*

O

Odd Persons (Deutschland)

Die Odd Persons (deusch: die sonderbaren Leute) stammen aus der Spreestadt Berlin. Die »Odd Persons« tourten durch Spanien mit den Beatgruppen → Animals und → Los Bravos. Die spanischen Beatfans konnte die Berliner Band auch im Fernsehen der Halbinsel bewundern. In einer späteren Besetzung wirbelte dann der Deutschrock-Drummer (Birth Control) Bernd Noske mit den Sticks.

Besetzung der Band: Dietmar Schütze (vocal), Ingo Cramer (guitar, vocal), Walter Ortel (piano, organ), Peter Pfarr (bass), Frank Kaetzke (drums)

Single *1965: Hand Jive / I'm Cryin'*

O'Hara, John & The Playboys (Deutschland)

Singles *1964: Do Wah Diddy / Harry*
1964: Stampfkartoffel Täterätä / Louie, Louie
1966: Spicks & Specks / One Fine Lady
1968: In The Shelter Of Your Heart / Goodnight Mr. Nightfall
LPs *1964: Playboy Party No. 1*
1968: Get Ready

Ohio Express (USA)

Yummy, yummy, yummy i've got love in my tummy and i feel like lovin' you (»Yummy Yummy«)

Zu den »Bubblegum«-Gruppen der Produzenten Kasenatz & Katz gehörte auch die Band Ohio Express. Für die Plattenproduktion der ehemaligen Rare Breed-Nummer »Beg, Borrow And Steal« engagierte man Studiomusiker und verkaufte die dadurch entstandene Single unter dem Band-Namen »Ohio Express«. Der Name wurde dafür extra eingekauft. Als jedoch die Fans nach Konzerten verlangten, stellten die Produzenten eine Livecombo zusammen. Wie alle Gruppen dieser Richtung lösten sich auch Ohio Express am Ende der 60er Jahre auf. In den Clubs soll es bei Auftritten von Ohio-Express öfters Ärger geben haben, weil niemand genau sagen konnte, welche Musiker auf der Bühne standen.

Besetzung der Band: Dale Powers (lead-guitar, vocal), Douglas Grassel (guitar, vocal), Buddy Bengert (keyboard, vocal), Dean Kastran (bass, vocal), Tim Corwin (drums)

Singles *1967: Beg, Borrow And Steal / Maybe*
1968: Yummy Yummy / Zig Zag
1968: Chewy Chewy / Firebird
1969: Cowboy Convention / The Race
1969: Mercy / Roll It Up

LPs *1968: Beg, Borrow And Steal*
1968: Ohio Express:
Song-Titel: Yummy yummy yummy – Down at Lulu's – Winter skies – Into this time – First grade reader – Mary-Ann – Turn to straw – Vacation – She's not coming home – It's a sad day – The time you spend with me
1968: Chewy Chewy
1968: Salt Water Taffy
1969: Mercy

Oldham, Andrew Loog (Großbritannien)

Nach erfolglosen Versuchen als Sänger mit dem Künstlernamen Sandy Beach, stellte Andrew Loog Oldham (geb. am 23. April 1943) fest, daß sein Talent auf einem anderen Gebiet lag: er wurde Manager. In seinen frühen Tagen kümmerte er sich um die → Beatles, aber Anfang 1963 übernahm der junge Mann die → Rolling Stones. Ihnen galt auch sein Hauptinteresse. Trotzdem fand er noch Zeit, andere Talente zu entdecken und sich um sie zu kümmern, wie zum Beispiel um → Marianne Faithfull. Im Jahr 1966 gründete er mit Immediate seine eigene

Ohio Express

Schallplattenfirma, eine der erfolgreichsten der 60er Jahre. Zu den Künstlern, die für Immediate aufnahmen gehörten Top-Gruppen wie → Amen Corner, Nice und die → Small Faces. 1967 trennte Andrew Loog Oldham sich von den → Rolling Stones, um sich mehr auf die Firma konzentrieren zu können. Trotzdem war Immediate im Jahr 1969 pleite. Danach zog er sich für einige Jahre nach Amerika zurück. In den frühen 70ern kam er noch einmal als Produzent für Donovan und Humble Pie ins Spiel.

Olympic (Tschechoslowakei)

Singles *1969: Kufr / Andel*
1970: Dynamit / Otazki

Orange Bicycle (Großbritannien)

Singles *1968: Jenskadajka / Nicely*
1969: Carry That Weight / You Never Give Me Your Money
1970: Take Me To The Pilot / It's Not My World

Outsiders (USA)

Die Outsiders aus Ohio kombinierten den Sound des British Beat mit dem amerikanischen Motown–Sound, indem sie als eine der ersten Beatgruppen Bläser einsetzten.

Besetzung der Band: Sonny Geraci (vocal), Tom King (guitar, sax), Al Austin (guitar), Merton Madsen (bass), Ronnie Harkai (drums), ersetzt durch Bennie Benson (drums), ersetzt durch Ricky Baker (drums)

Singles *1966: Girl In Love / What Makes You So Bad, You Weren't Brought Up That Way*
1966: Help Me Girl / You Gotta Look
1966: Tinker Taylor / You're Not So Pretty

LPs *1966: Time Won't Let Me*
Songtitel: Girl in love – Listen people – My girl – Keep on running – Rockin' Robin – Was it really real – What makes you so bad, you weren't brought up that way – Maybe baby – Chase away the tears – She cried
1966: Album No. 2
1967: In

Outlaws, The (Großbritannien)

Bekannt wurden die Outlaws (deutsch: die Gesetzlosen) als Begleitband von → Dave Berry. Sie veröffentlichten in Eigenregie auch Instrumentalnummern. Ihre Vorliebe für Western-Themen ist nicht zu übersehen. Einer ihrer Gitarristen war Ritchie Blackmore, einer der Mitbegründer der berühmten Hardrock-Band Deep Purple.

Singles *1961: Swinging Low / Spring Is Near*
1962: Sioux Serenade / Fort Knox
1962: Last Stage West / Ku-Pow
1963: Law And Order / Do-Da-Day
1963: Return Of The Outlaws / Texan Spiritual
1963: That Set The Wild West Free / Hobo
1964: Keep A Knocking / Shake With Me

LP *1961: Titel: Dream Of The West*
Song-Titel: Dream of the west – The outlaws – Huskx team – Rodeo – Smoke Signals – Ambush – Barbecue – Spring is near – Indian brave – Homeward bound – Western sunset – Tune for short cowboys

Overlanders, The (Großbritannien)

Michelle, ma belle, sont des mots qui vont tres bien ensemble (»Michelle«)

Die Overlanders begannen im Jahre 1963 als Folktrio und nahmen eine Reihe von Schallplatten für PYE auf. Der Erfolg kam jedoch erst nach der Hinzunahme von Bass und Schlagzeug. Im Dezember 1965 nahmen sie eine Coverversion von »Michelle« von den → Beatles auf, die sofort auf Platz 1 stürmte. Das war aber der einzige Hit, den die Overlanders je hervorbrachten.

Besetzung der Band: Paul Arnold (vocal, guitar), Laurie Mason (vocal), Peter Bartholomew (vocal, guitar), Terry Widlake (bass), David Walsh (drums)

Single *1963: Summer Skies And Golden Sands / Call Of The Wild*
1963: Movin'/ Rainbow
1964: Yesterday's Gone / Gone The Rainbow
1964: Don't It Make You Feel Good / Sing A Song Of Sadness
1964: If I Gave You / I Wonder Why
1964: The Leaves Are Falling / Delia'sGone
1965: Along Came John / Walking The Soles Of My Shoes
1965: Freight Train / Take The Pocket To The Well
1965: Room Enough For You And Me / January
1965: Michelle / Cradle Of Love
1966: My Life / Girl From Indiana
1966: Go Where You Wanna Go / Don't Let It Happen Again

LPs *1966: Michelle:*
Song-Titel: Michelle – Call of the wild – The leaves are falling – Freight train – Gone the rainbow – Summer skies and golden sands – Don't it make you feel good – January – Take the bucket to the well – Walking the soles off my shoes – Room enough for you and me – Yesterday's gone
1966: Go! With The Settlers

P

Paddy, Klaus And Gibson (Großbritannien)

Klaus Voormann (geb. am 29. 4. 1943 in Berlin) war ein deutscher Student, der Anfang der Sechziger in Hamburg die → Beatles kennengelernt hatte. Seine Ex-Freundin Astrid Kirchherr war später mit Stuart Sutcliffe, dem Beatle, der in Hamburg blieb, zusammen. Im Jahr 1965 ging Klaus Voormann nach England und gründete mit Paddy Chambers und Gibson Kemp die Band Paddy, Klaus And Gibson. Daneben arbeitete er noch als Grafiker und entwarf für die → Beatles das Cover von »Revolver«. Als sich Klaus Voormanns Beat-Gruppe im Jahr 1967 trennte, löste er Jack Bruce bei → Manfred Mann ab. Später spielte er mit John Lennon in der Plastic Ono Band. In den Achtzigern arbeitete Klaus Voormann auch mit der bekannten NDW-Combo Trio (»Da da da, sie liebt micht nicht«) zusammen.

Singles *1965: I Wanna Know / I Tried*
1966: Water Woman / Yes You Do

Page, Jimmy

Geboren wurde der Gitarrist Jimmy Page am 9. 1. 1944 in dem Ort Heston in Middlesex. Zwischen 1963 bis 1965 spielte Jimmy Page, meist als Studiomusiker, bei vielen Beataufnahmen der → Who (»Can't Explain«), → Kinks, Donovan, Joe Cocker, → Screaming Lord Sutch, → Rolling Stones, Cliff Richard, Brenda Lee und Tom Jones. Bei den → Yardbirds fand der Multi-Gitarrist Jimmy Page seine erste längere Bandheimat. Hier hatte er zuerst die Position als Bassist. Mit der Zeit löste er Jeff Beck an der Lead-Gitarre ab. Seinen letzten Auftritt mit den → Yardbirds bestritt Jimmy Page im Juli 1968 in der Nähe von London. Mit den Musikern Robert Plant, John Bonham und John Paul Jones startete er das Projekt Led Zeppelin, mit dem er erfolgreich abhob. Jimmy Page nahm auch Solo-Alben auf wie »Outrider« und »Vodooblues«.

Pageboys (Großbritannien)

Single *1965: I Have Love / When I Meet A Girl Like You*

Paramounts (Großbritannien)

She comes like up a rose everbody knows (»Poison Ivy«)

Die Beatband Paramounts wurde 1962 in Southend auf die Beine gestellt und spielte damals hauptsächlich amerikanische Rhythm & Blues-Standards von James Brown und Ray Charles. Trotz einiger Aufnahmen bei Parlophone und der Tatsache, daß die → Rolling Stones sie als die beste Rhythm & Blues-Gruppe Englands bezeichneten, waren sie nicht sehr erfolgreich. 1966 waren sie die Begleitband von → Sandie Shaw und → Chris Andrews. Die Paramounts gaben auf, aber ihr Organist Gary Brooker gründete später eine neue Formation: Procol Harum. Hier konnte Gary Brooker seine eigenen Songs und Sounds verwirklichen. Im Sommer 1967, nach dem Erfolg von Procol Harum mit dem Mega-Seller »A Whiter Shade Of Pale«, fanden sich die alten Mitglieder der Paramounts bei Procol Harum wieder zusammen.

Besetzung der Band: Gary Brooker (keyboard, voc), Robin Trower (guitar), Chris Copping (bass), ersetzt durch Diz Derrick (bass), Barrie »B. J.« Wilson (drums)

Singles 1964: Do I / Bad Blood
1964: Poison Ivy / I Feel Good All Over
1964: I'm The One Who Really Loves You / It Won't Be Long
1964: Little Bitty Pretty One / A Certain Girl
1965: Blue Ribbons / Cuttin' In

Pastel Six (Deutschland)

Singles 1962: Cinnamon Cinder / El Bandido
1964: I Can't Dance / Red River Valley

Patrick, Bobby & The Big Six (Deutschland)

Singles 1964: Domino Twist / Roly Poly
1964: Twistin' The Night Away / New Orleans
1965: Hang Your Head And Cry / Shame, Shame, Shame

Pavliks (Deutschland)

Singles 1967: Little Mama / Can't Take My Eyes Off You
1967: Sommersprossen / Idea

Peels (Deutschland)

Single 1966: Juanita Banana / Fun

Percy & Goalbirds (Deutschland)

Singles 1966: I Will Do / How To Catch The Girl
1966: Who Can Help Me / Lieber Freund
LP 1964: I Will Do

Petards (Deutschland)

Took a walk down to the sea (»Golden Glass«)

Aus dem hessischen Städtchen mit dem gruseligen Namen Schrecksbach kamen die Petards. Bei einem Talentwettbewerb des Südwestfunks gewannen sie einen Plattenvertrag. Ihre erste LP konnten die Petards (Knallfrösche) mit dem Billiglabel Europa verwirklichen. Sie waren eine der ersten deutschen Beatbands, die mit großen Verstärkertürmen und einem Stroboskoplicht auftraten. Auf ihren Plakaten standen Superlative wie »Härter als eine Dampfwalze« oder »Wilder als ein Orkan«.

Singles *1966: Baby Run, Run, Run / Pretty Miss*
1967: Right Time / She Didn't
1967: Shoot Me Up To The Moon / Lazy Moon
1967: A Deeper Blue / Drive
1968: Golden Glass / Tiger Rider
1968: Pretty Liza / Rainbows And Butterflies
1969: Misty Island / Tartarex
1969: Everybody Knows Matilda / Blue Fire Lights
1970: Pictures / My World
1970: On The Road Drinking Wine / Baby Man
1970: Don't You Feel Like Me / Rainy Day
1971: Good Good Donna / Willie's Gun
1972: Free / Hand Of Fortune

LPs *1968: A Deeper Blue*
Songtitel: Sun came out at seven – Firetree – Summerwind – If you want to go away – Drive – I won't come back – A deeper blue – My little heart – Love is all around – Baby – Roses for Kathy – Confusion all day
1969: Petards
1970: Hit Shock
1971: Pet Arts

Peter & Gordon (Großbritannien)

Please lock me away and don't allow the day (»A World Without Love«)

Peter Asher (geb. am 22. 7. 1944 in London) war der Bruder von Paul McCartneys Freundin Jane. Als er im Jahr 1964 mit seinem Schulfreund Gordon Waller (geb. am 4. 6. 1945) ein Duo gründete, gaben ihm Paul McCartney und John Lennon von den → Beatles einen ihrer Songs: »World Without Love« wurde eine Nr. 1 in den britischen Bestseller-Listen. Der Hit »Woman«, der 1966 von Peter & Gordon veröffentlicht wurde, ist eine Komposition des Beatles-Bassisten Paul McCartney. Ebenso wie die → Spencer Davis Group, → Manfred Mann, → David Garrick und → Beatles, hatte auch das Beatduo Peter & Gordon 1967 einen deutschen Schallplattentitel aufgenommen: »Liebe, Glück und Treue«. Bis zu ihrer Trennung im Jahr 1967 folgten noch weitere Hits. Danach arbeitete Peter Asher als Produzent für das Beatles-Label Apple und die Sängerin Linda Ronstadt.

Singles *1964: A World Without Love / If I Were You*
1965: True Love Ways / If You Wish
1965: To Know You Is To Love You / I Told You So
1965: Baby I'm Yours / When The Black Of Your Eyes
1966: Woman / Wrong From The Start
1966: To Show I Love You / Don't Pity Me
1966: Lady Godiva / Morning Calling
1966: Knight In Rusty Armour / Flower Lady
1967: I Feel Like Going Out / The Quest For The Holy Grail

LPs *1964: A World Without Love*
Song-Titel: A world without love – Lucille – Five hundred miles – If I were you – Pretty Mary – Trouble in mind – All my trials – Tell me how – You don't have to tell me – Last night I woke – Leave my woman alone
1964: One World
1965: Hurtin' 'n' Lovin'
1966: Somewhere

Peter & The Wolves (Deutschland)

Single *1967: Little Girl Lost And Found / Is It Me*

Phantom Brothers (Deutschland)

Eine Beatformation aus dem deutschen Städtchen Rendsburg, das zwi-

Peter and Gordon

schen dem Fluss Eider und dem Nordostseekanal liegt, nicht weit von der Ostseemetropole Kiel. Die Phantom Brothers aus dem Bundesland Schleswig Holstein orientierten sich mit ihrem Sound am rauhen → R&B, wie bei den → Pretty Things und → Rolling Stones.

Besetzung der Band: Olgerd Wokoeck (guitar, vocal), Wolfgang Wokoeck (bass, vocal) Horst Krüger (guitar), Rudi Krüger (drums)

Singles 1966 Chicago / It Ain't Necessarily So
1966: Flower Power / Shoot Your Shut

Pinkertons Assorted Colours (Großbritannien)

Als Liberators im Jahr 1964 gegründet, wurde die Beatband von dem Manager Reg Calvert entdeckt, der ihnen den neuen Namen Pinkertons Assorted Colours gab. Im Jahr 1966 hatten sie bei der Schallplattenfirma Decca mit »Mirror Mirror« einen Hit in den Top Ten. Die weiteren Veröffentlichungen kamen nicht mehr groß heraus. Gegen Ende ihrer Karriere kürzten sie den Namen auf Pinkertons Colours ab.

Besetzung der Band: Samule »Pinkerton« Kemp (autoharp, voc), Tony Newman (guitar), Tom Long (guitar), Berrie Bernard (bass), Dave Holland (drums)

Singels 1965: Mirror Mirror / She Don't Care
1966: Don't Stop Loving Me Baby / Will Ya
1966: Magic Rockin' Horse / It Aint Right
1967: Mom And Dad / On A Street Car
1968: There's Nobody I'd Sooner Love / Duke's Jetty
1968: Kentucky Women / Behind The Mirror

Pickwicks (Großbritannien)

Single 1964: Apple Blossom Time / Don't Want To Tell You Again

Poets (Großbritannien)

Die Beatband namens Poets kam aus Glasgow (Schottland) und wurde im Jahr 1964 von → Andrew Loog Oldham unter Vertrag genommen, der auch ihre erste Single »Now We're Through« bei Decca produzierte. Diese Platte erreichte immerhin die unteren Plätze der Charts. Ihre späteren Platten, die auf Oldhams eigenem Label Immediate erschienen, waren trotz (oder wegen) ihres avantgardistischen Sounds kommerziell mehr oder weniger bedeutungslos. Als Dean Fort & The Gaylords, die ebenfalls aus der Stadt Glasgow kamen, zu der erfolgreichen Gruppe Marmalade (»Obladi Oblada«) wurden, gingen die Poets-Mitglieder Hughie Nicholson und Dougie Henderson auch zu ihnen.

Besetzung der Band: George Gallacher (voc), Hume Paton (lead-guitar, voc), Tony Miles (guitar), John Dawson (bass), Alan Weir (drums)

Singles 1964: Now We're Through / There Are Some

1965: That's The Way It's Got To Be / I'll Cry At The Moon
1965: I Am So Blue / I Love Her Still
1965: Call Again / Some Things I Can't Forget
1966: Baby, Don't You Do It / I'll Come Home
1967: Wooden Spoon / In Your Tower
1967: Alone Am I / Locked In A Room
1967 Heyla Hola / Fun Buggy

Polnareff, Michel (Frankreich)

Der französische Beatnik Michel Polnareff (geb. am 3. 8. 1944) war eines der kurzlebigen Phänomäne der 60er Jahre. Er hatte nur zwei Hits. Hauptsächlich war er im französischen Sprachraum künstlerisch zuhause. Seinen französisch gesungenen Hit »La Pupée Quit Fait Non« sang er auch auf deutsch mit dem Titel »Meine Puppe sagt non!« Er kam mit »La Pupée Quit Fait Non« auf Platz 15 in der deutschen Hitparade.

Singles *1966: Love Me, Please Love Me / La Poupée Qui Fait Non*
1967: Ta-Ta-Ta-Ta / Pauvres Guitariste
1967: Ame Caline/ Fat Madame
1968: Ring A Ding / J'ai Du Chagrin, Marie

Poole, Brian And The Tremeloes (Großbritannien)

Der Metzger (englisch: Butcher) Brian Poole (geb. am 3. 11. 1941 in London) gründete 1959 in Dagenham seine Begleitband Tremeloes. In der Anfangszeit von Brian Poole And The Tremeloes war ihre Musik sehr von dem Rock 'n' Roller Buddy Holly beeinflußt. Brian Poole trug auf der Bühne sogar eine ähnliche Brille wie sein Vorbild aus Amerika. 1962 bekam die Band einen Vertrag bei der Schallplattenfirma Decca. Im Laufe der Zeit änderte sich das Image und die Musik der Gruppe, die jetzt einen Sound spielten, der dem → Merseybeat ähnlich war. Das Programm von Brian Poole And The Tremeloes bestand hauptsächlich aus Coverversionen bekannter Song-Titel: zum Beispiel: »Twist And Shout« von den Isley Brothers, das in der Version von den → Beatles bekannter wurde. Von Roy Orbison übernahmen Brian Poole And The Tremeloes den Song »Candy Man«. 1966 trennte sich Brian Poole von der Band. Er versuchte erfolglos eine Solokarriere zu starten und kehrte bald zu seinem bürgerlichen Beruf zurück. Die Tremeloes machten weiter und waren gegen Ende der Sechziger sogar noch erfolgreicher als zu den Zeiten mit ihrem ehemaligen Sänger Brian Poole. Sie warfen mit harmoniebetontem Gesang bei den Songs »Here Comes My Baby«, »Silence Is Golden« oder »Even The Bad Times Are Good« umsatzstarke Singles auf den Popmarkt.

Besetzung der Band: Brian Poole (vocal), Ricky West (lead-guitar), Alan Blakeley (guitar), Alan Howard (bass), Dave Munden (drums)

Singles 1962: *Twist Little Sister / Lost Love*
1962: *Blue / That Ain't Right*
1962: *A Very Good Year For Girls / Meet Me Where We Used To Meet*
1963: *Keep On Dancing / Run Back Home*
1963: *Twist And Shout / We Know*
1963: *Do You Love Me / Why Can't You Love Me*
1963: *I Can Dance / Are You Loving Me At All*
1964: *Candy Man / I Wish I Could Dance*
1964: *Someone, Someone / Till The End Of Time*
1964: *12 Steps To Love / Don't Cry*
1964: *Three Bells / Tell Me How You Care*
1965: *After A While / You Know*
1965: *I Want Candy / Love Me Baby*
1965: *Good Lovin' / Could It Be You*
1966: *Hey Girl / Please Be Mine*

LPs 1963: *Big Hits Of 62*
Song-Titel: Don't ever change – Roses are red – Speedy Gonzales – Stranger on the shore – Things – Breaking up is hard to do – Sheila – Halfway to paradise – Return to sender – Let's Twist again – Loco-Motion – Hey, baby – Let'dance – Dance with the guitar man – Dream baby – Twisting the night away – I can't stop loving you – Swiss maid – It might as well rain until september – Devil woman
1963: *Twist And Shout With Brian Poole And The Tremeloes*
1965: *It's About Time*

Poor Things, The (Deutschland)

Singles 1966: *I'm So Lonesome / I Don't*
1966: *We Trust In A Better Way Of Life / Danny Boy*

LP 1966: *Mixed Feelings*

Pop Workshop (Großbritannien)

Single 1968: *When My Little Girl Is Happy / Fairyland*

Potatoes (Großbritannien)

Im Jahr 1966 nahmen die Potatoes (deutsch: Kartoffel) bei Fontana eine 45er-Schallplatte mit Songs von den bekannten Songwritern Howard/Blaikley auf. Das Komponisten-Duo schrieb auch viele Hits für → Dave Dee, Dozy, Beaky, Mick & Tich.

Single 1966: *Bend / Bend Ahead*

Powell, Jimmy And The Five Dimensions (Großbritannien)

Der Rhythm & Blues-Sänger Jimmy Powell nahm 1962 bei Decca eine Single auf und gründete im folgenden Jahr die Five Dimensions. Für kurze Zeit spielte Rod Stewart (später bei den Faces und erfolgreich mit Hits wie »Maggie Mae«) bei Jimmy Powell And The Five Dimensions die Mundharmonika. Im Jahr 1964 nahm die Beatformation bei der Schallplattenfirma PYE mehrere Singles auf, bevor sie sich 1965 trennte. Jimmy Powell gründete im Laufe der Zeit mehrere Bands unter dem Namen Dimensions, mit denen er durch die britischen Clubs tourte.

Singles *1964: Sugar Baby Part 1 / Part 2*
1964: I've Been Watching You / Sugar Babe
1966: I Can Go Down / Captain Man

Powell, Keith And The Valets (Großbritannien)

Eine der vielen Gruppen aus → Birmingham waren Keith Powell And The Valets. Sie wurden im Jahre 1963 von Columbia unter Vertrag genommen.

Single *1964: I Should Know Better / Too Much Monkey Business*

Pretty Things (Großbritannien)

Midnight to six that's my time (»Midnight To Six Man«)

Während der frühen 60er Jahre studierte der Gitarrist Dick Taylor (geb. am 28. 1. 1943 in Dartford) am »Sidcup Art College«. Einer seiner Studienkollegen, mit dem er öfter Musik machte, war Keith Richards. Dick Taylor spielte damals auch in der Band Little Boy Blue And The Blue Boys, deren Sänger Mick Jagger war. Als Mick Jagger und Keith Richards die → Rolling Stones gründeten, spielte Dick Taylor bei ihnen kurze Zeit Bass. Die Rolling Stones wurden bald eine professionelle Band. Aber Dick Taylor beschloß, lieber sein Studium fortzusetzen. Allerdings sollen Dick Taylor und Phil May (geb. am 11. 9. 1944 in Bexleyhearth) schon ab 1962 (ohne Schlagzeuger) durch die Universitäten Englands getourt sein, um dort den erstaunten Studenten die Songs des → Rhythm & Blues vorzuspielen. Im Jahr 1963 gründeten die beiden dann mit weiteren Studienkollegen die Pretty Things (deutsch: hübsche Dinger). Die Pretty Things waren zweifellos die wildeste Band in den Sechzigern. Als die Rolling Stones als Bedrohung der öffentlichen Moral angesehen wurden, hatten die Pretty Things noch extremere Frisuren, die sogar nach späteren Maßstäben, sehr, sehr lang waren, und sie spielten die härteste Musik, die man sich vorstellen konnte. Die Plattenfirma Fontana war durch den Erfolg der R&B-Band Rolling Stones auf der Suche nach einem Rolling-Stones-Ersatz und wählte dafür die Pretty

Things aus. Fontana soll ihnen auch den erfahrenen Schlagzeuger Viv Prince verordnet haben, der schon Profi-Musiker seit 1960 mit der Band Dauphin Street Band und später bei → Carter-Lewis gewesen war. Die erste 45er-Schallplatte der Band mit den Songs »Rosalyn« und »Big Boss Man« war nicht so erfolgreich und mußte sich noch mit Platz 30 in den englischen Charts begnügen. Doch der Nachfolger »Don't Bring Me Down« erreichte schon Platz 10 in den englischen Charts. In Amerika wurde diese Scheibe wegen ihres Textes verboten. Die erste LP der Pretty Things enthielt Rhythm & Blues-Klassiker wie »Roadrunner« und die Nummer »Pretty Thing« von Bo Diddley, von der sie auch ihren Bandnamen entliehen hatten. Sie tourten nie in Amerika, (hatten dafür ein ein in London gefilmtes Interview mit der Dick Clark Show), aber sie absolvierten eine katastrophale Tour durch Australien, bei der ihr Schlagzeuger → Viv Prince gefeuert wurde. Er soll bei der Landung auf

The Pretty Things

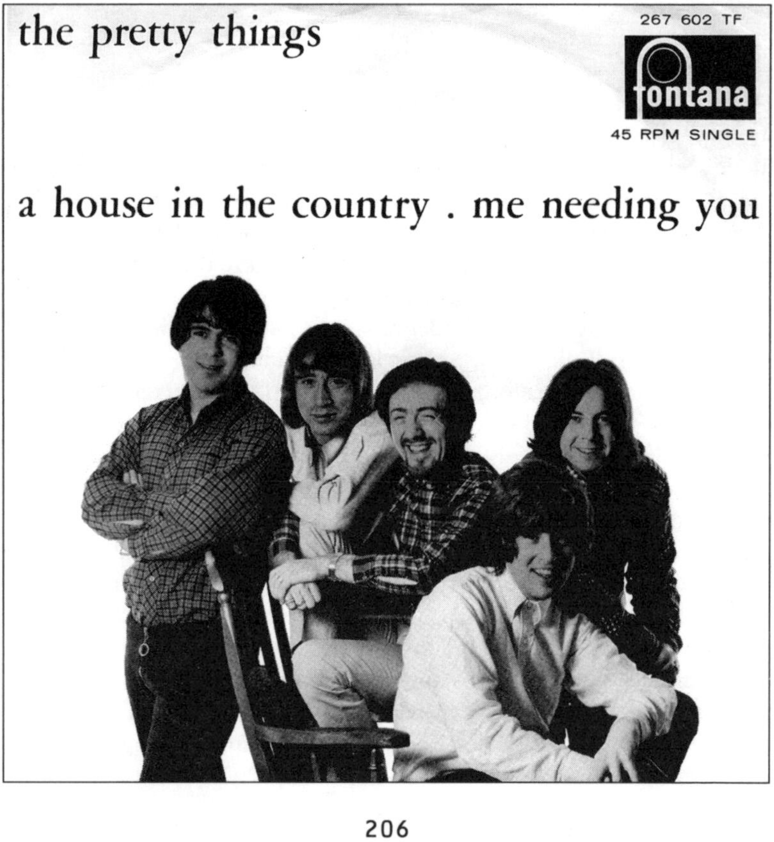

einem australischen Flughafen unter dubiosen Umständen vor dem Andocken der Gangway aus einem Flugzeug gefallen und in einem Krankenhaus gelandet sein. Viv Prince wurde zuerst durch Mitch Mitchell, den späteren Schlagzeuger von Jimi Hendrix, und dann durch Skip Alan ersetzt. Dieser wiederum soll auch wieder aus einem Flugzeug gefallen sein und wurde durch einen gewissen Twink, dem Drummer von der Band Pink Fairies ersetzt. 1965 und 1966 folgten für die Pretty Things noch einige kleinere Hits wie »Come See Me« und die Nummer von den → Kinks: »A House In The Country«. Die B-Seite der Single »Come See Me« wurde durch ihren skandalträchtigen Song-Titel »L.S.D« ein Kult-Song. Die zweite LP der Pretty Things mit dem Titel »Get The Picture« war auch relativ erfolgreich. Doch Mitte 1967 verschwand die Rhythm & Blues-Szene ziemlich schnell, und damit nahte auch das Ende für die Pretty Things. Die Band machte in anderer Besetzung noch weiter und lieferte mit dem wohl ersten Konzept-Album »S. F. Sorrow« Pete Townshend von den → Who die Idee zu der Rockoper »Tommy«.

Besetzung der Band: Phil May (vocal), Dick Taylor (guitar), Brian Pendleton (guitar), John Stax (bass), Vic Prince (drums), ersetzt durch Skip Alan (drums)

Singles 1964: *Rosalyn / Big Boss Man*
1964: *Don't Bring Me Down / We'll Be Together*
1965: *Honey I Need / I Can Never Say*
1965: *Roadrunner/Big City*
1965: *Cry To Me / Get A Buzz*
1965: *Midnight To Six Men / Can't Stand The Pain*
1966: *Come See Me/L.S.D.*
1966: *A House In The Country / Me Needing You*
1966: *Progress / Buzz In The Jerk*
1967: *Children / My Time*
1967: *Defecting Grey / Mr. Evasion*
1968: *Talking About The Good Times / Walking Through My Dreams*
1968: *Private Sorrow / Balloon Burning*
1970: *The Good Mr. Square / Blue Serge Blues*
1970: *October 26 / Cold Stone*

LPs 1964: *We'll Be Together*
Song-Titel: Road runner – Judgement day – 13, chester street – Big city – Unknown blues – Mama, keep your big mouth shut – Honey, I need – Oh! Baby Doll – She's fine she's mine – Don't lie to me – The moon is rising – Pretty thing
1965: *Get The Picture?*
Song-Titel: You don't believe me – Buzz the jerk – Get the picture – Can't stand the pain – Rainin' in my heart – We'll play house – You'll never do

it baby – I had a dream – I want your love – London town – Cry to me – Gonna find me a substitute
1967: Emotions
1968: S. F. Sorrow
1970: Parachute

Primitives (Großbritannien)

Eine harte langhaarige Rhythm & Blues -Band, die eine ähnliche Musik wie die → Pretty Things machten. Für PYE nahmen die Primitives mindestens eine Single auf.

Single *1965: You Said/How Do You Feel*

Prince, Viv (Großbritannien)

Es hat in der Musikszene viele durchgedrehte Musiker gegeben, aber Viv Prince war wohl einer der verrücktesten. Seine Karriere begann 1960 bei der Gruppe Dauphin Street Trad Band und ging dann weiter bei bei → Carter-Lewis And The Southerners bevor er im Jahr 1963 zu den → Pretty Things ging. Sogar nach deren Maßstab war er völlig durchgedreht. Er war einer der ersten Rockstars, der wegen Drogenbesitz verhaftet wurde. Nach einer Tournee durch Australien und Asien im Jahre 1965 war es sogar den Pretty Things zu viel mit ihm. Zu seinen Aktivitäten während der Tour gehörte es, daß er sich so betrank, daß er aus dem Flugzeug geworfen wurde. Auf der Bühne kroch er während des Auftritts auf allen vieren herum und trank Whiskey aus seinen Stiefeln, bevor er die Bühne anzündete. Nach seinem Rauswurf machte er erst eine Soloplatte. Dann gründete er kurzfristig die Band Bunch Of Five, spielte ein paar Auftritte als Ersatz für Keith Moon bei den → Who und wurde für die erste Formation der Jeff Beck Group engagiert. Hier kam er aber nicht über die erste Probe hinaus. Normalerweise konnte man ihn mehr oder weniger unter Drogen oder alkoholisiert in den Londoner Clubs finden. 1969 gründete er die Musik-Gruppe Kate. Danach hat man nur noch wenig von ihm gehört.

Single *1966: Light Of The Charge Brigade / Minuet For Ringo*

Proby, P. J. (Großbritannien)

Anfang der 60er Jahre kam James Marcus Smith (geb. am 6. 11. 1938 in Houston/Texas) aus Amerika, wo er Demos für Elvis Presley gemacht hatte und unter dem Namen Jet Powers aufgetreten war, nach England. Er war schon in den Fünfzigern ein Nachwuchsschauspieler in Hollywood. Der Fernsehproduzent Jack Good brachte ihn im Jahr 1964 unter dem neuen Namen P. J. Proby in einer Fernsehshow der → Beatles unter. Seine erste Single bei der Schallplattenfirma Decca, »Hold

Me«, erreichte Platz 3. Während der nächsten vier Jahre hatte P. J. Proby noch weitere Hits bei Decca und Liberty. Aber wo P. J. Proby auch auftrat, gab es Ärger. Er verlangte seine Gage, bevor er die Bühne betrat, und während eines Konzertes platzte seine Hose. Das wurde zuerst als Zufall angesehen. Da es aber bei den folgenden Auftritten auch passierte, durfte er nicht mehr im Fernsehen auftreten. Seine nächste 45er-Schallplatte hieß bezeichnenderweise »I Apologize« (deutsch: Ich entschuldige mich). Als nächstes nahm er sich den walisischen Sänger Tom Jones vor, von dem er behauptete, daß er nur Müll hervorbringen würde. P. J. Proby forderte Tom Jones zu einem Wettsingen heraus, das aber nie stattfand.

Singles *1964: Hold Me / The Tips Of My Fingers*
1965: Together / Sweet And Tender Romance
1965: Somewhere / Just Like Him
1965: I Apologize / What's On Your Mind
1965: Zing Went The Strings Of My Heart / Answer Me
1965: Let The Water Run Down / I Don't Want To Hear It Anymore
1965: Lonely Weekends / With These Hands
1965: My Prayer / That Means A Lot
1965: Maria / She Cried
1965: I Need Love / You Got Me Cryin'
1966: You've Come Back / It Ain't Neccessarily So
1966: To Make A Big Man Cry / Wicked Woman
1966: I Can't Make It Alone / Sweet Summer Wine
1967: Niki Hocky / Good Things Are Coming My Way
1967: You Can't Come Home Again / Work With Annie
1967: I'm Coming Home / Turn Her Away
1968: It's Your Day Today / I Apologize Baby
1968: What's Wrong With My World / Why Baby Why
1968: Butterfly High / Just Holding On

LPs *1965: I Am P. J. Proby*
Song-Titel: Whatever will be will be – It's no good for me – Rockin' pneumonia and the boogie woogie flu – The masquerade is over – Glory of love – I'll go crazy – Question – You don't love me no more – Don't worry baby – Just call and I'll be there – Louisiana man – Cuttin' in
1965: P. J. Proby's In Town
1965: Somewhere
1968: Believe It Or Not

Pudding (Großbritannien)

Single *1967: Magic Bus / It's Too Late*

Q

? (Question Mark) And The Mysterians (USA)

Too many teardrops for one heart (»96 Tears«)

Die Fünf Jungs von Question Mark And The Mysterians (deutsch: Fragezeichen und Geheimnis) aus Mexiko lernten sich in der Autostadt Detroit kennen und gründeten ihre Beatband, die bald in ganz Michigan bekannt war. Mit ihrem Schallplattentitel »96 Tears« kamen sie in die Hitparaden und hatten einen riesigen Hit. Ende der Sechziger verschwanden sie wieder. Der Nachfolgehit war »I Need Somebody«.

Besetzung der Band: Rudy Martinez »Question Mark« (vocal), Robert Balderrama (guitar), Frank Rodriguez (keyboard), Frank Lugo (bass), Edward Serrato (drums)

Singles	*1966: 96 Tears / Midnight Hours*
	1967: I Need Somebody / 8 Teen
LPs	*1966: 96 Tears*
	Songtitel: I need somebody – Stormy Monday – You're telling me lies – Ten o'clock – Set aside – »8«teen – Don't tease me – Don't break this heart of mine – Why me – Midnight hour – 96 tears
	1967: Action

Quiet Five (Großbritannien)

Die wenig bekannte Beatband Quiet Five hatte im Jahr 1965 und 1966 zwei kleinere Hits bei der Schallplattenfirma Parlophone.

Singles	*1965: When The Morning Sun Dries The Dew / Tomorrow I'll Be Gone*
	1966: I Am Waiting / What About The Time For Me

Quik (Großbritannien)

Bei dem Label Deram machte die Beatband mit dem eigenartigen Namen Quik im Jahr 1967 drei Singles.

Singles	*1967: Bert's Apple Crumble / Love Is A Beautiful Thing*
	1967: I Can't Sleep / Soulful Of Sorrow
	1967: King Of The World / My World

R

Rags (Deutschland)

Single *1968: Ich liebe Dich / Mr. Cool*

Rainbows (Deutschland)

My baby baby balla balla (»Balla Balla«)

Mit »Balla Balla« gelang der Berliner Beatgruppe ein absoluter Hit. »Balla Balla« dürfte der Beatsong sein, in dem ein gleiches Wort (»Balla«) am öftesten vorkommt. Doch als weitere Erfolge sich nicht einstellen wollten, trennten sie sich.

Besetzung der Band: Hartmut Münster (guitar, vocal), Rolf Schröder (guitar, vocal), Horst Lippok (bass), Hans-Dieter Heinze (drums)

Singles *1965: Balla Balla / Ju Ju Hand*
1966: Kommando Pimperle / Ich weine Dir nicht nach
1966: Rotkarierte Petersilie / Tubon
1966: It Must Be Love / Say Won't You Be My Girl
1967: Don't Cry / Four Guys In Music

The Rainbows

1967: I Walk To Paris / I Hold You Tight
1967: Wanted / I'm Singing Quietly

Randy & The Rainbows (Deutschland)

Single *1963: Denise / Come Back*

Rangers (Deutschland)

Single *1967: I Found A Love / Run Back Into My Arms*

Rats (Großbritannien)

Die Rats (deutsch: die Ratten) aus Hull spielten Mitte der Sechziger Rhythm & Blues-Coverversionen von Willie Dixon und anderen Bluesmusikern und nahmen bei der Schallplattenfirma Decca mehrere Singles auf. Ihr Gitarrist Mick Ronson spielte später bei David Bowie, Mott The Hoople und Bob Dylan.

Singles *1965: I've Gotta See My Baby / New Orleans*

The Rattles

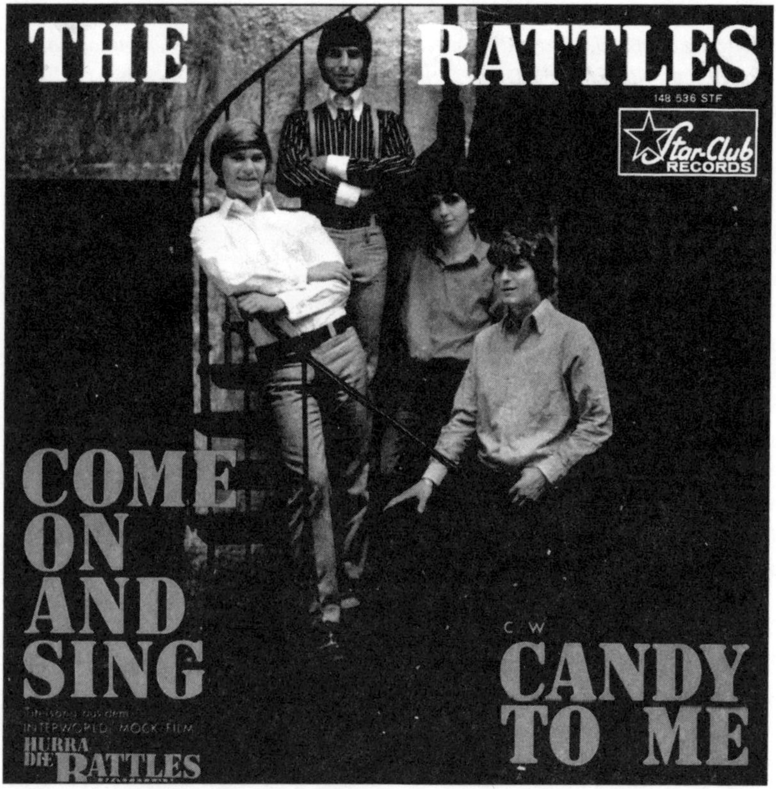

1965: Sack Of Woe / Gimme That Wine
1965: Spoonful / I Got My Eyes On You

Rattles (Deutschland)

Mailman take this letter, and hurry up, hurry up and run (»Love Of My Life«)

Neben den → Lords waren die Rattles die bekannteste Beatgruppe in Deutschland. 1960 von Achim Reichel (geb. am 28. 1. 1944 in Hamburg) zusammengestellt, gewannen sie im Jahr 1963 einen Wettbewerb im → »Star Club« in Hamburg. Im Gegensatz zu den meisten anderen Beatbands in Deutschland schrieben die Rattles ihre Songs selbst. Ab 1965 waren sie mit ihren Schallplattenveröffentlichungen auch in den Hitparaden vertreten. Im Jahr 1966 durften sie die → Beatles auf der Deutschlandtour als Vorgruppe begleiten. Für kurze Zeit gingen sie nach England und traten dort sogar in → Liverpool im → »Cavern Club« auf. 1966 mußte Achim Reichel zur Bundeswehr, und die Truppe löste sich zeitweilig auf. Achim Reichel gründete 1968 die Band Wonderland, die mit »Moscow« einen Hit verzeichnen konnte. Ab 1970 gab es die Rattles in vollständiger Neubesetzung wieder, die bis zum Jahr 1977 zusammenhielt. Ein Teil der Rattles gründete die Formation Randy Pie. Die Musiker bei den Rattles wechselten sehr oft, und es sind im Kern drei Besetzungen wichtig.

Besetzung 1 (bis zum Jahr 1966): Achim Reichel (guitar, vocal), Rugy Rugenstein (guitar), Herbert Hildebrand (bass, keyboard), Dicky Tarrach (drums)

Besetzung 2 (bis1970): Frank Dostal (vocal), Bernd Schulz (guitar), Hajo Kreuzfeld (guitar), ersetzt durch Rugy Rugenstein (guitar), Herbert Hildebrand (bass, keyboard),

The Rattles

Dicky Tarrach (drums) / Besetzung 3 (ab 1970): Edna Berajano (vocal), Frank Mille (guitar), »Zappo« Lüngen (bass, guitar), Herbert Bonhold (drums)

Singles 1963: *Mashed Potatoes / Hello*
1963: *Zip-A-Dee-Doo-Dah / The Stomp*
1963: *Bye Bye Johnny / Sticks And Stones*
1963: *Go To Him / Cryin', Waitin', Hopin'*
1964: *Baby, That Is Rock'n'Roll / Everybody Loves A Lover*
1964: *Tell Me What Can I Do / Sunbeam At The Sky*
1964: *What Do You Want With My Baby / My Gal Is Red Hot*
1964: *Memphis Tennessee / Twist And Shout*
1964: *Geh' zu ihm / Bye Bye Baby*
1964: *Doo Wah Diddy Diddy / Betty Jean*
1965: *Shame Shame Shame / Someone Who Is Just Like You*
1965: *La La La / There Goes My Heart Again*
1965: *Come On And Sing / Candy To Me*
1965: *(Stoppin' In)Las Vegas / Lean Jean 17*
1966: *Love Of My Life / Say Alright*
1966: *It Is Love / Hey Sally*
1967: *Cauliflower / I Will Always Stay Your Friend*
1968: *After Tea / Thank You*
1968: *Faught The Lord / Lady Angeline*
1968: *Mr. . . . . / Keep Your Hands Off My Sister*
1969: *Geraldine / The Witch*
1969: *Lady Love / Ice On Fire*
1970: *Silly Lilly / Papa-San*
1970: *You Can't Have Sunshine Every Day / Where Is The Friend*
1970: *Devil's On The Loose / I Know You Don't Know*
1970: *Something Else / What Do I Care*

LPs 1964: *Twist Im Starclub*
1965: *Star Club Show 1*
Song-Titel: Shout – Hootchie coochie man – Too much monkey business – Shame shame shame – Far far away – I'm gonna do it – You better stop – Do wah diddy diddy – Just like I treat you – Someone who is just like you – Mr. Moonlight – Betty Jean – I should have known better
1966: *Greatest Hits*
1967: *Remember Finale Ligure Song-Titel: It is love – Shot gun – I will always stay your friend – Soukie Soukie – Rugy's girl – Nurse Elisah – Remember finale – Callboy – Another saturday night – Hold on I'm coming – Our way of thinking – Sweet dreams – Don't run away – We've got to go now*
1968: *Rattles Production*

Ravell, Chris And The Ravers (Großbritannien)
Im Jahr 1963 nahmen Chris Ravell And The Ravers bei Decca die 45er-Schallplatte »I Do« auf. Danach machte Ravell unter seinem richtigen Namen → Chris Andrews mit Songtiteln wie »Yesterday Man« und »To Whom It Concerns« Karriere.
Single *1963: I Do / Don't You Dig This Kind Of Beat*

Red Skyscrapers (Niederlande)
Single *1963: Marsman / Jungle Fantasy*

Red Squares (Dänemark)
Singles *1966: People Get Ready / Turning Around*
1966: Pity Me / Mountains High
1966: Sherry / You Can Be My Baby
1967: Down And Out / Tell Me I'm Dreaming

Redcaps, The (Großbritannien)
Singles *1963: Shout / The Little Things You Do*
1963: Talking About You / Come On Girl

Reese, Peter & The Pages (Deutschland)
Singles *1964: Hippy Hippy Shake / Whole Lotta Shaking Going On*
1964: Hully Gully Lullabye / Schau Schau
1964: That Is The Bluebeat / Lazy Lady
1965: Yum Yum / Shakin' All Over
1965: Sweet Little Rock'n'Roller / Tallahassee Lassie

Reimar, Johnny & The Scarlets (Niederlande)
Single *1964: What Do You Say / Make Me Forget*

Relf, Keith (Großbritannien)
Während Keith Relf (geb. am 22. 3. 1943 in Richmond/Surrey, gest. am 14. 5. 1976) noch bei den → Yardbirds spielte, nahm er einige ruhigere Solosingles auf. Nach der Auflösung der → Yardbirds gründete er Renaissance, spielte kurz bei Medicine Head und gründete 1975 dann die Armageddon. Im Frühjahr 1976 kam er durch Stromschlag mit seiner Elektrogitarre ums Leben.
Singles *1966: Mr. Zero / Knowing Nothing*
1966: Shapes In My Mind / Blue Sand

Remains (USA)

Warum diese gute Beatband aus Massachussetts so gut wie keinen Erfolg hatte, wird wohl ewig ein Rätsel bleiben. Sogar das Engagement der Remains als Einheizer für die → Beatles auf deren US-Tournee half nichts.

Besetzung der Band: Barry Tashian (guitar, vocal), Bill Briggs (e-piano), Vern Miller (bass), N. D. Smart (drums), ersetzt durch Chip Damiani (drums)

Singles *1965: I Can't Get Away From You / But I Ain't Got You*
1965: Why Do I Cry / Hey Baby

LP *1967: Remains*
Songtitel: Heart – Lonely weekend – Don't look back – Why do I cry – Diddy wah diddy – You got a hard time coming – Once before – Thank you – Time of day – Say you're sorry

Remo Four (Großbritannien)

Die Remo Four aus → Liverpool begleiteten die Sänger Johnny Sandon und Tommy Quickly und nahmen auch eigene Platten auf. Ihr Pianist war Tony Ashton, der später Ashton, Gardner And Dyke gründete.

Singles *1964: Shimmy Like My Sister Kate / Peter Gunn*
1964: Sally Go Round The Roses / I Know A Girl
1966: Peter Gunn / Mickey's Monkey
1967: Live Like A Lady / Sing Hallelujah

LP *1967: Smile!*

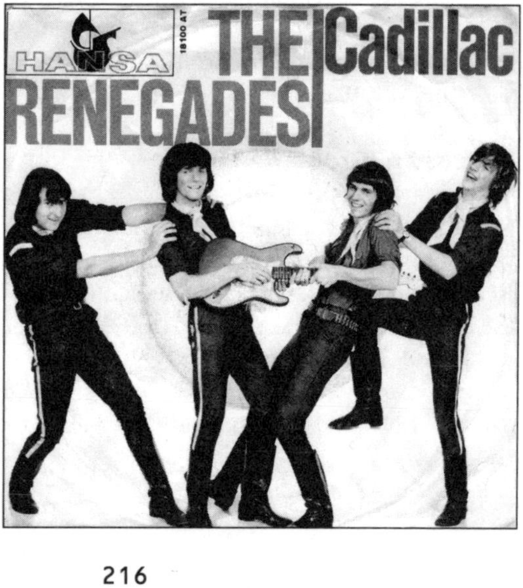

The Renegades

Song-Titel: Heart beat – The skate – No money down – Rock candy – The 7th son – Roadrunner – Brother where are you – Jive samba – Nothin's too good for my baby

Renegades (Großbritannien)

Well my baby drew up in a brandnew Cadillac she aint never ever coming back (»Cadillac«)

Die vier Schulkameraden der Beatband Renegades (deutsch: Abtrünnigen) hatten in England keinen Erfolg und beschlossen, es in Skandinavien zu versuchen. In Schweden kam der Durchbruch mit dem Song-Titel »Cadillac«, der auch in Deutschland ein Renner wurde und in der deutschen Hitparade im Juni 1965 sogar auf Platz 10 kletterte.

Bandbesetzung: Deny Gibson (guitar), Kim Brown (guitar), Ian Mallett (bass), Graham Johnson (drums)

Singles 1965: *Cadillac / Bad Bad Boy*
1966: *John Fitzgerald Kennedy / Il Piu*
1966: *Thirteen Women / Walking Down The Street*
1967: *Never Get Married / Can't See You, Kid*

LPs 1965: *Cadillac*
1965: *Have Beat, Will Travel*
1966: *Take A Heart*

Retreats (Deutschland)

Single 1967: *Funny Things / You You You*

Revere, Paul And The Raiders (USA)

Let me, let me, let baby don't forget me (»Let Me«)

Durch ihre wöchentlichen Auftritte in Dick Clarke's TV-Show »Where The Action Is« wurde es der Beatband Paul Revere And The Raiders aus Oregon möglich, sehr schnell im ganzen Land bekannt zu werden. In Deutschland wurde die Band 1969 durch den Song »Let Me« einigermaßen bekannt.

Besetzung der Band: Paul Revere (piano, organ), Mark Lindsay (vocal, sax), Michael Smith (guitar), ersetzt durch Freddie Weller (guitar), Philip Volk (bass), ersetzt durch Charlie Coe (bass), Drake Levin (drums), ersetzt durch Kim Valley (drums), ersetzt durch Joe Jr. Correro (drums)

Singles 1966: *Great Airplane Strike / In My Community*
1966: *Hungry / There She Goes*
1966: *Kicks / Shake It Up*
1967: *Do Unto Others / Peace Of Mind*
1967: *Ups And Downs / Leslie*
1969: *Mr. Sun, Mr. Moon / Without You*

1969 Let Me / I Don't Know

LPs *1964: Paul Revere And The Raiders*

1965: Like Long Hair

1965: Here They Come!

Song-Titel: You can't sit down – Money – Louie Louie – Do you love me – Big boy Pete – Oo poo pah doo – Sometimes – Gone – Time is on my side – A kiss to remember you

1966: In The Beginning

1966: Just Like Us

1967: The Spirit Of ' 67

1967: Revolution

1968: A Christmas Present And Past

1968: Going To Memphis

1968: Hard 'n'Heavy With Marshmallow

1968: Something Happening

1969: Alias Pink Puzz

Rhythm & Blues

Der englische Rhythm & Blues (kurz: R&B) war hauptsächlich in → London zu Hause. Die Karriere des → Rhythm & Blues startete um 1962 an der Themse. Damals eröffneten Alexis Korner und Cyril Davies den »Ealing Rhythm And Blues Club« im Frühjahr 62. Die traditionellen Jazz Clubs, in denen Alexis Korner zuvor mit der dixie- und jazzorientierten Band Chris Barber auftrat, wollten keine Bluesmusiker haben, die auf lauten elektrischen Gitarren spielten und dazu orgasmusähnliche Schreie anstimmten, um die gefühlsintensive Klänge der schwarzen Musiker nachzuempfinden. So blieb es nicht aus, daß sich die immer zahlreicher werdende → Rhythm & Blues-Gemeinde eigene Clubs schaffen mußte um ihren Lieblingssound zu hören. Alexis Korner sammelte in seiner Club-Band Blues Incorporated begabte Leute wie Paul Jones, Charlie Watts, Ginger Baker, Dick Heckstall-Smith, Mick Jagger und Jack Bruce. In dieser Zeit wurden auch die legendären Rhythm & Blues-Bands wie die → Rolling Stones und die → Pretty Things auf die Beine gestellt. Dann kamen Bands wie die → Zephyrs, Ray Anton and The Peppermint Men, die Cheyenes, den Cyril Davies Allstars oder Alex Harvey's Soul Band hinzu. Es ist derselbe Alex Harvey (geb. am 5. 2. 1935 in Glasgow/Schottland) der Jahre später mit seiner Combo The Sensational Alex Harvey Band berühmt wurde und 1982 starb. Ohne puristisch zu sein, spielten die neuen englischen R&B-Gruppen die Songs der Blueser wie Muddy Waters, John Lee Hooker, Howlin Wolf und Ray Charles und nahmen auch die Stücke von farbigen Rock 'n' Rollern wie Chuck Berry oder Bo Diddley gern in ihr Programm. Das »Fab-Magazine« schrieb: »Keith Richards ist der Vater des britischen R&B.« Die Songs wurden nicht nur immer lauter, sondern auch immer schneller. Das war mitreißende Musik aus den Bauch. In den London-Clubs wie dem → »Marquee« oder dem → »Crawdaddy« brach um 1964 ein regelrechtes R&B-Fieber aus. Neue Rhythm & Blues-Clubs wie »Studio 51«, »Eel Pie Island«, »Klooks Kleek« oder der »100 Club« suchten sich an diesen erfolgsverprechenden Trend anzuhängen. Der R&B-Sound war rauher und schmutziger als der → Merseybeat. Die R&B-Musiker gaben sich auch verwildeter und provozierender. Die langhaarigen Pretty Things waren in den Augen der gutbürgerlichen Bevölkerung auf der Insel eher das Gegenteil ihres Namens und in den Augen der schockierten englischen Medien überhaupt keine hübschen Dinger. Sie können mit ihrem ultrabrutalen Stil durchaus als die Urväter des 15 Jahre später auftauchenden Punks gelten. Long John Baldry sammelte bei seiner Combo Hoochie Coochie Men weitere Blues-Musiker. In den Clubs »Klooks Kleek« und → »Flamingo« startete John Mayall mit seiner Blues-Band, die ein Pool von interessanten Musikern war, ein weiteres R&B-Kapitel in Großbritannien. In diesen Clubs waren auch die → Blue Flames mit dem Sänger Georgie Fame anzutreffen, die vor allem ein exotisches Publikum aus Westindern, GIs und Schwarze mit ihren Bühnen-Shows unterhielten. Ebenso gastierten hier → Chris Farlowe & The Thunderbirds, → Zoot Money's Big Roll Band, die → Moody Blues, Brian Auger And The Trinity die → Animals, John Lee's Groundhogs und eben John Mayalls Bluesbreakers. Soulorientierter Sound a la Ray Charles und James Brown war hier gefragt. Mit den Aufkommen der → Mods ab 1965 war die erste große britische R&B-Ära für eine Weile zu Ende. Erst in den 70ern konnten Gruppen wie Chicken Shack, Steamhammer und Fleetwod Mac den englischen Rhythm & Blues wiederbeleben und auch kommerziell ertragreich umsetzen.

Phil May von der legendären → Rhythm & Blues-Band Pretty Things sagte in einem Interview zu dieser Musik: »Well, die einzige Möglichkeit, Anfang der sechziger Jahre Rhythm & Blues-Musik zu hören, war die Musik selbst zu spielen und auf Band aufzunehmen. Wir fingen zur gleichen Zeit an wie die Stones, eigentlich noch etwas früher, und sie waren damals die einzige andere Rhythm & Blues-Band, die wir kannten. Die ganze Szene entstand in und um die Londoner Kunstschulen. Wieso und warum kann ich auch nicht sagen. Jedenfalls war damals jeder, der was auf sich hielt, ein eingeschworener Rhythm & Blues-Fan. Zu diesem Zeitpunkt gab's in London noch nicht mal Rhythm & Blues-Platten zu kaufen. John Lee Hooker und Howling' Wolf-Platten mußte man sich aus den Staaten schicken lassen, und da das sehr kompliziert war, fingen wir an, unseren eigenen → Rhythm & Blues zu machen. Wir waren bettelarm und wir mochten Bo Diddley. Wir waren Studenten, die von der Unterstützung leben mußten und konnten uns unsere Klamotten nur im Second Hand Laden kaufen.« Die Them, eine weitere R & B-Band aus Belfast in Nordirland, beschrieben ihre Stimmung in dem Song »The Story Of Them« folgendermaßen: »Ja, gute alte Zeiten, wild, heiß, grob, häßlich und verückt, und manchmal auch ein bißchen traurig, ja, man machte uns an und alles, aber wir oben auf der Bühne, wir schafften uns rein, sehr dufte, damals, wisst ihr, in den guten alten Zeiten...« Van Morrison, dem Sänger von Them, sang seine Mutter Jazz- und Blues-Lieder vor. Er erzählte, daß er als Jugendlicher am liebsten die Platten von Leadbelly, Hooker, Ray Charles, Jimmie Rodgers, Hank Williams, Carl Perkins und Elvis Presley hörte.

Riats (Niederlande)

Singles *1964: Ghostriders In The Sky / Sabre Dance*
1965: Riat Shake / Forget Her
1967: Run Run Run / Sunday Morning
1969: Mary Don't You Weep / One More

Rings & Things (Niederlande)

Single *1968: Strange Things Are Happening / To Me To You*

Riot Squad (Großbritannien)

Mit den → Kinks tourte die Band Riot Squad aus der Großstadt → Liverpool im Jahr 1965 durch England. Mehrere Schallplattenveröffentlichungen bei der Schallplattenfirma PYE brachten leider nicht den erhofften Erfolg. In der Fernsehserie »Emergency Ward Ten« bekamen sie kleine Rollen, aber ihre Musik war dort nicht zu hören. Zu den bekannten Mitgliedern der Musikgruppe Riot Squad gehörten der Schlagzeuger Mitch Mitchell, der danach bei → Georgie Fame And The Blue Flames und noch später bei der Band Jimi Hendrix Experience mittrommelte. Ebenso spielte der Organist Jon Lord bei Riot Squad mit, der vorher bei der Band → Action war und dann zusammen mit der weltberühmten Hardrockband Deep Purple auf die Bühne ging und sich dort mit dem Gitarristen Ritchie Blackmore wilde Musikduelle lieferte.

Singles *1965: Anytime / Jump*
1965: I Wanna Talk About My Baby / I Gonna Make You Mine
1966: Cry Cry Cry / How Is It Done
1966: I Take It We're Through / Working Ou Mine
1966: Cry Cry Cry / How Is It Done

1966: I Take It We're Through / Working Out
1967: Gotta Be The First One / Bittersweet Love
LP *1965: Anytime*

River, Tony And The Castaways (Großbritannien)

Als Rhythm & Blues-Gruppe begann Tony River And The Castaways aus Dagenham und nahm im Jahr 1963 für Columbia eine Single auf. Der Musikstil der Gruppe wurde danach etwas ruhiger. Sie nahmen auch eine Coverversion des Song »God Only Knows« von den → Beach Boys auf. Ab 1968 nannte sich die Band »Harmony Grass«.

Singles *1963: Shake Shake Shake / Row Row Row*
1965: She / Till We Get Home
1966: God Only Knows / Charade
1968: I Can Guarantee You Love / Pantomime

Rivets (Deutschland)

Ihren ersten Erfolg konnten die Rivets (deutsch: Nieten) verzeichnen, als sie im → »Star Club« in Hamburg den Wettbewerb »Gesucht werden die Hamburger Beatles gewannen. Im Jahr 1968 trennte sich die Band. Zeitweise war Henner Hoier Sänger bei den → Rattles (»The Witch«), später bei der Multi-Kulti-Truppe Les Humphries. Die Rivets waren auch außerhalb Deutschlands erfolgreich und machten Tourneen durch Skandinavien und England.

Besetzung der Band: Henner Hoier (vocal), Raimund Seidel (guitar, vocal), ersetzt durch Joachim Koschnitzke (guitar, vocal), Michael »Kung« Dryse (bass), Jens »Porgy« Engelhard (drums), ersetzt durch Peter Franken (drums)

Singles *1965: Lucille / Now Decide*
1966: Barbara Ann / I Got A Feeling
1966: Die Welt ist voll Musik / Komm
1966: Wade In The Water / She Hardly Ever Calls Me Honey Anymore
1966: L-O-V-E / Yum Yum
1967: The Lion Sleeps Tonight / Make Up Your Mind
1968: It's A Long Way To Tipperary / Watch The World
LP *1966: Yes It's Time*
Song-Titel: Temptation – Thommy – The girl I love – Only you – Time for love – The loving game – I got a feeling – Um um um um um – Secret love – Moonlight talk – The land of make believe – Kinky boots and leather clothes

Roadrunners (Großbritannien)

Eine halbprofessionelle Musikgruppe aus Portsmouth mit den Brüdern Ray, Derek und Phil Shulman. Ihr Manager änderte im Jahr 1966 den Namen der Roadrunners in Simon Dupree And The Big Sound. Später gründeten die Shulman-Brüder die Art-Rock-Gruppe »Gentle Giant«.

Singles *1964: Roadrunner / Slow Down*
1964: Little Ruby Baby / Beautiful Delilah

Rockin' Berries (Großbritannien)

I'm up each day with the rising sun (»Poor Man's Son«)

Ihren Namen entliehen sich die Rockin' Berries von dem US-Rocker Chuck Berry. Sie hatten überhaupt eine Vorliebe für den schwarzen → Rhythm & Blues aus den Staaten von legendären Musikern wie Otis Redding, den Four Seasons oder Roy Orbison. Von 1962 – 1963 spielten die Rockin' Berries in Deutschland. Nach ihrer Rückkehr in die englische Heimat begleiteten sie den Skandalmusiker → P. J. Proby auf seiner Tournee. Die ersten Erfolge kamen, als die Rockin' Berries von der Schallplattenfirma Decca zu Piccadilly wechselten. Ende 1964 kam ihre Aufnahme von »He's In Town« unter die Top Five in den englischen Charts. Dieser Hit war eine Coverversion eines Songs der amerikansichen Combo Tokens. Bis zum Ende der Sechziger spielten die Rockin' Berries zusammen und nahmen Platten auf, jedoch ohne großen Erfolg. Die Mitglieder der Band waren auf der Bühne richtige Spaßmacher, und so sie gingen nach ihrem Beat-Ende in das Kabarett-Milieu. Das deutete sich schon mit ihrer Gaudinummer »The Laughing Policeman« (Der Lachende Polizist) ziemlich deutlich an.

Bandbesetzung: Chris Lea (vocal), Geoff Turton (guitar, voc), Chuck Botfield (guitar), Roy Austin (bass), Terry Bond (drums)

Singles *1963: Wha Wha Wha Woo / Rockin' Berry Stomp*
1963: Itty Bitty Pieces / Twitch
1964: I Didn't Mean To Hurt You / You'd Better Come Home
1964: He's In Town / Flashback
1965: What In The World Comes Over You / You Don't Know
1965: Poor Man's Son / Follow You
1965: Brother Bill / You're My Gal
1965: The Water Is Over My Head / Doesn't Time Fly
1966: I Could Make You Fall In Love / Land Of Love
1966: Midnight Mary / Money Grows On Trees
1967: Sometimes / Needs To Be
1967: Breakfast At Sam's / Smile
1967: Dawn (Go Away) / She's Not Like Any Girl

LPs *1964: The Rockin' Berries In Town*

Songtitel: He's in town – Let's try again – Ich liebe dich – You don't know what you do – Brother Bill – Without your love – All of me – Crazy country hop – All I want is my baby – Lonely avenue – Shades of blue – Follow me – Ain't that lovin' you baby – Funny how love can be
1965: Life Is Just A Bowl Full Of Berries

Rocking Beats (Belgien)

Single *1964: Sweeter Than You / Don't Ask Me Why*

Rocking Ghosts (Dänemark)

Singles *1964: Vilja, Oh Vilja / Lady Of Spain*
1965: Belinda / The Ghost Walk
1965: In The Mood / Hey, Hey, Hey, Hey
1965: Scotland The Brave / Under The Bridges Of Paris
1966: Don't Be Afraid Of Love / Marianne
1967: Now Is The Hour / There's A Difference

Rocking Stars (Niederlande)

Singles *1964: Shake Dance / Sealed With A Kiss*
1965: Jailhouse Rock / Temptation
1965: Tina Darling / Blues Stay Away From Me
1966: Oh Oh What A Kiss / Only Want To Be With You
1966: Lonely Boy Blue / Violetta
1966: It's The End / Lonely Girl

Rockin' Vickers (Großbritannien)

Die Beatband Rockin' Vickers kam aus Blackpool und nannte sich zuerst Rev. Black And The Rockin' Vicars. Im Norden Englands war die Gruppe sehr beliebt. Bei der Schallplattenfirma Decca und ab 1966 bei CBS kamen einige Platten heraus. Für kurze Zeit war Ian »Lemmy« Kilminster ihr Bassist, der danach bei der psychedelischen Combo Hawkwind spielte und dann die Heavy-Metal-Band Motorhead gründete.

Bandbesetzung: Harry Feeney (voc), Alex Hamilton (guitar), Ken Whatsisname (guitar), Pete Moorhouse (bass), Ciggy Shaw (drums)

Singles *1964: I Go Ape / Someone Like You*
1966: Dandy / I Don't Need Your Kind
1967: It's Allright / Stay By Me

Rodys (Niederlande)

Singles *1967: Just Fancy / Gods Of Exile*
1967: Nothing To Change A Mind / Stop Looking On A Deadlock
1967: Take Her Home / Only One Week

1968: Winter Woman / Looking For Something Other

Roe, Tommy (USA)

Sweet little Sheila you know if you see her (»Sheila«)

Erst im zweiten Anlauf gelang es Tommy Roe (geb. am 9. 5. 1943 in Atlanta) mit seinem Songtitel »Sheila« in die Bestsellerlisten zu kommen. Bis zum Jahr 1970 hatte der Junge aus Atlanta mit seinen Eigenkompositionen internationalen Erfolg. »Dizzy«, einer seiner großen Hits, erreichte 1969 in Deutschland Platz 4.

Singles *1962: Sheila / Save Your Kisses*
1962: Susie Darling / Piddle-De-Pat
1963: Come On / There Will Be Better Days
1964: Everybody / Sorry I'm Late Lisa
1966: Hooray For Hazel / Need Your Love
1969: Dizzy / The One You Need
1969: Heather Honey / Money Is My Pay
1969: Jack And Jill / Tip Toe Tina
1969: Sheila / Proud Mary
1970: Jam Up Jelly Tight / Moontalk

LPs *1963: Something For Everybody*
Songtitel: Come on and dance – Be my baby – Taste of honey – That'll be the day – Standing watch – Why do you make me cry – Nitty gritty – You're my happiness – Dominique – Sensations – Switchie, witchie, titchie – I wanna be your man
1966: Sweet Pea
1968: Phantasy
1968: Whirling With Tommy Roe
1969: Dizzy
1969: 12 In A Roe

Roger, Mike (Deutschland)

Mike Roger stammt aus Franken und wurde bekannt durch seine Slop-Interpretationen. Er kam zugleich mit Tony Sheridan im Sommer 1963 mit dem Slop-Titel »Let's Slop« in die deutschen Top-Ten. Seine Begleitband bei Live-Konzerten hieß The Machine Gun.

Singles *1963: Ich bin so verrückt nach Dir / Let's Slop*
1963: Let's Slop / Dance The Slop With Me
1963: Schwarze Wolke / Why Don't You Slop With Me
1963: Veedeboom Slop Slop / Noch einen Rum, noch einen Whiskey

Rogues (Italien)

Singles *1966: Che colpa abbiamo noi / Piangi con me*
1966: Grazie a te / La mia citta
1967: Hold My Hand / Recency Sue

Rollicks (Deutschland)

Im Jahr 1964 stellten die Rollicks aus Berlin in Frankfurt am Main einen Weltrekord auf: sie spielten 100 Stunden lang ohne Pause.

Singles *1965: Tom Dooley / Das Totenschiff*
1965: Let's Go Go Go / Walkin' In The Sand
1965: Umba-Latta / Things Of Love
1966: Addicted To Love / Girls Were On My Door

Rolling Stones (Großbritannien)

Oh who's to blame? That girl's just insane (»19th Nervous Breakdown«)

Die schärfste Konkurrenz für die → Beatles waren in den Sechzigern

die Rolling Stones. Mick Jagger (geb. am 26. 4. 1943 in Dartford/Kent) und Keith Richards (geb. am 18. 12. 1943 in Dartford/Kent), seit ihrer Schulzeit schon Freunde, gründeten 1962 mit dem Bassisten Dick Taylor die Band »Little Boy Blue And The Blue Boys«. Wann immer es möglich war, gingen sie in den → Marquee Club, um Alexis Korner mit seiner Bluesband zu hören. Einige Male spielten sie auch mit. Dabei trafen sie Brian Jones (geb. am 28. 2. 1942 in Cheltenham, gest. 3. 9. 1969 in Hartford) und nahmen ihn in ihre Band auf. Als Alexis Korner wegen anderer Verpflichtungen nicht auftreten konnte, übernahmen sie für diesen Abend den Job. Das war die eigentliche Geburtsstunde der Rolling Stones. Dick Taylor verließ die Band, um sein Studium fortzusetzen. Später spielte Taylor bei den → Pretty Things Gitarre. Ersatz war schnell gefunden: Bill Wyman (mit richtigem Namen Bill Perks, geb. am 24. 10. 1936 in Siddenham) wurde aufgenommen, hauptsächlich weil er einen riesigen Verstärker hatte und die Stones zu dieser Zeit noch keine große Anlage besaßen. Ein neuer Schlagzeuger mußte auch bald her. Nachdem sie mehrere Drummer ausprobiert hatten, darunter auch Mick Avory, der dann bei den → Kinks einstieg, konnten sie

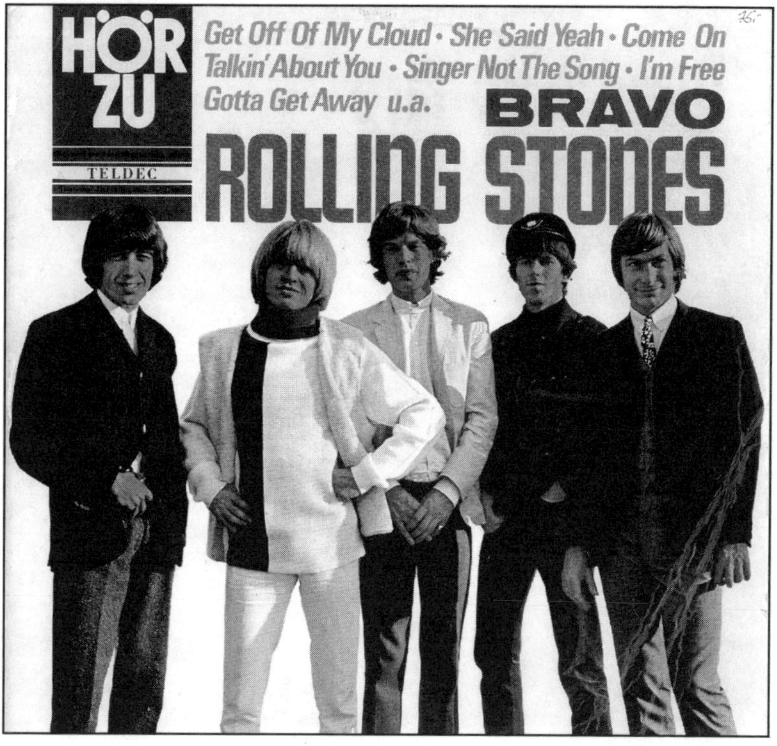

den Schlagzeuger von Alexis Korner, Charlie Watts (geb. am 26. 6. 1941 in Islington), überreden, bei ihnen mitzumachen. Bald war ihr Name ein Begriff in den Londoner Clubs. Mit → Andrew Loog Oldham wurde ein fähiger Manager gefunden, der ihnen einen Plattenvertrag bei Decca verschaffte. Das Image der Musikgruppe war das krasse Gegenteil zu den → Beatles. Die Stones waren die »bösen Buben«, ein Eindruck, der von ihnen noch gefördert wurde. Sie galten vielen Eltern als schmutzige Gammler, von denen man die Kinder fernhalten mußte. Ab 1964 folgte ein Hit dem anderen. Jagger und Richards waren als Songschreiber bald genauso anerkannt wie Lennon und McCartney. Ian Stewart wurde auch als sechster Rolling Stone bezeichnet, weil er bei sehr vielen Aufnahmen und Konzerten das Piano spielte. 1965 und 1966 tourten die Stones praktisch um die ganze Welt. Im Jahr 1967 trennten sie sich von ihrem Manager Andew Loog Oldham. Man hörte jetzt viel von Drogenexzessen, Mick Jagger und Keith Richards wurden wegen Drogenbesitz verhaftet. Zuerst wurden die beiden zu Haftstrafen verurteilt, die dann in Geldstrafen umgewandelt wurden. Ihr Gitarist Brian Jones galt mit Jagger und Richards als einer der musikali-

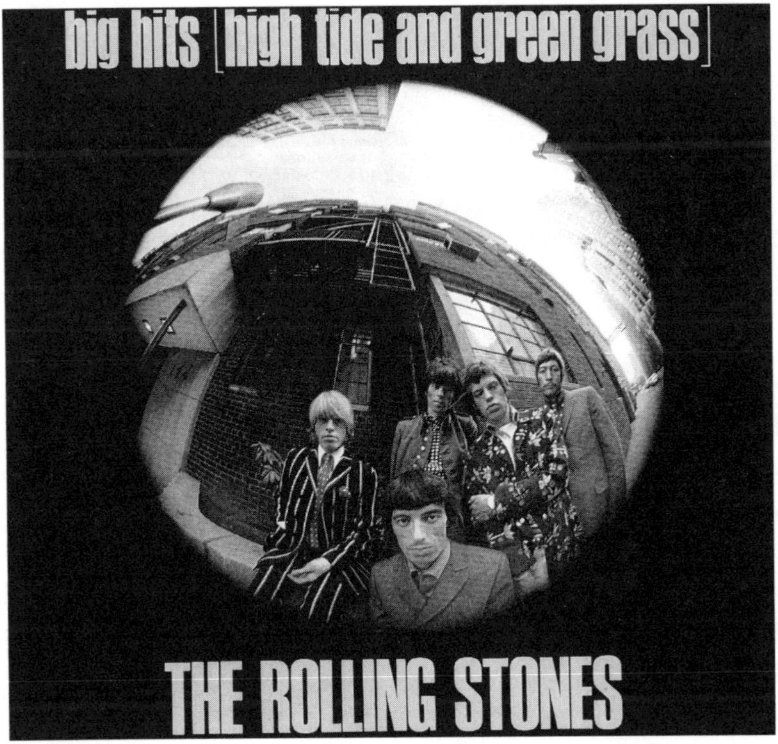

sche Köpfe der Stones. Er hatte große Drogenprobleme und verbrachte einige Zeit im Krankenhaus. 1969 war er war nicht mehr in der Lage, ein Instrument zu spielen und wurde gefeuert. Mick Taylor (geb. am 17. 1. 1948 in Hertfordshire/Großbritannien) ersetzte ihn an der Gitarre. Er kam von der → R&B-Band »John Mayall's Bluesbreakers« und spielte dort auch mit Jack Bruce zusammen. Am 3. 7. 1969 ertrank Brian Jones in seinem Swimmingpool. Die Todesursache ist bis zum heutigen Tag nicht 100% geklärt. Zwei Tage später gaben die Rolling Stones im Hyde Park ihr berühmtes Free-Concert. Zu Beginn las Mick Jagger in Gedenken an Brian Jones ein Gedicht von Shelley. Bei ihrer nächsten Amerikatournee kam es zu einem tragischen Zwischenfall, als in Altamont ein Mitglied der als Ordner eingesetzten Hells Angels den Farbigen Meredith Hunter erstach. 1974 trennte sich Mick Taylor von den Rolling Stones und wurde durch Ron Wood von den Faces ersetzt. Die Rolling Stones sind auch in den Neuzigern noch zusammen und sorgen nach wie vor bei ihren Konzerten für ausverkaufte Stadien.

Bandbesetzung: Mick Jagger (vocal, harm), Keith Richard (guitar), Brian Jones (guitar), ersetzt durch Mick Taylor (guitar), ersetzt durch Ron Wood (guitar), Bill Wyman (bass), Charlie Watts (drums)

Singles
1963: Come On / I Want To Be Loved
1963: I Wanna Be Your Man / Stoned
1964: Not Fade Away / Little By Little
1964: It's All Over Now / Good Times, Bad Times
1964: Little Red Rooster / Off The Hook
1965: The Last Time / Play With Fire
1965: Satisfaction / The Spider And The Fly
1965: Get Off Of My Cloud / The Singer Not The Song
1966: 19th Nervous Breakdown / As Tears Go By
1966: Paint It Black / Long Long While
1966: Have You Seen Your Mother Baby Standing In The Shadow? / Who's Driving Your Plane
1967: Let's Spend The Night Together / Ruby Tuesday
1967: We Love You / Dandelion
1967: 2000 Lightyears From Home / She's A Rainbow
1968: Jumpin' Jack Flash / Child Of The Moon
1969: Honky Tonk Women / You Can't Always Get What You Want

LPs
1964: The Rolling Stones
Song-Titel: Route 66 – I just want to make love to you – I'm A kingbee – Honest I do – I need you baby – Little by little – Now I've got a witness – Walking the dog – You can make it if you try – Can I get a witness – Tell me – Carol
1964: The Rolling Stones No. 2

1965: Around & Around
1965: Out Of Our Heads
Song-Titel: Mercy, mercy – Hitch hike – The last time – That's how strong my love is – Good times – I'm alright – (I can't get no) Satisfaction – Cry to me – Play with fire – The spider and the fly – One more try – The Under Assistant West Coast Promotion Man
1966: Aftermath
Song-Titel: Paint it black – Stupid girl – Lady Jane – High and dry – Under my thumb – Doncha bother me – I am waiting – Goin' home – Flight 505 – It's not easy – Think
1966: December's Children
Song-Titel: She said 'yeah' – Talkin' bout you – You better move on – Look what you've done – The singer not the song – Route 66 – Get off of my cloud – I'm free – As tears go by – Gotta get away – Blue turns to grey – I'm moving on
1967: Got Live If You Want It
1967: Between The Buttons
1967: Flowers
1967: Their Satanic Majesties Request
1968: Beggar's Banquet
1969: Let It Bleed
1970: Get Yer Ya-Ya's Out

The Royal Guardsmen

Rothchilds, The (Großbritannien)

Single *1966: Artificial Lady / Let Her Go*

Royal, Billy Joe (USA)

Hush, hush I thought I heard her calling my name (»Hush«)

Der bekannte Singer/Songwriter Joe South verschaffte Billie Joe Royal im Jahr 1965 einen Plattenvertrag und schrieb auch alle Songs für ihn. Sein bekanntester Song, »Hush«, wurde später erfolgreich von anderen Bands wie z. B. Deep Purple gecovert.

Singles *1965: Down In The Boondocks / Oh ! What A Night*
1967: Hush / Watching From The Bandstand
1968: Storybook Children / Just Between Me And You
1969: Cherry Hill Park / Helping Hand
1969: House Of Jack / Which Way To Nowhere

LPs *1965: Down In The Boondocks*
1966: Introducing
Songtitel: Pollyanna – Leaning on you – Heartaches and teardrops – Funny how time slips away – My fondest memories – Down in the Boondocks – I knew you when – Those railroad tracks in between – Steal away – Oh what a night – King of fools – I've got to be somebody
1970: Cherry Hill Park

Royal Guardsmen (USA)

After the turn of the century in the clear blue sky over germany (»Snoopy Vs. The Red Baron«)

Das Markenzeichen der Royal Guardsmen, die Mitte der Sechziger entstanden, war »Snoopy«, die berühmte Comicfigur aus den »Peanuts«. 1967 hatten sie einen Hit mit dem Songtitel »Snoopy Vs. The Red Baron«. Es ging um einen Luftkampf im blauen Himmel von Germany. Die weiteren Platten, die auch die berühmte Comicfigur Snoopy zum Thema hatten, kamen nicht mehr so gut an, und die Beatgruppe löste sich 1968 wieder auf.

Besetzung der Band: Chris Nunley (vocal), Tom Richards (lead-guitar), Barry »Snoopy« Winslow (guitar), William Taylor (keyboard), William Balogh (bass), John Burdette (drums)

Singles *1967: Snoopy Vs. The Red Baron / I Needed You*
1967: Snoopy For President / Down Behind The Lines
1967: Airplane Song / Om
1968: Snoopy Vs. Christmas / It Kinda Looks Like Christmas
1968: Return Of The Red Baron / Roadrunner

LPs *1967: Snoopy Vs. The Red Baron*

Songtitel: Snoopy vs. The Red Baron – The man who shot Liberty Valance – Bears – Peanut butter – The battle of New Orleans – Baby let's wait – Bo Diddley – Road runner – Sweatmeats slide – Alley-oop – Li'l red riding hood – Jolly green giant
1967: Snoopy And His Friends
1968: Snoopy For President
1968: Return Of The Red Baron

Runaways (Niederlande)

Single *1969: Where We Came From / She*

Russell, Thane (Großbritannien)

Single *1966: Security / Love Is Burning In Me*

Ryder, Mitch & The Detroit Wheels (USA)

Die Musik der Beatgruppe Mitch Ryder & The Detroit Wheels war genau das richtige für jede Party – Soul / Rock'n'Roll / Rhythm & Blues – alles sehr fetzig vorgetragen, insbesondere durch den »Shouter« Mitch Ryder. Dieser heißt mit richtigem Namen William S. Levise Jr. (geb. am 26. 2. 1945 in Detroit).

Besetzung der Band: Mitch Ryder (vocal), Joe Kubert (guitar), Jim McCarty (guitar), Earl Elliott (bass), John Badanjek (drums)

Singles *1965: Jenny Take A Ride / Baby Jane*
1966: Little Latin Lupe Lu / Hope
1966: Devil With A Blue Dress On Good Golly Miss Molly / I Had It
1967: Wild Child / You Are My Sunshine
1967: Too Many Fish In The Sea / Three Little Fishes / One Grain In The Sand

LPs *1966: Take A Ride*
Song-Titel: Shake a tail feather – Come see about me – Let your lovelight shine – Just a little bit – I hope – Jenny take a ride – Please, please, please – I'll go crazy – I got you – Sticks and stones – Bring it on home to me – Baby Jane – Joy
1967: What Now My Love
1967: Sock It To Me
1967: All Mitch Ryder Hits
1967: Breakout
1969: Detroit Memphis Experiment

S

St. Louis Union (Großbritannien)

Is there anybody's going to listen to my story (»Girl«)

Nachdem die Beatband St. Louis Union 1965 den »Melody Maker Beat Group Contest« gewonnen hatte, bekam sie einen Vertrag bei der Schallplattenfirma Decca. Die erste Single im Jahr 1966 war eine Coverversion des Songs »Girl« von den → Beatles, mit der sie in die Top Twenty kamen. Die folgenden Platten waren Flops.

Bandbesetzung: Tony Cassidy (vocal), Keith Millar (guit), Alex Kirby (sax), David Tomlinson (organ), John Nichols (bass), Dave Webb (drums)

Single *1966: Girl*
1966: East Side Story / Think About Me

St. Peters, Crispian (Großbritannien)

You with your masquerading, you always contemplating (»The Pied Piper«)

Kaum hatte er seinen Namen von Peter Smith zu Crispian St. Peters geändert, kam für den Sänger mit dem Songtitel »You Were On My Mind« gleich ein unglaublicher Erfolg. Als dieser Song die Nummer 2 in den Charts wurde, behauptete Crispian St. Peters (geb. am 5. 4. 1944) sehr übermütig, daß er besser sei als alle in der Pop-Szene, Elvis Presley und die → Beatles eingeschlossen. Aber nachdem er durch »The Pied Piper« 1966 noch einen großen Hit verzeichnen konnte, verschwand Crispian St. Peters in der Versenkung.

Singles *1965: You Were On My Mind / What Am I Gonna Be*
1965: No, No, No / Three Goodbyes
1966: Changes / My Little Brown Eyes
1966: Pied Piper / Sweet Dawn My True Love
1967: Almost Persuaded / You Have Gone
1967: Free Spirit / I'm Always Crying
1968: That's The Time / Silent Times
1968: Carolina / Thats Why We Are True

Sam The Sham & The Pharaos (USA)

Der Name Sam The Sham enstand aus der Abkürzung des Familiennamens von Sänger Domingo Samudio (geb. am 6. 3. 1939 in Dallas) und seines Tanzstiles, der »Shamming« genannt wurde. Die Beatband trat in abenteuerlichen arabischen Kostümen auf. Im Jahr 1965 hatten sie einen großen Erfolg mit »Wooly Bully«. Der Hit war eines der ganz wenigen Beatstücke, die ein Saxophon-Solo hatten. Mit diesem Songtitel waren Sam The Sham & The Pharaos in Amerika auf Platz 2 in den Charts. Im Oktober 1965 war »Wolly Bully« drei Wochen auf Platz 1 in Deutschland, wo es dann von den → Rolling Stones mit »Satisfaction« abgelöst wurde. Ende der 60er Jahre trennte sich die Band. »Little Red Hiding Hood«, die letzte bekannte Nummer, handelte vom Rotkäppchen und dem bösen Wolf.

Besetzung der Band: Domingo Samudio (Sam The Sham) (vocal, keyboard), Ray Stinnett (lead-guitar), Butch Gibson (sax), David Martin (bass), Jerry Patterson (drums)

Singles *1965: Wooly Bully / Ain't Gonna Move*
1965: Ring Dang Doo / Don't Try It
1965: Ju Ju Hand / Big City Lights
1966: How Do You Catch A Girl / The Love You Left Behind
1966: Red Hot / A Long, Long Way
1966: Little Red Riding Hood / Love Me Like Before
1967: Black Sheep / My Day's Gonna Come
1968: Old McDonald Had A Boogaloo Farm / I Never Had No One

LPs *1965: Wooly Bully*
1965: Their Second Album

Sam The Sham & The Pharaos

Songtitel: Ju Ju hand – Magic touch – 'Cause I love you – Medicine man – That old black magic – I've got a Voodoo doll – Got my Mojo working – The gipsy – Witchcraft – Love potion No.9 – Magic man – Hoochie coochie man
1966: Little Red Riding Hood
1966: On Tour
1967: Revue
1968: Ten Of Pentacles

Sandford, Chris (Großbritannien)

Singles *1963: Not Too Little Not Too Much / I'm Looking*
1964: You're Gonna Be My Girl / Don't Leave Me Now

Sands Of Time, The (Großbritannien)

Single *1967: Spanish Harlem / Love Found A Way To My Heart*

Satin Bells (Deutschland)

Single *1969: Come On C'mon / Caught*

Sauterelles, Les (Schweiz)

Singles *1966: Hey Girl / Routine*
1967: And The Sun Will Shine / Threw It All Away
1968: Heavenly Club / Dream Machine
1968: Montgolfier / Big Old Sun
1969: Station On 3d Avenue / All Alone
LPs *1968: Les Sauterelles*
1968: View To Heaven

Scaffold (Großbritannien)

We Drink-A Drink-A Drink To Lily The Pink (Lily The Pink)

Die drei Allroundtalente aus Liverpool kamen 1962 zusammen und beschlossen, eine Mischung aus Musik und Comedy zu machen. Kopf der Gruppe Scaffold war der Dichter und Lehrer Roger McGough (geb. am 9. 11. 1937 in Liverpool), der auch die Texte schrieb, die manchmal sehr nahe am Nonsens angesiedelt waren. Hinter dem Pseudonym Mike McGear verbarg sich niemand anders als Michael McCartney (geb. am 7. 1. 1944 in Liverpool), der Bruder des Komponisten, Bassisten und Sängers Paul McCartney von den → Beatles. Mit ihren Titeln »Lily The Pink« und »Thank U Very Much« gelang Scaffold der Sprung in die Charts. In Deutschland kamen sie 1969 bis auf Platz 5 mit dem Songtitel »Lily The Pink.«

Bandbesetzung: Mike McGear (voc), Roger McGough (voc), John Gorman (voc)

Singles	*1966: Goodbat Rightman / Long Strong Black Man*
	1967: Thank U Very Much / I'd Be The First
	1968: Lily The Pink / Bottons Of Your Mind
	1968: Do You Remember / Carry On Crow
LP	*1966: Thank U Very Much*
	Songtitel: Long strong black pudding – Two days one day, three blind jellyfish – Thank u very much – Ide b the first – Do you remember – Knees up mother Brown – One, two, three – Today – Please sorry – Jelly covered cloud
	1968: An Evening With
	1969: Lily The Pink

Scarlets, The (Niederlande)

Singles	*1964: Let's Go / Tambourine Shake*
	1965: Down Yonder / Princess Toben

Scooters (Deutschland)

Single	*1965: Oh, Kille-Kille / Dalli Dalli*

Scorpions (Niederlande)

Singles	*1964: Ann-Louise / Bye Bye Johnny*
	1964: Johnny B. Goode / Keep A Knockin'
	1964: Some Other Guy / Just One Look
	1965: Hello Josephine / Just Like Me
	1965: What'd I say / Not Fade Away
	1966: Nana Song / Too Many Lovers
	1967: So Mystifying / Hey Little Girl
	1967: Greensleeves / Hey Honey
LPs	*1965: Scorpions*
	1966: Hello Josephine
	1966: Keep In Touch With The Scorpions
	1968: Sweet And Lovely

Scott, Freddie & The Condors (Niederlande)

Single	*1965: Humoresque / Grandmama*

Scott, Simon (Großbritannien)

Ein junger Mann, der vom Aussehen an Cliff Richard oder den frühen Elvis Presley erinnerte, kam 1962 aus Indien nach England. Kurz darauf wurde Simon Scott von Parlophone engagiert. Die Firma veranstaltete einen enorme Pressekampagne und verschickte an die einflußreichen Leute im Musikgeschäft sogar Gipsbüsten des Sängers.

Doch außer einem Achtungserfolg mit »Move It Baby«kam nicht viel dabei heraus.

Single *1964: My Baby Got Soul / Midnight*

Screaming Lord Sutch And The Savages (Großbritannien)

Ther's a man, walks the streets of London late at night (»Jack The Ripper«)

Eine der auffälligsten Persönlichkeiten der Beat-Ära war David Sutch (geb. am 10. 11. 1940 in Harrow). Anfang der Sechziger Jahre war Screaming Lord Sutch schon eine außergewöhnliche Erscheinung mit Leopardenfell, Stierhörnern, Monsterfüßen und langen Haaren. Seine Show war eine Mischung aus Horror und Slapstick. Er ließ sich in einem Sarg auf die Bühne tragen und sprang kreischend heraus. Seine Songs, die er aufnahm, hatten zu dem Outfit natürlich einen Bezug: »Jack The Ripper«, »Dracula's Daughter«. Im Jahr 1964 kandidierte er sogar für das englische Parlament und gründete zu diesem Zweck eine eigene Partei, die »National Teenage Party«. Da er aber nur 33 Stimmen sammeln konnte, wurde nichts aus der politischen Karriere von Sreaming Lord Sutch. Danach wurde es auch musikalisch etwas ruhiger um ihn, obwohl er bis in die 70er Jahre noch mit seiner Show auf Tournee ging. Zu den Musikern der Savages gehörten auch der Gitarrist Ritchie Blackmore, der dann mit Jon Lord Deep Purple gründete, und Matthew Fisher, der spätere Organist von Procol Harum. Im Juni 1999 beging Sutch Selbstmord.

Singles *1961: Till The Following Night / Good Golly Miss Molly*
1963: Jack The Ripper / Don't You Just Know
1963: I'm A Hog For You Baby / Monster In Black
1964: Dracula's Daughter / Come Back Baby
1964: Bye Bye Baby / She's Fallen In Love With A Monsterman
1965: Train Kept A-Rolling / Honey Hush
1966: Cheat / Black And Hairy

Searchers (Großbritannien)

I saw her today, I saw her face, was the face I love (»Needles And Pins«)

Mit Ausnahme der → Beatles waren die Searchers die bekannteste Musikgruppe aus → Liverpool. Nach der Gründung 1960 arbeiteten die Searchers zunächst als Begleitgruppe von Johnny Sanden, bis dieser die → Remo Four gründete. »Sweets For My Sweet«, ihre erste 45er-Schallplatte im Jahre 1963, kam sofort auf Platz 1 in Großbritannien. Im Jahr 1964 verließ der Bassist Tony Jackson (geb. am 16. 7. 1940 in Liverpool) die Searchers, um eine eigene Beatgruppe zu gründen. Frank Allen (geb. am 14. 12. 1943 in Middlesex) von → Cliff Bennett And The Rebel Rousers ersetzte ihn. Während der nächsten Jahre hatten die

Searchers noch weitere Hits wie »Don't Throw Your Love Away«. Als sich Ende der Sechziger auch das Ende des Beat abzeichnete, kam auch das Aus für diese Band. Die Searchers nahmen auch gerne deutschsprachige Beatsongs auf wie »Süß ist sie« / »Liebe« (1963), »Tausend Nadelstiche« (1964) und »Verzeih' my Love« / »Wenn ich dich seh«. Der Hit »Needles and Pins« wurde von keinem geringeren komponiert als von Sonny Bono, der mit seiner Partnerin Cher als → Sonny & Cher Hits wie »I Got You Babe« und »The Beat Goes On« hatte. Mit dem Songtitel »Needles And Pins« kamen die Searchers in Deutschland bis auf Platz 8 der Hitparade.

Bandbesetzung: Mike Pender (lead-guitar), John McNally (guitar), Tony Jackson (bass), ersetzt durch Frank Allen (bass), Chris Curtis (drums)

Singles 1963: *Sweets For My Sweet / It's All Been A Dream*
1963: *Sweet Nothin' / What'd I Say*
1963: *Sugar And Spice / Saints And Searchers*
1964: *Needles And Pins / Saturday Night Out*
1964: *Don't Throw Your Love Away / I Pretend I'm With You*
1964: *Someday We're Gonna Love Again / No One Else Could Love You*
1964: *When You Walk In The Room / I'll Be Missing You*
1964: *What Have They Done To The Rain / This Feeling Inside*
1965: *Goodbye My Love / Till I Met You*
1965: *He's Got No Love / So Far Away*
1965: *When I Get Home / I'm Never Coming Back*
1965: *Take Me For What I'm Worth / Too Many Miles*
1966: *Take It Or Leave It / Don't Hide It Away*
1966: *Have You Ever Loved Somebody / It's Just The Way*
1967: *Popcorn Double Feature / Lovers*

The Searchers

1967: Western Union / I'll Cry Tomorrow
1967: Secondhand Dealer / Crazy Dreams
1968: Umbrella Man / Over The Weekend
1968: Shoot 'Em Up Baby / Suzanna
1969: Kinky Kathy Abernathy / Suzanna

LPs *1963: Meet The Searchers*
Songtitel: Sweets for my sweet – Alright – Love potion No. 9 – Farmer John – Stand by me – Money – Da Doo Ron Run – Ain't gonna kiss ya – Since you broke my heart – Tricky Dicky – Where have all the flowers gone – Twist and shout
1963: Sugar And Spice
1964: It's The Searchers
1965: Sounds Like The Searchers
1965: Take Me For What I'm Worth
1966: Smash Hits Vol. 1
1967: Smash Hits Vol. 2
1968: Smash Hits Vol. 3

Second City Sound (Großbritannien)

Single *1965: Tchaikovski One / Shadows*

Seeds (USA)

Die kalifornische Band Seeds hatten damals die längsten Haare aller Gruppen und auch die ausgefallenste Kleidung. Ihr Song »Pushin' Too Hard« war/ist ein absoluter Hammer – angeblich von Sky Saxon in wenigen Minuten geschrieben, während er darauf wartete, daß seine Freundin aus dem Supermarkt zurückkam.

Besetzung der Band: Sky Saxon (bass, vocal), Jon Savage (guitar), Daryl Hooper (e-piano), Rick Andridge (drums)

Singles *1966: Can't Seem To Make You Mine / Daisy Mae*
1966: Pushin' Too Hard / Try To Understand
1967: Can't Seem To Make You Mine / Daisy Mae
1967: March Of The Flower Children / A Thousand Shadows
1967: Mr. Farmer / No Escape
1967: Wind Blows Your Hair / Sex Dreams
1969: Bad Part Of Town / Wish Me Up

LPs *1966: Seeds*
1966: A Web Of Sound
Songtitel: Mr. Farmer – Pictures and designs – Tripmaker – I tell myself – A faded picture – Rollin' machine – Just let go – Up in her room
1967: Falling Off The Edge
1967: Future

1968: Raw And Alive
1968: Sky Saxon Blues Band

Settlers, The (Deutschland)

Single *1968: Lightning Tree / Just This Side Of Nowhere*

Sevens, The (Schweiz)

Singles *1966: I'm Not The Right / Run Me Down*
1966: Little Girl I Know / My Mother
1966: Panama / Don't You Fret
1966: Seven / In God We Trust

Shacks (Niederlande)

Single *1964: She Loves You / Bad To Me*

Shadows (Großbritannien)

Die beiden Jugendfreunde Hank B. Marvin (geb. am 28. 10. 1942) und Bruce Welch (geb. am 2. 11. 1941) kommen aus Newcastle. Sie gingen noch in der Rock 'n' Roll-Zeit nach London und nannten sich dort zuerst Drifters und später dann Shadows. Dazu kamen dann noch Jet Harris (geb. am 6. 7. 1939) und Tony Meehan (geb. am 2. 3. 1942). Die Shadows waren eine der beliebtesten Instrumentalgruppen der Sechziger. Anfänglich waren die Schatten nur die Begleitband des britischen Rock 'n' Rollers Cliff Richard. Sie nahmen ab 1959 eigene Schallplattentitel mit ihm auf und hatten viele Hits. Ihr erster Erfolg in England und Deutschland war das Instrumental-Stück »Apache«, mit dem sie 1960 bis auf Platz 10 in Deutschland kamen. »Apache« ist ein Stück von Jerry Lordan. Eine Komposition die an einen Western erinnert. In Großbritannien bekam die Single »Apache« das Prädikat »beste Platte des Jahres«. Überhaupt hatte die Gitarrenband eine Vorliebe für Western-Melodien. Mit ihrem typischen Gitarrensound und der einstudierten Bühnenshow waren sie die am meisten imitierte Beatband vor den → Beatles. Der Schlagzeuger Tony Meehan wurde 1961 von Bruce Bennett (geb. am 9. 2. 1941 in London) abgelöst. Bis zum Jahr 1967 konnten die Shadows sich behaupten. Im Jahr 1969 ging die Musikgruppe dann auseinander.

Bandbesetzung: Hank Marvin (guitar), Bruce Welch (guitar), Terry »Jet« Harris (bass), Tony Meehan (drums), ersetzt durch Bruce Bennett

Singles *1959: Saturday Dance / Lonesome Fella*
1960: Apache / Quartermaster's Store
1960: The Stranger / Man Of Mystery
1961: F. B. I. / Midnight

1961: The Frightened City / Back Home
1961: Kon-Tiki / 36-24-36
1961: The Savage / Peace Pipe
1962: Wonderful Land / Stars Fell On Stockton
1962: Guitar Tango / What A Lovely Tune
1962: Dance On / All Day
1963: Foottapper / The Breeze And I
1963: Atlantis / I Want You To Want Me
1963: Shindig / It's Been A Blue Day
1963: Geronimo / Shazam
1964: Theme For Young Lovers / This Hammer
1964: The Rise And Fall Of Flingel Blunt / It's A Man's World
1964: Rhythm And Greens / The Miracle
1964: Genie With The Light Brown Lamp / Little Princess
1965: Mary-Ann / Alice In Sunderland
1965: Don't Make My Baby Blue / My Grandfather's Clock
1965: The War Lord / I Wish I Could Shimmy Like My Sister Arthur
1966: I Met A Girl / Late Night Set
1966: A Place In The Sun / Will You Be There
1966: The Dreams I Dream / Scotch On The Socks
1966: Maroc 7 / Bombay Duck
1967: Tomorrow's Cancelled / Somewhere
1968: Dear Old Mrs. Bell / Trying To Forget The One You Lov

LPs *1961: The Shadows*
1962: Out Of The Shadows
1963: The Shadows Greatest Hits

Shadows

1964: Dance With The Shadows
1965: The Sound Of The Shadows
Song-Titel: Brazil – The lost city – A little bitty tear – Blue sky, blue sea, blue me – Bossa roo – Five hundred miles – Cotton pickin' – Deep purple – Santa Ana – The windjammer – Dean's theme – Breakthru – Let it be me – National provincial samba
1965: More Hits
1966: Shadow Music
1969: Something Else

Shadows Of Knight (USA)

Sicherlich war Shadows Of Knight die beste Beatband, die jemals aus Chicago kam. Noch heute streiten sich die Experten, welche »Gloria«-Version wohl die bessere sei: die der Shadows Of Knight oder die der irischen Kultband → Them.

Besetzung der Band: Jim Sohns (vocal), Jerry McGeorge (guitar), Warren Rogers (guitar), ersetzt durch Dave Wolinski (guitar), Joe Kelly (bass), Tom Schiffour (drums)

Singles *1966: Bad Little Woman / Gospel Zone*
1966: Gloria / Dark Side
1966: Oh Yeah / Light Bulb Blues
1968: Shake / From Way Out To Way Under
1969: I Am The Hunter / Warwick Court Affair

LPs *1966: Voices Of Vista*
1969: Shadows Of Knight

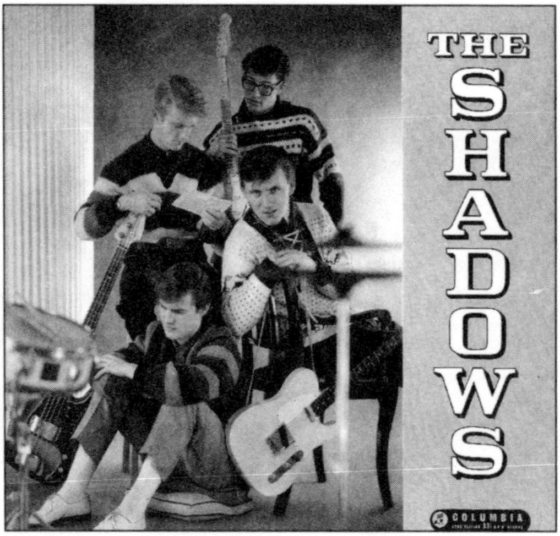

Shadows

Shaggs (Deutschland)

Singles *1965: I'm Shy / O. K.*
1969: Mean Woman Blues / She Makes Me Happy

Shakespears (Deutschland)

Singles *1965: Shake It Over / Do It Again*
1966: Saint / Lucifer
1966: What Happened / Summertime

Shaw, Sandie (Großbritannien)

I wonder if one day that you say that you care (»Puppet On A String«)

Sandie Shaw, mit bürgerlichem Namen Sandra Goodrich (geb. am 26. 2. 1947 in Dagenham/Essex), besuchte nach einem Konzert den Musiker Adam Faith hinter der Bühne und sang ihm ein paar Lieder vor. Adam Faith war so beeindruckt, daß er er dem jungen Mädchen einen Vertrag bei seiner Managerin Eve Taylor verschaffte. Die erste Aufnahme, »As Long As You're Happy, Baby« floppte. Doch mit dem Dionne-Warwick-Titel »Always Something There To Remind Me« gelang Sandie Shaw, wie sie sich ab da nannte, ein Nummer 1 Hit. Bis 1966 hatte Sandie mit ihren Songs, die zu einem großen Teil von → Chris Andrews geschrieben wurden, ständig Hits. Populär wurde sie auch dadurch, daß sie stets barfuß auftrat. 1967 konnte Sandie Shaw noch einmal einen großen Erfolg mit dem Titel »Puppet On A String« verbuchen . Sandie Shaw hatte viel Publikum in Deutschland und nahm deswegen einige deutschsprachige Singles auf: *Du bist wunderbar / Dein anderes Gesicht, Heute / London, Ich sage stop! / Lauf nicht weg*. Ihr

Sandie Shaw

bekanntester Titel auf deutsch war der Song »Wiedehopf im Mai«. Auch in Italien veröffentlichte die Barfuß-Sängerin mit den Singles *Io vuole lei / Stop li Dove stati* und *Papa Dupont / Ma guarda un po chi c'e* einige Platten.

Singles *1965: I Don't That Kind Of Loving / Oh No He Don't*
1965: Long Live Love / I've Heard About Him
1967: Puppet On A String / Had A Dream Last Night

LPs *1965: Sandy*
1965: Me
Songtitel: You don't love me no more – I don't need that kind of lovin' – Down dismal ways – Oh no he don't – When I was a child – Do you mind – (You don't know) how glad I was a child – Do you mind – I know – Till the night begins to die – Too bad you don't want me – One day – When I fall in love
1966: Ihre größten Erfolge
1966: And Chris Andrews
1967: Love Me, Please Love Me
1967: Puppet On A String

Sheep (Großbritannien)

Single *1966: Hide And Seek / Twelve Months Later*

Sheffields (Großbritannien)

Wie der Name schon sagt, kam diese Rhythm & Blues-Gruppe aus Sheffield und spielte bei der Schallplattenfirma PYE Singles ein.

Single *1964: Got My Mojo Working / Hey Hey Lover Boy*

Shelley (Deutschland)

Single *1966: Please Please Please / The War*

Shelly (Großbritannien)

Single *1964: I Will Be Wishing / Why Won't You Say*

Sheridan, Mike And The Nightriders (Großbritannien)

In ihrer Heimatstadt → Birmingham zählten Mike Sheridan And The Nightriders zu den Top-Acts, als sie im Jahr 1963 von Columbia unter Vertrag genommen wurden. Nach erfolglosen Aufnahmen stieß der Gitarrist Roy Wood dazu, und die Band nannte sich Mike Sheridan's Lot. Da der Erfolg weiterhin ausblieb, verließ Mike Sheridan im Jahr 1966 die Band. Roy Wood hörte ebenfalls auf, in dieser Beatcombo mitzuwirken, und gründete hinterher die weitaus bekanntere Band → Move. Der Rest der Band blieb als Nightriders zusamen, bis Jeff Lynne (in den 70ern bei Electric Light Orchestra) zu ihnen stieß und den Namen in Idol Race umänderte.

Besetzung der Band: Mike Sherdian (vocal), David Pritchard (guitar), Roy Wood (guitar), Greg Masters (bass), Roger Spencer (drums)

Singles *1963: Tell Me What'cha Gonna Do / No Other Guy*
1963: Please Mr. Postman / In Love
1964: What A Sweet Thing That Was / Fabulous
1965: Here I Stand / Lonely Weekends
1965: Take My Hand / Make Them Understand
1966: Don't Turn Your Back On Me / Stop, Listen & Look

Sheridan, Tony (Großbritannien)

My Bonnie is over the ocean, my bonnie is over the sea (»My Bonnie«)

Nachdem Tony Sheridan (geb. am 12. 5. 1940 in Norwich, als Anthony Esmond Sheridan McGinnity) mit seinen Bands schon Stars wie Eddie Cochran auf deren Tour durch England begleitet hatte, ging Tony Sheridan 1961 nach Hamburg und holte sich dort für Plattenaufnahmen als Begleitband die damals noch unbekannten → Beatles ins Studio. Bis zum Jahr 1967 machte er in Hamburg noch Musik und wurde dann Moderator beim NDR. Sein größter Hit war »Skinny Minny« (mit den → Beatles), mit dem er auf Platz 3 in der deutschen Hitparade landete. Durch die Single »My Bonnie«, die Tony Sheridan auch mit den → Beatles aufnahm, wurde der spätere Beatles-Manager → Brian Epstein auf die → Beatles erst aufmerksam. Eine Anekdote erzählt, daß ein junger Kunde in Epsteins Plattenladen in → Liverpool nach einem Plattentitel »My Bonnie« fragte. Epstein besuchte daraufhin die → Beatles im → »Cavern Club« bei einem Auftritt.

Singles *1962: Ich lieb dich so / Der Kiss-Me Song*
1962: My Bonnie / When The Saints
1963: Madison Kid / Let's Dance
1963: Ruby Baby / What'd I Say
1964: Ain't She Sweet / Nobody's Child
1964: Why / Cry For A Shadow
1964: Jambalaya / Will You Still Love Me Tomorrow
1964: Skinny Minny / Sweet Georgia Brown
1965: La Bamba / Shake It Some More
1965: Vive l'Amour / Hey Ba-Ba-Re-Bop
1967: Do-Re-Mi / My Babe

LPs *1962: My Bonnie*
Songtitel: My Bonnie – Skinny Minnie – Whole lot o' shakin' going on – I know baby – You are my sunshine – Ready Teddy – The saints – Hallelu-

jah, I love her so – Let's twist again – Sweet Georgia Brown – Swanee River – Top Ten Twist
1963: Let's Do The Madison, Twist, Locomotion
1964: Twist Club 2
1964: A Little Bit Of Tony Sheridan
1964: Foolish Little Girl
1965: Meet The Beat
1968: My Babe

Shevelles (Deutschland)

Singles *1964: I Could Conquer The World / How Would You Like To Love You*
1968: Big City Lights / The Coffee Song

Short 66 (Niederlande)

Singles *1966: Route 66 / I Don't Know Why*
1966: Steal Your Heart Away / Four Men's Sadness

Sinatra, Nancy (USA)

Are you ready boots? Start walking! (»These Boots Are Made For Walking«)

Nachdem Nancy Sinatra (geb. 8. 6. 1940 in New Jersey) einige Auftritte zusammen mit ihrem berühmten Vater Frank Sinatra (singt auch die Titelmelodie »Love And Marriage« aus dem Jahr 1955 bei der Fernseh-Serie »Eine schrecklich nette Familie«) absolviert hatte, bekam sie 1961 einen Plattenvertrag. Der Erfolg stellte sich aber erst ein, als sie mit dem Songwriter Lee Hazlewood zusammenarbeitete. Mit »These

Nancy Sinatra

Boots Are Made For Walking« schrieb er den größten Hit für sie, mit dem Nancy Sinatra in Deutschland im Frühjahr 1966 sechs Woche lang den ersten Platz in der Hitparade belegte. Bei dem 67er-Hit »Jackson« sang dann Lee Hazelwood mit Nancy Sinatra als Duo. Für den James-Bond-Streifen »You Only Live Twice« durfte die Sinatra-Tochter 1967 den Titelsong interpretieren.

Singles *1962: This Town / Tony Rome*
1965: So Long / If He'd Love Me
1965: Coastin' / Love Eyes
1966: These Boots Are Made For Walking / The City Never Sleeps
1966: How Does That Grab You, Darling? / Move Around
1966: Summer Wine / Sugar Town
1967: Lightning's Girl / Until It's Time For You To Go
1968: Good Time Girl / Old Devil Moon
1968: Happy / Nice & Easy
1969: Drummer Man / Home

LPs *1965: This Is Nancy Sinatra*
1966: Boots
Song-Titel: As tears go by – Day tripper – I move around – It ain't me babe – These boots are made for walkin' – In my room – Lies – So long, babe – Flowers on the wall – If he'd love me – Run for your life
1966: How Does That Grab You Darling
Song-Titel: Not the lovin' kind – The shadow of your smile – Sorry 'bout that – Time – Sand – Crying time – My baby cried all night long – Let it be me – Call me – How does that grab you, darlin' – Bang, bang
1966: Nancy In London
1967: Country My Way
1968: Sugar
1968: Movin' With Nancy Sinatra
1969: Nancy

Sir Douglas Quintett (USA)

I love you so, please don't go, please stay here with me in Mendocino (»Mendocino«)

Der Texaner Doug Sahm (geb. am 6. 11. 1942 in Texas), der den Namen Sir Douglas annahm, gründete Ende der 50er Jahre seine ersten Bands. Sie zählten zu den ersten Tex-Mex-Bands, die in Europa zu hören waren. Mit dem 1964 zusammengestellten Sir Douglas Quintett brachte er den Hit »Mendocino« heraus. In der deutschen Hitparade konnte »Mendocino« Platz 2 belegen. Bis zum Jahr 1971 folgten noch weitere Einträge in die Bestseller-Listen.

Besetzung der Band: Douglas Saldana Sahm (Sir Douglas) (vocal, lead-guitar), Augie Meyer (keyboard), Jack Barber (bass), Leon Beatty (percussion), John Perez (drums)

Singles	*1965: Tracker / Blue Norther*
	1965: She's About A Mover / We'll Take Our Last Walk Tonight
	1966: Quarter To Three / She's Got To Be Boss
	1966: Rains Came / Bacon Fat
	1967: Mendocino / I Wanna Be Your Mama Again
	1969: Dynamite Woman / Too Many Docile Minds
	1969: Nuevo Laredo / Texas Me
	1969: It Didn't Even Bring Me Down / Lawd, I'm Just A Country Boy
	1970: Story Of John Hardy / In Time
LPs	*1966: Sir Douglas Quintett*
	Songtitel: She's about a mover – Beginning of the end – Tracker – You're out walking on the streets again – It was in the pines – In the jailhouse now – Quarter to three – It's a man down there – Rains came – Please just say so – We'll take our last walk tonight – Walking in the streets
	1968: Best Of
	1969: Mendocino
	1970: Together After Five
	1970: 1 + 1 + 1 = 4

Skope (Niederlande)

Single *1966: Be Mine Again / From*

Skyliners (Deutschland)

Single *1966: I'm Talking About You / Looky Looky*

Sir Douglas Quintett

Skyriders (Deutschland)

Single 1968: Fight For Life / Stay Here

Small Faces (Großbritannien)

Picked her up on a friday night I knew everything is gonna be alright (»Sha La La La Lee«)

Die Beatband Small Faces aus dem East End von London wurde 1965 von Steve Marriott (geb. am 30. 1. 1947) und Ronnie Lane (geb. am 1. 4. 1948, gest. am 4. 6. 1997) zusammengestellt. Nachdem sie einen Vertrag mit Decca abgeschlossen hatten, dauerte es nicht lange und der erste Top-Twenty Hit war da: »Watcha Gonna Do About It«. Mit dem Songtitel »Sha La La La Lee« erreichten sie danach Position 3. Mit »All Or Nothing« erreichten die Small Faces in Großbritannien Platz 1. Eine Reihe von excellenten Singles, alle von den Bandmitgliedern geschrieben, folgten auf Decca und auf Immediate. Die Small Faces ruhten sich aber nicht auf ihren Lorbeeren aus, sondern produzierten auch hervorragende LPs. Eine davon ist der außergewöhnliche Longplayer »Ogden's Nut Gone Flake«, (Benannt nach einer Tabaksorte) der in die Musikgeschichte einging. Es war nicht nur das erste runde LP-Cover (wie eine Tabakdose), sondern sie hatten einen besonderen Soundeinfall: auf einer LP-Seite wurde zwischen den Songs der Small Faces ein Märchen erzählt, zu dem diese Songs gehörten. Dieses Märchen wurde von dem britischen Komiker Stanley Unwin gesprochen und handelt von der komplizierten Reise eines Happiness Stan, der die fehlende Hälfte des Mondes sucht. Ihre Stücke waren Meilensteine in der

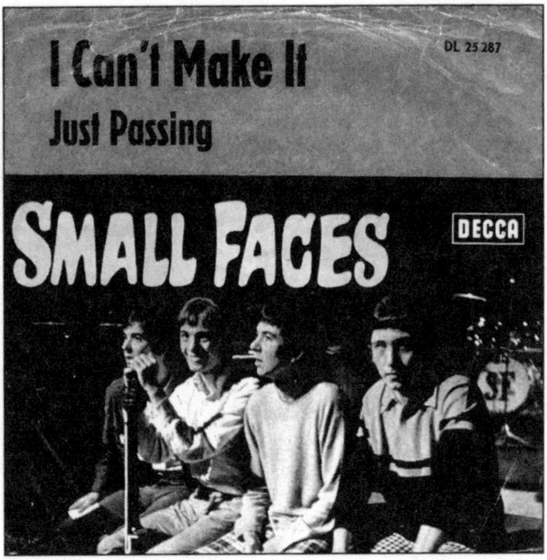

Small Faces

Geschichte des Beats, da sie immer wieder für Aufsehen sorgten. Bei »Itchicoo Park« wurde zum ersten Mal ein »Phaser« (Effektgerät) verwendet. Ende 1968 stieg Steve Marriott, der mit dem Pop-Image der Musikgruppe nicht mehr zufrieden war, aus und gründete mit Peter Frampton (von → Herd) die Hardrockcombo Humple Pie. Der Rest der Beatgruppe machte mit dem Sänger Rod Stewart und → Ron Wood die Band The Faces auf. Am 20. April 1991 verbrannte Steve Mariott auf tragischeWeise in seinem Landhaus.

Besetzung der Band: Steve Mariott (vocal, guitar), Ronnie Lane (bass), James Winston (keyboard), ersetzt durch Ian McLagan (keyboard), Kenny Jones (drums)

Singles 1965: *Watcha Gonna Do About It / What's A Matter Baby*
1965: *I've Got Mine / It's Too Late*
1966: *Sha La La La Lee / Grow Your Own*
1966: *All Or Nothing / Understanding*
1967: *My Mind's Eye / I Can't Dance With You*
1967: *I Can't Make It / Just Passing*
1967: *Patterns / E To D*
1967: *Here Comes The Nice / Talk To You*
1967: *Itchicoo Park / I'm Only Dreaming*
1967: *Tin Soldier / I Feel Much Better*
1968: *Lazy Sunday / Rolling Over*
1968: *The Universal / Donkey Rides A Penny A Glass*

LPs 1966: *Small Faces*
Song-Titel: *Shake – Come on children – You better believe it – It's too late – One night stand – What'cha gonna do about it – Sorry she's mone – Own*

Small Faces

up time – You need loving – Don't stop what you are doing – E to D – Sha la la la lee

1967: From The Beginning

Song-Titel: Runaway – My mind's eye – Yesterday, today and tomorrow – That man – My way of giving – Hey girl – Tell me have you ever seen me – Take this hurt of me – All or nothing – Baby don't you do it – Plum Nellie – Sha la la la lee – You've really got a hold on me – What'cha gonna do about it

1966: From the Beginning

1967: Small Faces

1968: Odgen's Nut Gone Flake

1969: In Memorium

1970: The Autumn Stone

The Smoke

Smoke (Großbritannien)

My friend Jack eats sugar lumps (»My Friend Jack«)

Die im Jahr 1967 gegründete Beatformation Smoke hatte mit ihrer ersten 45er-Schallplatte »My Friend Jack« auf dem Kontinent gleich einen großen Erfolg. Dieser Song gelangte in Deutschland im Mai 1967 auf Platz 2 und konnte durch den → Sandie-Shaw-Hit »Puppet On A String«, der den ersten Platz acht Wochen belegte, nicht an die Spitze gelangen. In England wurde diese Nummer von der BBC wegen der Zeile »My Friend Jack Eats Sugar Lumps« (Mein Freund Jack ißt Zuckerstücke) aus dem Programm verbannt. Zuckerstücke, die mit LSD getränkt waren, waren nämlich zu dieser Zeit bei den Hippies sehr beliebt, und so sah die britische Rundfunkgesellschaft BBC hier eine Aufforderung zum Drogenkonsum. Die Rückseite von »My Friend Jack«, das Stück »We Can Take It«, ist bestimmt eine der besten B-Seiten, die damals erschienen sind. Ihre nächsten Platten brachten Smoke bei Island abwechselnd unter den Namen Smoke und Chords Five heraus. Mit den → Small Faces waren die Smoke auf Tour. Bei → Manfred Manns Deutschland-Tournee in den späten Sechzigern wurden sie als Supporting Act verpflichtet. Bis in die 70er Jahre machte die Band Smoke noch weiter.

Bandbesetzung: Mick Rowley (vocal), Mal Luker (guitar), John »Zeke« Lund (bass), Geoff Gill (drums)

Singles *1967: My Friend Jack / We Can Take It*
1967: Have Some More Tea / Victor Henry's Cool Book
1967: High In A Room / If The Weather's Sunny
1967: If The Weather's Sunny / I Would If I Could
1968: Sydney Gill / I Could Be So Wonderful

LP *1967: It's Smoke Time*
My friend jack – Waterfall – You can't catch me – High in a room – Wake up Cherylina – Don' t lead me on – We can take it – If the weather's sunny – I wanna make it with you – It's getting closer – It's just your way of lovin' – I would if i could but i can't

Sons Of Fred (Großbritannien)

Mit beachtlichem Erfolg brachte die Beatband Sons Of Fred aus Yarmouth Mitte der Sechziger bei der Schallplattenfirma Parlaphone und bei Columbia einige Scheiben heraus.

Single *1965: Sweet Love / I'll Be There*

Sonny & Cher (USA)

They say we're yong and we don't know (»I Got You Babe«)

Die Halbindianerin Cherilyn Sarkasian La Piere (geb. am 20. 5. 1946 in Kalifornien) und der Italo-Amerikaner Salvatore Phillip Bono (geb. am 16. 2. 1935 in Detroit), der schon 1951 den späteren Hit der Righteous Brothers »Koko Joe« geschrieben hatte, bildeten in den Sechzigern das bekannte Beatduo Sonny & Cher. Ihren ersten Song »Baby Don't Go« hatten sie mit 168 $, die sie von Freunden geliehen hatten, finanziert. Im Jahr 1964 heirateten die beiden und stürmten mit ihren Liedern die Hitparaden. Ihr Hit »I Got You Babe« kam 1965 in Deutschland bis auf Platz 3, in Britannien und USA auf den ersten Platz. Cher arbeitete später als Fotomodell und wurde auch Filmstar. Ihre Scheidung war 1974. Sie dreht die Streifen »Die Maske«, »Mondsüchtig« (Oscar als beste Hauptdarstellerin) und die »Hexen von Eastwick«. Zwischendrin ging sie mit neuen Songs und frechen Dessous solo an die Öffentlichkeit. Sonny Bono ging in die Politik und brachte es bis zum Abgeordneten, bevor er 1998 bei einem Skiunfall ums Leben kam. In den späten Neunzigern hat Cher – wieder als Sängerin – mit dem Song »Believe« einen Bestseller.

Singles *1965: I Got You Babe / It's Gonna Rain*
1965: But You're Mine / The Revolutionary Kind
1965: Love Is Strange / Let The Good Times Roll
1965: What Now My Love / Look For You
1966: Have I Stayed Too Long / Leave Me Be
1966: Little Man / Bring It On Home To Me
1967: A Beautiful Story / Podunk
1967: The Beat Goes On / Monday
1968: Baby Don't Go / Walkin' The Qezal
1968: Good Combination / You And Me

LPs *1964: Look At Us*
Song-Titel: I got you babe – Unchained melody – Then he kissed me – Sing c'est la vie – It's gonna rain – 500 miles – Just you – The letter – Let it be me – You don't love me – You've really got a hold on me – Why don't they let us fall in love
1966: Wondrous World Of Sonny & Cher
Song-Titel: Summertime – Tell him – I'm leaving it all up to you – But you're mine – Bring it on home to me – Set me free – What now my love – Leave me be – I look for you – Laugh at me – Turn around – So fine
1967: In Case You're In Love
Song-Titel: The beat goes on – Groovy kind of love – You baby – Monday – Love don't come – Podunk – Little man – We'll sing in the sunshine – Misty roses – Stand by me – Living for you – Cheryl's goin' home
1968: This good Earth

Sonics (USA)

Die Sonics (deutsch: Schall) sind die Mutter aller 3-Akkorde-Bands.

Besetzung der Band: Jerrie Roslie (keyboard, vocal), Larry Parypa (guitar), Rob Lind (sax), Andy Parypa (bass), Bob Bennett (drums)

LPs *1966: Here Are The Sonics*
1966: Explosives
1967: Boom
1967: Introducing The Sonics

Snappers (Deutschland)

Singles *1965: Upside Down / Memories*
1966: Hideaway / Hold Tight

Sorcerers, The (Deutschland)

Single *1966: Sweet Love / With You*

Sorrows (Großbritannien)

Mitte der Sechziger kam aus Coventry die Rhythm & Blues-Gruppe Sorrows, die bei Piccadilly unter Vertrag stand. Ihre Hauptattraktion war die kräftige Stimme von Don Maughn. Nachdem sie in der Fernsehsendung »Ready, Stady, Go« aufgetreten waren, konnte die Band ihre Platte »Take A Heart«, die auch auf Deutsch unter dem Titel »Nimm Mein Herz« herauskam, im Jahr 1965 unter den Top 30 in den englischen Charts plazieren. Die weiteren Veröffentlichungen der Sorrows waren weniger erfolgreich, und die Beatband trennte sich 1967. Don Maughn (geb. am 19. 8. 1943) ändert seinen Namen in Don Fardon und startete eine erfolgreiche Solokarriere. Don Fardons bekanntester Schallplattentitel war »Indian Reservation«, eine Komposition von John D. Loudermilk.

Bandbesetzung: Don Maughn (vocal), Philip Witcher (lead-guitar), Wez Price (guitar), Philip Packham (bass), Bruce Findlay (drums)

Singles *1964: Baby / Teenage Letter*
1965: You've Got What I Want / No No No
1965: Take A Heart / We Should Get Along Fine
1966: Let Me In / How Live

LPs *1965: Take A Heart*
Songtitel: Baby – No no no no no – Take a heart – She's got the action – How love used to be – Teenage letter – I don't wanna be free – Don't sing no sad songs for me – Cara-Lin – We should get along fine – Come with me – Let me in
1968: Old Songs, New Songs

Sounds Incorporated (Großbritannien)

Ein kräftiger, rockiger Sound war das Markenzeichen von Sounds Incorporated. In den frühen Sechzigern begleiteten sie nicht nur viele Musiker aus Amerika während deren Englandtournee, sondern waren auch eine bekannte Instrumentalgruppe. Im Jahr 1964 wurden sie von → Brian Epstein unter Vertrag genommen. Durch diese Verbindung spielten sie auf der legendären Beatles-Langspielplatte »Sgt. Peppers Lonely Hearts Club Band« und waren auch der Opener bei dem Konzert der Fab Four im Shea-Stadion in New York. Als Sounds Incorporated auseinanderging, schloß sich der Schlagzeuger Tony Newman der Jeff Beck Group an.

Bandbesetzung: Alan Holmes (flute, sax), Griff West (sax), John St. John (guitar), Barrie Cameron (keyboard), Wes Hunter (bass), Tony Newman (drums)

Singles *1964: Spanish Harlem / Rinky Dink*
1965: I'm Comin' Through / On The Brink
1965: My Little Red Book / Justice Neddi

LPs *1964: Sounds Incorporated*
Songtitel: William Tell – Fingertips – I'm in love again – Rinky dink – Bullets – Last night – Sounds like movin' – One Mint Julep – Ready Teddy – Theme music from the »Crane Series« – Maria – Light cavalry
1964: Rinky Dink
1966: Studio Two

Sound 66 (Großbritannien)

Single *1966: Flight 4684 / Bouncer*

Spectres (Großbritannien)

Mike Rossi (geb. am 29. 5.1949 in London) und Alan Lancaster (geb. am 7. 2. 1949 in Peckham/London) gingen noch zur Schule, als sie ihre erste Beatband mit dem namen Spectres gründeten. Sie spielten Rock'Roll-Standards auf kleineren Festen in ihrer Umgebung. Mit der Zeit wurde ihr Bekanntheitsgrad größer, und auch die Engagements. Sie begleiteten amerikanische Sänger auf deren Englandtournee und hatten im »Cafe Des Artistes« in Earls Court ein Stammpublikum. Hier trafen sie auch den Bassisten Rick Parfitt (geb. am 12. 10. 1948), der bald darauf bei ihnen einstieg. Rick Parfitt war zu dieser Zeit Mitglied bei der Musik-Gruppe The Highlights und spielte nach den Spectres bei → Status Quo die Gitarre. 1966 bekamen die Spectres einen Vertrag bei der Plattenfirma Piccadilly, wo sie auch Singles aufnahmen. Die Band veröffentlichte eine Single mit dem Titel »We Aint Got Nothin' Yet«, der für die amerikanische Combo Blues Magoos ein Hit war. Sie haben noch eine weitere Coverversion aufgenommen: »I Who Have

Nothing« von Shirley Bassey, die von dem Goldfinger-Song aus dem gleichnamigen James-Bond-Movie bekannt ist. Anfang 1967 benannten sich die Spectres in → Traffic Jam um. Aus Traffic Jam wurde dann die berühmte Band → Status Quo.

Singles *1966: I Who Have Nothing / Neighbour Neighbour*
1966: Hurdy Gurdy Man / Laticia
1967: We Aint Got Nothin' Yet / I Want It

Speeders (Deutschland)

Singles *1966: Sandy, Sandy / No More Waiting*
1968: Cassy K. / Stop ! Hold ! Beware !

Staccatos (Großbritannien)

Single *1968: Imitations Of Love / Butchers And Bakers*

Standells (USA)

Nach ihrer Gründung Anfang der 60er Jahre spielte die kalifornische Beatband Standells in kleinen Clubs, bis im Jahr 1966 ihr erster und einziger Hit »Dirty Water« erschien. Die Standells traten zusammen mit der britischen Beatband Herman's Hermits in dem Film »When The Boys Meets The Girls« auf. Oder in dem Streifen »Riot On Sunset Strip«. Tony Valentino war von den ursprünglichen Mitgliedern am längsten dabei.

Besetzung der Band: Lawrence Tamblyn (lead-guitar), Dick Dodd (guitar), Gary Lane (bass), Tony Valentino (drums)

Singles *1966: Dirty Water / Rari*
1966: Why Pick On Me / Mr. Nobody
1966: Sometimes Good Guys Don't Wear White / Why Did You Hurt Me
1967: I Can't Help But Love You / 99 And Half Won't Do

LPs *1964: In Person At P. J. 's*
Songtitel: Help yourself – So fine – You can't do that – What have I got of my own – Money (that's what I want) – I'll go crazy – Bony Moronie – Ooh Poo Pah Doo – Linda-Lu – Louie Louie
1966: Dirty Water
1966: The Hot Ones
1966: Why Pick On Me
1968: Try It

Star Club

Die Hafenstadt Hamburg an der Nordsee bot alle Voraussetzungen für ein multikulturelles Leben. So war es auch kein Wunder, daß hier der erste Live-Club für Beatmusik in Deutschland entstand. Am Freitag den 13. April (Glückstag!) 1962 wurde mit den Worten »Die Not hat ein Ende! Die Zeit der Dorfmusik ist vorbei!« für die Eröffnung geworben. Im berühmt-berüchtigten Nachtclubviertel St. Pauli war jetzt die Top-Adresse (Große Freiheit 39) für internationale und nationale Bands entstanden. Kaum eine bekannte Gruppe, die nicht hier gespielt hat. Die Liste der Bands reicht von Bill Haley, den → Beatles, den → Rattles, → Liverbirds, → Remo Four, → Big Three, → Gerry And The Pacemakers und vielen anderen der Anfangszeit bis zu Rockgruppen wie Cream, Black Sabbath, Jimi Hendrix und Rory Gallagher. Als 1969 die ersten Diskotheken öffneten, schwand das Interesse an den Konzerten, das Stammpublikum blieb aus. Am Sylvesterabend 1969 fand das letzte Konzert im Star Club statt mit Hardin & York. Danach schloß der Club für immer seine Pforten. An seiner Stelle öffnete das Sex-Theater »Salambo«.

Star Club-Records

Nachdem im Starclub zu Hamburg immer mehr bekannte Musiker auftraten, wurde der Label-Manager von Philips hellhörig und nahm im Club eine Platte auf, die unter dem Titel »Twist im Star Club« herauskam. Durch den Verkaufserfolg der Platte kristallisierte sich im Laufe der Zeit die Idee heraus, für diese Aufnahmen ein eigenes Label zu gründen: »Star-Club-Records«. Fast alle Künstler, die im Star Club auftraten, haben irgendwann eine Platte auf diesem Label veröffentlicht. Heute sind die Star Club Platten gesuchte Sammlerstücke.

Star-Club-Records

Singles 1965

Searchers:	*Sure Know A Lot About Love / Don't You Know*
Little Richard:	*Whole Lotta Shakin' Goin' On / Goodnight Irene*
Rattles:	*Geh zu ihm / Bye Bye Bye*
Rattles:	*Do Wah Diddy Diddy / Betty Jean*
Lee Curtis:	*Shot Of Rhythm And Blues / Ecstasy*
Fats Domino:	*Sally Was A Good Old Girl / You Don't Know What Love Is*
James Brown:	*Out Of Sight / Maybe The Last Time*
Jerry Lee Lewis & Nashville Teens:	
	High School Confidential / Lewis' Boogie
Liverbirds:	*Shop Around / It's Got To Be You*

Eyes: *Peanut Butter / She*
Ray Charles: *Makin' Whoopee Pt. 1 / Makin' Whoopee Pt. 2*
Crickets Showband: *Monkey Time / You're No Good*
Rattles: *La La La / There Goes My Heart Again*
Wayne Fontana & The Mindbenders:
Game Of Love / Since You've Been Gone
Pretty Things: *Honey I Need / I Can Never Say*
Little Richard: *It Ain't Watcha Do / Blueberry Hill*
Liverbirds: *Diddley Daddy / Leave All Your Loves In The Past*
Maggots: *Ha, Ha, Mister Froggie / It's No Good*
Liverbirds: *Peanut Butter / Why Do You Hang Around Me*
Four Renders: *Under The Boardwalk / Long Tall Texan*
Londoners: *That's My Desire / Bring It On Home To Me*
German Bonds: *Sonata Facile / So Mystifying*
Team Beats Berlin: *Sick And Tired / Doctor Feelgood*
Wayne Fontana & The Mindbenders:
It's Just A Little Bit Too Late / Long Time Comin'
Pretty Things: *Cry To Me / Get A Buzz*

1966
Ian & The Zodiacs: *So Much In Love With You / All Of Me*
Rattles: *Come On And Sing / Candy To Me*
Rivets: *Die Welt ist voll Musik / Komm !*
Walker Brothers: *Make It easy On Yourself / But I Do*
Escorts: *Dizzy Miss Lizzie / C'mon Home Baby*
Rattles: *(Stopping In) Las Vegas / Lean Jean 17*
Lee Curtis & Allstars:
Shame And Scandal In The Family / Nobody But You
Ian & The Zodiacs: *Why Can't It Be Me / Leave It To Me*
Team Beats Berlin: *The Battle Of New Orleans / New Orleans*
Rivets: *The Girl I Love / Time For Love*
Rivets: *Barbara Ann / I Got A Feeling*
In Crowd: *Sha-La-La-La-Lee / Old McDonald*
Ian & The Zodiacs: *No Money, No Honey / Ride Your Poney*
Walker Brothers: *The Sun Ain't Gonna Shine Anymore / You're All Around Me*
Phantom Brothers: *Chicago / It Ain't Necessarily So*
Odd Persons: *Band Jive / I'm Cryin'*
Remo Four: *Peter Gunn / Mickey's Monkey*
Lee Curtis: *Kelly / Mohair Sam*
Liverbirds: *Bo Diddley Is A Lover / Loop De Loop*
Rattles: *Love Of My Life / Say Allright*
Faces: *Cry, Cry, Cry / Stay Away*

Pretty Things: *Come See Me / L. S. D.*
Mindbenders: *One Fine Day / Can't Live Without You*
Merseys: *Sorrow / Some Other Day*
Rivets: *L. O. V. E. / Yum Yum*
Country Stars: *Busted / My Grandfather's Clock*
Dave Dee, Dozy, Beaky, Mick & Tich:
Hideaway / Here's A Heart
Cheetales: *The Gamble / Russian Boat Song*
Walker Brothers: *You Don't Have To Tell Me / My Love Is Growing*
Peter Nero Blue Sound & Davy Jones:
Searchin' / King Lonely The Blue
Pretty Things: *A House In The Country / Me Needing You*
Dave Dee, Dozy, Beaky, Mick & Tich:
Bend It / You Make It Move
King Pins: *Gotta Get A Good Thing Going / Willow Tree*
Walker Brothers: *Another Tear Falls / Saturday's Child*
Rattles: *It Is Love / Hey Sally*
Ian & The Zodiacs: *Na-Na-Na-Na-Na / Any Day Now*
Dave Dee, Dozy, Beaky, Mick & Tich:
Hard To Love you / No Time
Rivets: *She Hardley Ever Calls Me Honey Anymore / Wade In The Water*

1967
Dave Dee, Dozy, Beaky, Mick & Tich:
Save Me / Shame
Pretty Things: *Buzz The Jerk / Progress*
Remo Four: *Live Like A Lady / Sing Hallelujah*
Hi-Fis: *I'm A Box / No Two Ways*
Walker Brothers: *Deadlier Than The Male / Archangel*
Jerry Lee Lewis: *Detroit City / City Lights*
Walker Brothers: *Stay With Me, Baby / Turn Out The Moon*
Dave Dee, Dozy, Beaky, Mick & Tich:
Touch Me, Touch Me / Marina
Rattles: *Cauliflower / I Will Always Stay Your Friend*
Hi-Fis: *Shakes And Ladders / Tread Softly For The Sleepers*
Dave Dee, Dozy, Beaky, Mick & Tich:
Okay / He's A Raver
Screamers: *Indication / One Way Love*
Pretty Things: *Children / My Time*
Walker Brothers: *Walking In The Rain / Baby, Make It The Last Time*
Rivets: *The Lion / Make Up Your Mind*
Lee Curtis: *Come On Down To My Boat / Concerto For Her*

John Walker: *Annabella / You Don't Understand Me*
Spanky And Our Gang:
Making Every Minute Count / If You Could Only be Me
Ones: *Lady Green Grass / Love Of Mine*
Herbert & Birgit: *Hey Jean, Hey Dean / Western Impression*
Dave Dee, Dozy, Beaky, Mick & Tich:
Zabadak / Nose For Trouble
Pretty Things: *Death Of A Socialite / Photographer*

1968
Dave Dee, Dozy, Beaky, Mick & Tich:
The Legend Of Xanadu / Please
Cops & Robbers: *Harlem Shuffle / It Hurts Me So*

Star-Club Records LPs

Rattles:	*Star-Club Show 1*
Roadrunners / Shorty & Them:	*Star-Club Show 2*
Lee Curtis & The Allstars:	*Star-Club Show 3*
Liverbirds:	*Star-Club Show 4*
Jerry Williams & Violents:	*Star-Club Show 5*
Various Artists:	*Star-Club Show 6*
Little Richard:	*Kings Of Beat 1*
Ian & The Zodiacs:	*Star-Club Show 7*
Ray Charles:	*Kings Of Beat 2*
Fats Domino:	*Kings Of Beat 3*
Country Stars:	*Star-Club Show 8*
Various Artists:	*16 Original Rhythm & Blues Golden Hits*
Wayne Fontana & Mindbenders:	*Game Of Love*
Rattles:	*Hurra die Rattles kommen*
Jerry Lee Lewis:	*Kings Of Beat 4*
Sonny Boy Williamson & Yardbirds:	*Same*

Starr, Freddie And The Midnighters (Großbritannien)

Eine Merseybeatgruppe der frühen Sechziger Jahre ist Freddie Starr And The Midnighters, die bei der Schallplattenfirma Decca wenig erfolgreich Aufnahmen machte.

Single *1964: Just Keep On Dreaming / Never Cry On Someone's Shoulder*

Status Quo (Großbritannien)

When I look up to the sky I see arise a funny kind of yellow (»Pictures Of Matchstickman«)

Nachdem Ende 1967 aus → Traffic Jam die Status Quo geworden war, wechselte die Beatband die Schallplattenfirma und ging zu PYE. Mit ihrem Pop-Outfit hatten sie 1968 einen Hit mit der Eigenkomposition »Pictures Of Matchstick Man«. Dieser Titel konnte in Deutschland bis auf Platz 7 in der Hitparade vordringen. In den darauf folgenden Jahren hatte »Status Quo« weitere Erfolge und brachte auch einige LPs heraus, die sich aber nicht so gut verkauften. 1970 waren sie das Pop-Image müde geworden, stieg Rod Lynes aus und sie zogen sich für eine Weile zurück. 1970 kehrten sie mit neuer Musik und mit viel Boogie-Rock-Sound auf die Bühnen zurück. »Status Quo« sind stets ein Garant für volle Hallen und gute Stimmung bei ihren Konzerten.

Bandbesetzung: Mike Rossi (guitar, voc), Rick Parfitt (guitar, voc), Rod Lynes (organ), Alan Lancaster (bass), John Coghlan (drums)

Singles *1968: Pictures Of Matchstick Man / Gentleman Joe's Sidewalk Cafe*
1968: Black Veils Of Melancholy / To Be Free
1968: Ice In The Sun / When My Mind Is Not Live
1968: Technicolor Dreams / Spicks And Specks
1969: Make Me Stay A Bit Longer / Auntie Nellie
1969: Are You Growing Tired Of My Love / So Ends Another Life
1969: The Price Of Love / Litle Miss Nothing

LPs *1968: Picturesque Matchstickable Messages Song-Titel: Black veils of melancholy – When my mind is not alive – Ice in the sun – Elizabeth dreams – Gentleman Joe's sidewalk cafe – Paradise flat – Technicolour dreams – Spicks and specks – Sheila – Sunny cellophane skies – Green tambourine – Pictures of matchstick men*
1969: Quotations
1969: Spare Parts

Storm, Danny And The Strollers (Großbritannien)

Danny Storm war ein gutaussehender Typ, der mit »Honest I Do« einen kleineren Hit landen konnte. Die Strollers waren auf Tourneen seine Begleitband. Der Song »Honest I Do« ist auch auf der ersten Langspielplatte der → Rolling Stones zu hören.

Singles *1962: Honest I Do / Sad But True*
1963: Say You Do / Let The Sunshine In

Storm, Rory And The Hurricanes (Großbritannien)

Wahrscheinlich waren Rory Storm And The Hurricanes die bekannteste Merseybeatband. Ihre 45er-Schallplatte »America« war die erste

Scheibe, die von → Brian Epstein produziert wurde. Ihre Bekanntheit verdanken sie hauptsächlich der Tatsache, daß Ringo Starr ihr Schlagzeuger war, bevor er zu den → Beatles ging. Unter seinen Nachfolgern befand sich auch Gibson Kemp, der spätere Schlagzeuger von → Paddy, Klaus And Gibson. Im Jahre 1973 beging Rory Storm Selbstmord.

Singles *1963: America / Since You Broke My Heart*
1964: Dr. Feelgood / I Can Tell

Storme, Rod And The Whispers (Großbritannien)

Balladen waren das Spezialgebiet der Band Rod Storme And The Whispers aus den Midlands. Rob Storme gründete später die Rod Storme Group, die auch eine Coverversion von »Here Today« von den → Beach Boys aufnahm. »To Know Her Is To Love Her« ist eine weitere Cover-Version, die in den späten 50ern von der US-Vocalgruppe Teddybears, deren Produzent der legendäre Phil Spector war, aufgenommen wurde.

Singles *1966: Earth Angels / Transistor Sister*

1964: To Know Her Is To Love Her / Be-Bop-A-Lu-Bop
1965: Love Is Strange / Shy Guy

Strangeloves (USA)

Über die »Strangeloves« kursieren einige Entstehungsgerüchte: Aus Spaß wurde Ernst: Die Songwriter und Produzenten Robert Feldman, Jerry Goldstein und Richard Gottehrer, die so hervorragende Gruppen wie die → McCoys produziert hatten, taten sich Mitte der Sechziger für kurze Zeit zu einem Trio zusammen und veröffentlichten einige Scheiben unter dem Namen Strangeloves. Danach wandten sich die drei Musiker wieder ihren ursprünglichen Berufen zu.

Singles *1965: Cara-Lin / (Roll On) Mississippi*
1966: I Want Candy / It's About My Baby
1966: Nighttime / Rhythm Of Love

LP *1965: I Want Candy*
Songtitel: Cara-Lin – No jive – Hang on Sloopy – New Orleans – Sendin' my love – I want candy – Night time – (Roll on) Mississippi – Satisfaction – Rhythm of love – It's about my baby – Just the way you are

Streaplers (Schweden)

Single *1965: Three Steps To Heaven / Get It*
LP *1965: Three Steps To Heaven*

Sub, The (Deutschland)

Single *1967: Ma-Ma-Marihuana / Off*

Sunbeams (Schweden)

Single *1964: Bunch Of Coconuts / Donauwellen*

Sunspots (Großbritannien)

Single *1963: Paella / Vancouver*

Swinging Blue Jeans (Großbritannien)

For godness sake, I got the hippy hippy shake (»Hippy Hippy Shake«)

1959 wurde die Beatformation Swinging Blue Jeans in → Liverpool auf die Beine gestellt und spielte auch im → »Star Club« zu Hamburg. Zurück in England bedeutete das Aufkommen des Merseybeats auch Erfolg für die Swinging Blue Jeans. In Kleidungsfragen wurden sie als die Konkurrenz zu den → Beatles betrachtet. Nach einigen guten Hits verließ Sänger und Gitarrist Ralph Ellis (geb. am 8. 3. 1944 in Liverpool) die Band. Er wurde durch Terry Sylvester von den → Escorts ersetzt. Terry Silvester wanderte zu den → Hollies ab, als die Swinging

Blue Jeans sich trennten. Die Band brachten für ihre zahlreichen Fans in Germany auch Lieder in deutscher Sprache heraus: »Good Golly Miss Molly« mit der Rückseite »Das ist prima!« und »Tutti Frutti« mit der Rückseite »Das ist vorbei«. Den größten Erfolg in Deutschland hatten die Swinging Blue Jeans mit ihrem Song »Hippy Hippy Shake« im Jahr 1963. Damit gelangten sie auf Platz 9 der Hitparade.

Bandbesetzung: Ray Ennis (lead-guitar, voc), Ralph Ellis (guitar, voc), Les Braid (bass), Norman Kuhlke (drums)

Singles *1963: It's Too Late Now / Think Of Me*
1963: Do You Know / Angie
1963: Hippy Hippy Shake / Now I Must Go
1964: Good Golly Miss Molly / Shakin' Feeling
1964: You're No Good / Don't You Worry About Me
1964: Promise You'll Tell Her / It's So Right
1964: It Isn't There / One Of These Days
1965: Make Me Know You're Mine / I've Got A Girl
1965: Crazy 'Bout My Baby / Good Lovin'
1966: Don't Make Me Over / What Can I Do Today
1966: Sandy / I'm Gonna Have You
1966: Rumours, Gossip, Words Untrue / Now The Summer's Gone
1967: Tremblin' / Something's Coming Along
1967: Don't Go Out Into The Rain / One Woman Man

LPs *1965: Blue Jeans A' Swinging Song-Titel: Ol' man mose – Save the last dance for me – That's the way it goes – Around and around – It's all over now – Long tall Sally – Lawdy Miss Clawdy – Some sweet day – It's so right – Don't it make you feel good – All I want is you – Tutti frutti*

Syndicate Of Sound (USA)

Die typische Garagenband Syndicate Of Sound wurde Mitte der Sechziger in Kalifornien gegründet. Ihre Single »Little Girl« wurde zu einem Hit. Danach folgte nichts Aufsehenerregendes mehr, obwohl die Truppe noch bis Anfang der 70er bestand.

Besetzung der Band: Donald Baskin (vocal, sax), James »Bo« Sawyers (lead-guitar), John Sharkey (guitar, keyboard), Robert Gonzales (bass), John Duckworth (drums)

Singles *1966: Little Girl / You*
1966: Rumours / The Upper Hand
1970: Brown Paper Bag / Reverb Beat

LP *1966: Little Girl Song-Titel: Big boss man – Almost grown – So alone – Dreambaby – Rumors – Little girl – That kind of man – I'm alive – You – Lookin' for the good times – The witch – Is you is or is you ain't my baby – The upper hand – Mary – Keep it up – Good time music*

T

Tages (Schweden)

Singles *1966: Miss MacBaren / Get Up In The Morning*
1966: Crazy 'Bout My Baby / In My Dreams
1967: House Of Soul Hill / Sister's Got A Boyfriend
1967: I'm Going Out / Fuzzy Patterns
1967: Treat Her Like A Lady / Wanting
LP *1967: Contrast*

Talmy, Shel

Der angesehene amerikanische Produzent Shel Talmy kam 1963 nach England. Er produzierte alle frühen Hits für → Who, der → Kinks und arbeitete mit Gruppen wie → Manfred Mann, → Zephyrs, → First Gear, → Creation und → Easybeats. Shel Talmy war Spzeialist für einen rauhen, ungeschliffenen Beatsound.

Team Beats Berlin (Deutschland)

Sie gehörten zu den zahlreichen Berliner Beatbands wie → Lords, → Didi And The ABC Boys, → Rollicks, → Rainbows und die → Boots. 1964 waren die Team Beats Berlin die Vorgruppe von Gene Vincent und Chuck Berry in der Berliner Deutschlandhalle. Beim legendären Live-Konzert der → Rolling Stones, bei dem einige Stühle zu Bruch gingen, durften sie auch mitspielen. Die Team Beats Berlin konnten auch als Vorgruppe der → Pretty Things und → Yardbirds von sich reden machen.

Band-Besetzung: Thomas Goldmann (guitar, vocal), Klaus Dreimann (guitar, vocal), Olaf Leitner (piano), Achim Gierloff (bass, vocal), Peter Butschkow (drums)
Singles *1966: Sick And Tired / Doctor Feelgood*
1966: The Battle Of New Orleans / New Orleans

Them (Großbritannien)

You must leave now, take what you need, you think will last (»It's All Over Now, Baby Blue«)

Van Morrison (geb. am 31. 8. 1945 in Belfast), der zuvor in der Band The Monarchs war, gründete Them 1963 in der Hafenstadt Belfast, der Haupstadt von Nordirland, die an der Mündung des Flusßes Lagan liegt. Van Morrisson hatte vorher eine Art Country-Blues-Rock mit einer Combo namens Deanie Sands And The Javelins gemacht. Mit 16 verließ Van Morrison die High School, weil er Berufsmusiker werden wollte. Er spielte schon mit 13 Gitarre, Saxophon und Mundharmonika. Die Band hatte einen einzigartigen → Rhythm & Blues-Stil, und als sie im Jahr 1964 nach London gingen, wurden sie bald von der Plattenfirma Decca unter Vertrag genommen. Die Rückseite der ersten Top-Ten Single »Baby Please Don't Go« war »Gloria«. »Gloria« wurde ein Klassiker. Die nächste Veröffentlichung, »Here Comes The Night«, war wieder ein großer Erfolg und wurde im Frühling 1965 die Nummer 2 in der englischen Hitparade. Van Morrison war der Schreiber der mei-

sten Songs von Them. Ihre Platten wurden von Bert Berns (USA) produziert, der schon für Hits wie »Hang On Sloopy« für die → »McCoys« und »Under The Boardwalk« (Drifters) verantwortlich zeichnete. »Here Comes The Night« sollte der letzte Schallplattentitel der Band in den Charts sein. Nach einer mißglückten Tour durch Amerika kehrte Van Morrison im Jahr 1966 in seine Heimat zurück. Jetzt stießen neue Leute wie Jimmy Page von den → Yardbirds hinzu. Die Gruppe Them war aber langsam am Ende. Der Bassist Alan Henderson hielt die Musikgruppe zwar weiter am Leben und nahm noch einige Alben auf, die jedoch vor dem Auseinanderbrechen der Band nicht in England veröffentlicht wurden. Der charismatische Van Morrison ging 1967 nach New York und dann nach Boston und startete von dort aus seine Solokarriere, die er mit der außergewöhnlichen Langspielplatte »Astral Weeks« 1968 einleitete.

Bandbesetzung: Van Morrison (vocal), ersetzt durch Keith McDowell (vocal), Billy Harrison (guitar), Alan Henderson (bass), Jackie McAuley (organ), Patrick McAuley (drums)

Singles *1964: Don't Start Crying Now / One Two Brown*
1964: Baby Please Don't Go / Gloria
1965: Here Comes The Night / All For Myself
1965: One More Time / How Long Baby
1965: I'm Gonna Dress In Black / (It Won't Hurt) Half As Much
1965: Mystic Eyes / If You And I Could Be As Two
1966: Call My Name / Bring 'Em On In
1966: Richard Corey / Don't You Go

LPs *1965: Angry Young Them Song-Titel: Mystic eyes – If you and I could be as two – Little girl – Just a little bit – I gave my love a diamond – Gloria – You just can't win – Go on home baby – Don't look back – I like it like that – I'm gonna dress in black – Bright lights big city – My little baby – Route 66*
1966: Them Again
1968: Time Out, Time In, For Them
1968: Now And Them
1969: Them
1970: In Reality

Tielman Brothers (Niederlande)

Singles *1961: April In Paris / Rosalie*
1962: Tahiti Jungle / Fern am Amazonas
1963: Little Hänschen Twist / Twistin' The Carioca
1965: Exodus / Real Love
1965: Little Girl / Yes I'm In Love

1965: Love So True / Don't Go Away
1965: White Christmas / I Wonder
1966: Hallo Catharina / Say You're Mine
1966: Maria / I Wonder
1966: Michelle / Du gehst vorüber
1966: Wanderer ohne Ziel / Viel zu spät
1968: Absence / Little Dog
1968: Little Bird / Gone For Good
1968: Nina Don't Go / Maria My Love

LPs *1964: Tielman Brothers*
1964: Live
1965: East-West
1968: Little Bird

Tiernay's Fugitives (Großbritannien)

Single *1965: Did You Want To Run Away / Morning Mist*

Toggery Five (Großbritannien)

Die Band Toggery Five aus → Manchester belegte beim »Ready Steady Go«-Wettbewerb (eine Musiksendung im britischen Fernsehen) im Jahr 1964 den zweiten Platz und bekam einen Vertrag bei Parlophone. Zu ihren Singles zählte auch die Komposition von Keith Richards und → Andrew Loog Oldham: »I'd Much Rather Be With The Boys«.

Single *1965: I'm Gonna Jump / Bye Bye Bird*

Tommies (Deutschland)

Single *1964: Pretty Woman / Armer Robi-Robinson*

Tonics (Deutschland)

Die Tonics aus der freien Hansestadt Hamburg, die von 1961 – 1974 bestanden, traten unter nicht weniger als 32 Pseudonymen auf. Sie nannten sich auch Ravers, Spots und Eyes of Medusa.

Besetzung der Band: Manfred Oberdörffer (= Tony Tornado, vocal), Hajo Teschner (guitar), Joachim Bendorff (bass), Herbert Bornholdt (drums)

Singles *1961: Lemon Twist / You Are My Sunshine*
1964: Baby, Baby Goodbye / Cherry
1964: Dein zarter Blick / Mädchen in der Stadt
1965: That's How / It's Love Baby
1965: Cést l'amour / Hör' nicht auf die andern
1967: Scotch Parade / Just One Girl
1968: Chewy Chewy / Woman Blues
1969: Hugger Mugger Mummery / Daddy

1969: Skinnie Minnie / People Can See It
1970: Sad Old Song / Out With The Pow Wow
1974: Rosy Rosy / Uki-di Uki-da

LPs *1965: Hit Parade*
1967: Tanzparty Vol. 1
Songtitel: Il cammino di ogni speranza – Yesterday – 3000 tamburi – Lady aus Eis – Love me, please love me – Il Jerk – Sunny – Blauer Sommer – Ich liebe dich – Jetzt weiss ich es – Pep Pills – No milk today
1968: That's Rock'n'Roll
1969: Bubble Gum Music

Top Ten Allstars (Deutschland)

Singles *1964: Little Honda / Surfin' USA*
1964: Pim Pim Pim / My Daddy

LP *1966: Beat Party*

Traffic Jam (Großbritannien)

Aus der Beatband → Spectres wurde im Jahr 1967 Traffic Jam. Zuerst wollten sie sich Traffic nennen, doch da war ihnen Stevie Winwood von → Spencer Davis Group zuvorgekommen. Sie nahmen für Piccadilly eine 45er-Schallplatte auf und änderten ihren Namen erneut: diesmal in → Status Quo.

Bandbesetzung: Mike Rossi (guitar, voc), Alan Lancaster (guitar), Rod Lynes (organ), Rick Parfitt (bass), John Coghlan (drums)

Single *1967: Almost But Not Quite There / Wait Just A Minute*

Transatlantics (Großbritannien)

Single *1965: Many Things From Your Window / I Tried To Forget*

Trash (Großbritannien)

Golden slumbers fill your eyes, smile awake you when you rise (»GoldenSlumbers«).

Bis zum Jahr 1968 hatte es Trash (deutsch: Abfall, Müll, Schmutz) geschafft, die Top-Band in Glasgow (Schottland) zu werden. Dann gingen sie nach London und wurden von dem → Beatles-Lable Appl unter Vertrag genommen. Mit der Soulsängerin Marsha Hunt (»Keep The Customers Satisfied« war ihr Hit) tourten sie durch England und hatten kleinere Plattenerfolge. Trash coverten einfachhalber gleich eine Nummer ihrer Firmen-Chefs und nahmen von der Beatles-LP »Abbey Road« den Song »Golden Slumbers-Carry That Weigh«. Als die Zustände bei Apple chaotisch wurden, brach die Beatband auseinander.

Troggs

Besetzung der Band: Ian Crawford-Clews (vocal), Fraser Watson (lead-guitar), Ronald Leahy, (organ), Colin Hunter-Morrisson (bass), Timi Donald (drums)
Single: *1969 Golden Slumbers-Carry That Weight / Trash-Can*

Tremble Kids (Deutschland)
Single *1965: 77 Sunset Strip / Mallory*

Trippers (Deutschland)
Single *1966: Dance With Me / Keep A Knocking*

Troggs (Großbritannien)
I want to spend my life with a girl like you, ba ba ba ba ba, ba ba ba ba (»With A Girl Like You«)
Reg Ball (geb. am 12. 6. 1943 in Andover/Hamshire) hatte im Jahr 1966 den Mut, sich den Namen Reg Presley als Künstlernamen auszusuchen, und das wurde auch belohnt. Seine Beatband The Troggs, die ursprüng-

lich Troglodytes (Höhlenmenschen) hieß, erreichte mit der zweiten Single »Wild Thing« auf Anhieb die Nummer 2 in den britischen Charts. Interessant ist das italienische Solo-Instrument Okarina, das auf italienisch Gänseei bedeutet. Die Okarina ist aus Ton oder Porzellan und hat einen hohlen Klang. The Troggs waren auf rohe Rocksongs mit einprägsamen Texten spezialisiert, und das britische Publikum nahm sie mit offenen Armen auf. »With A Girl Like You« erreichte im Sommer 1966 Platz 1, und der Nachfolger »I Can't Control Myself« wurde Nummer 2. Beide Songs stammten aus der Feder von Reg Presley. »I Can't Control Myself« landete in Australien und in England auf der Bannliste der Rundfunkstationen, weil die Zeile »her slacks are low and her hips are showing...« den Moralaposteln zu anzüglich war. Zwei Langspielplatten der Troggs erreichten die Top 10 der Album-Charts. In der Flower-Power-Ära hatte sie weiterhin Erfolg und konnten auch mit einer Liebesballade wie »Love Is All Around« überzeugen. Der Gitarrist Chris Britton (geb. am 21. 6. 1945 in Watford) wollte die Band verlassen, aber der Manager Larry Page überredete ihn, als Troggs-Musiker weiterzumachen.

Bandbesetzung: Reg Presley (vocal), Ronnie Bond (drums), Chris Britton (guitar), Pete Staples (bass)

Singels *1966: Lost Girl / The Yella In Me*
1966: Wild Thing / From Home
1966: With A Girl Like You / I Want You
1966: I Can't Control Myself / Gonna Make You
1966: Anyway That You Want Me / 66-5-4-3-2-1
1967: Give It To Me / You're Lying
1967: Night Of The Long Grass / Girl In Black
1967: Hi Hi Hazel / As I Ride By
1967: Love Is All Around / When Will The Rain Come
1968: Little Girl / Maybe The Madman
1968: Surprise Surprise / Marbles And Some Gum
1968: You Can Cry If You Want To / There's Something About You
1968: Hip Hip Hooray / Say Darlin'
1969: Evil Woman / Sweet Madeline
1970: Easy Loving / Give Me Something
1970: Lover / Come Now
1970: The Raver / You

LPs *1966: From Nowhere. Songtitel: Wild Thing – The kitty cat song – Ride your pony – Hi hi Hazel – I just sing – Evil – Our love will still be there – Louie Louie – Jingle jangle – When I'm with you – From home – Jaguar and Thunderbird*
1967: Trogglodynamite

1967: Cellophane

Truth (Großbritannien)

Im Jahr 1966 hatten Truth einen Top-30 Hit mit ihrer Version des Beatles-Hits Girl.

Singles *1966: Girl / Jailer Bring Me Some Water*
1966: Jingle Jangle / Hey Guy

Turtles (USA)

Imagine me and you, I do, I think about you day and night (Happy Together)

In Los Angeles entstanden aus einer erfolgreichen Highschool-Band 1965 die Turtles (deutsch: Schildkröten). Sie spielten heitere Lieder mit Anklängen an den Surf-Sound der → Beach Boys. Von ihrer ersten Platte »It Ain't Me, Babe« (eine Coverversion eines Bob Dylan-Songs) bis zu ihrer Auflösung 1969 waren sie Stammgäste in den Bestseller-Listen. In Deutschland konnten die Turtles mit dem Song »Happy Togehter« 1967 auf Platz 11 klettern. Howard Kaylan (geb. am 22. 6. 1947 in New York) und Mark Volman (geb. am 19. 4. 1947 in Los Angeles) wurden wegen ihres Gespürs für musikalische Ironie danach von Frank Zappa unter dem Namen Flo und Eddie zu den Mothers Of Invention geholt.

Besetzung der Band: Howard Kaylan (vocal), Mark Volman (vocal, sax), Al Nichol (guitar, vocal), Jim Tucker (guitar), Chuck Portz (bass), zeitweise ersetzt durch Jim Pons (bass), Donald Murray (drums), ersetzt durch Johnny Barbata (drums)

Singles *1965: It Ain't Me, Babe / Almost There*
1966: Let Me Be / Your Maw Said You Cried
1966: You Baby / Wanderin' Kind
1966: Can I Get To Know Better / Like The Season
1966: Happy Together / We'll Meet Again
1966: She'd Rather Be With Me / The Walking Song
1967: You Know What I Mean / Rugs Of Wood And Flowers
1967: She's My Girl / Chicken Little Was Right
1967: Sound Asleep / Umbassa The Dragon
1968: The Story Of Rock And Roll / Can't You Hear The Cows
1968: Elenore / Surfer Dan
1968: You Showed Me / Buzzsaw
1969: You Don't Have To Walk In The Rain / Come Over
1969: Love In The City / Bachelor Mother

LPs *1965: It Ain't Me, Babe*
1966: You Baby Song-Titel: Flyin' high – I know that you'll be there – House of pain – Just a room – I need someone – Let me be – Down in Suburbia – Give love a trial – You baby – Pall bearing, ball bearing world –

All my problems – Almost there – Outside chance – Can I get to know you better
1967: Happy Together
Song-Titel: Makin' my mind up – Guide for the married man – Think I'll run away – The walking song – Me about you – Happy together – She'd rather be with me – Too young to be one – Person without a care – Like the seasons – Rugs of woods and flowers
1967: Elenore
1969: Turtle Soup
1969: Present The Battle Of The Bands

Twice As Much (Großbritannien)

Since I was young I've been very hard to please and I don't know wrong from right (»Sitting On A Fence«)

David Skinner und Stephen Rose kamen 1966 zu dem → Rolling Stones-Manager → Andrew Loog Oldham, um ihm ihre Songs vorzuspielen. Er nahm sie gleich bei seinem eigenen Label Immediate unter Vertrag. Die erste Single »Sitting On A Fence«, komponiert von Mick Jagger und Keith Richards von den → Rolling Stones, kam in die Hitparaden. Danach lief es für »Twice As Much« nicht mehr so gut, und das Duo ging im Jahr 1967 auseinander.

Singles *1966: Sitting On A Fence / Baby I Want you*
1966: True Story / Your So Good For Me
1966: Is This What I Get For Loving You Baby / Summer's Ending
1967: Crystal Ball / Why Don't They All Go And Leave Me Alone
LPs *1966: Own Up*
Songtitel: I have a love – Help – Is this what I get for loving you baby – Night time girl – Life is but nothing – The spinning wheel – Happy times – Sha la la la lee – We can work it out – As tears go by – The time is right – The summer's ending – Play with fire – Why can't they all go and leave me alone
1968: That's All

Twist Twens (Österreich)

Single *1966: Sexy Twist / Some Kinda Fun*

Tykes (Niederlande)

Singles *1968: Rosalee / Rock-A-Beatin' Boogie*
1969: Let's Dance / Green Susie

U

Uglies (Großbritannien)

Die Beatband Uglies (auf deutsch: Die Hässlichen) aus dem mittelenglischen → Birmingham, die nicht mit einer gleichnamigen Beatgruppe aus Amerika verwechselt werden sollte, hatte ihre beste Zeit in der Mitte der Sechziger Jahre. Bei ständigem Besetzungswechsel gehörten zu den Uglies zeitweise auch Gitarrist Trevor Burton, der dann zu den → Move ging, und Richard Tandy, der später beim Electric Light Orchestra spielte. Ihre Platten bei PYE kamen nicht in die Charts, aber trotzdem waren die Uglies noch bis zum Ende des Jahrzehnts aktiv.

Singles *1965: Wake Up My Mind / Ugly Blues*
1965: It's Allright / Friend
1967: And The Squire Blew His Horn / Real Good Girl

Undergrads (Großbritannien)

Single *1966: Looks Like It's Gonna Be My Years / Calling You*

Undertakers (Großbritannien)

Die Totengräber (so die deutsche Übersetzung des Namens Undertakers) kamen mit einem Leichenwagen zum Konzert und traten in schwarzen Fräcken und Zylindern auf. Zwischern 1963 und 1964 nahmen sie bei der Schallplattenfirma PYE einige Schallplatten auf, von denen aber nur eine, »Just A Little Bit«, Erfolg hatte. Nachdem die Undertakers auseindergangen waren, startete Jackie Lomax eine Solokarriere.

Besetzung der Band: Jackie Lomax, Bugs Pemberton, Chris Huxton, George Nugent, Brian Jones

Singles *1963: What About Us / Money*
1963: Everybody Loves A Flower / Mashed Potatoes
1964: Just A Little Bit / Stupidy

Unit Four Plus Two (Großbritannien)

Mit dem Sound einer spanischen Gitarre auf ihrem Stück »Concrete And Clay« konnten die Unit Four Plus Two den Platz 28 in den US-

Charts erobern. Für eine unbekannte englische Beatcombo eine beachtliche Leistung. Auch wenn einige ihrer Songs stark vom Folk angehaucht waren, konnten sie gerade mit ihrem Beatstil, der auch deutlich an den Hootenanny-Klang erinnerte, gute Verkaufserfolge erzielen.

Singles *1964: Greenfields / Swing Down Chariot*
1964: Sorrow And Pain / The Lonely Valley
1965: Concrete And Clay / When I Fall in Love
1965: Never Been In Love Like This Before / Tell Somebody You Know
1965: Hark / Stop Wastin My Time
1966: Baby Never Say Goodbye / Rainy Day

V

Valendras, Die (Deutschland)

Single *1966: Jacky Jones / Laß mich nie allein*

Valentines (Großbritannien)

Single *1963: Till Man / I Love You Because*

Valentinos (Dänemark)

Single *1963: It's All Over Now / Tired Of Lovin' (In The Country)*

Van Keeken, Herman (Niederlande)

Single *1965: Du bist schön / Warum denn Goodbye*

Vanguards (Deutschland)

Single *1965: Gloria / Rag Mop*

V. I. P. s (Großbritannien)

In Carlisle wurde das Quartett V. I. P. S. (die berühmte Abkürzung von »Very Important Persons«) Mitte der 60er zusammengestellt, zu dem für kurze Zeit auch der Organist Keith Emerson gehörte, bevor er die Klassikrock-Band Nice gründete. Nice hatte mit dem Klassik-Rockstück »America« aus dem Musical »Westside-Story« einen Bestseller. Die Beatband V. I. P. S. nahm drei Singles auf und wurde dann zu einer der besten Rockbands Englands. Sie nannte sich dann Spooky Tooth. Mit einer der Beatles-Nummer »I'm The Walrus« (von der Beatles-EP »Magical Mystery Tour«, erschienen 1967) hatten Spooky Tooth durch einen brachialen Sound 1970 eine interessante Coverversion geschaffen.

Bandbesetzung: Mike Harrison (piano, voc), Luther Grosvenor (guitar, voc), Greg Ridley (bass), Mike Kellie (drums)

Singles *1964: Don't Keep Shouting At Me / She's So Good*
1966: I Wanna Be Free / Don't Let It Go
1967: Straight Down To The Botton / In A Dream

W

Wackers (Großbritannien)

Eine Band aus den frühen Sechziger Jahren, die bei Piccadilly zwei Schallplatten aufnahm.

Singles *1964: Girl Who Wanted Fame / You're Forgetting*
1964: Love Or Money / Hooka Tooka

Walker Brothers (Großbritannien)

A deep shade of blue is always there (»The Sun Ain't Gonna Shine Anymore«)

In Kalifornien (USA) trafen sich Scott Engel (geb. am 9. 1. 1944 in Hamilton/Ohio) John Maus (geb. am 12. 11. 1943 in New York/USA) und Gary Leeds (geb. am 3. 9. 1944 in Kalifornien/USA), der schon bei dem Rock 'n' Roll-Star Elvis Presley am Schlagzeug gesessen hatte, und gründeten im Jahr 1964 die Walker Brothers. Im Jahr 1965 gingen sie nach England und wurden dort von Philips unter Vertrag genommen. Die ersten Schallplatten der Walker Brothers waren noch bescheidene Erfolge, bei denen sich aber schon ihr typischer Stil entwickelte. Vom lyrisch-dramatischen Gesangsstil her ähnelten sie zuerst den Righteous Brohters. Der große Durchbruch kam, als die → Kinks wieder einmal Streit hatten und die Walker Brothers die übrigen Tourdaten übernahmen. Plötzlich waren sie von kreischenden Teenies umringt und wurden als Stars gefeiert. Mit dem Song »The Sun Ain't Gonna Shine Anymore« erreichten sie Platz 1. Weitere Hits in diesem Balladenstil folgten, und die Walker Brothers wurden zu Teenageridolen. Zu Beginn spielten sie auf der Bühne noch selbst die Instrumente, doch bald engagierten sie eine Begleitband. Bis Mitte 1967 hielt die Erfolgssträhne an. Doch dann sanken die Verkaufszahlen, und die Beatformation löste sich auf.

Singles *1965: Pretty Girls Everywhere / Doin' The Jerk*
1965: Love Her / The Seventh Dawn
1965: Make It Easy On Yourself / But I Do
1965: My Ship Is Coming In / You're All Around Me
1966: The Sun Ain't Gonna Shine Anymore / After The Light Goes Out
1966: Baby You Don't Have To Tell Me / My Love Is Growing

1966: *Another Tear Falls / Saddest Night In The World*
1966: *Deadlier Than The Male / Archangel*
1967: *Stay With Me Baby / Turn Out The Moon*
1967: *Walking In The Rain / Baby, Make It The Last Time*

LPs 1965: *Take It Easy With The Walker Brothers*
1966: *The Fabulous Walker Brothers*
1966: *Portrait*
1966: *Images Song-Titel: Everything under the sun – Once upon a summertime – Experience – Blueberry Hill – Orpheus – Stand by me – I wanna know – I will wait for you – It makes no difference now – I can't let it happen to you – Genevieve – Just say goodbye*

Wallace, Mike & The Caretakers (Deutschland)

Single 1966: *End Of The World / Whitsand Bay*

The Walker Brothers

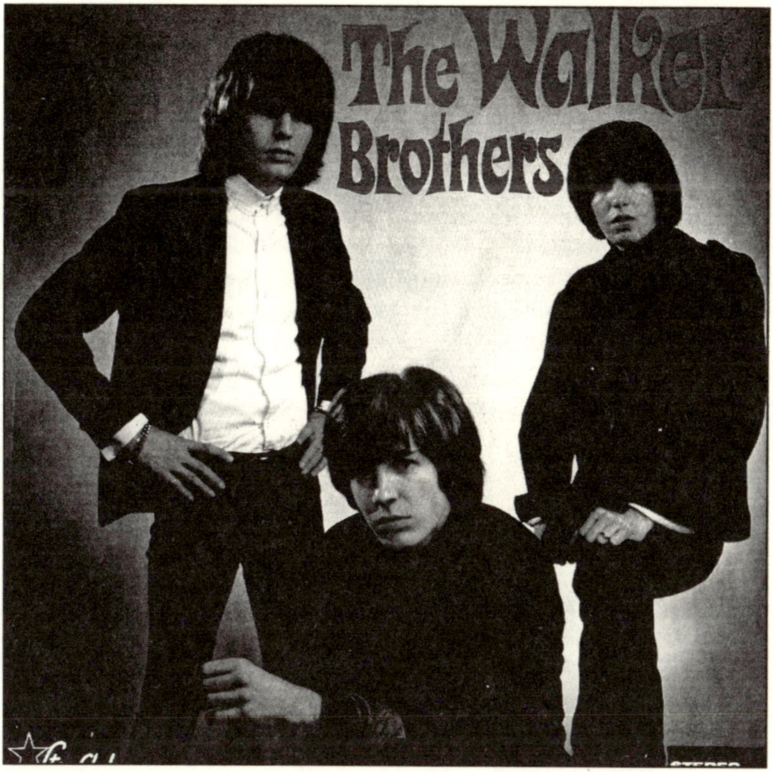

Wayne, Carl And The Vikings (Großbritannien)

Eine Musikgruppe aus den frühen Sechzigern ist Carl Wayne And The Vikings aus → Birmingham, die einige Coverversionen von Songs der → Beatles aufnahm, bevor Carl Wayne der Sänger bei der bekannten Beatband → Move wurde.

Single *1964: What's The Matter Baby / Your Loving Ways*

Wayne, Pat And The Beachcombers (Großbritannien)

Die Band Pat Wayne And The Beachcombers ist eine weitere Beatband aus → Birmingham, die bei der Schallplattenfirma Columbia eine der unzähligen Versionen des Chuck-Berry-Hits »Roll Over Beethoven« aufnahm.

Singles *1963: Roll Over Beethoven / Is It Love*
1963: Go Back To Daddy / Jambalaya
1964: Brand New Man / Nobody's Child
1964: By Bye Johnny / Strictly For The Birds

West, Dodie (Großbritannien)

Single *1964: Goin' Out Of My Head / Is He Feeling Blue*

Wheels (Großbritannien)

In Belfast wurde die Band Wheels (deutsch: die Räder). Anfang der Sechziger gegründet. Sie übersiedelte aber bald nach Blackpool, einer Hafenstadt nördlich von Liverpool. Die erste Singleproduktion der Band war eine Coverversion des Songs »Gloria« von der Gruppe → Them, die ebenfalls aus Belfast kommen. Nachdem die Wheels ihren Bandnamen in Wheels-A-Way umänderten, nahmen sie noch eine Platte auf, bevor sie getrennte Wege gingen.

Besetzung der Band: Brian Rossi, Herbie Armstrong, Tito Tinsley, Rod Demick, Victor Catling

Single *1965: Gloria / Don't You Know*

Winwood, Steve

Geboren wurde der Multi-Instrumentalist und Sänger Steve Winnwood am 12. 5. 1948 in Birmingham. Er wurde oft als »Wunderkind der Popmusik« bezeichnet. Schon mit 16 Jahren begann er seine Karriere als Bassist, Pianist, Gitarrist und Sänger bei der Beatformation Spencer Davis Group. Bei deren Hits wie »Keep On Running«, »Somebody Help Me«, »I'm A Man« und »Gimme Some Lovin'« ist seine, von den schwarzen Vorbildern geprägte Soul-Stimme das prägnante Markenzeichen. Bevor → Steve Winwood die Gruppe Traffic aus der Taufe hob, spielte er noch kurzzeitig mit → Eric Clapton und Jack Bruce in der

Studio-Combo Powerhouse, die auch eine Langspielplatte (»Whats Shakin'«) herausbrachte. Traffic wurden mit Titeln wie »Hole In My Shoe«, »Paper Sun« und »John Barleycorn Must Die« eine der ersten Hippiebands. Zu der Besetzung bei Traffic gehörten Jim Capaldi am Schlagzeug, Dave Mason an der Gitarre, Chris Wood mit Flöte und Saxophon und Rick Grech am Bass. Nach dem Erscheinen des dritten Traffic-Albums »Last Exit« löste Steve Winwood Traffic vorübergehend auf und gründete mit → Eric Clapton, Ginger Baker und Rick Grech Blind Faith. Auf der Langspielplatte »Air Force One« von Ginger Bakers Air Force (1970) ist Steve Winwood als Keyboarder zu hören. Auch auf der Hendrix-Scheibe »Electric Lady Land« sitzt Winwood bei dem Song »Vodoo Child« an den Tasten. Seine Solo-Laufbahn beginnt der talentierte Musiker Anfang der Siebziger mit der Langspielplatte mit dem schlichten Albumtitel »Winwood« (1973). Dann folgen Alben wie »Arc Of A Diver« (1980), »Talking Back To The Night« (1982), »Refugees Of The Heart« (1990) und »Junction Seven« (1996).

Whips (USA)

Single 1965: Whip It On Me Baby / First Dance Fear

Whirlwind (Großbritannien)

Die Formation Whirlwind um Graham Goldman nahm im Jahr 1964 eine 45er-Schallplatte bei HMV auf, bevor Goldman die → Mockingbirds gründete.

Single 1964: Look At Me / Baby Not Like You

Whiskers (Niederlande)

Single 1967: Me, Myself And I / Crazy 'Bout My Baby

Who (Großbritannien)

Happy Jack wasn't old, but he was a man, he lived in the sand of the isle of man (»Happy Jack«)

Das musikalische Flaggschiff der Mods, so könnte man die »Who« bezeichnen, spielten ab 1963 in den Londoner Clubs. Als Peter Meadon ihr erster Manager wurde, verschaffte er ihnen einen Vertrag bei Fontana und änderte den Bandnamen → High Numbers. Unter diesem Namen erschien die Single »I'm The Face« mit der Rückseite: »Zoot Suit«. Dann wurde Peter Meadon durch Chris Stamp und Kit Lambert ersetzt, und die Musikgruppe nahm ihren alten Namen Who wieder an. Ihrem Image als Mods wurden die Who gerecht: sie gaben viel Geld für Kleidung (z.B. das berühmte Jacket von Pete Townshend, geb. am 19. 5. 1945 in London, mit der britischen Flagge) und Instrumente aus.

Am Ende jedes Auftritts zerschmetterte Townshend seine Gitarre und Keith Moon (geb. am 23. 8. 1946 in London, gest. am 7. 9. 1978) warf sein Schlagzeug um. In Hotels, in denen sie übernachteten, zerstörten sie methodisch die Zimmereinrichtungen. Dies und die öffentlichen Äußerungen der Bandmitglieder, daß sie sich gegenseitig hassen würden, trug zu dem Kultstatus der Band bei den Mods bei. Im Dezember 1965 brachten die Who ihren Superhit »My Generation« heraus, der zur Hymne einer Generation wurde. In Deutschland hatten die Who den größten Singleerfolg mit dem Song »Happy Jack«. Dieser gelangte bis auf Platz 4 der Hitparade. Die Who hatten mit ihren Singles nie einen Number-One-Hit. Allerdings gelangte die Band Thunderclap Newman mit dem Hit »Something In The Air« 1969 an die Spitze der englischen Charts, bei der Who-Mann Pete Townshend den Bass spielte. Selbst mit den Knallern »My Generation« und »I'm A Boy« konnten die Who nur bis zum 2. Platz der Hitparaden der britischen Hitparaden vordringen. Die beste Notierung in den US-Charts war 1967 Platz 9

The Who

mit »I Can See For Miles«. In allen Medien waren sie ständig vertreten und ihre Platten verkauften sich hervorragend. Als Mick Jagger und Keith Richards von den → Rolling Stones wegen Drogenbesitz vor Gericht standen, veröffentlichten die Who die Single »The Last Time« ein Stones-Hit um zu den Prozesskosten beizusteuern. Erst im Jahr 1968 ließ bei Who der ständige Strom an Hits etwas nach. Dann kam die Sensation auf den Markt: die Who veröffentlichten mit »Tommy« eine der bekanntesten Rockplatten aller Zeiten. Pete Townshend hatte hier sein Meisterwerk abgeliefert. Sowohl die Platte als auch der dazugehörige Film waren unglaubliche Erfolge. Pets Townshend veröffentlichte hinterher auch Soloalben. Das Ende der Beatära, ein Stolperstein für viele andere Gruppen, ließ die Who so gut wie unberührt. Sie brachten weiter gute Platten auf den Markt und wurden bei ihren Konzerten von den Fans gefeiert. 1978 kam mit dem Tod des Schlagzeugers Keith Moon eine kurze Pause. Aber nachdem Keith Moon durch Kenny Jones (ex-→ Small Faces) ersetzt worden war, lief die Who-Maschine weiter. Sänger Roger Daltrey (geb. am 1. 3. 1944 in London) und der Bassist John Entwhistle (geb. am 10. 9. 1944 in London) unternahmen auch einige Soloprojekte.

Bandbesetzung: Roger Daltrey (vocal), Pete Townshend (guitar), John Entwhistle (bass), Keith Moon (drums), ersetzt durch Kenny Jones (drums)

Singles *1965: I Can't Explain / Bald Headed Woman*
1965: Anyway, Anyhow, Anywhere / Daddy Rolling Stone
1965: My Generation / Shout And Shimmy
1966: The Kids Are Alright / The Ox
1966: A Legal Matter / Instant Party
1966: La La La Lies / The Good's Gone
1966: Substitute / Circles
1966: I'm A Boy / In The City
1966: Happy Jack / I've Been Away
1967: Pictures Of Lily / Doctor Doctor
1967: The Last Time / Under My Thumb
1967: I Can See For Miles / Someone's Coming
1968: Dogs / Call Me Lightning
1968: Magic Bus / Dr. Jeckyll And Mr. Hyde
1969: Pinball Wizzard / Dogs Part 2
1969: I'm Free / Tommy Overture
1970: The Seeker / Here For More

LPs	*1965: My Generation*
	Songtitel: Out in the street – I don't mind – The good's gone – La la lies – Much too much – My generation – The kids are alright – Please please please – It's not true – I'm a man – A legal matter – The ox
	1966: A Quick One
	1967: The Who Sell Out
	1968: Direct Hits
	1969: Tommy
	1970: Live At Leeds

Williams, Roek & The Fighting Cats (Niederlande)

Single	*1963: You Walked Away / Jane*
LP	*1967: Favourites*

Wolves (Großbritannien)

Single	*1964: Journey Into Dreams / What Do You Mean*

Wood, Ron (Großbritannien)

Der Gitarrist und Bassist Ron Wood (geb. am 1. 6. 1947 in Middlesex) begann seine professionelle Musikerlaufbahn in der Beatära bei den → Birds. (Nicht zu verwechseln mit den → Byrds aus Amerika.) Mit seinem Musiker-Kollegen Kim Gardner ging Ron Wood nach Auflösung der Birds zu der Beatband → Creation. Hier war er nur kurze Zeit, bevor er als Bassist mit Jeff Beck und Rod Stewart die sogenannte Jeff Beck Group ins Leben rief. Mit ihr nahm Ron Wood Songs wie »Morning Dew«, »Shapes Of Things« (Nummer der → Yardbirds) und »I Aint Superstitious« auf. Eigentlich waren die Small Faces schon eine aufgelöste Band, als Ron Wood und Rod Stewart zu den restlichen → Small Faces stieß und diese sich von da an nur noch Faces nannten. Durch seine alte Freundschaft mit Keith Richards konnte Ron Wood als Gitarrist im Jahr 1976 bei den → Rolling Stones einsteigen, weil Mick Taylor ausgestiegen war. Ron Wood hat schon 1974 sein erstes Soloalbum mit dem Titel »I've Got My Own Album To Do« herausgebracht. Mit dem R&B-Musiker Bo Diddley veröffentlichte Ron Wood die Langspielplatte »Live Ath The Ritz«. Er zählt zu den besten Slide-Gitarristen in Britanninen, und so ist es kein Wunder, daß eine seiner LPs »Slide On Live« heißt, die Ron Wood 1993 aufnahm.

Wow (Niederlande)

Single	*1966: She'll Be Gone / Love Is Gone*

Y

Yankees (Deutschland)

Nationale Bekanntheit erreichten die Yankees, als sie am 25. September 1965 um 16. 45 Uhr die Sendung »Beat Club« bei Radio Bremen mit ihrem Titel »Halbstark« eröffneten. Ihre Bühnenkleidung bestand aus Uniformen der Nordstaaten aus dem amerikanischen Bürgerkrieg.

Besetzung der Band: Harald Blanke (guitar, vocal), Frank Bartelt (guitar, vocal), Wilhelm Eck (bass, vocal), Gerd Adamowsky (drums)

Singles 1964: *Halbstark / La-la-la-la*
1965: *So ein Luder / Liebelei*
1965: *Play Gipsy / I Was Born To Love You*
1966: *Mein Schlaraffenland / In der roten Straßenbahn*

Yardbirds (Großbritannien)

I give you everything and more and that's for sure I bring you diamond rings and things right to your door (»For Your Love«)

Im Jahr 1963 entstand aus dem Metropolitan Blues Quartett die Beatband Yardbirds, die eine Mischung aus Rock und Blues spielte. Von → Casey Jones And The Engineers kam als Gitarrist der junge → Eric Clapton (geb. am 30. 3. 1945 in Ripley/Surrey) dazu. Als die → Rolling Stones ihr ständiges Engagement im Club → »Crawdaddy« aufgaben, übernahmen die Yardbirds ihre Stelle und etablierten sich schnell als Topband. Ihre erste LP mit Standards wie »Too Much Monkey Business« entstand live im → »Marquee-Club« in London. Anfang 1965 schlugen die Yardbirds eine kommerziellere Richtung ein und Eric Clapton, der damit nicht einverstanden war, verließ die Formation. Sein Platz wurde von dem Gitarristen Jeff Beck (geb. am 24. 6. 1944 in Surrey) eingenommen. Mit ihm produzierten die Yardbirds 1965 nach ihrem ersten Chart-Breaker »For Your Love« (noch mit Eric Clapton an der Lead-Gitarre) den zweiten Hit »Heart Full Of Soul«. Danach verließ der Bassist Paul Samwell-Smith (geb. am 8. 5. 1943 in London) die Gruppe, um sich als Produzent zu betätigen. Er arbeitete dann zum Beispiel mit Cat Stevens. Ersetzt wurde der Bassist Paul Samwell-Smith durch den Studiogitarristen → Jimmy Page (geb. am 9. 1. 1944 in

Heston/Middlesex). Page übernahm bald den Part des zweiten Gitarristen, um mit Jeff Beck eine hervorragende Gitarrenfrontline zu bilden. 1967 hatte Jeff Beck einen Nervenzusammenbruch und verließ die Beatband. Ein Jahr machten die verbliebenen Bandmitglieder noch weiter, doch der Erfolg der vergangenen Zeiten stellte sich nicht wieder ein und im Juli 1968 lösten sie sich auf. Keith Relf (geb. am 22. 3. 1943 in Richmond/Surrey, gest. am 14. 11. 1976) und Jim McCarthy (geb. am 27. 7. 1943 in Liverpool) gründeten das Folkduo Together, aus dem später die Klassik-Rockband Renaissance entstand. Jimmy Page gründete mit Robert Plant, John Bonham und John Paul Jones die Giga-Band Led Zeppelin. Jeff Beck machte mit Rod Stewart und Ron Wood die Band Jeff Beck Group auf. In dem Kultfilm »Blow Up« (1966) von Michel Angelo Antonini hatten die Yardbirds einen sehenswerten Gastauftritt.

Bandbesetzung: Keith Relf (vocal, harmonica), Andrew »Top« Topham (lead-guitar), ersetzt durch Eric Clapton (lead-guitar), Chris Dreja (guitar, bass), Jeff Beck (guitar), Jimmy Page (guitar), Paul Samwell-Smith (bass), Jim McCarty (drums)

Singles *1964: I Wish You Would / A Certain Girl*
1964: Good Morning Little Schoolgirl / I Ain't Got You
1965: For Your Love / Got To Hurry
1965: Heart Full Of Soul / Steeled Blues
1965: Evil Hearted You / Still I'm Sad
1966: Shapes Of Things / You're A Better Man Than I
1966: Over Under Sideways Down / Jeff's Boogie
1966: Happening Ten Years Time Ago / Psycho-Daisies
1967: Little Games / Puzzles
1967: Goodnight Sweet Josephine / Think About It

The Yardbirds

LPs	*1964: Sonny Boy Williamson & The Yardbirds*
	1965: Five Live Yardbirds
	Songtitel: Too much monkey business – I got love if you want it – Smokestack lightnin' – Good morning little schoolgirl – Respectable – Five long years – Pretty girl – Louise – I'm a man – Here 'tis
	1966: The Yardbirds
	1966: Over Under Sideways Down
	1966: Roger the Engenieer

Yem & Yemen (Großbritannien)

Single *1966: Black Is The Night / Do Blondes Really Have More Fun?*

You Know Who Group (Dänemark)

Single *1966: Roses Are Red My Love / Playboy*
LP *1968: First Album*

Young Idea (Großbritannien)

Douglas McCrae-Brown und Tony Cox nahmen als Duo unter dem Gruppen-Namen Young Idea bei Columbia im Jahre 1967 mehrere Songs auf. Tony Cox arbeitete nach seiner Musikerzeit bei Young Idea als Produzent.

Single *1967: With A Little Help From My Friends / Peculiar Situation*

Young Rascals (USA)

Zweifellos waren die Young Rascals die Darlings des Sechziger Jet-Sets – sie strömten aus allen Himmelsrichtungen her, um die Young Rascals aus New Jersey zu sehen und zu hören. Die Band kam mit ihren Stücken »Good Lovin'« 1966 und mit »Groovin'« 1967 immer auf den ersten Platz in den amerikanischen Charts. Später nannten sich die Young Rascals nur noch Rascals und brachten 1968 unter diesem Namen einen Nummer-Eins-Hit in Amerika heraus: »People Got To Be Free«.

Besetzung der Band: Eddie Brigati (vocal, percussion), Gene Cornish (guitar, vocal), Felix Cavaliere (organ, vocal), Dino Danelli (drums)

Singles	*1966: Good Lovin' / Mustang Sally*
	1966: You Better Run / Love Is A Beautiful Thing
	1967: I've Been Lovin' You Too Long / If You Knew
	1967: A Girl Like You / It's Love
	1967: Groovin' / Sueno
LPs	*1966: Young Rascals*
	1966: Collections
	1967: Groovin'
	1968: Time Peace

Z

Zephyrs (Großbritannien)

Der Produzent von den Zephyrs aus London war der bekannte → Shel Talmy. Mit ihrer zweiten Singleproduktion »I Can Tell« hatten sie einen Achtungserfolg. Doch der ersehnte Durchbruch wurde nicht geschafft.

Besetzung der Band: John Peeby (guitar), John Hinde (bass), Marc Lease (organ), John Carpenter (drums)

Singles *1963: What's All About / Oriental Dream*
1963: I Can Tell / Sweet Little Baby
1965: She's Lost You

Zipps (Niederlande)

Singles *1966: Kicks And Chicks / Hipsterism*
1967: Highway Gambler / Roll The Cotton Down
1967: Marie-Juana / The Struggle For Icecold Milk

Zombies (Großbritannien)

Well, no one told me about her, the way she lied (She's Not There)

Die Zombies wurden bereits 1962 von Rodney Terence Argent (geb. am 14. 6. 1945 in St. Albans/Herts), Paul Atkinson (geb. am 19. 3. 1946 Cuffely/Herts) und Hugh Birch Grundy (geb. am 6. 3. 1945 in Winchester/Herts) auf die Beine gestellt. Die Zombies waren Schulfreunde aus St.Albans in Hefordshire, bei London. Im Jahr 1964 gewannen sie bei einem Talentwettbewerb einen Plattenvertrag. Die erste 45er-Schallplatte der Band, die gleich in Amerika und Europa ein Hit wurde, war »She's Not There«. Sie bekam auch die beste Hitparaden-Plazierung von allen Zombies-Titeln und war in Amerika auf Platz 2. Nach ihrer zweiten LP, auf der auch der Superhit »Time Of The Season« ist, löste sich die Beatband auf. Rod Argent, der sich für R&B, aber auch für klassische Musik interessierte, gründete 1969 die Rockband Argent, mit der er bis zum Jahr 1976 einige gute Platten ablieferte.

Bandbesetzung: Colin Edwards Michael Blunstone (vocal), Paul Atkinson (guitar), Rodney Terence Argent (keyboard), Christopher Birch Grundy (drums), Chris White (bass)

Singles	*1964: She's Not There / You Make Me Feel Good*
	1964: Leave Me Be / Woman
	1965: Tell Her No / What More Can I Do
	1965: She's Coming Home / I Must Move
	1965: Whenever You're Ready / I love You
	1965: Is This A Dream / Don't Go Away
	1966: Remember You / Just Out Of Reach
	1966: Indication / How Were You Before
	1966: Gotta Get A Hold On Myself / The Way I Feel Inside
	1967: Going Out Of My Head / She Does Everything For Me
	1967: Friends Of Mine / Beechwood Park
	1967: This Will Be Our Year / Butcher's Tale
	1967: Care Of Cell 44 / Maybe After She's Gone
	1968: Time Of The Season / I'll Call You Mine
	1969: Imagine The Swan / Conversation Of Floral Street
LPs	*1965: Begin Here*
	1968: Odyssey & Oracle
	Song-Titel: Care of cell – A rose for Emily – Maybe after he's gone – Beechwood park – Brief candles – Hung up on a dream – Changes – I want her she wants me – This will be our year – Butcher's tale – Friends of mine – Time of the season
	1969: Early Days

Zoo (USA)

Single	*1967: She Said, She Said-Good Day Sunshine / Where Have All The Good Times Gone*

Z. Z. And De Maskers (Niederlande)

Singles	*1963: Dracula / Beat Girl*
	1964: Stopping In Las Vegas / She's Got My Heart

HIT-PARADEN IN DER BEAT-ÄRA
1963-1969

Alle Number One Hits aus
Großbritannien, Deutschland und USA

1963:

Großbritannien:
Cliff Richard – The Next Time
Shadows – Dance On
Jet Harris & Tony Meehan – Diamonds
Frank Ifield – Wayward Wind
Cliff Richard – Summer Holiday
Shadows – Foot Tapper
Gerry & The Pacemakers – How Do You Do It
Beatles – From Me To You
Gerry & The Pacemakers – I Like It

Frank Ifield – Confessin'
Elvis Presley – Devil In Disguise
Searchers – Sweets For My Sweet
Billy J. Kramer & Dakotas – Bad To Me
Beatles – She Loves You
Brian Pool & Tremoloes – Do You Love Me
Gerry & The Pacemakers – You'll Never Walk Alone
Beatles – I Want To Hold Your Hand

Deutschland:
Billy Mo – Ich kauf'mir lieber einen Tirolerhut
Tahiti-Tamoures – Wini-Wini
Manuela – Schuld war nur der Bossa Nova
Connie Francis – Barcarole in der Nacht
Gitte – Ich will 'nen Cowboy als Mann
Gitte & Rex Gildo – Vom Stadtpark die Laternen
Cliff Richard – Rote Lippen soll man küssen

USA:
Steve Lawrence – Go Away Little Girl
Rooftop Singers – Walk Right In
Paul & Paula – Hey Paula
Four Seasons – Walk Like A Man
Ruby And The Romantics – Our Day Will Come
Chiffons – He's So Fine
Little Peggy March – I Will Follow Him
Jimmy Soul – If You Wanna Be Happy
Leslie Gore – It's My Party
Kyu Sakamoto – Sukiyaki
David Essex – Easier Said Than Done
Jan & Dean – Surf City
Tymes – So Much In Love
Stevie Wonder – Fingertips, Pt. 2
Angels – My Boyfriend's Back
Bobby Vinton – Blue Velvet
Jimmy Gilmer & The Fireballs – Sugar Shack
Nino Tempo & April Stevens – Deep Purple

Dale & Gracie – I'm Leavin' It Up To You
Singing Nun – Dominique

1964
Großbritannien:
Dave Clark Five – Glad All Over
Searchers – Needles And Pins
Bachelors – Diane
Cilla Black – Anyone Who Had A Heart
Billy J. Kramer & The Dakotas – Little Children
Beatles – Can't Buy Me Love
Peter & Gordon – A World Without Love
Searchers – Don't Throw Your Love Away
Four Pennies – Juliet
Cilla Black – You're My World
Roy Orbison – It's Over
Animals – The House Of The Rising Sun
Rolling Stones – It's All Over Now
Beatles – A Hard Day's Night

Manfred Mann – Do Wah Diddy Diddy
Honeycombs – Have I The Right
Kinks – You Really Got Me
Herman's Hermits – I'm Into Something Good
Roy Orbison – Oh Pretty Woman
Sandie Shaw – Always Something There To Remind Me
Surpremes – Baby Love
Rolling Stones – Little Red Rooster
Beatles – I Feel Fine

Deutschland:
Bernd Spier – Das kannst Du mir nicht verbieten
Siw Malmkwist – Liebeskummer lohnt sich nicht
Ronny – Oh My Darling Caroline
Beatles – I Want To Hold Your Hand
Pat Boone – Memphis Tennessee
Peter Lauch & Regenpfeifer – Das kommt vom Rudern, das kommt vom Segeln
Roy Orbison – Pretty Woman
Drafi Deutscher – Shake Hands

USA:
Bobby Vinton – Then I've Said It Again
Beatles – I Want To Hold Your Hand
Beatles – She Loves You
Beatles – Can't Buy Me Love
Louis Armstrong – Hello Dolly
Mary Wells – My Guy
Beatles – Love Me Do
Dixie Cups – Chapel Of Love
Peter & Gordon – World Without Love
Beach Boys – I Get Around
Four Seasons – Rag Doll
Beatles – A Hard Day's Night
Dean Martin – Everybody Loves Somebody
Supremes – Where Did Our Love Go ?
Animals – House Of The Rising Sun
Roy Orbison – Oh Pretty Woman
Manfred Mann – Do Wah Diddy Diddy
Supremes – Baby Love

Shangri-Las – Leader Of The Pack
Lorne Greene – Ringo
Bobby Vinton – Mr. Lonely
Supremes – Come See About Me
Beatles – I Feel Fine

1965

Großbritannien:
Georgie Fame & Blue Flames – Yeh, Yeh
Moody Blues – Go Now
Righteous Brothers – You've Lost That Lovin' Feelin'
Kinks – Tired Of Waiting For You
Seekers – I'll Never Find Another You
Tom Jones – It's Not Unusual
Rolling Stones – The Last Time
Unit Four + Two – Concrete And Clay
Cliff Richard – The Minute You're Gone

Beatles – Ticket To Ride
Roger Miller – King Of The Road
Jackie Trent – Where Are You Now (My Love)
Sandie Shaw – Long Live Love
Elvis Presley – Crying In The Chapel
Hollies – I'm Alive
Byrds – Mr. Tambourine Man
Beatles – Help!
Sonny & Cher – I Got You Babe
Rolling Stones – Satisfaction
Walker Brothers – Make It Easy On Yourself
Ken Dodd – Tears
Rolling Stones – Get Off Of My Cloud
Seekers – The Carnival Is Over
Beatles – Day Tripper

Deutschland:
Ronny – Kleine Annabell
Cliff Richard – Das ist die Frage aller Fragen

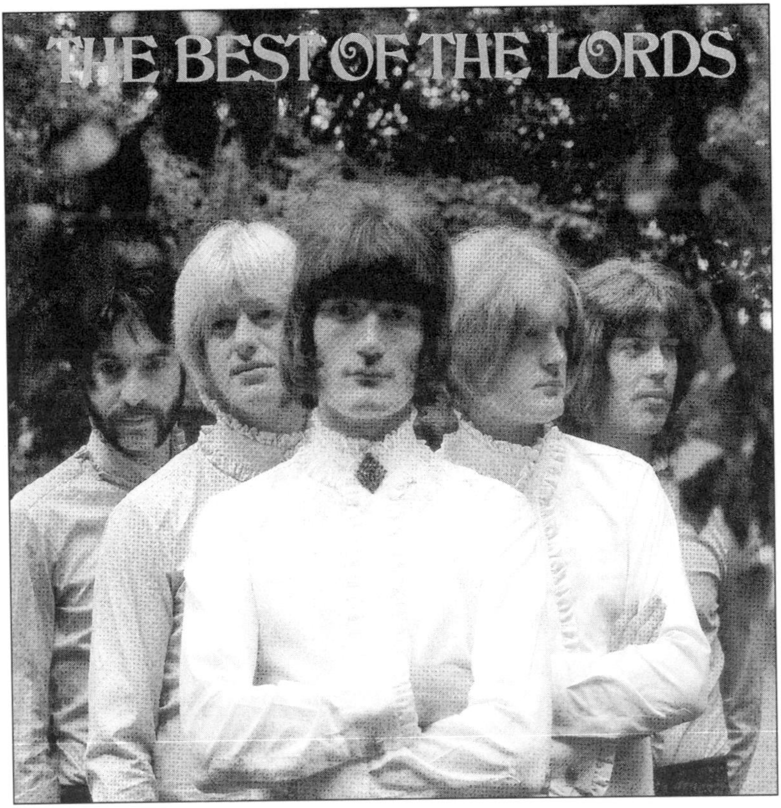

Bernd Spier – Das war mein schönster Tanz
Petula Clark – Downtown
Rolling Stones – The Last Time
Drafi Deutscher – Heute male ich Dein Bild, Cindy Lou
Nino Rossi – Il Silencio
Sam The Sham & The Pharaos – Wooly Bully
Rolling Stones – Satisfaction
Drafi Deutscher – Marmor, Stein und Eisen bricht

USA:
Supremes – Come See About Me
Petula Clark – Downtown
Righteous Brothers – You've Lost That Lovin' Feeling
Gary Lewis & The Playboys – This Diamond Thing
Temptations – My Girl
Beatles – Eight Days A Week
Supremes – Stop! In The Name Of Love
Freddie & The Dreamers – I'm Telling You Now
Wayne Fontana & The Mindbenders – Game Of Love

Herman's Hermits – Mrs. Brown You've Got A Lovely Daughter
Beatles – Ticket To Ride
Beach Boys – Help Me, Rhonda
Supremes – Back In My Arms Again
Four Tops – I Can't Help Myself
Byrds – Mr. Tambourine Man
Rolling Stones – Satisfaction
Herman's Hermits – I'm Henry VIII I Am
Sonny & Cher – I Got You Babe
Beatles – Help!
Barry McGuire – Eve Of Destruction
McCoys – Hang On Sloopy
Beatles – Yesterday
Rolling Stones – Get Off Of My Cloud
Supremes – I Hear A Symphony
Byrds – Turn Turn Turn
Dave Clark Five – Over And Over

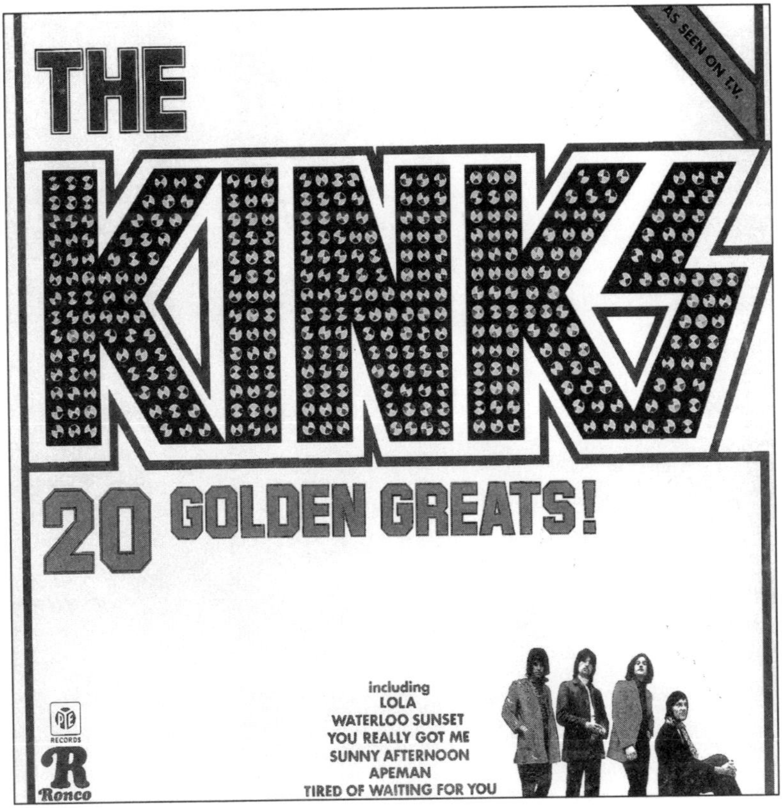

1966
Großbritannien:
Spencer Davis Group – Keep On Running
Overlanders – Michelle
Nancy Sinatra – These Boots Are Made For Walkin'
Walker Brothers – The Sun Ain't Gonna Shine Anymore
Spencer Davis Group – Somebody Help Me
Dusty Springfield – You Don't Have To Say You Love Me
Manfred Mann – Pretty Flamingo
Rolling Stones – Paint It Black
Frank Sinatra – Strangers In The Night
Beatles – Paperback Writer
Kinks – Sunny Afternoon
Georgie Fame – Get Away
Chris Farlowe – Out Of Time
Troggs – With A Girl Like You
Beatles – Yellow Submarine / Eleanor Rigby
Small Faces – All Or Nothing
Jim Reeves – Distant Drums

Four Tops – Reach Out I'll Be There
Beach Boys – Good Vibrations
Tom Jones – Green Green Grass Of Home

Deutschland:
Rolling Stones – Get Off Of My Cloud
Drafi Deutscher – Marmor, Stein und Eisen bricht
Chris Andrews – Yesterday Man
Roy Black – Ganz in Weiss
Rolling Stones – 19th Nervous Breakdown
Nancy Sinatra – These Boots Are Made For Walkin'
Freddy – Hundert Mann und ein Befehl
Beach Boys – Sloop John B.
Beatles – Paperback Writer
Frank Sinatra – Strangers In The Night
Wencke Myrrhe – Beiß nicht gleich in jeden Apfel
Beatles – Yellow Submarine
Dave Dee, Dozy, Beaky, Mick & Tich – Bend It
Kinks – Dandy

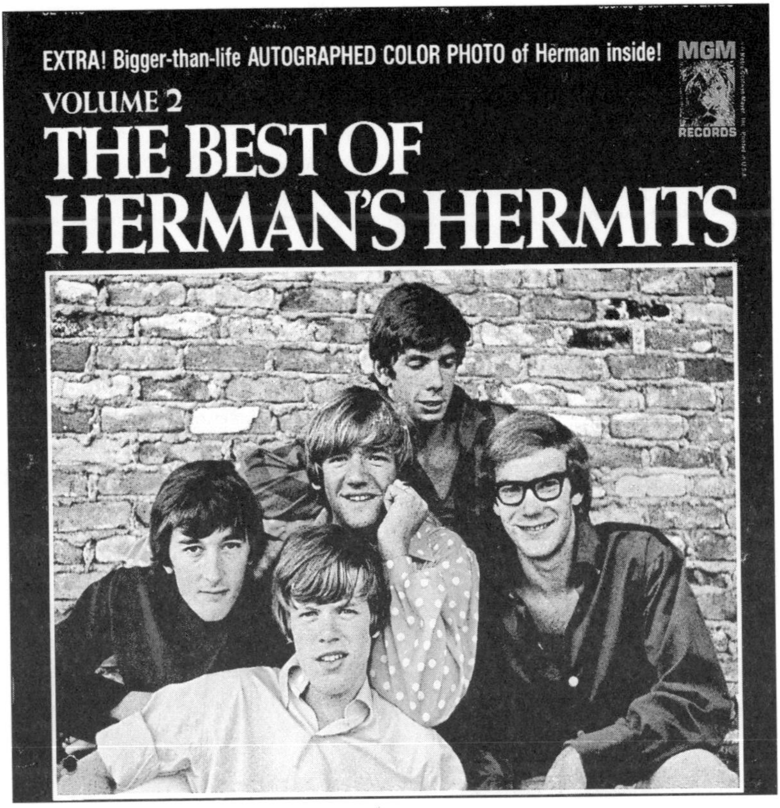

USA:
Simon & Garfunkel – Sounds Of Silence
Beatles – We Can Work It Out
Petula Clark – My Love
Lou Christie – Lightning Strikes
Nancy Sinatra – These Boots Are Made For Walking
Barry Sadler – Ballad Of The Green Berets
Righteous Brothers – You're My Soul And Inspiration
Young Rascals – Good Lovin'
Mamas & Papas – Monday Monday
Percy Sledge – When A Man Loves A Woman
Rolling Stones – Paint It Black
Beatles – Paperback Writer
Frank Sinatra – Strangers In The Night
Tommy James & The Shondells – Hanky Panky
Troggs – Wild Thing
Lovin' Spoonful – Summer In The City
Donovan – Sunshine Superman
Supremes – You Can't Hurry Love

Association – Cherish
Four Tops – Reach Out I'll Be There
? & The Mysterians – 96 Tears
Monkees – Last Train To Clarksville
Johnny Rivers – Poor Side Of Town
Supremes – You Keep Me Hanging On
New Vaudeville Band – Winchester Cathedral
Beach Boys – Good Vibrations
Monkees – I'm A Believer

1967

Großbritannien:
Monkees – I'm A Believer
Petula Clark – This Is My Song
Engelbert Humperdinck – Release Me
Nancy & Frank Sinatra – Something Stupid
Sandie Shaw – Puppet On A String
Tremeloes – Silence Is Golden

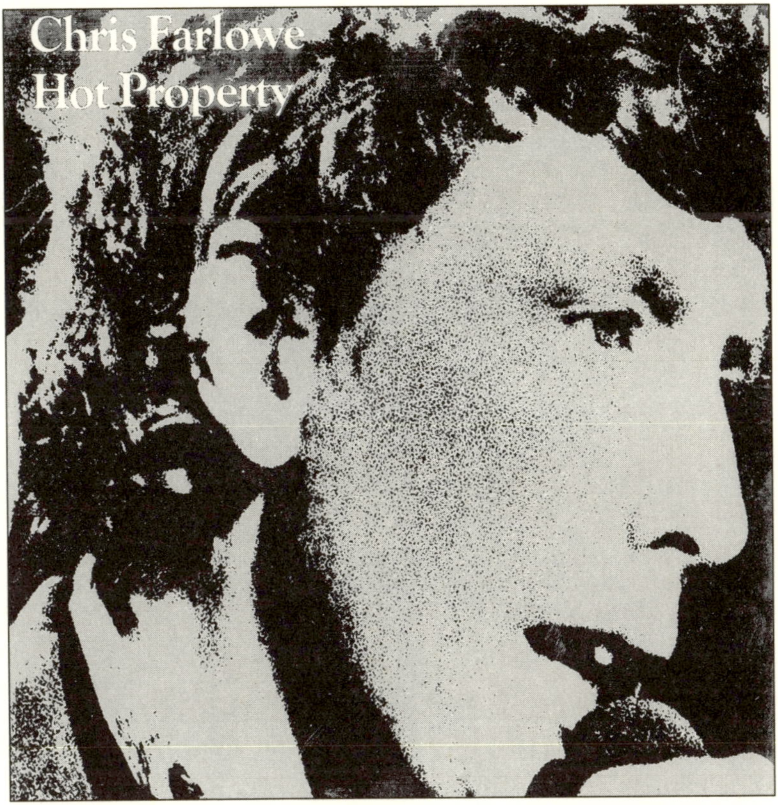

Procol Harum – A Whiter Shade Of Pale
Beatles – All You Need Is Love
Scott Mc Kenzie – San Francisco
Engelbert Humperdinck – The Last Waltz
Bee Gees – Massachusetts
Foundations – Baby Now That I've Found You
Long John Baldry – Let The Heartaches Begin
Beatles – Hello Goodbye

Deutschland:
Roy Black – Goodnight My Love
Monkees – I'm A Believer
David Garrick – Dear Mrs. Applebee
Rolling Stones – Let's Spend The Night Together
Beatles – Penny Lane
Sandie Shaw – Puppet On A String
Manfred Mann – Ha Ha Said The Clown
Roy Black – Meine Liebe zu Dir
Procol Harum – A Whiter Shade Of Pale

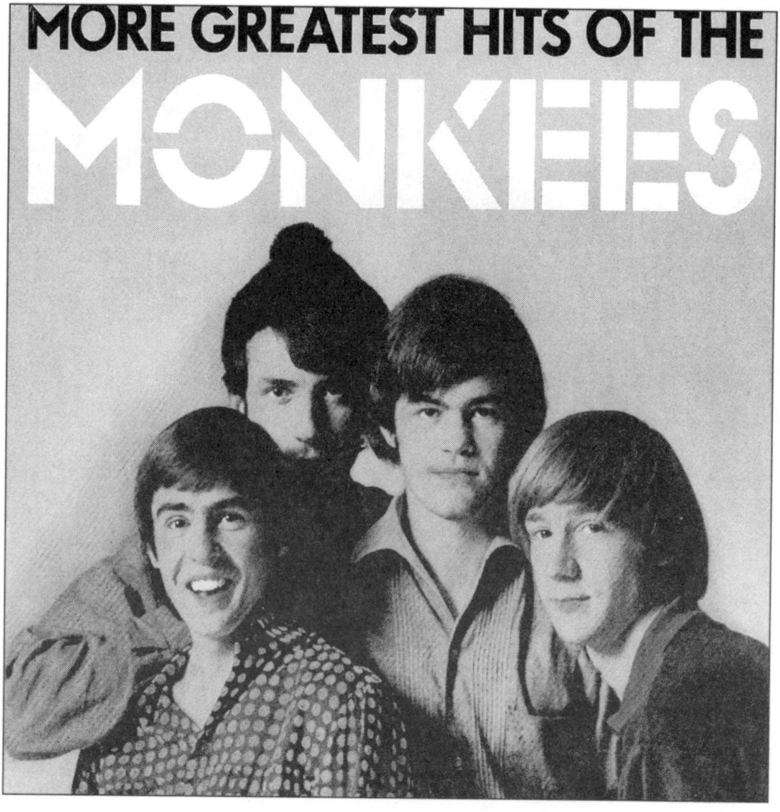

Beatles – All You Need Is Love
Peter Alexander – Verbotene Träume
Scott McKenzie – San Francisco
Peggy March – Romeo und Julia
Bee Gees – Massachussetts

USA:
Buckinghams – King Of A Drag
Rolling Stones – Ruby Tuesday
Supremes – Love Is Here And Now You're Gone
Beatles – Penny Lane
Turtles – Happy Together
Frank & Nancy Sinatra – Something Stupid
Supremes – The Happening
Young Rascals – Groovin'
Aretha Franklin – Respect
Association – Windy
Doors – Light My Fire
Beatles – All You Need Is Love

Bobbie Gentry – Ode To Billie Joe
Box Tops – The Letter
Lulu – To Sir With Love
Strawberry Alarmclock – Incense And Peppermints
Monkees – Daydream Believer
Beatles – Hello Goodbye

1968
Großbritannien:
Georgie Fame – The Ballad Of Bonnie & Clyde
Love Affair – Everlasting Love
Manfred Mann – Mighty Quinn
Esther & Abi Ofarim – Cinderella Rockefella
Dave Dee, Dozy, Beaky, Mick & Tich – The Legend Of Xanadu
Beatles – Lady Madonna
Cliff Richard – Congratulations
Louis Armstrong – What A Wonderful World
Union Gap – Young Girl
Rolling Stones – Jumping Jack Flash

Equals – Baby Come Back
Des O'Connor – I Pretend
Tommy James & The Shondells – Mony Mony
Crazy World Of Arthur Brown – Fire
Beach Boys – Do It Again
Bee Gees – I've Gotta Get A Message To You
Beatles – Hey Jude
Mary Hopkin – Those Were The Days
Joe Cocker – With A Little Help From My Friends
Hugo Montenegro – The Good, The Bad And The Ugly
Scaffold – Lily The Pink

Deutschland:
Peter Alexander – Der letzte Walzer
Beatles – Hello Goodbye
Bee Gees – World
John Fred & His Playboy Band – Judy In Disguise
Roy Black – Bleib bei mir
Manfred Mann – Mighty Quinn

Bee Gees – Words
Heintje – Mama
Tom Jones – Delilah
Peter Alexander – Delilah
Rolling Stones – Jumpin' Jack Flash
Heintje – Du sollst nicht weinen
Tom Jones – Help Yourself
Beatles – Hey Jude
Heintje – Heidschi Bumbeidschi
Mary Hopkin – Those Were The Days

USA:
John Fred And His Playboy Band – Judy In Disguise
Lemon Pipers – Green Tambourine
Paul Mauriat – Love Is Blue
Otis Redding – Dock Of The Bay
Bobby Goldsboro – Honey
Archie Bell & The Drells – Tighten Up
Simon & Garfunkel – Mrs. Robinson

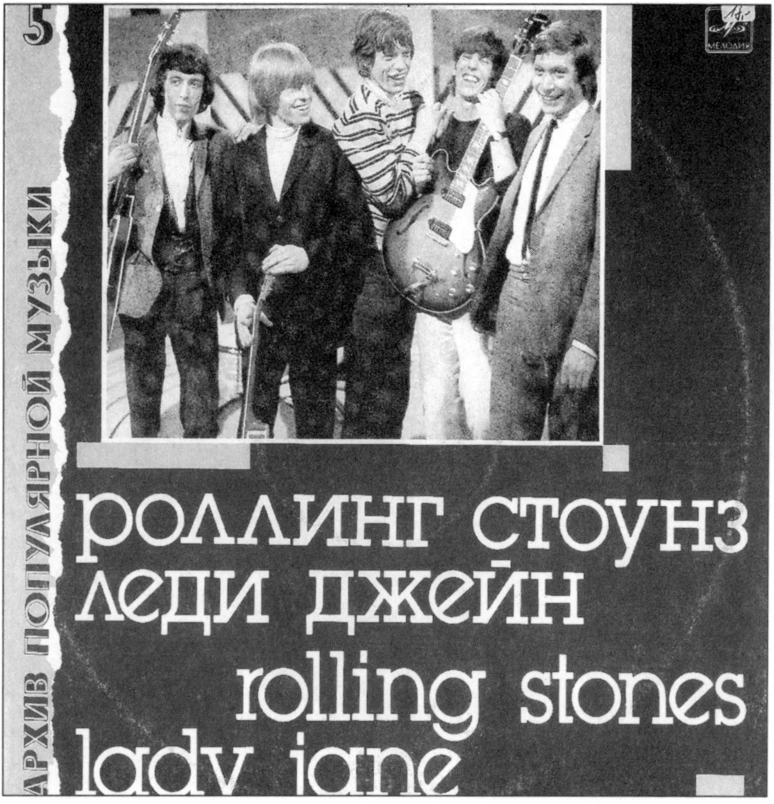

Herb Alpert & The Tijuana Brass – This Guy's In Love With You
Hugh Masekela – Grazing In The Grass
Doors – Hello I Love You
Rascals – People Got To Be Free
Jeannie C. Riley – Harper Valley PTA
Beatles – Hey Jude
Diana Ross & The Supremes – Love Child
Marvin Gaye – I Heard It Through The Grapevine

1969

Großbritannien:
Marmalade – Ob-La-Di-Ob-La-Da
Scaffold – Lily The Pink
Fleetwood Mac – Albatross
Move – Blackberry Way
Amen Corner – If Paradise Is Half As Nice
Peter Sarstedt – Where Do You Go To My Lovely
Marvin Gaye – I Heard It Through The Grapevine

Desmond Dekker & The Aces – Israelites
Beatles – Get Back
Tommy Roe – Dizzy
Beatles -The Ballad Of John And Yoko
Thunderclap Newman – Something In The Air
Rolling Stones – Honky Tonk Women
Zager & Evans – In The Year 2525
Creedence Clearwater Revival – Bad Moon Rising
Jane Birkin & Serge Gainsbourg – Je t'aime...moi non plus
Bobbie Gentry – I'll Never Fall In Love Again
Archies – Sugar Sugar
Rolf Harris – Two Little Boys

Deutschland:
Barry Ryan – Eloise
Beatles – Ob-La-Di-Ob-La-Da
Donovan – Atlantis
Peter Alexander – Liebesleid
Tommy James & The Shondells – Crimson & Clover

Heintje – Ich sing' ein Lied für Dich
Beatles – Get Back
Roy Black – Das Mädchen Carina
Desmond Dekker & The Aces – Israelites
Beatles – The Ballad Of John And Yoko
Edwin Hawkins Singers – Oh, Happy Day
Elvis Presley – In The Ghetto
Zager & Evans – In The Year 2525
Christian Anders – Geh' nicht vorbei
Archies – Sugar, Sugar
Beatles – Come Together / Something

USA:
Tommy James & The Shondells – Crimson And Clover
Sly And The Family Stone – Everyday People
Tommy Roe – Dizzy
5th Dimension – Aquarius / Let The Sunshine In
Beatles – Get Back
Henry Mancini – Love Theme From »Romeo«

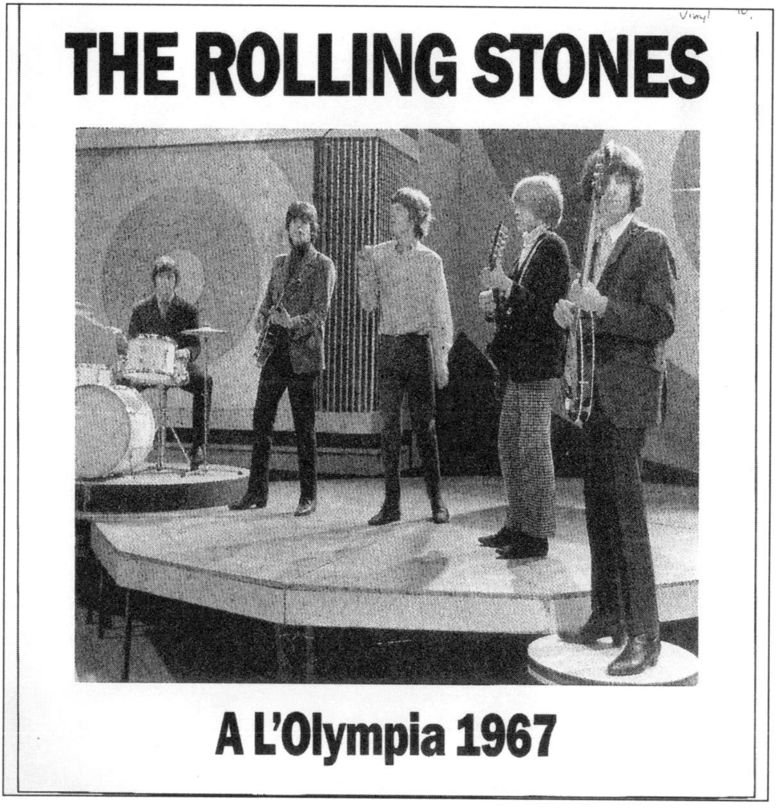

Zager & Evans – In The Year 2525
Rolling Stones – Honky Tonk Woman
Archies – Sugar Sugar
Temptations – I Can't Get Next To You
Elvis Presley – Suspicious Minds
5th Dimension – Wedding Bell Blues
Beatles – Come Together / Something
Steam – Na Na Na Na, Hey Hey, Kiss Him Goodbye
Peter, Paul & Mary – Leaving On A Jet Plane
Diana Ross & The Supremes – Someday We'll Be Together

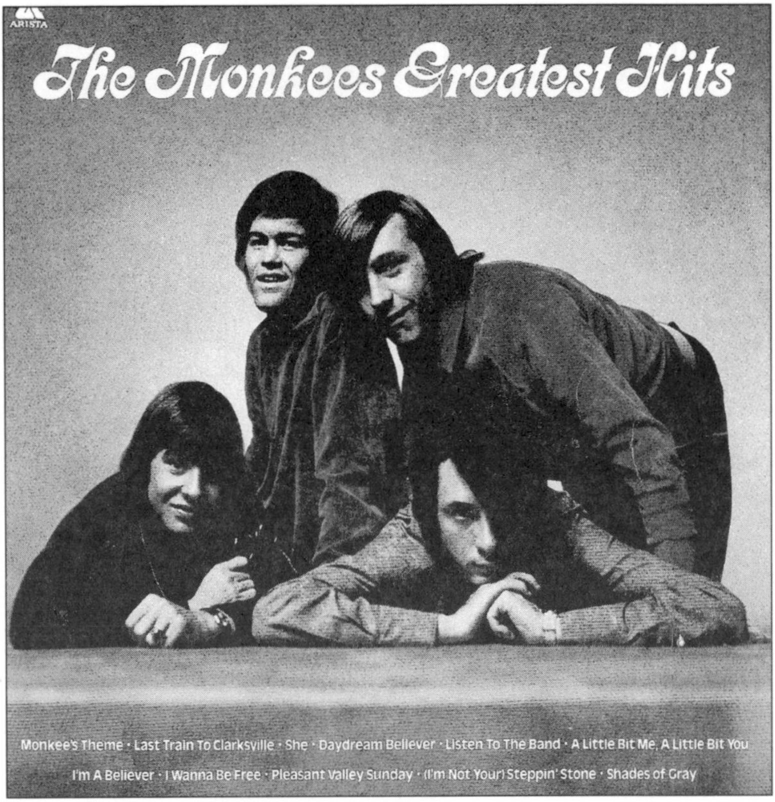

BEAT-CHRONIK

1960

2.6. Für ihren Auftritt im »Neston Institute« geben sich die Silver Beatles den kürzeren Namen The Beatles.

18.8. Die Beatles treten in erstmals in der deutschen Hafenstadt Hamburg auf, in einem Club mit dem Namen »Indra«.

1961

Tony Sheridan nimmt mit den Beatles die beiden Nummern »My Bonnie« und »Aint She Sweet« für die Schallplattenfirma Polydor auf.

20.1. Amtsantritt von John F. Kennedy als US-Präsident.

12.4. Erster Weltraumflug eines Menschen, des sowjetischen Kosmonauten Juri Garagin.

6.7. Erstmals erscheint das Magazin »Mersey-Beat« in Liverpool. Das Hausblatt des »Cavern Club«.

13.8. Bau der Berliner Mauer

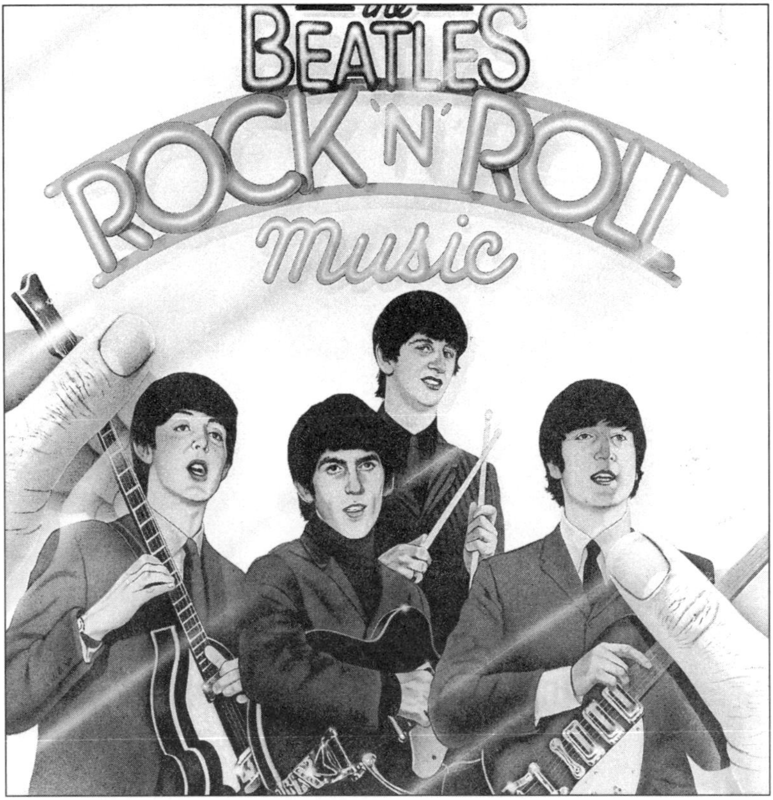

1962

24.1. Der Schallplattenverkäufer Brian Epstein macht einen Vertrag mit den Beatles.

19.3. Ende des Algerienkrieges

10.4. Stuart Sutcliffe, Bassist der Beatles, stirbt mit 21 in Hamburg an einer Gehirnblutung.

13.4. »Die Zeit der Dorfmusik ist vorbei! Die Not hat ein Ende!« Es eröffnet in Hamburg-St. Pauli, Große Freiheit 39, der »Star Club« mit The Beatles, Tex Roberg, Roxy Young, The Graduates und The Bachelors. Das Motto: »Eine Ballung der Spitzenklasse Europas«. Für den Mai werden angekündigt: das Tony Sheridan-Quartett und Gerry and the Pacemakers aus Liverpool. Das ganze Liveprogramm des Star Club wurde noch als »die Rock 'n' Twist-Parade 1962« beworben. Der Begriff »Beat« war noch nicht populär. Als verantwortlich zeichnete die »Manfred Weissleder Kommandit Gesellschaft«.

6.6. Die Beatles machen erstmals im Abbey Road Studio in London eine Session für EMI und das Label Parlophon.

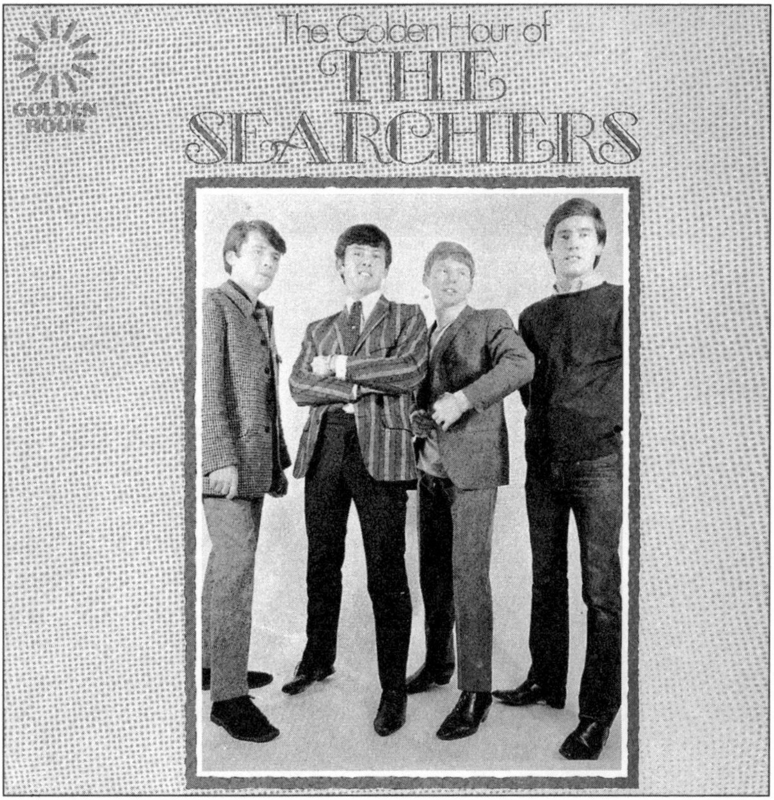

1.7. Die Searchers beginnen ihr Gastspiel im Star Club. Sie machen zum ersten Mal vielstimmige Gesangsnummern. Hier hatten sie endlich genug Mikrophone dafür.

11.9. Die Beatles nehmen ihre Single »Love Me Do« auf. Dieser Song kommt am 5. Oktober auf den Markt.

Oktober: . Kuba-Krise: Außenpolitische Auseinandersetzung zwischen den USA und der Sowjetunion um die Stationierung sowjetischer Raketen auf Kuba.

17.10. Die Beatles treten in der englischen Fernsehsendung »People and Places« auf und präsentieren ihre neue Single »Love Me Do«.

27.10. Die Beatles kommen mit »Love Me Do« erstmals in eine Hitparade. Sie erreichen in der Singles-Hitliste des »Melody Maker« bei ihrem Einstieg Platz 48. Brian Epstein ordert in seinem Schallplattengeschäft NEMS tüchtig diese Scheibe seiner Schützlinge.

1.12. Der »Star Club« ruft einen Kapellenwettstreit unter dem Motto: »Wir suchen die Hamburger Beatles« aus. Es machen mit: The Bats, Big Göff and the Tigers, The Balkies, The Black Stars, The Blizzards, Boom Town Band, The Fireballs, The Flying Arrows, The Four Renders, German Bonds, The Giants, The Nightstorms, The Original

Saints, The Outlaws, The Parkers, Peer Odys And The Giants, The Phantom Brothers, Piggy And The Jokers, The Rangers, The Rhythm Brothers, The Screamings, The Sharks, The Shot Guns, The Shooting Stars, The Spotlights, The Strings, The Sweet Berrys, The Tornados, The Yets, The Young Fellows. Bei weiteren Beat-Turnieren im Star Club waren auch dabei: The Rivets, The Lords, The Black Devils, The Imperators, The Vampirs, The Beatniks und viele andere.

1963

22.1. *Adenauer und de Gaulle unterzeichnen den Elyseé-Vertrag über deutsch-französische Zusammenarbeit.*

2.3. »Please Please Me« von den Beatles ist die erste Single der Beatformation aus Liverpool, die auf Platz 1 im britischen Musikfachblatt »Melody Maker« kommt.

April: *Überfall paramilitärischer Exil-Kubaner auf Kuba mit Unterstützung der US-Regierung, endet in einer völligen Niederlage der Angreifer.*

4.5. Die erste Langspielplatte der »Beatles« mit dem Titel »Please Please Me« landet auf Platz 1 in den Album-Charts.

10.6. Der US-Präsident John F. Kennedy proklamiert eine »Strategie des Friedens« an der American University in Washington.

26.6. John F. Kennedy besucht West-Berlin.

27.7. Tony Sheridan und der fränkische Sänger Mike Roger kommen beide mit dem Titel »Let's Slop« auf Platz 10 in der deutschen Hiparade.

3.8. Letzter Auftritt der Beatles im »Cavern Club« von Liverpool, die Beatles haben dort über 290 Mal gespielt.

9.8. Im britischen Fernsehen wird zum ersten Mal die einflußreiche TV-Rock-Show »Ready Steady Go« ausgestrahlt. Die Erkennungsmelodie dazu wird von Manfred Mann gespielt. Die Sendung informierte über neue Tänze, Musik und setzte Trends. Als am 23. Dezember 1966 die letzte Show gesendet wurde, mußten gleich mehrere Sendungen den Verlust auffangen.

11.10. Bundeskanzler Konrad Adenauer tritt nach 14jähriger Amtszeit zurück, sein Nachfolger wird Ludwig Erhard.

13.10. Die Beatlemania wird immer größer: deutlich sicht- und hörbar bei dem Beatles-Auftritt in »Sunday Night at the London Palladium«.

4.11. The Beatles spielen, neben vielen anderen, bei einer königlichen Varieté-Show im Londoner »Prince of Wales Theatre«. Eine von John Lennons Bühnenansagen lautete: »Alle die, die auf den billigeren Plätzen sitzen, können klatschen, alle anderen bitte ich, mit den Juwelen zu klimpern.«

22.11. Ermordung John. F. Kennedys, neuer US-Präsident wird Lyndon B. Johnson.

20.12. In Frankfurt am Main beginnt der Auschwitz-Prozeß, in dem gegen 21 Bewacher des Konzentrationslagers Auschwitz verhandelt wird.

1964

1.1. Im britischen Fernsehen wird die erste Show von »Top Of The Pops« ausgestrahlt.

7.1. In London stirbt im Alter von 31 Jahren Cyril Davies. Er gründete mit Alexis Korner die R&B-Band Blues Incorporated.

1.2. Die Beatles kommen mit ihrem Song »I Want To Hold Your Hand« erstmals auf Platz 1 der US-Charts. Die britische Beat-Invasion hat jetzt auch die Vereinigten Staaten erreicht. Der Gouverneur des US-Bundesstaates Indiana, Matthew Welsh, erklärt den weltweiten Hit

der Kingsmen »Louie Louie« für pornographisch und verbannt ihn aus allen Rundfunkanstalten seines Landes.

7.2. Massenhysterie bei der Landung der Beatles in den USA auf dem Kennedy-Airport New York.

9.2. Über 70 Millionen Amerikaner sehen den Auftritt der Beatles im Fernsehen.

12.2. Die Beatles treten zum ersten Mal in der Carnegie Hall/USA auf.

29.2. Der erste Beattitel kommt mit dem Beatles-Song »I Want To Hold Your Hand« auf Platz 1 in der deutschen Hitparade.

2.3. The Beatles beginnen mit den Dreharbeiten zu dem Film »A Hard Day's Night«.

7.3. Die Swinging Blue Jeans belegen mit ihrem Stück »Hippy Hippy Shake« Platz 10 in der deutschen Hitparade.

16.3. Die Beatles-Single »Can't Buy Me Love« wird in den USA mit 2.100.000 Vorbestellungen veröffentlicht.

23.3. John Lennon veröffentlicht mit »In His Own Write« sein erstes Buch.

28.3. Die britische Piraten-Radiostation »Radio Caroline« geht zum ersten Mal auf Sendung.

4.4. Die Beatles landen mit »Twist And Shout« erstmals in der deutschen Top-Ten für Singles.

4.4. Sensation: Die Beatles belegen gleichzeitig die ersten 5 Plätze der amerikanischen Hitparade.

23.5. In der deutschen Hitparade sind mit »Shake Hands« (Drafi Deutscher, Platz 3), »I Want To Hold Your Hand« (Beatles, Platz 5), »Needles And Pins« (Searchers, Platz 9) und »Hippy Hippy Shake« (Swinging Blue Jeans, Platz 10) erstmals gleich vier Beat-Songs in den deutschen Top-Ten. Damit ist klar, daß das britische Beat-Fieber auch Deutschland erfaßt hat.

3.6. Jimmy Nicol wird Aushilfs-Schlagzeuger auf dem Rest der Beatles-Skandinavien-Tour, als Ringo Starr krank wird.

5.6. David Bowie veröffentlicht als Leadsänger der Kingbees mit »Liza Jane« bei Decca/Vocalion seine erste Platte.

11.6. Berliner Studentendemonstration gegen die Wiederwahl des Bundespräsidenten Lübke, dem seine Nazi-Vergangenheit vorgeworfen wird.

12.6. Die Sowjetunion erklärt in einem Freundschafts- und Beistandsabkommen mit der DDR die Unantastbarkeit der DDR-Grenzen.

20.6. Drafi Deutscher kommt mit »Shake Hands« auf Platz 1 der deutschen Hitparade.

6.7. Der Beatles-Film »A Hard Day's Night« hat in Londoner Kino-Pavillon Weltpremiere.

31.7. Ein Konzert der Rolling Stones in der nordirischen Stadt Belfast wird wegen massiver Schlägereien im Publikum abgebrochen.

10.9. Rod Stewart nimmt seine erste Solosingle »Good Morning Little Schoolgirl« für die Schallplattenfirma Decca auf.

1.10. Ian And The Zodiacs treten erstmals im »Star Club« zu Hamburg auf. Ihr Song »No Money No Honey« wurde von dem deutschen Komponisten Klaus Doldinger geschrieben. Klaus Doldinger, der später mit seiner Jazzrock-Combo Doldingers Passport und mit Filmmusik (»Das Boot«) sehr erfolgreich wurde, trat selber auch mit Perücke als Paul Nero auf.

10.10. Die Beatles sind erstmals mit drei Liedern in den deutschen Top-Ten: »A Hard Day's Night«, »Skinny Minnie« (Tony Sheridan And The Beatles) und »I Should Have Known Better«.

14.10. Sturz des Generalsekretärs der Kommunistischen Partei der Sowjetunion, Chruschtschow, Breschnew kommt an die Macht.

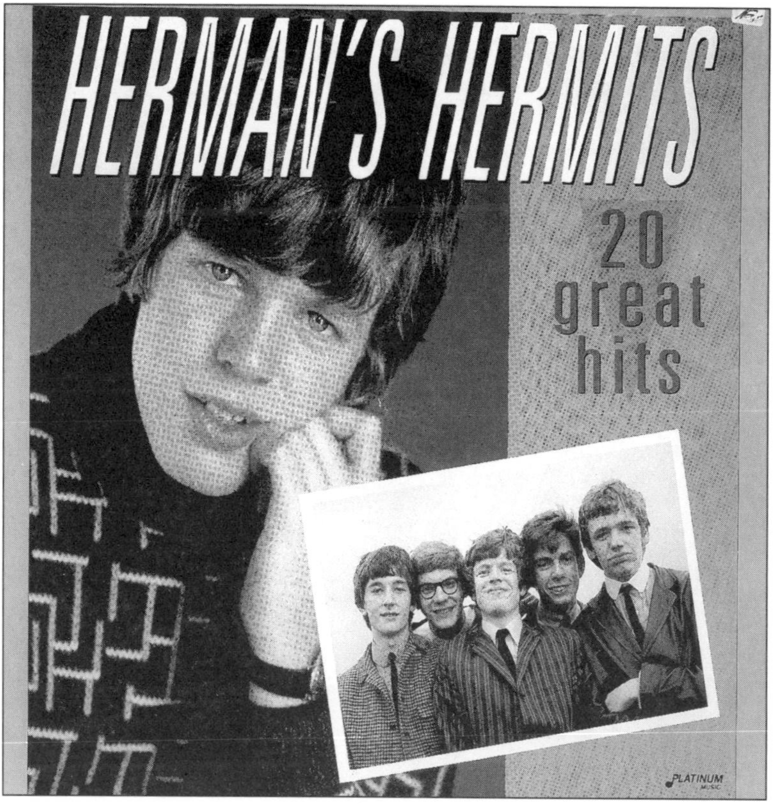

14.10. In Bradford heiraten der Rolling Stones-Schlagzeuger Charlie Watts und Ann Shepherd.

16.10. Erstes Atombombenexperiment der VR China.

17.10. Die Animals kommen mit ihrem Song »House Of The Rising Sun« in die deutsche Top-Ten.

18.10. Bildung einer Labour-Regierung unter Harold Wilson in Großbritannien.

22.10. Die Who werden, noch unter dem Namen »The High Numbers«, von John Burgess, der für EMI arbeitet, abgelehnt.

7.11. Manfred Mann steigt mit »Do Wah Diddy Diddy« in die deutschen Top-Ten ein.

23.11. BBC setzt die Rolling Stones auf die »Schwarze Liste«, weil die Band zu zwei Radio-Shows, Saturday Club und Top Gear, zu spät erschienen ist.

1965

3.1. Die amerikanische Schallplattenfirma CBS kauft Leo Fender die Fender Guitar Company für 13 Millionen US-Dollar ab.

10.1.	In Los Angeles wird auf dem Sunset Boulevard mit dem »Whiskey-A-Go-Go« der erste Beatmusik-Club der USA eröffnet.
15.1.	The Who veröffentlichen mit »I Can't Explain« ihre erste Single auf dem Brunswick-Label. Im ersten Durchlauf werden 1.000 Singles gepreßt, später verkauft man von der Platte 100.000 Stück innerhalb von sechs Wochen.
20.1.	Der Radio-DJ Alan Freed, der den Begriff »Rock'n'Roll« erfand, stirbt in Palm Springs/Florida.
7./8.2.	*US-Bombardements gegen nordvietnamesische Städte, Beginn des Vietnamkrieges.*
11.2.	Der Beatles-Drummer Ringo Starr heiratet in London Maureen Cox. Die Ehe hält ca. 10 Jahre.
13.3.	Die Beatles drehen die österreichischen Sequenzen ihres Filmes »Help!«.
27.3.	»Don't Ha Ha« von Casey Jones And The Governors erreicht mit dem 2. Platz seine höchste Notierung in der Deutschen Hitparade.
8.4.	*Vertrag über die Fusion von EWG, Euroatom und Europäischer Gemeinschaft für Kohle und Stahl zur Europäischen Gemeinschaft.*

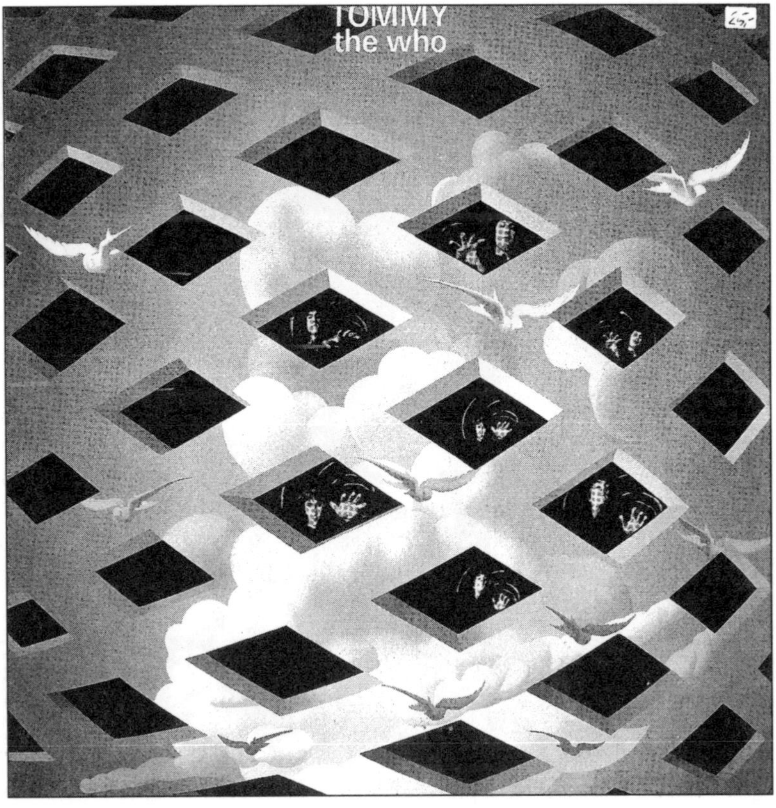

9.4. Bruce Johnston wird neues Mitglied der amerikanischen Surfbeat-Combo Beach Boys.

28.4. US-Intervention in der Dominikanischen Republik.

22.5. Die Rolling Stones erreichen mit der Single »The Last Time« erstmals Platz 1 in der deutschen Hiptarade. Die Beatles liegen mit »Rock And Roll Music« auf Platz 3 und mit »Ticket To Ride« auf Platz 7. Auf Platz 4 ist mit »Stop! in The Name Of Love« erstmals ein Soulmusik-Titel von den Supremes in den deutschenTop-Ten.

21.6. Die Charlatans spielen im »Red Dog Saloon« in Virginia City/USA ihren Debüt-Gig.

24.6. Der Beatles-Sänger und -Gitarrist John Lennon veröffentlicht sein zweites Buch, »A Spaniard In The Works«.

15.7. Die britische Gruppe V.I.P.S. tritt erstmals mit neuartiger schwerer Rockmusik im Hamburger »Star Club« auf. Der zweite und letzte Teil der Beat-Ära wird eingeläutet. Aus den V.I.P.S. werden bald die Spooky Tooth.

20.7. Die amerikanische Beatband Lovin' Spooful veröffentlicht mit »Do You Believe In Magic« ihre Debütsingle.

24.7. Die Beach Boys kommen mit »Help Me Rhonda« erstmals in die deutschen Top-Ten. Sie belegen Platz 10.

29.7. Der Beatles-Film »Help!« wird im Londoner Kino-Pavillon, in Anwesenheit von Prinzessin Margaret und Lord Snowdon, uraufgeführt.

13.8. Die amerikanische Band Jefferson Airplane, später Stars des Psychedelic, geben im »Matrix Club« in San Francisco ihr Live-Debüt.

14.8. »Mr. Tambourine Man« von den Byrds ist zum ersten Mal in den deutschen Top-Ten. Diese Nummer hält sich 15 Wochen in den deutschen Top-Ten. Die höchste Notierung von »Mr. Tambourine Man« ist Platz 2.

15.8. Die Beatles treten im New Yorker »Shea Stadium« vor rund 55.000 Besuchern auf. Der größte Auftritt einer Beatband bisher. Dieser wird vom Fernsehen aufgezeichnet und am 1. März 1966 im BBC-TV ausgestrahlt.

20.8. Die Rolling Stones veröffentlichen die Single »Satisfaction«.

28.8. Die Rolling Stones unterschreiben an dem Tag, an dem »Satisfaction« in die UK-Charts geht, bei der Schallplattenfirma Decca einen 5 Jahres-Vertrag für eine ungenannte Summe.

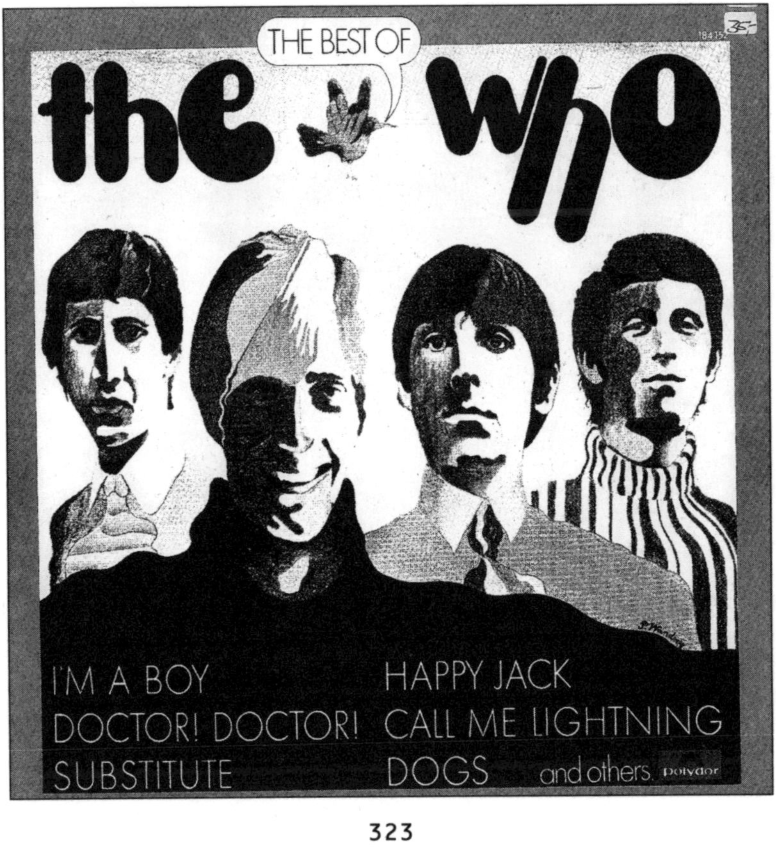

28.8. Der Folk- und Protest-Sänger Bob Dylan wird von der Bühne des New Yorker »Forest Hill Stadions« gebuht, weil er, angeregt durch den Erfolg der Beat-Formationen, plötzlich eine elektrische Gitarre benutzt.

2.10. »Wolly Bully« von der amerikanischen Beatcombo Sam The Sham And The Pharaos kommt auf Platz 1 der deutschen Hitparade.

23.10. Die Rolling Stones können mit ihrem Song »Satisfaction« zum zweiten Mal auf Platz 1 der deutschen Hitparade erreichen.

26.10. Alle vier Beatles werden im Buckingham Palace von Königin Elizabeth mit dem Orden »Member Of The British Empire« ausgezeichnet.

29.10. Die Who veröffentlichen die Single »My Generation« mit der Rückseite »Shout And Shimmy«.

6.11. Die Rainbows aus Berlin gelangen mit ihrer Gaudi-Beat-Nummer »Balla Balla« erstmalig in die deutsche Top-Ten. Sie sind dort 10 Wochen lang vertreten.

20.11. Die Beatles kommen mit »Yesterday« in die deutschen Top-Ten.

27.11. Die Rolling Stones sind mit ihrer Single »Get Off Of My Cloud« zum ersten Mal in den deutschen Top-Ten.

4.12. »Hang On Sloppy« von den McCoys steigt mit Platz 5 in die deutschen Top-Ten ein.

1966

1.1. »Get Off Of My Cloud« ist der dritte Nummer-Eins-Hit der Rolling Stones in Deutschland. Chris Andrews steigt mit »Yesterday Man« auf Platz 3 in die Deutsche Top-Ten ein.

8.1. Marion kommt mit »Er ist wieder da« zum ersten Mal in die deutschen Top-Ten. Ihre höchste Notierung ist der 6. Platz.

15.1. Die Beatles kommen mit »We Can Work It Out« in die deutschen Top-Ten. Die Byrds steigen mit ihren Song »Turn Turn Turn« auf Platz 5 in den deutschen Top-Ten ein.

21.1. Der Beatles-Gitarrist George Harrison heiratet Patricia Ann Boyd. Er hatte sie bei den Dreharbeiten zu »A Hard Day's Night« kennengelernt.

29.1. »My Generation« von den Who ist zum ersten Mal in den deutschen Top-Ten vertreten.

1.2. Die Spencer Davis Group kommt zu einem Gastspiel in den Ham-

burger »Star Club«. Sie haben mit »Keep On Running« ihren ersten großen Hit.

5.2. »Yesterday Man« von Chris Andrews ist in Deutschland auf Platz 1. gelangt. Dort bleibt er 5 Wochen lang.

26.2. Die Beatles gelangen mit »Michelle« in die deutschen Top-Ten. Chris Andrews hat mit »To Whom It Concerns« seine zweite Single in der deutschen Hitparade.

28.2. In Liverpool schließt der »Cavern Club« mit einem Schuldenberg von 10.000 englischen Pfund seine Pforten. Die Bühne wird in kleine Stücke zersägt und verkauft.

3.3. In Los Angeles gründen Richie Furay, Neil Young, Jim Messina, Dewey Martin und Stephen Stills die Folkrock-Combo Buffalo Springfield.

4.3. Der Beatle John Lennon sagt in einem Interview mit dem »Evening Standard« der Reporterin Maureen Cleave, daß die Beatles bei den Jugendlichen womöglich beliebter als Jesus sind und das Christentum auf dem Rückzug sei.

5.3. Die Beach Boys steigen mit ihrem Titel »Barbara Ann« in die deutschen Top-Ten ein.

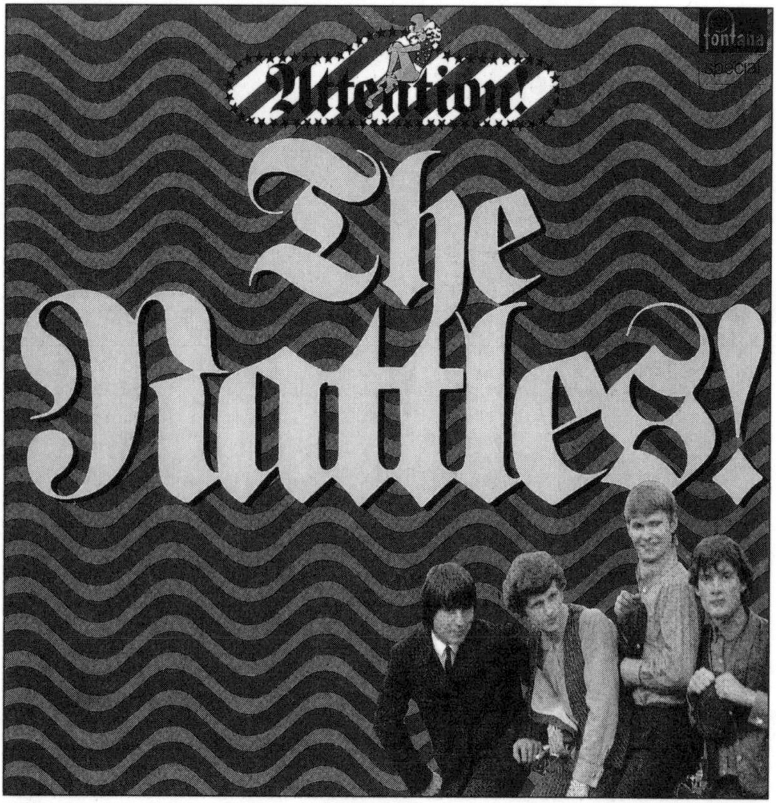

19.3. Die Spencer Davis Group dringt mit ihrem Song »Keep On Running« in die deutschen Top-Ten vor.

29.3. *Rückzug der Streitkräfte Frankreichs aus der NATO.*

1.4. Der spätere Glamrocker David Bowie veröffentlicht mit »Anything You Say/Good Morning Girl« seine erste Solosingle.

2.4. Die Rolling Stones sind mit »19th Nervous Breakdown« wieder auf Platz 1 in Deutschland.

12.4. Jan Berry, Ex-Jan & Dean, lebt den eigenen Song »Dead Man's Curve« aus. Er kracht mit seinem Sportauto Marke »Corvette« in Los Angeles in einen parkenden Truck. Der Unfall kostet ihn beinahe das Leben. Mit schweren Gehirnverletzungen lebt er als Invalide weiter.

15.4. Die R&B-Band Pretty Things spielt zum zweiten Mal im Hamburger »Star Club«.

16.4. »These Boots Ar Made For Walking« von Nancy Sinatra erklettert in der deutschen Hiptparade den ersten Platz.

20.4. Die Walker Brothers treten im »Star Club« auf.

1.5. Mit einem Konzert im »Empire Pool« zu Wembley treten die Beat-

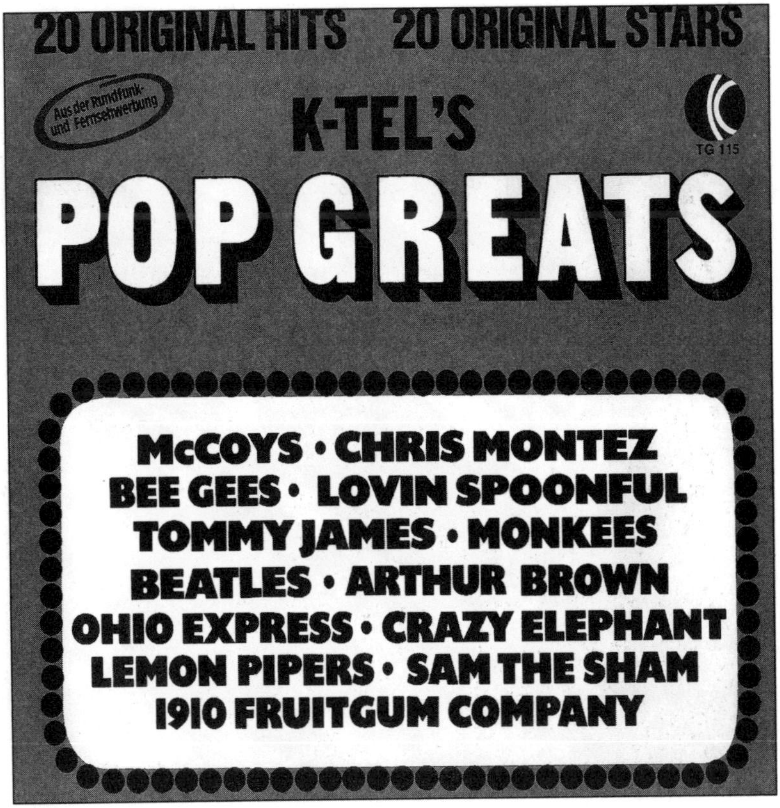

les zum letzten Mal live in Großbritannien auf. Dieser Auftritt wird von der Musikzeitschrift »Musical Express« veranstaltet.

9.5. *Das erste DDR-Atomkraftwerk bei Rheinsberg wird in Betrieb genommen. In Gundremmingen geht kurz darauf der erste größere, kommerziell arbeitende westdeutsche Kernreaktor in Betrieb.*

10.6. Janis Joplin gibt als Sängerin von Big Brother & The Holding Company im »Avalon Ballroom« in San Francisco ihr Live-Debüt.

22.6. *Protest-Sit-In an der Freien Universität Berlin, 3000 Studenten kämpfen gegen das Raumverbot für politische Versammlungen.*

25.6. In den deutschen Top-Ten sind erstmals insgesamt 8 englische und amerikanische Titel: »Sloop John B.« (Beach Boys), »Monday Monday« (Mamas & Papas), »The Sun Ain't Gonna Shine Anymore« (Walker Brothers), »Somebody Help Me« (Spencer Davis Group), »Paint It Black« (Rolling Stones), »Hold Tight« (Dave Dee, Dozy, Beaky, Mick & Tich), »These Boots Are Made For Walkin'« (Nancy Sinatra) und »Nowhere Man« (Beatles).

26.6. In der Hamburger Ernst-Merck-Halle treten die Beatles auf. Es ist ein Erinnerungskonzert an ihre Tage im »Star Club«. Ein Star Club-Auftritt war ihnen von der Hamburger Polizei aus sicherungstech-

nischen Gründen untersagt worden. Est nach dem Auftritt besuchen sie den »Star Club« um 2 Uhr nachts mit dem Taxi.

1.7. Die Beatles spielen den ersten von drei Gigs in der Budokan-Halle in Tokio/Japan.

4.7. Die Beatles spielen in Manila auf den Philipinen im »Araneta Colosseum«. Sie lehnten eine Einladung des damaligen umstrittenen Präsidenten Marcos in den Präsidentenpalast ab. Daraufhin wurde ihnen der Polizeischutz entzogen. Von Fans arg bedrängt, mußten sie sich selbst ihrer Haut wehren.

16.7. Die Beat-Musiker Eric Clapton, Ginger Baker und Jack Bruce gründen eine der ersten Supergruppen: The Cream. »Paperback Writer«, die Single von den Beatles, kommt in den deutschen Top-Ten auf Platz 1. Die Troggs dringen mit »Wild Thing« in die deutschen Top-Ten vor.

18.7. besonders starke Bombardierung des Stadtzentrums Hanois durch US-Bombenflugzeuge

31.7. In Amerika ist die Hölle los, wegen der angeblichen Anti-Jesus-Äußerung von Beatle John Lennon bei einem Interview mit dem »Evening Standard«. Einige Radios im US-Staat Alabama verbannen die

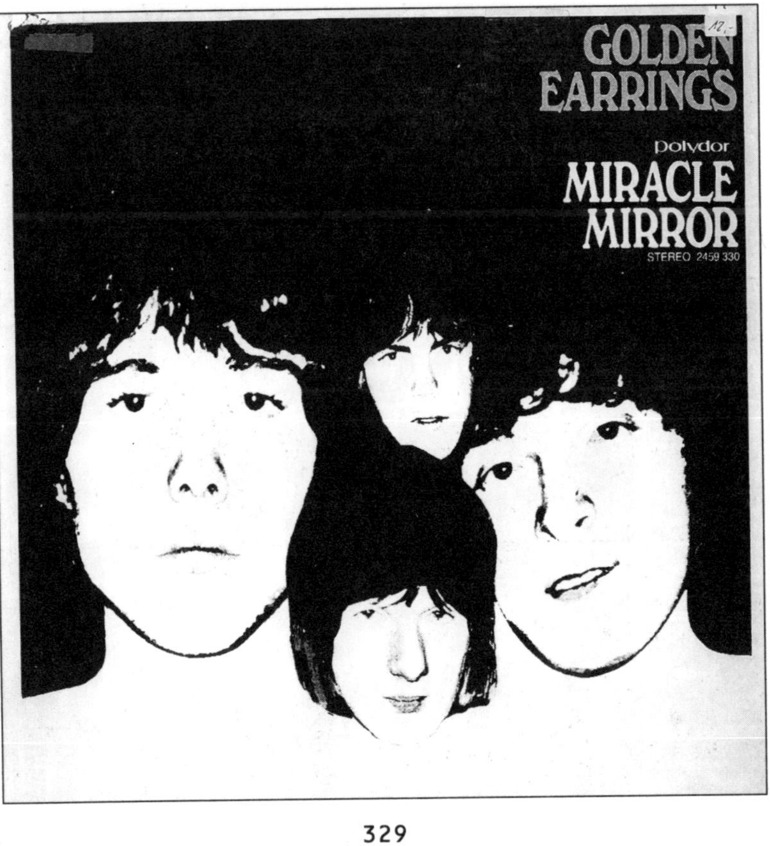

Beatles-Songs daraufhin aus ihrem Programm. Kirchenmitglieder verbrennen die Schallplatten und Fan-Artikel der Beatles.

5.8. Die Beatles veröffentlichen das Album »Revolver« mit einem epochalen Cover.

6.8. Dave Dee, Dozy, Beaky, Mick & Tich sind mit ihrem Titel »Hidaway« in den deutschen Top-Ten. Ebenso die Kinks mit »Sunny Afternoon«.

12.8. Der Beatles-Texter John Lennon muß sich für sein mißverstandenes Jesus-Interview im »Evening Standard«, das in Amerika in der Zeitschrift »Datebook« bruchstückweise veröffentlicht wurde, zu Beginn der dritten US-Tour bei einer Pressekonferenz in Chicago entschuldigen.

20.8. Graham Bonney steigt mit seinem Song vom »Supergirl« in die deutschen Top-Ten ein.

29.8. Die Beatles geben in »Candlestick Park« in San Francisco ihr letztes öffentliches Konzert in den USA.

3.9. Die Troggs stossen mit ihrem Hit »With A Girl Like You« bei ihrem Top-Ten-Einsteig gleich auf Platz 2 vor. Die Hollies bringen ihr »Bus Stop« in die deutsche Top-Ten.

6.9. In einer Bar bei Hannover werden die Haare des Beatle John Lennon für seinen kommenden Film »Wie ich den Krieg gewann« abgeschnitten. John Lennon bekommt für diese Rolle eine runde Nickelbrille aufgesetzt.

12.9. In den USA geht zum ersten Mal die TV-Show der Monkees über die Bildschirme. Die amerikanische Antwort auf die Beatles ist eine Band aus der Retorte. In der gleichen Woche steigt auch die Debütsingle der Monkees »Last Train To Clarksville« in die US-Charts ein.

17.9. »Black Is Black« von den Los Bravos und »Hanky Panky« von Tommy James & The Shondells kommen in die deutschen Top-Ten.

26.9. Die Teenie-Idole Dave Dee, Dozy, Beaky, Mick & Tich spielen im Hamburger »Star Club« ihre ersten Hits »Hold Tight« und »Hideaway«. Den weiblichen Teenies gelingt es, den Sänger Dave Dee von der Bühne zu zerren und seine Kleidung in kleine Stücke zu zerfetzen.

1.10. »Yellow Submarine«, die U-Boot-Nummer der Beatles, steigt auf Platz 1 in der deutschen Hitparade. Im Jahr 2000 soll in Liverpool ein echtes gelbes U-Boot für Touristen durch den Hafen und die Merseymündung fahren.

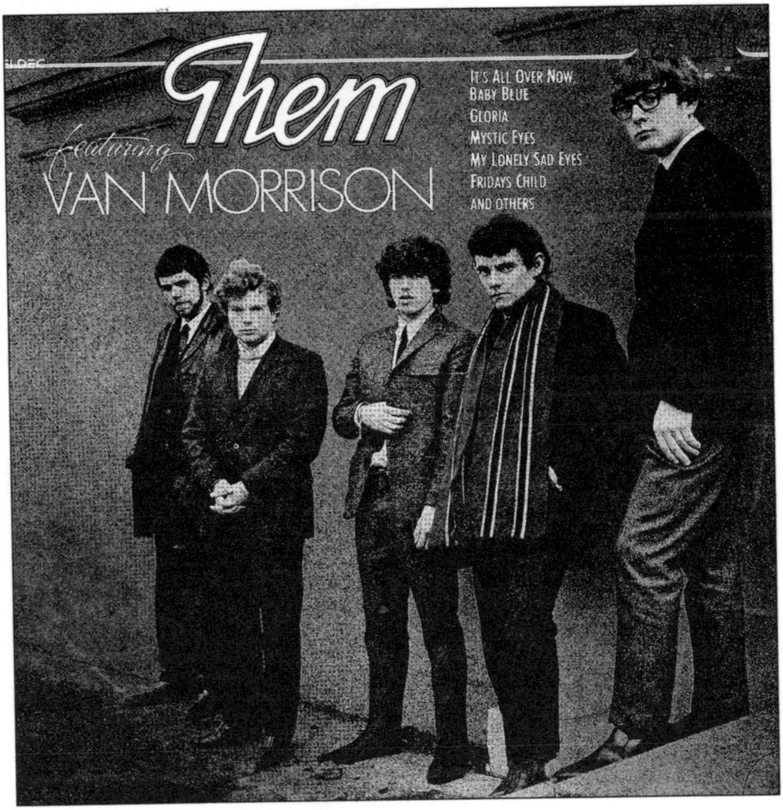

	»Mothers Little Helpers« von den Rolling Stones kommt nur bis Platz 10 in der deutschen Hitparade und steigt nach zwei Wochen wieder aus den deutschen Top-Ten aus.
7.10.	Johnny Kidd, der Sänger von Johnny Kidd & The Pirates, stirbt in Lancashire/UK bei einem Autounfall.
8.10.	»Summer In The City«, eine Single der amerikanischen Beatcombo Lovin Spoonful, kommt in den deutschen Top-Ten bis auf Platz 5.
12.10.	Jimi Hendrix, Noel Redding und Mitch Mitchell gründen zusammen The Jimi Hendrix Experience.
5.11.	»Bend It«, eine Single von Dave Dee, Dozy, Beaky, Mick & Tich, erreicht in der deutschen Hitparade Platz 1.
9.11.	Bei einer Ausstellung in London trifft der Beatle John Lennon zum ersten die Künstlerin Yoko Ono, die in einer Galerie ihre Arbeiten ausstellt.
25.11.	Die Jimi Hendrix Experience gibt im Londoner »Bag O'Nails Club« ihr Livedebüt.
26.11.	»Little Man« von Sonny & Cher ist zum dritten Mal auf Platz 2 in den deutschen Top-Ten und steigt dann langsam wieder ab.
1.12.	*Kurt Georg Kiesinger (CDU) wird Bundeskanzler.*

3.12. Die beiden Beatsongs »Stop, Stop Stop« von den Hollies und »I'm A Boy« von den Who dringen in die deutschen Top-Ten vor.
Dezember: Studenten-Happenings gegen den Vietnamkrieg in Berlin, Rudi Dutschke fordert zur »außerparlamentarischen Opposition« auf (Beginn der APO).

17.12. »I Can't Control Myself« von den Troggs ist zum dritten und letzten Mal auf Platz 2 in der deutschen Hitparade. »No Milk Today« von Herman's Hermits kommt in die deutschen Top-Ten.

31.12. Die Kinks sind mit ihrem Lied »Dandy« erstmals auf Platz 1 in der deutschen Hitparade.

1967

1.1. Gründung der Kommune I in Deutschland.

14.1. Die Move haben mit »Night Of Fear« ihren ersten Hit in UK. In Deutschland kommen die Beach Boys mit »Good Vibrations« erstmals in die Top-Ten.

15.1. Für einen Auftritt der britischen Beatband Rolling Stones bei der »Ed Sullivan Show« im US-TV ersetzt Mick Jagger auf Bitten des

Fernsehproduzenten die Zeile »Let's Spend The Night Together« durch »Let's Spend Some Time Together«.

27.1. *Unterzeichnung des Vertrages über die friedliche Nutzung des Weltraumes zwischen den USA, der Sowjetunion und Großbritannien.*

28.1. Dave Dee, Dozy, Beaky, Mick & Tich erreichen mit »Save Me« gleich einen guten Einstiegsplatz in die deutschen Top-Ten: Platz 5!

4.2. Die Monkees sind mit ihrem Song »I'm A Believer« auf Platz 1 in den deutschen Top- Ten. Die Easybeats kommen mit »Friday On My Mind« in die deutschen Top-Ten.

6.2. Die Beatles unterschreiben bei EMI einen Neun-Jahres-Vertrag. Bei dieser Gelegenheit wird bekanntgegeben, daß die Band zwischen 1962 und 1967 weltweit 180 Millionen Platten verkauft hat.

11.2. Die Kinks haben mit ihrem Stück »Dead End Street« mit Platz 5 gleich einen guten Einstieg in die deutschen Top-Ten.

12.2. Das Haus des Rolling-Stones-Gitarristen Keith Richards in West Wittering wird von der lokalen Polizei auf Drogen untersucht. Unter den Anwesenden, die ebenfalls durchsucht werden, sind Mick Jagger, Marianne Faithfull und der Kunsthändler Robert Fraser.

17.2. Die Beatles veröffentlichen die ersten 25.000 Stück von der Single

»Penny Lane« mit der Rückseite »Strawberry Fields Forever« als erste Beatles-Single mit einem Picture-Sleeve.

18.2. »Happy Jack« von den Who steigt in den deutschen Top-Ten auf Platz 8 ein.

21.4. *Militärputsch in Griechenland, Errichtung einer Militärdiktatur*

25.2. Die Beatles beginnen im »Abbey Road Studio« mit einer 400-Stunden-Mammut-Aufnahmesession zu der Konzept-Langspielplatte »Sgt. Pepper's Lonely Hearts Club Band«. Die Beat-Musik wird intellektueller und verliert damit auch ihre frischfröhliche Frechheit, was gleichzeitig das Ende des Beat-Sounds bedeutet.

17.3. Jimi Hendrix kommt mit seiner Jimi Hendrix Experience (»Hey Joe«) in den Hamburger »Star Club«. Das progressive Rockzeitalter am Ende der Beat-Ära geht los. Zuvor waren schon die Animals und The Cream (»I Feel Free«) hier und hatten zwei Marshall-Türme auf die Bühne gestellt. Vorbei waren die Zeit mit sekundenlangen Gitarren-Soli. Jetzt waren Improvisation und minutenlange Soli angesagt. Bei dem Animal-Konzert sollen The Who im Publikum gesessen haben.

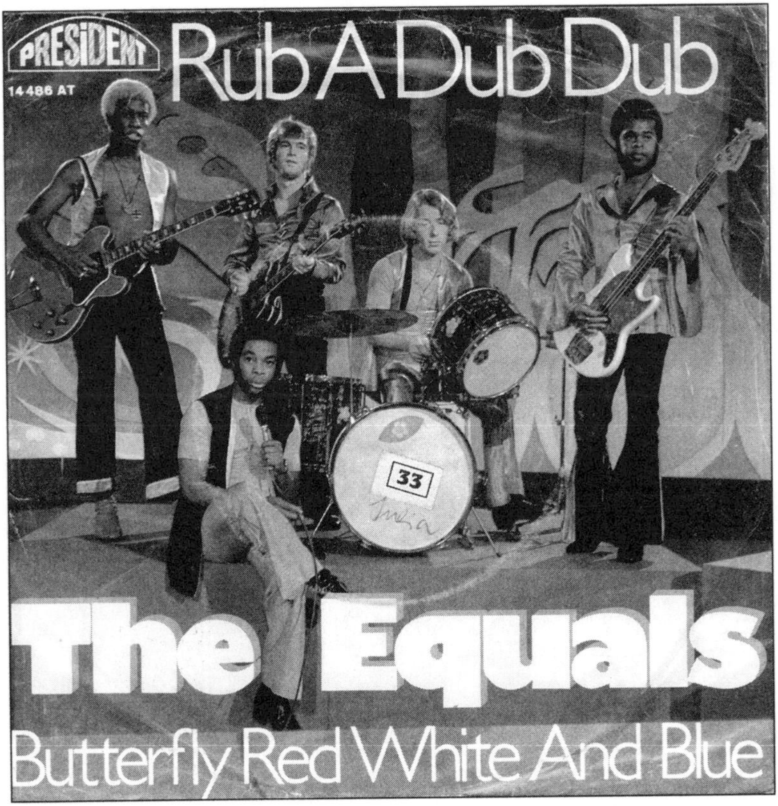

18.3. »Dear Mrs. Applebee« von David Garrick ist in Deutschland auf Platz 1.

1.4. Zum 1. April sind die Rolling Stones wieder mal auf Platz 1 in der deutschen Hitparade: »Let's Spend The Night Together«. Dort bleiben sie 5 Wochen.

Die Hollies kommen mit ihrem Song »On A Carousel« erstmals in die deutschen Top-Ten.

6.4. Erster Auftritt der Psychedelic-Band Pink Floyd mit ihrer Single »Arnold Lane«.

15.4. Die Troggs sind mit ihrem Titel »Give It To Me« erstmals in den deutschen Top-Ten. Nach der zweiten Woche steigen sie damit wieder ab.

29.4. Sandie Shaw gelangt mit ihrem Lied »Puppet On A String« in die deutschen Top-Ten. Ihre Siegeszug in der deutschen Hitparade ist unaufhaltsam. Am 20.5. ist sie auf Platz 1. Sie bleibt 8 Wochen auf Platz 1.

6.5. Smoke klettern mit »My Friend Jack« auf Platz 5 bei ihrem Einsteig in die deutschen Top-Ten.

27.5. Der Schah des Iran, Mohammad Resa Pahlawi, trifft zu einem Staats-

besuch in der BRD ein. In zahlreichen Städten finden Anti-Schah-Kundgebungen statt.

1.6. Die Beatles veröffentlichen weltweit die Langspielplatte »Sgt. Pepper's Lonely Hearts Club Band«. Die Platte geht am gleichen Tag in die UK-LP-Charts und bleibt dort 43 Wochen.

2.6. *Bei einem Polizeieinsatz gegen eine Anti-Schah-Demonstration in Westberlin wird der Student Benno Ohnesorg erschossen.*

5.6. *Krieg Israels gegen Syrien, Ägypten und Jordanien, Besetzung der Sinai-Halbinsel und des Westjordanlandes durch israelische Truppen.*

10.6. Die Creation notieren mit ihrem Hit »Painterman« den höchsten Rang mit Platz 2 in den deutschen Top-Ten. Sie kommen an »Puppet On A String« vier Wochen lang nicht vorbei.

15.6. Der Gitarrist Peter Green verläßt John Mayall's Bluesbreakers, um seine eigene Band mit dem Namen Fleetwood Mac zu gründen.

16.6. Das Monterey Pop Festival beginnt. Es ist eines der ersten großen Hippie-Festivals. Es spielen The Jimi Hendrix Experience, Janis Joplin, The Who, Moby Grape, Otis Redding, The Mamas & The Papas, The Grateful Dead u.v.a.

17.6. Die Band Traffic hat mit »Paper Sun« ihren ersten UK-Charteinstieg und läutet damit auch die kurze Psychedelic-Ära ein.

19.6. Der Beatles-Bassist Paul McCartney gesteht in einem Zeitungsinterview, daß er hier und da schon einmal die Droge LSD ausprobiert hat. LSD wird von einigen Leuten besonders in Zusammenhang mit Psychedelic-Music geschätzt.

23.6. Der Who-Bassist John Entwistle heiratet seine langjährige Freundin Alison Wise.

24.6. »Pictures Of Lily«, ein Song der Who, steigt in die deutschen Top-Ten ein.

25.6. Während einer weltweiten Satelliten-TV-Übertragung spielen die Beatles, unterstützt von Mitgliedern der Rolling Stones und vielen Freunden, ihren aktuellen Song »All You Need Is Love«. Es werden dabei ca. 400.000.000 Zuschauer vermutet.

1.7. »Okay« von Dave Dee, Dozy, Beaky, Mick & Tich kommt gleich nach »Touch Me« in die deutschen Top-Ten.

»Ha Ha Said The Clown« von Manfred Mann löst in der deutschen Hitparade »Puppet On A String« ab.

29.7. Erstmals erreicht der Song »Waterloo Sunset« von den Kinks die deutschen Top-Ten.
Ebenso die Bee Gees mit »New York Mining Desaster 1941«.

5.8. Pink Floyd veröffentlichen mit »The Piper At The Gates Of Dawn« ihr Debütalbum.
Die Hollies plazieren sich mit »Carrie Ann« erstmals in der deutschen Top-Ten.

19.8. Die Beatles erobern mit »All You Need Is Love« nach längerer Zeit wieder die Spitze der deutschen Hitparade zurück und halten Platz 1 über 6 Wochen lang.
August: Beginn der »Kulturrevolution« in China, die bis ins Frühjahr 1967 andauert.

27.8. Der Manager der Beatles, Brian Epstein, wird tot in seinem Haus in London aufgefunden. Er hatte angeblich eine Überdosis Schlaftabletten eingenommen.

2.9. Dave Davies von den Kinks schafft mit seiner Beat-Ballade »Death Of A Clown« den Sprung in die deutschen Top-Ten.
Scott McKenzie formuliert die Hippie-Wünsche mit seinem Lied

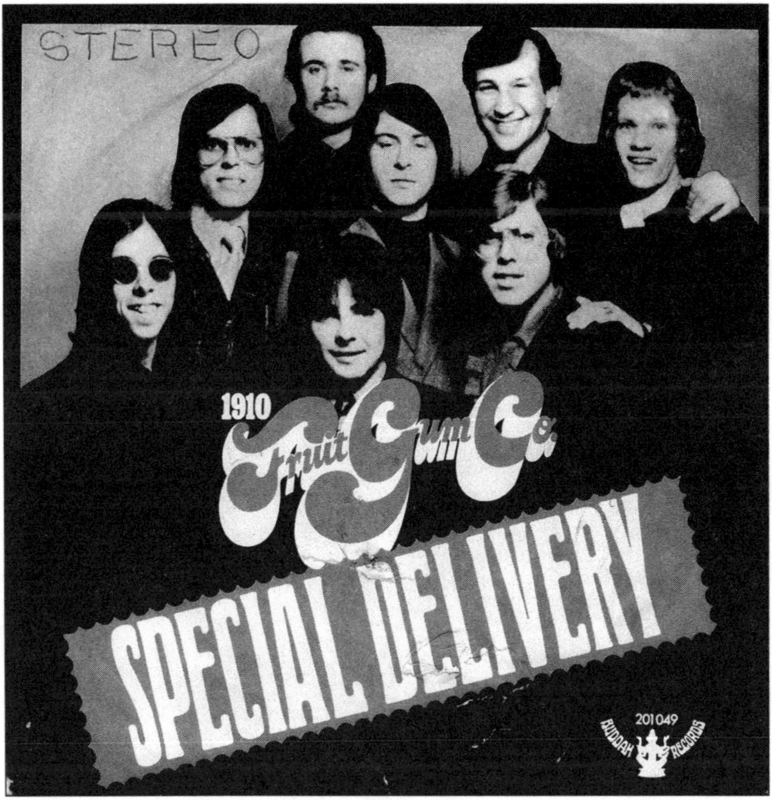

»San Francisco« und kommt bei seinem Einstieg in die deutschen Top-Ten auf Platz 2.

13.10. Nach den Rainbows mit »Balla Balla« sind die Lords die zweite deutsche Beat-Band, die mit dem Titel »Over In The Gloryland« in die deutschen Top-Ten vordringen können.

18.10. In London wird der Film »How I Won The War«, mit dem Beatles-Mitglied John Lennon in der Hauptrolle, im Kino Pavillon uraufgeführt.

18.10. Ernesto Che Guevara wird in Bolivien ermordet.

26.10. Pink Floyd spielen in San Franciscos »Winterland«. Es war die erste, allerdings verheerende US-Tour der Band.

1.11. Live-Debüt von Family, einer Band, die 1966 in Leicester gegründet worden war und innerhalb kürzester Zeit zu einer der wichtigsten Londoner Untergroundbands der 60er Jahre wurde. Sänger bei Family ist Roger Chapman.

2.11. Die Musiker Jeff Lynne und Roy Wood von der Beatcombo Move sowie deren Manager Tony Secunda stehen vor Gericht. Der Kläger ist der damalige britische Premierminister Harold Wilson. Die Band hatte in der Werbung für die Single »Flowers In The Rain«

fotomontierte Postkarten verteilt, die Mr. Wilson nackt zeigten, was ihm natürlich nicht gefiel. Die Gruppe verlor den Prozeß und mußte alle Postkarten vernichten.

4.11. Keith West klettert mit seinem Stück »Excerpt From A Teenage Opera« erstmals auf Platz 2 in der deutschen Hitparade.

9.11. In San Francisco erscheint zum ersten Mal das Rock-Magazin »Rolling Stone«.

9.11. Nach einer langen Periode destruktiver Auseinandersetzungen mit Roger McGuinn wird David Crosby nachdrücklich aufgefordert, die Byrds zu verlassen.

18.11. »We Love You« von den Rolling Stones steigt wieder aus der deutschen Top-Ten aus, wo es sich 8 Wochen halten konnte, aber nur bis Platz 2 kam.

1.12. The Beatles veröffentlichen »The Magical Mystery Tour«.

2.12. Die Beatballade »Massachusetts« von den Bee Gees schafft den Sprung auf Platz 1 in der deutschen Hitparade. The Letter«, der Song von den Box Tops, gelangt in die deutschen Top-Ten. »Zabadak« von Dave Dee, Dozy, Beaky, Mick & Tich kommt auf dem Star Club-Label in die deutschen Top-Ten.

4.12. Die Beatles eröffnen in der Londoner Baker Street Nr. 94 die erste Apple-Boutique.

21.12. Das Pal-Farbfernsehen wird in BRD und anderen westeuropäischen Ländern eingeführt.

26.12. Der »Beatles«-Film »Magical Mystery Tour« erlebt im BBC-TV seine Uraufführung, leider nur in Schwarz/Weiß.

1968

5.1. militärische Auseinandersetzung zwischen der Sowjetunion und der VR China am Sungari/Ussuri.

6.1. »Daydream Believer«, eine Single von der amerikanischen Beatgruppe The Monkees, steigt in die deutschen Top-Ten ein.

11.1. George Harrison nimmt während der Aufnahmesessions zum Soundtrack »Wonderwall« die Backing-Tracks zum Beatles-Song »The Inner Light« auf.

11.1. Jimi Hendrix bezieht in London das Haus, in dem 200 Jahre vorher schon Georg Friedrich Händel gelebt hat.

28.1. Die Frau des Who-Sängers Roger Daltrey, Jaqueline, reicht nach vier Jahren Ehe die Scheidung ein.

3.2. Die Beatles kommen mit ihrem Song »Hello Goodbye« wieder auf Platz 1 in der deutschen Hitparade.

Die Rolling Stones steigen mit ihrem Science-Fiction-Song »2000 Light Years From Home« in die deutschen Top-Ten ein.

10.2. »Tin Soldier« von den Small Faces ist erstmals in deutschen Top-Ten.

17.2. David Gilmour steht zum ersten Mal als Gitarrist von Pink Floyd auf der Bühne.

Die Bee Gees lösen mit ihrem Song »World« die Beatles mit »Hello Goodbye« von Platz 1 der deutschen Hitparade ab.

Februar: Têt-Offensive des Viet-Cong in Südvietnam.

24.2. John Fred & His Playboy Band erreicht mit dem Hit »Judy In Disguise« den ersten Platz der deutschen Hitparade.

2.3. Die deutschen Top-Ten können drei Neueinstiege vermelden: »Words« von den Bee Gees, »Dear Eloise« von den Hollies und »She's A Rainbow« von den Rolling Stones.

6.3. Sandie Shaw heiratet den Modedesigner Jeff Banks.

22.3. Beginn der Studentenbewegung in Paris / Nanterre.

23.3. Die Beatles-Single »Lady Madonna« wird veröffentlicht und geht von Null auf Nr. 1 in den UK-Charts. Es ist die 17. Platte der Band in Folge, die in den britischen Charts Nr. 1 oder 2 erreicht.

27.3. Die von John Lennon gemanagte Kommunen-Formation Grateful Dead wird wegen Drogenbesitzes verhaftet. Auch bei ihm wurden Marihuana, LSD, Kokain und andere Drogen gefunden.

30.3. Manfred Mann ist mit »Mighty Quinn«, einem gecoverten Bob-Dylan-Song, auf Platz 1 in Deutschland.

2.4. Mit selbstgebastelten Bomben verüben Andras Baader, Thorwald Proll u.a. Brandanschläge auf Kaufhäuser in Frankfurt am Main.

5.4. Ermordung Martin Luther Kings

11.4. *Rudi Dutschke, der Vorsitzende des Sozialistischen Deutschen Studentenbundes (SDS), wird bei einem Mordanschlag schwer verletzt. Das Attentat führt in der ganzen BRD zu Demonstrationen und teilweise zu blutigen Auseinandersetzungen mit der Polizei. In Berlin Ansturm auf das Springer-Hochhaus.*

21.4. *Massaker an Zivilisten in Son My und My Lai durch US-Soldaten in Südvietnam.*

27.4. Die Beatles kommen mit »Lady Madonna« nur bis auf Platz 2 in den deutschen Top-Ten. Platz 1 hält Heintje hartnäckig mit »Mama«.

28.4. In New York wird das Musical »Hair« uraufgeführt.

Anfang Mai: Studentenunruhen an der Sorbonne und Straßenkämpfe in Paris.

13. *Mai: Paris, eine Million Menschen, darunter viele Gewerkschaftler, demonstrieren, die französische Regierung gibt nach.*

15.5. Die Beatles geben die Gründung ihrer Plattenfirma Apple im Fernsehen bekannt. Die Firma ist nicht erfolgreich. Später nennt ein Computer-Hersteller seine PCs ebenfalls Apple und kommt auch in finanzielle Turbulenzen.

17.5. Zur Neueröffnung des Hamburger »Star Club« spielen die Smoke ihren Hit »My Friend Jack«.

21.5. Der Who-Musiker Pete Townshend heiratet Karen Astley, die als Modeschöpferin für viele Anzüge der Who in den Jahren 1966/67 verantwortlich war, auch für die berühmte Jacke von Pete Townshend, geschneidert aus der englischen Flagge, dem Union Jack.

25.5. Mit dem Song »Simon Says« kommt eine Bubblegum-Nummer in die deutschen Top-Ten, eine Single der amerikanischen Band 1910 Fruitgum Company.

30. 5. Der Bundestag in Bonn verabschiedet eine Notstandsverfassung.

1.6. Die Hollies entern mit »Jennifer Eccles« und die Small Faces mit »Lazy Sunday« die deutschen Top-Ten.

1.7. In Washington, Moskau und London wird der Atomwaffensperrvertrag über die Nichtverbreitung von Kernwaffen unterzeichnet.

6.7. Die Rolling Stones sind beim Beat ausgestiegen und beginnen mit »Jumpin Jack Flash« ihre Rock-Karriere in der deutschen Hitparade, wo sie zum Einstieg in den Top-Ten gleich auf Platz 5 kommen.

17.7. Der Beatles-Trickfilm »Yellow Submarine« wird im Londoner Kino-Pavillon uraufgeführt.

3.8. »Yummy Yummy Yummy« ist die zweite Bubblegum-Nummer in den deutschen Top-Ten, eine Single von der Ami-Band Ohio Express.

20./21.8. Einmarsch der Warschauer-Pakt-Truppen in die Tschechoslowakei, darunter sind auch Einheiten der Nationalen Volksarmee der DDR. Der »Prager Frühling« wird erstickt.

24.8. Frankreich zündet die erste H-Bombe im Pazifik.

30.8. Die Beatles veröffentlichen mit »Hey Jude« ihre erste Single auf dem eigenen Apple-Label. Die Platte hat das längste Fade-Out (Ausblendung) einer Single überhaupt.

4.9. Die Rolling Stones kommen mit dem »Street Fighting Man« bei den

Radiosendern in Chicago und anderen Städten auf den Index, weil der Text Gewalt provozieren würde.

21.9. Der Bubblegum-Titel »Mony Mony« steigt nach sechs Wochen in den deutschen Top-Ten wieder ab. Die Interpreten sind Tommy James & The Shondells.

28.9. Die Beach Boys kommen mit ihrer Beat-Nummer »Do It Again« erstmals in die deutchen Top-Ten.

5.10. Die Beatles singen die Ballade »Hey Jude« und sind damit erstmals auf Platz 1 in Deutschland. Die Rolling Stones sind wieder die bösen Buben geworden und steigen mit »Street Fighting Man« in die deutschen Top-Ten ein. Der richtige Song zu den 68er-Unruhen.

5.10. Beginn offener Auseinandersetzungen in Nordirland.

18.10. Led Zeppelin geben im Londoner »Marquee« den ersten Gig unter diesem Namen, nach dem sie eine Europa-Tour als The New Yardbirds absolviert haben.

4.11. Straßenschlachten zwischen Studenten und Polizei in Berlin.

21.11. Die Beatles veröffentlichen ihr »White Album« und versehen jede Kopie mit einer Nummer.

26.11. Die Cream geben in der Londoner Royal Albert Hall ihr Abschiedskonzert. Im Vorprogramm treten die Artrocker von Yes und die Bluesrocker von Taste (mit Rory Gallagher) als Newcomer-Bands auf.

29.11. John Lennon veröffentlicht das Album »Two Virgins«, das in Papiertüten verkauft werden muß, weil auf dem Cover John Lennon und Yoko Ono nackt abgebildet sind.

5.12. Die Rolling Stones veranstalten anläßlich der Veröffentlichung der LP, dem Titel entsprechend, ein »Beggars Banquet«, bei dem die fünf Bandmitglieder diverse Torten auf die anwesenden Presseleute und sonstige Gäste werfen.

28.12. Die Equals, eine der letzten Beatbands, steigen mit »Softly Softly« in die deutschen Top-Ten ein.

1969

3.1. Das Cover der LP »Two Virgins«, das John Lennon und Yoko Ono nackt zeigt, wird in New Jersey zur Pornographie erklärt. Die Polizei beschlagnahmt alle verfügbaren 30.000 Alben.

18.1. Viererkonferenz in Paris über die Lösung des Vietnamproblems, der Krieg zieht sich aber noch bis 1975 hin.

20.1. Die »Move« treten im Hamburger »Star Club« live auf.

20.1. Richard Nixon wird neuer US-Präsident, Henry Kissinger wird Nationaler Sicherheitsberater.

30.1. Die Beatles spielen auf dem Dach des Apple-Buildings in London den Song »Get Back« und weitere Stücke, die später auf ihrem Album »Let It Be« erscheinen.

24.1. The Jimi Hendrix Experience spielt in der Londoner Royal Albert Hall ihren letzten Live-Gig.

1.2. Die Rattles-Musiker Achim Reichel und Frank Dostal übernehmen aus Nostalgie-Gründen den »Star Club«.

8.2. Die Scaffold erreichen mit ihrem Lied »Lily The Pink« erstmals die deutschen Top-Ten.

15.2. Die Klassik-Rocker Nice kommen in den Hamburger »Star Club«.

1.3. Mit dem Beatles-Song »Obladi Oblada« gelangen die Marmalade auf Platz 12 der deutschen Hitparade.

5.3. Bildung einer SPD-FDP-Koalitionsregierung, Gustav Heinemann (SPD) wird Bundespräsident.

8.3. Der Rolling Stone Mick Jagger wird Mitglied des Kreises der Freunde des »Covent Garden Opera House«.

12.3. Der Beatle Paul McCartney heiratet in Marlebone Linda Eastman. Trauzeuge ist Paul's Bruder, Mike McGear.

14.3. Die Beatles erhalten für »Yellow Submarine« ihre 14. Goldene Schallplatte.

15.3. Die Move kämpfen sich mit »Blackberry Way« erstmalig in die deutschen Top-Ten vor.

20.3. Der Beatle John Lennon heiratet in Gibraltar die Künstlerin Yoko Ono.

21.3. John Lennon und Yoko Ono beginnen im Amsterdamer Hilton ihren »Bed-Peace-Feldzug« mit Bed-Ins.

1.4. Die Beach Boys verklagen die Schallplattenfirma Capitol-Records wegen unbezahlter Lizenzen auf 2.041.446,64 US-Dollar.

20.4. Regierungsbeschluß Großbritanniens über den Einsatz von Militär in Nordirland.

22.4. John (Winston) Lennon ändert seinen mittleren Namen offiziell von Winston in Ono.

26.4. Der Beatle Paul McCartney dementiert alle Gerüchte über seinen Tod.

3.5. In Madison/Wisconsin wird ein Rock-Konzert durch 200 Tränengas-sprühende Polizisten abgebrochen.

16.5. Pete Townshend von den Who verbringt eine Nacht im Gefängnis von New York. Er hatte während eines Gigs der Band einen Polizisten von der Bühne des Clubs »Filmore East« getreten, der nur ein Feuer im Supermarkt nebenan melden wollte.

24.5. Die Beatles sind mit »Get Back« auf Platz 1 in Deutschland. Sie bleiben dort noch eine weitere Woche.

25.5. Die Easybeats (»Friday On My Mind«) feiern Erfolge mit einer guten Live-Show im Hamburger »Star Club«.

31.5. Mit dem Song »Israelites« kommt erstmals eine Reggae-Nummer in die deutschen Top-Ten. Gesungen von Desmond Dekker & The Aces. Am 28. Juni klettert das Stück bis auf Platz 1.

6.6. Die Gruppe Love Affair spielt im Hamburger »Star Club«.

7.6. Blind Faith, die geplante neue Supergruppe nach der Auflösung von Cream, geben im Londoner Hyde Park vor 150.000 Menschen ein Free-Concert.

8.6. Der Gitarrist Brian Jones verläßt die Rolling Stones wegen »musikalischer Unvereinbarkeiten« und wird durch Mick Taylor ersetzt.

11.6. Keef Hartley kommt als Indianerhäuptling in den Hamburger »Star Club«.

16.6. Blues Rock mit The Taste und dem Gitarristen und Sänger Rory Gallagher im Hamburger »Star Club«.

26.6. Einige Wochen vor dem Hippie-Festival in Woodstock kommt der Gitarrist Richie Havens (»Freedom«) in den Hamburger »Star Club«.

3.7. Der Gitarrist Brian Jones, der vier Wochen vorher bei den Rolling Stones ausgestiegen war, ertrinkt im Swimmingpool seines Hauses in Hartfield/Sussex im Alter von 27 Jahren.

5.7. Im Londoner Hyde Park geben die Rolling Stones vor 500.000 Zuschauern ein Free-Concert, zum Andenken an ihr früheres Bandmitglied Brian Jones.

21.7. Das US-amerikanische Apollo-Programm bringt erstmals Menschen auf den Mond: Neil Armstrong und Edwin Aldrin.

26.7. »The Ballad Of John And Yoko« ist zum dritten und letzten Mal auf Platz 1 in der deutschen Hitparade.

2.8. Elvis kommt zurück in die deutsche Hitparade, aus der ihn die Beatmusik einst vertrieben hat. Mit seiner Ballade »In The Ghetto« steigt er erstmals in die deutschen Top-Ten ein.

9.8. In Roman Polanskis Villa in Beverly Hills werden Steven Parent, Wochiek Frykowsky, Abigail Folger, Jay Sebring und Sharon Tate von der sogenannten »Manson Family« ermordet. Charles Manson soll sich auf eine Anzeige der Produktionsfirma hin vergeblich als Monkee-Mitglied beworben haben.

15.8. Auf Max Yasgur's Farm in der Nähe von Bethel bei New York beginnt das »Woodstock Musik Art Fair«. 450.000 Menschen kommen zusammen, um teilweise fantastische Musik zu hören, im Matsch zu versinken, die Woodstock-Nation zu gründen und um auch die unbezahlten Darsteller im erfolgreichen Rockfilm zu werden.

20.8. Die Art-Rock-Band Yes gibt im Hamburger »Star Club« ihr Deutschland-Debüt.

11.9. In den Schallplattenläden von Los Angeles tauchen die ersten Bootlegs, so nennt man Raubpressungen, auf. Es sind bisher unveröffentlichte Aufnahmen von Bob Dylan aus dem Jahre 1961. Sie werden für 6,50 US-Dollar angeboten.

18.9. Der skurrile Sänger Tiny Tim gibt in New Jersey seine Verlobung mit Vicki Budinger bekannt.

20.9. Der Musikverlag ATV Music kauft den Verlag der Beatles, die Nothern Songs, für eine Million Pfund Sterling. In den Neunzigern kann der Pop-Star Michael Jackson die Verlags-Rechte an den Beatles-Songs für viele Millionen Dollars erwerben.

18.10. Rod Stewart kommt für den ausgeschiedenen Steve Marriott als neuer Sänger zu den Small Faces, die das Small aus ihrem Namen streichen und sich nur noch Faces nennen.

21.10. Willy Brandt wird der erste sozialdemokratische Bundeskanzler.

1.11. Der frühere Rock'n'Roll Star, Elvis Presley, der vom Beat verdrängt wurde, hat mit der US-Nr. 1 »Suspicious Minds« ein Chart-Comeback.

15.11. Die weiße Blues-Sängerin Janis Joplin wird in Tampa/Florida wegen »ungebührlicher und vulgärer Ausdrucksweise in der Öffentlichkeit« eingesperrt und später gegen eine Kaution von 50 US-Dollar freigelassen.

25.11. Der Beatle John Lennon schickt seinen Orden »Member Of The British Empire« an Königin Elizabeth zurück. Er protestiert damit gegen britische Verwicklungen in Biafra und Vietnam.

2.12. Brian Auger tritt mit seiner Orgel im Hamburger »Star Club« auf.

6.12. Die Rolling Stones veranstalten auf der Altamont-Rennbahn ein Free Concert. Während des Gigs wird der Zuschauer Meredith Hunter von Hell's Angels, die als Ordner fungierten, ermordet.

14.12. Im »Colosseum Opera House« in London wird die Rock-Oper »Tommy« von den Who live uraufgeführt.

15.12. Die Plastic Ono Supergroup mit Eric Clapton, Billy Preston, Keith Moon, John Lennon, Yoko Ono und George Harrison gibt ein Wohltätigkeitskonzert für UNICEF unter dem Motto »Peace for Christmas« im »Lyceum Ballroom« von London.

17.12. Chile: Die Unidad Popular entsteht, die dann am 4.9.1970 eine Regierung unter S. Allende stellen wird.

21.12. »Ginger Baker's Airforce«, eine 13 köpfige »Supergroup« gibt in Amsterdam ihr Live-Debüt.

31.12. Die Band Of Gypsies, mit Jimi Hendrix, Buddy Miles und Billy Cox, gibt im Fillmore East in New York ihr Live-Debüt.

31.12. Der »Star Club« in Hamburg, einst die Wiege der Beatmusik, muß aufgeben. Das Abschiedskonzert durfte die »kleinste Bigband der Welt«, das Duo Hardin & York (von der Spencer Davis Group) geben. Hardin & York spielen auch 25-Minuten-Versionen der Beatles-Klassiker »Lady Madonna« und »Norwegian Wood«.

JEDEM SEIN LEXIKON!

Reggae-Lexikon

Rastas, Riddims, Roots & Reggae:
Vom Ska zum Dancehall – Die Musik, die aus Jamaika kam

Von Rainer Bratfisch

Lexikon Imprint Verlag

Das Lexikon der Blondinen

Mehr als Traumfrau und Sexbombe,
Engel und Vamp, Fee und Witzfigur

Von Siegfried P. Rupprecht

Lexikon Imprint Verlag

Horror-Lexikon

Von Addams Family bis Zombieworld:
Die Motive des Schreckens in Film und Literatur

Von Christian v. Aster

Lexikon Imprint Verlag

Drogen-Lexikon

Drogen, Rausch & Recht –
Das ABC der psychoaktiven Substanzen

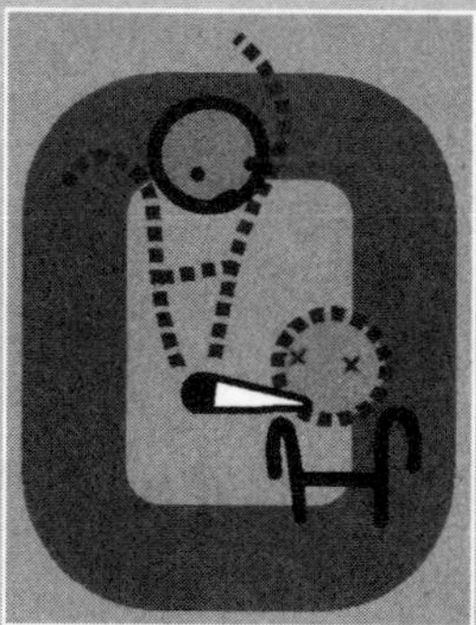

Von Bernhard van Treeck

Lexikon Imprint Verlag

WWW.LEXIKON-IMPRINT.DE

WWW.SCHWARZKOPF-SCHWARZKOPF.DE

ÜBER DEN AUTOR

Manfred Langner, geboren am 7.9.1950 in Süddeutschland, spielte und sang schon mit 15 Jahren in diversen Beat-Bands. Seit 1983 ist er Inhaber des Plattenladens Cover, mit dem er sich auf Sixties-Sound spezialisiert hat. Abends tritt er als Sänger der Band Salvation Road auf und tourt mit seinen Musiker-Kollegen durch ganz Deutschland. Für die meisten Songs auf der erste CD von Salvation Road komponierte Manfred Langner die Musik und schrieb dazu auch die Texte.

DANKSAGUNG

Nur mit Hilfe vieler Leute, die mir geholfen haben, konnte das Beat-Lexikon so faktenreich werden. Wertvolle Arbeit leistete Übersetzer und Musiker Manfred Blank, der auch bei schwierigsten Recherchen immer einen klaren Kopf behielt. Harry Ebner kümmerte sich um den USA-Beat. Die oft wertvollen Single- und LP-Cover stellten mir Manfred Mayer und Victor Buchfink zur Verfügung. Manfred Hecker unterstützte mich mit seinen Kenntnissen über die Instrumente und Studiotechnik. Dieter Geier (Ex-Beatless) grub aus seiner Schatzkammer wertvolle Materialien zum Thema Liverpool und Merseybeat aus. Dieter Auer stellte die Chroniken zusammen. Außerdem bedanke ich mich bei meinem Bruder Wolfgang Langner, meinen Eltern für die erste Gitarre, meiner Freundin Keri und natürlich meiner Band »Salvation Road«. Und last not least Arno Löb für die vielen anregenden Gespräche über die Beatzeit vor, nach und während der Arbeit am Beat-Lexikon in diversen Augsburger Kneipen wie »Kupferdächle«, »Bleichstüble« und »Schröders« und besonders im »Madhouse« bei meinem Lieblingswirt Wirt Wolfi.

IMPRESSUM

Manfred Langner: Beat-Lexikon. Vom Mersey-Beat bis zum Bubblegum:
Die Sound-Invasion der Sixties ISBN 3-89602-208-3

KATALOG

Wir senden Ihnen gern unseren kostenlosen Katalog.
Lexikon Imprint Verlag / Abt. Service. Kastanienallee 32, 10435 Berlin.
Service-Telefon: 030 – 44 11 778. Service-Fax: 030 – 44 11 783

INTERNET

Ausführliche Informationen zum Verlagsprogramm finden Sie im Internet.
www.lexikon-imprint.de www.schwarzkopf-schwarzkopf.de